LE COLLÈGE
SAINT-FRANÇOIS-XAVIER

DE VANNES

AU CHAMP D'HONNEUR

(1914-1918)

GABRIEL BEAUCHESNE, ÉDITEUR
A PARIS, RUE DE RENNES, 117
—
MCMXXIII

LE COLLÈGE
SAINT-FRANÇOIS-XAVIER DE VANNES
AU CHAMP D'HONNEUR
1914-1918

Joseph Aubert

Ego Sum Resurrectio et Vita

LE COLLÈGE

SAINT-FRANÇOIS-XAVIER

DE VANNES

AU CHAMP D'HONNEUR

1914-1918

GABRIEL BEAUCHESNE, ÉDITEUR

A PARIS, RUE DE RENNES, 117

MCMXXIII

INTRODUCTION

Les pages liminaires que l'on m'a demandé d'inscrire au fronton de ce noble édifice ne peuvent être autre chose qu'une méditation ; pauvre cippe dressé par une main inhabile, mais pieuse, sur le seuil de la voie sacrée qui s'élève, droit vers le ciel, entre deux rives de tombeaux.

Aucun de ceux qui ouvriront ce livre n'a besoin qu'on lui dise, le respect dû aux grandes ombres qui peuplent ce champ funèbre, ni de recevoir les leçons que tant et de si beaux trépas nous proposent, à nous qui vivons. Mais il est bon qu'un hommage soit rendu, par un qui fut leur compagnon, à ceux dont les noms sont couchés ici, et qui sont tombés pour la défense de l'âme et du sol nationaux. C'est aux morts de la guerre que je parle, au nom des vivants, pour les louer, les remercier, leur rendre témoignage enfin que leur sacrifice porté son fruit, qu'il est compris et nous enseigne, non seulement le sens de la mort, mais le devoir de vivre.

Ce monument, rassemblé pierre à pierre par le collège Saint-François-Xavier, pour honorer la mémoire de ses élèves et de ses anciens élèves tués au champ d'honneur, et mesurer sa propre gloire, paraît après bien d'autres. La raison en est simple. Un seul homme, un vieillard a assumé la lourde charge de constituer ces trois cent trente sept dossiers, et de réunir, sur chacun de nos condisciples défunts, tous les documents qui pussent contribuer à nous montrer sa mort, non comme un vif et bel éclair, mais comme le couronnement d'une vie toujours digne, et souvent admirable. J'éprouve à le nommer une émotion particulière et quasi-filiale : M. l'abbé Chauffier, dont on peut dire que la meilleure et la plus grande part de sa vie a été consacrée à servir le collège, n'a pas hésité, malgré son âge, à couronner l'œuvre de son dévouement en acceptant cette mission. Au vrai, il était le plus digne de cet honneur pesant, et le plus capable de conduire à la réussite une tâche ingrate et absorbante. Je sais, mieux que personne, l'abondance de ses soins, et les difficultés de l'œuvre. Qu'il en soit remercié, autant qu'il le mérite.

Les notices qu'on lira relatent, avec tout le détail et toute la simplicité possibles, les circonstances où chacun de nos compagnons a trouvé la mort ; mieux que cela, elles reflètent le dernier rayon de leur âme. On sent à les lire, que la guerre n'est pas une simple boucherie de soldats anonymes, mais que chaque coup qu'elle porte éteint un esprit, fauche des espérances, creuse un vide, sensible, suivant les cas, à des cœurs pleins d'amour, à la cité, à la nation toute entière. Chaque homme qui tombe, sa mort retentit, des liens se brisent, et chaque fosse creusée n'ensevelit pas seulement un corps isolé du monde, tandis qu'une âme détachée de tout s'envole où la porte son élan : une puissance disparaît, une famille est décoronnée, un pays perd son chef ; une voix se tait, un geste s'immobilise, un cœur cesse de battre, et, du même coup, d'autres âmes, individuelles ou collectives, se sentent mutilées, un équilibre est rompu, une harmonie faussée.

Ce prolongement de l'individu, sa « situation » dans la société familiale, professionnelle, nationale, catholique, on les réalise aussi en s'attachant à cette lecture. De courtes notes biographiques découvrent ce qu'était chacun de ces Français, avant qu'il devînt un soldat. Et c'est par là que se justifie la réunion par le collège de cette liste glorieuse. Tous ceux qui y figurent sont unis par deux liens, dont l'un est à l'origine de leur vie, quand l'autre en est la cime : condisciples et compagnons d'armes marqués du même signe funèbre. Ainsi suspendues entre ces deux attaches, leurs vies, malgré la variété des dessins qu'elles brodent, et de l'ampleur qu'offre leur cours, suivent des courbes analogues : elles divergent pour converger, sans que le faisceau soit rompu.

Une telle harmonie a besoin qu'on l'explique. Il faut, pour que l'accord final rapproche, jusqu'à les confondre, des âmes que la vie tendait à séparer, qu'un accord initial, qu'elles développeront par la suite diversement, leur ait donné le ton. C'est ici que l'éducation chrétienne hausse la voix et revendique cet honneur. Je dis éducation, non instruction, car c'est le beau mérite des collèges catholiques d'atteindre par delà l'esprit, l'âme, et de façonner l'un en fonction de l'autre. Les noms qui désignaient naguère encore, les classes supérieures, et qui disparaissent généralement parce qu'ils cessent d'être vrais ; humanités, rhétorique, philosophie, conservent chez nous leur sens, et à cause de cela, continuent d'être employés. Cela ne signifie pas, à la vérité, que l'élève, en sortant du collège, possède la connaissance de l'homme, l'art du beau langage, et la certitude raisonnée des principes. Il possède au moins la curiosité de pénétrer plus avant dans ces champs dont on lui ouvre les barrières, le désir d'approfondir des recherches commencées, dont on lui a montré l'utilité et fourni la méthode. Il est armé, lancé, orienté ; à lui de tirer parti des moyens qu'on lui donne, d'acquérir les richesses dont on lui propose la conquête.

Une telle culture ne suppose pas un simple enseignement ; elle exige une formation. Il n'est pas question de faire empiffrer à l'élève les matières d'un examen qu'il rejettera par la suite, une fois son diplôme conquis, et qui lui demeureront étrangères. Un esprit ignorant, avide, et malléable est là, qui s'offre aux soins du maître. Il faut le nourrir, incorporer à sa substance des aliments qu'il assimile. Il est très vrai que la science d'un homme de trente ans, se mesure, en rapport de sa science de collège, par un enrichissement et par une déperdition. Spécialisé, il aura acquis des lumières nouvelles, touchant sa spécialité, et, presque toujours, négligé le reste. C'est justement ce qu'il ne faut pas. On doit acquérir, au collège, une formation d'ensemble, une hauteur d'esprit, une vaste curiosité, qui tiennent l'intelligence en haleine, et la fassent considérer le monde avec des yeux qui lancent un autre regard que le regard du myope, enfermé dans sa petite science, et indifférent à l'économie générale, qui situe cependant ses connaissances, leur donne la valeur relative qui compte seule, enfin les justifie. La division des études en cycles favorise fâcheusement cette conception étroite ; il est entendu qu'un enfant, désigné, sur les bancs de l'école, sans que son goût personnel puisse encore se manifester, pour être ingénieur, militaire, commerçant, médecin, se verra fermer, dès l'enfance, toute une branche de connaissances. Double crime, ou double sottise : tyrannie et aveuglement. L'enseignement dès lors est compris, non comme un défrichement de l'esprit, mais comme une préparation directe à une profession imposée. On en connaît les résultats : l'effroyable baisse de la culture, qui surprend ceux qui l'ont préparée et s'en affligent aujourd'hui, sans songer à battre leur coulpe.

Devant cette nécessité, qui s'impose à eux, de diviser les études, les collèges catholiques n'ont pas renoncé à leur but. La façon d'enseigner peut corriger la faiblesse des programmes ; surtout l'enfant n'est pas, pour les maîtres, un élève, un candidat plus ou moins brillant à pousser, qui cesse d'exister dès que sonne la fin des cours. C'est un être jeune, vivant vingt-quatre heures par jour, une âme chrétienne à éclairer, à affermir, une ébauche d'homme, enfin, non un professionnel débutant. Le sens moral, et le sens social, sollicités, s'ajoutent au sens intellectuel pour conseiller aux professeurs une attention constante. Il ne faut pas jeter la pierre aux maîtres de l'enseignement de l'État. La conscience professionnelle, la probité morale, la compétence ne sont pas de minces vertus ; et le corps enseignant a acquis et conserve, par leur pratique, une réputation ancienne et justifiée. Mais ils ne peuvent vivre en rapport constant avec l'enfant et ne disposent, pour agir sur lui, que des heures de cours ; mais leur probité justement leur impose souvent, dans le domaine moral, une réserve craintive, un souci réel de ne point influer sur des âmes dont on ne leur a point confié la direction. Ce sont les deux grandes supériorités de nos maîtres. En mettant ses fils au collège, le père de famille n'entend pas seulement les livrer aux soins des professeurs ; il les confie à des directeurs spirituels ; et quand le devoir de l'universitaire est ou paraît être de s'abstenir, le devoir du prêtre est d'agir, sous peine de manquer à sa double fonction.

Je me rappelle — et ma mémoire n'a pas un long retour à faire pour saisir de tels souvenirs — quels propos me tenait un de mes professeurs pour m'encourager au travail. C'était un maître de physique, et j'avais peu d'attraits pour la science qu'il enseignait. Il ne pensait pas à faire de moi un ingénieur, ni même à m'exciter par l'inquiétude de l'examen. Ce n'est pas mon perfectionnement scientifique qu'il recherchait, mais mon enrichissement intellectuel et moral. Et ses discours s'appuyaient sur deux fondements : tantôt il me faisait sentir la faiblesse d'esprit qui résulte d'une ignorance particulière, et comment une intelligence ne saurait être cultivée, et atteindre avec aisance aux idées générales, s'il lui manque seulement un tour spécial, une manière différente des autres de les envisager ; tantôt je m'entendais reprocher une faiblesse d'âme, qui se détourne d'un effort justement parce qu'il est pénible, et je connaissais la vilaine défaillance d'une volonté, qui, n'étant soutenue ni par l'espoir du succès, ni par la curiosité, et livrée à ses seules forces, abandonne la lutte et s'avoue impuissante.

Ce n'est qu'un exemple, jeté là au gré de la mémoire qui me l'a rapporté, cueilli parmi bien d'autres, afin de réveiller, dans l'esprit de ceux qui liront ces lignes, tant de souvenirs semblables, tout prêts à en jaillir, dès qu'on les sollicite. Leur abondance et leur fidélité attestent assez la valeur d'une éducation qui peut offrir de tels rappels. C'est en s'adressant, d'abord, aux aspirations les plus hautes, aux sentiments les plus profonds, pour les émouvoir, et pour les éclairer, que l'enseignement catholique dresse des hommes capables d'être, parce qu'ils sont d'abord chrétiens, meilleurs artisans, meilleurs citoyens, meilleurs pères. D'autres peuvent, comme eux, posséder la volonté et l'amour du devoir accompli ; et ce serait une injustice que de dénier aux incroyants des vertus que nous ne pratiquons pas toujours. Le mérite personnel est une chose, l'utilisation de ce mérite en est une autre ; l'action poussée dans le sens qu'on juge le meilleur est une chose, l'intelligence de la meilleure action en est une autre. L'éducation chrétienne ne forme pas nécessairement des saints ; elle apporte à la fois une lumière et un soutien ; à l'individu de fournir son effort personnel, et d'utiliser les biens qu'on lui dispense. Il arrive que les âmes façonnées par elle ne soient pas assez fortes pour résister aux mauvais propos de la vie, se laissent effeuiller, même ne portent pas les fruits qu'on attendait ; mais le tronc n'est pas mort, ni la cime brisée. Et l'orage, s'il se déchaîne, révèle que cet arbre stérile tient au sol par de fortes racines et ne peut être renversé. Bien mieux, il fleurira, et cette floraison tardive ne sera pas moins belle, comme si toute la sève, contenue jusqu'alors, faisait soudain jaillir son flot. La puissance d'épanouissement d'une âme peut demeurer sans action, et sembler morte ; une nature hésitante, paresseuse ou lasse, peut laisser somnoler une force sans emploi, qu'elle ne sait porter en elle. Vienne l'heure où il ne s'agit plus de couler sa vie, mais de la vivre réellement, de la défendre, ou de la faire servir : dans l'être bouleversé jaillit, des profondeurs où elle reposait, l'âme véritable, l'âme de combat, qui, ne trouvant pas dans la paix de dignes travaux où s'exercer, s'était retirée sous sa tente. La paresse, l'orgueil, la crainte ou le dégoût des travaux médiocres et durs, lui avaient proposé cette lâche retraite. La vie intérieure, repliée sur elle-même, et jouissant de se contempler sans faire un geste, ou condamnée au silence par des instincts tout entiers tournés vers le plaisir, on ne peut ni la tromper sans cesse sur sa fin, ni lui imposer constamment une soumission honteuse. Qu'un grand événement rompe brutalement le cours facile de la vie, et impose soudain à l'esprit inactif l'examen du devoir, la lumière jaillit de cette confrontation, et l'âme ressuscite. Le fulgurant éclair des conversions consommées en une nuit, ne crée pas de toutes pièces une âme jusqu'alors quasi-inexistante. Il rassemble ces pièces abandonnées, les ordonne et les dresse, dans un brusque sursaut. De même, le coup de foudre de la guerre éclatant dans la quiétude, ne créa pas, mais proprement ressuscita bon nombre de cœurs amollis. Un sentiment paraît éteint, que le désir a cessé de tendre, ou que l'inquiétude n'émeut pas. Il n'est pas mort ; mais dans les mouvements continuels du cœur, ce n'est pas lui, fût-il le plus profond, s'il n'est en même temps, le plus directement sollicité, qui dirige les actes, oriente les passions, donne à l'âme le ton, à l'être son apparence. Et les sentiments les plus hauts n'étant pas, sauf dans les âmes d'élite, habituellement les plus poignants, ni apparemment les plus intéressés, il semble qu'ils soient étouffés sous des soucis médiocres ou de mesquins désirs, puisés à d'autres sources. Une crise renverse-t-elle l'ordre courant, soit dans la vie intérieure, soit dans la vie nationale, les sentiments fondamentaux, vite touchés, étouffent sous leurs vibrations, larges et graves, le petit concert quotidien, et l'on n'entend plus qu'eux. Tant valait la formation de l'âme, tant vaut alors la réaction, comme puissance et comme accord.

L'admirable assemblée des cœurs français, tous dressés d'un même sursaut à l'heure où la voix nationale domina les autres appels, reçut les coups qui frappaient la patrie, et s'offrit pour la défendre, chacun prêt pour le sacrifice, quel qu'il fût. Non sans douleur, non sans inquiétude, non sans regrets — car le sacrifice consenti ne rend pas insensible et détachée de tout l'âme prête à se dépouiller — mais sans hésitation, chaque Français donna qui son or, qui son temps, qui son dévouement, qui ses plus chères affections, qui sa vie même enfin ; et les plus misérables, ceux à qui doit aller la plainte la plus touchante, ne sont pas ces derniers, mais ceux-là qui, faute de pouvoir s'offrir en holocauste, portent la peine de survivre aux bien-aimés, et, qui, n'ayant donné qu'une part d'eux-mêmes, mais la plus précieuse, demeurent, l'âme mutilée et désormais sans joie.

Mais la grandeur d'un sacrifice ne se mesure pas seulement à la générosité de l'abandon consenti, ni à l'abondance des biens dont on subit la perte. Il vaut plus encore par le sens qu'on lui prête, et par la fin qu'on lui propose. Il en est — bien peu — qui sont allés au combat, parce qu'on les appelait, et par obéissance, sans ce frémissement profond du cœur tendu d'amour et d'indignation, où vibre, jusqu'à se briser, la corde qui résonne au beau nom de patrie. La plupart sont morts pour la France. Mais ce cri émouvant : la France ! de quelles substances diverses n'était-il pas pétri ? Tous n'ont pas su découvrir jusqu'au fond du fond, le tuf même et la superbe assise de l'édifice menacé : l'ordre européen compromis, la justice violée, le clair visage de la patrie souffleté, les foyers ébranlés, le lent ouvrage des aïeux voué à la destruction, la civilisation latine près de sombrer, d'autres idées plus nébuleuses, introduites par subterfuge dans un débat qui ne les touchait point, le simple sentiment enfin, qui fait se contracter, puis bondir un cœur de Français, dès que la France est en danger ; la Patrie, c'était tout cela. C'était quelque chose de plus.

Se faire tuer pour la France, parce qu'un grand péril la menace, et qu'elle appelle pour la défendre tous ses enfants, mourir par amour, voilà un trépas magnifique. Mais si nul autre sentiment ne dicte votre élan, et si la France vaincue, périt, malgré cela, votre mort est donc inutile ? Incertain de la réussite, de quelle angoisse vos derniers moments ne sont-ils pas empoisonnés ? Au contraire, se faire tuer pour la France, en songeant que Dieu, qui règle tout, et les destins des nations, et les mouvements du cœur le plus humble, c'est savoir que le sang versé, quelle que soit l'alternative, n'est pas du sang versé en vain. C'est connaître que Dieu réserve au sacrifice un usage précieux, et dont Il ne nous doit nul compte, soit que la victoire couronne l'effort, ou que tant de trépas élus soient le grain jeté dans la terre, d'où jaillira plus tard une moisson triomphante, ou le pesant tribut offert pour le rachat de fautes anciennes, qu'un beau geste inspiré par un grand sentiment effacera d'un coup. Promesse, expiation, sont les deux paroles sonores que frappe dans le temps, avenir et passé, aux termes de sa course, le balancier de la patrie, qui passe en son milieu, sur l'heure actuelle, où s'inscrit cette autre parole : défense.

Vaincus de 1870, votre mort a-t-elle abouti à la seule défaite ? Ou votre triste sacrifice a-t-il été le germe d'où est jaillie notre victoire ? Sans vous, notre superbe et coûteuse revanche eût-elle été égale à ce que nous l'avons vue ? N'a-t-il pas fallu que Dieu pesât votre courage, longtemps vain, les prières fleuries de notre terre, les anciens mérites de sa nation préférée, sa longue affliction, pour nous accorder un triomphe que l'insouciance, la lâcheté, les terribles erreurs, la carence criminelle d'un Etat pourri pendant quarante ans, rendaient presque impossible ? Et vous, nouveaux vainqueurs, avez-vous durant quatre années, souffert les pires maux, pour que la paix découronnât notre pays du diadème que la victoire avait posé sur son front pur et sanglant ?

Sans les vives lumières de la Foi, un patriotisme aux courtes vues se découragerait. Nul ne sait, qui consent un sacrifice, quelle sera sa vertu pratique. Il peut douter même qu'il en possède une. Le chrétien, lui, n'en doute pas. Toute offrande qu'il fait, il sait qui la reçoit, et que, versée au cœur de Dieu, elle sera, non seulement féconde, mais multipliée par la Bonté infinie de Celui qui en reçoit le don et s'en réserve l'usage.

C'est cela, en définitive, c'est cette certitude de voir récompenser ses mérites, et de savoir que Dieu tient compte de nos intentions, le grand bienfait que nous donne l'éducation religieuse. Je pense que c'est sa plus haute vertu. Elle a permis aux trois cent trente sept chrétiens dont les noms sont inscrits ici, de faire monter vers Dieu une âme dont la libération a exprimé tout le suc. Ils ne sont pas morts mieux que bien d'autres, avec un courage plus tranquille, un renoncement plus parfait, un plus brûlant amour. Ils sont morts plus utilement. Et nous qui survivons, et traversons des heures où le désespoir est aisé, nous devons à cette éducation d'espérer quand même dans les destins de la France immortelle, et de considérer ces tombes encore entr'ouvertes avec l'assurance consolante que tout n'a pas péri de ceux qui y reposent.

L. MARTIN-CHAUFFIER.

DÉDICACE

" Inde salus ; inde victoria ! "   *A nos anciens maîtres.*

Au prix de quel labeur jetiez-vous la Semence
Dans l'âme vierge encor de vos adolescents !
Or, dès qu'elle y germait, les appels incessants
D'un Siècle trop frivole, arrêtaient sa croissance...

Voici que, sous le coup de dangers si pressants
Qu'ils semblent du Pays menacer l'existence,
Elle a poussé soudain, dans une efflorescence
D'héroïques soldats, de chrétiens agissants.

Ils font, sans hésiter, hommage de leur vie
A la France en détresse, et leur plus chère envie
Est, à travers le feu, d'en consommer le don ;

Mais le sang des martyrs, dont le cri salutaire
S'élève jusqu'au Ciel, obtient notre pardon ;
Et la Paix, en triomphe, arrive sur la terre.

SAINT-FRANÇOIS-XAVIER DE VANNES
AU CHAMP D'HONNEUR 1914-1918

D'ABOVILLE, Jean-Marie-Xavier

Lieutenant au 5ᵉ régiment d'artillerie lourde. — Chevalier de la Légion d'honneur.

Né à Paris, le 8 décembre 1890, élève à Saint-François-Xavier en 1901-1907 ; élève de l'Ecole polytechnique 1912-1914 ; sorti en 1914, il avait opté pour la marine, mais à la mobilisation il fut affecté au 5ᵉ régiment d'artillerie lourde.

Dès son entrée en fonctions, le lieutenant d'Aboville se fit remarquer par des qualités militaires exceptionnelles. Doué d'une très vive intelligence, il s'était assimilé rapidement toutes les questions techniques. Très estimé de ses camarades, adoré de ses hommes, animé d'une bravoure à toute épreuve, il réalisait le type accompli du véritable officier de guerre. Depuis l'entrée en ligne des batteries de 95, le lieutenant d'Aboville s'est toujours montré à la hauteur des circonstances.

Il savait que le 4ᵉ groupe avait reçu la mission de détruire l'artillerie ennemie par tous les moyens possibles, il s'y était donc employé avec ardeur. Chaque fois qu'il avait été désigné à la découverte des objectifs d'artillerie, il allait dans les endroits les plus périlleux avec un calme extraordinaire jusqu'au fond des tranchées les plus rapprochées de l'ennemi, entraîné d'ailleurs en cela par l'exemple de son capitaine.

Le 24 octobre 1914 à 16 heures, le colonel Maillard, commandant les tranchées d'infanterie devant la ferme de Confrécourt, prévenait par téléphone le commandant du groupe de 95 que les Allemands s'installaient en grand nombre dans de nouvelles tranchées et qu'il y avait lieu d'envoyer un observateur d'artillerie sur ce point. Le message téléphoné était transmis aussitôt au capitaine commandant la 10ᵉ batterie, qui était placée en surveillance dans cette zone, et le lieutenant d'Aboville était désigné par son capitaine pour remplir cette mission. Dès son arrivée aux tranchées, d'Aboville s'était mis en mesure de découvrir le nouvel objectif, et pour cela il fallait élever la tête au-dessus du terrassement. Pressé par les circonstances, il n'hésite pas à remplir hardiment son devoir ; immédiatement il fut frappé par une balle en plein front, la mort fut instantanée.

Extrait du discours prononcé par le capitaine Boullu faisant fonctions de chef d'escadron, sur la tombe de Jean d'Aboville, à Berny-Rivière, canton de Vic-sur-Aisne (Aisne).

Jean d'Aboville était d'une société particulièrement agréable par sa grande gaieté, son esprit très joyeux et ouvert, qui voyait toujours le bon côté des choses, qui cherchait ce qu'il y avait de bien dans les événements, et qui trouvait moyen de s'arranger de ce qu'il pouvait y trouver de mal.

Comme exemple de sa façon de pratiquer la camaraderie, je me rappelle qu'il me fit l'aider à ramener dans le droit chemin, un de ses camarades que l'oisiveté du dépôt et la longueur de l'attente avaient entraîné dans des fréquentations peu recommandables.

Il était toujours serviable et attentif pour les gens dans l'embarras ou peu sûrs d'eux. Et en même temps, souvent son indépendance d'esprit, son souci de la justice le rendaient chatouilleux, et prompt à se cabrer quand il lui venait d'un supérieur un ordre inconsidéré ou un reproche non mérité.

Son capitaine, qui avait un très haut sentiment du devoir militaire, qui reconnaissait les belles dispositions militaires qu'il y avait chez d'Aboville, et qui prenait à tâche de les développer, se montrait souvent exigeant pour lui, et ne craignait pas de lui demander de gros efforts. Chaque fois que cela lui semblait un peu injuste ou excessif, d'Aboville avait un mouvement d'indignation, et j'avais assez son amitié pour qu'il me dise toujours ce qu'il pensait ; j'aimais bien dans ces cas-là le calmer, lui expliquer. Et de très bonne foi, avec un très bel esprit de devoir et de discipline, il reconnaissait toujours ce qu'il avait à faire, et le faisait avec entrain.

Quand nous sommes venus sur le front en fin de septembre, il s'est donné avec ardeur à sa besogne. Il le faisait avec une sympathie et une conviction particulières, en pensant à son père et à ses frères qui avaient déjà pris leur douloureuse part dans la lutte. Surtout quand il s'agissait pour notre artillerie de venir en aide à l'infanterie, de battre certaines tranchées ou certaines mitrailleuses allemandes, il y allait avec plus d'entrain.

Au foyer familial, au collège, au régiment, Jean d'Aboville remplissait ses devoirs religieux sans ostentation. Il suivait l'exemple du général d'Aboville, son père, et de ses frères. Pendant les vacances, il aimait à se rendre à pied et à jeun à la basilique de Sainte-Anne d'Auray, située à quatre lieues du château de Kerentrec'h.

À l'École polytechnique il s'occupait activement de la Conférence de Saint-Vincent de Paul et y mettait beaucoup de cœur et de dévouement.

Arrivé sur la ligne de feu, il avait fait faire des croix par le charpentier de sa batterie pour les placer sur les tombes. La première a été placée sur la sienne.

D'un commun accord les officiers des trois batteries ont versé une somme égale pour faire dire des messes en souvenir de leur vaillant camarade, et par une attention touchante, l'allée de service qui longe les pièces a été baptisée : l'Allée d'Aboville.

Il repose dans le cimetière de Berny-Rivière, près de Vic-sur-Aisne, chef-lieu de canton de l'Aisne.

Citation à l'ordre de la 6ᵉ armée :

Le 24 octobre 1914, a reçu l'ordre d'aller dans une tranchée avancée de nos lignes d'infanterie observer notre tir sur des tranchées allemandes en pleine activité. Rendu à destination, n'écoutant que son courage, pressé de remplir sa mission avant la chute du jour, il exposa sa vie à plusieurs reprises pour mieux voir l'objectif ennemi à 250 mètres seulement. C'est alors qu'il fut atteint d'une balle au front, qui l'étendit raide mort.

(Officiel, 9 décembre 1914, page 9073).

La croix de chevalier de la Légion d'honneur, à titre posthume, est venue récompenser son beau dévouement et adoucir un peu l'immense douleur de ses chers parents auxquels nous présentons nos plus respectueuses condoléances.

ABRIAL, Hervé-Marie-Paul-Ange
Capitaine au 103ᵉ régiment d'artillerie lourde.

Né à Vincennes, le 1ᵉʳ janvier 1869, il étudia au Collège Saint-François-Xavier de 1877 à 1881, à Vannes, où son père commandait le 28ᵉ régiment d'artillerie. Il entra au service en novembre 1890, au 35ᵉ régiment d'artillerie ; il était capitaine au 4ᵉ régiment d'artillerie à pied, à Lorient, lors de la déclaration de guerre. Il partit avec ce régiment et passa en 1915 au 103ᵉ régiment d'artillerie lourde. Il est nommé en juillet de cette même année, chevalier de la Légion d'honneur et reçoit, en même temps, la croix de guerre avec palme.

L'extrait suivant d'une lettre de M. l'abbé Madec, vicaire à Inzinzac, qui fit la campagne avec lui, nous donne des détails précis sur sa mort, en faisant le plus grand éloge de son noble caractère, de sa bravoure remarquable et surtout de sa ferveur de chrétien.

« Parti avec une batterie composée de Bretons, il ne voulut jamais les quitter et déclina même le grade de commandant, en septembre 1914, pour ne pas en être séparé. Aussi tous avaient en lui la plus grande confiance. Dans les moments les plus difficiles, il faisait preuve du plus grand courage : témoin la journée du 22 août 1914 où l'on était sur le point d'être cerné, à Arancy. Armé de son revolver, il monte sur l'affût d'un canon et invite tous ses hommes à se défendre ; puis celles des 29 et 30 août où nous étions sous un bombardement intense et continuel. Plusieurs de ses soldats sont blessés et deux sont tués ; mais pour encourager les autres, il se met lui-même dans les postes les plus dangereux, ainsi que l'atteste sa première citation. Pendant tout le reste de la campagne, il fut animé de la même bravoure, quelquefois même un peu imprudente, tant il était insouciant du danger. Pendant ses missions de reconnaissance on tremblait pour lui, mais il avait un calme et un sang-froid qui faisait l'étonnement et l'admiration de tous. Aussi lorsque le dimanche 27 août 1916, un obus de gros calibre éclata sur son abri et le tua sur le coup, personne ne pouvait croire à la réalité du fait : lui qui avait été si souvent exposé au danger, trouver ainsi la mort dans un endroit où l'on se croyait bien en sûreté !

Pour lui témoigner leur affection, tous ses soldats voulaient assister à son enterrement, et, pour ne pas abandonner la batterie, il fallut une décision du lieutenant désignant ceux qui devaient l'accompagner au cimetière.

« Le capitaine Abrial était non seulement un bon chef, mais aussi un catholique fervent. Dans les moments de danger, je l'ai vu visiter ses hommes et se promener dans la batterie, en récitant son chapelet. Une de ses plus grandes joies était de recevoir les prêtres soldats et de leur procurer tout ce qui était nécessaire pour la célébration de la sainte Messe. Dans les secteurs où nous séjournions quelque temps, il faisait toujours construire une chapelle, et la statue de sainte Anne dominait toujours l'autel.

« Le capitaine Hervé Abrial a été tué à Flancourt-contre-Biaches (Somme) et repose dans le cimetière de Cappy (Somme). Il laisse une veuve et quatre enfants. »

Citation :

Capitaine Hervé Abrial a montré depuis le début de la guerre dans des circonstances très difficiles les plus grandes qualités de calme et de courage. Excellent officier, a toujours fait preuve d'une grande bravoure et a su obtenir de sa batterie une attitude parfaite au feu.

(Officiel du 14 juillet 1921).

Ordre de l'armée, au quartier général le 10 septembre 1916. Le général Fayolle, commandant la 6ᵉ armée.

N'a cessé de donner des preuves de belles qualités militaires qui lui ont déjà valu une citation à l'ordre de l'armée. Méprisant le danger, s'exposant souvent d'une façon téméraire pour inspirer confiance à ses hommes, est tombé le 27 août 1916, en dirigeant un tir sous un feu violent de l'ennemi.

D'AMÉCOURT (DE PONTON), MARIE-JOSEPH-MAURICE

Lieutenant-Colonel au 1ᵉʳ régiment de chasseurs à cheval. Officier de la Légion d'honneur.

Né à Mitau (Courlande-Russie), le 31 mai 1855 ; élève à Saint-François-Xavier de 1869-1871.

Son père, revenu en France, ayant été nommé ingénieur en chef des Ponts-et-Chaussées au Mans, il termina ses études au Collège de Sainte-Croix. Élève à l'École militaire de Saint-Cyr, promotion de 1878-1880, en 1881 il fut nommé sous-lieutenant au 9ᵉ cuirassiers, puis lieutenant au 29ᵉ dragons, capitaine en 1892. Il recevait la croix de la Légion d'honneur en 1902. En 1907, il était nommé chef d'escadron, enfin lieutenant-colonel en 1912.

Le colonel d'Amécourt, d'une éducation et d'une distinction parfaites, était avant tout l'homme du devoir, s'affirmant dans toutes les garnisons où il avait séjourné, grand chrétien et grand Français.

Tout jeune officier, les généraux Grosjean, Jeantet, de Laffont le prirent comme officier d'ordonnance, et il gagna bien vite l'estime de ses chefs et de ses subordonnés. Sa nature droite et simple ne le portait pas aux démonstrations extérieures, mais son affabilité, son empressement à rendre service à tous ceux qui avaient besoin de son concours lui gagnèrent l'estime et l'admiration de tous, surtout des plus humbles auxquels il aimait à venir en aide.

C'était un chef admirable très aimé de ses hommes, dont il prenait grand soin.

A la déclaration de guerre, le lieutenant-colonel d'Amécourt tenait garnison à Châteaudun. Il quitta cette ville le 16 août 1914 à la tête des escadrons de réserve attachés à la 54ᵉ division d'infanterie.

La veille de son départ, il avait communié avec sa femme et son dernier fils, reçu à Saint-Cyr, et qu'il venait d'engager dans son régiment ; ses deux fils aînés étaient déjà partis pour le front.

Le 23 août, son régiment se trouvait dans la Meuse à Epincourt. Le colonel d'Amécourt passait en revue les différents postes établis dans le parc du château, tout à son devoir, uniquement occupé de la sécurité des autres et ne pensant nullement à la sienne, lorsqu'un premier coup de canon se fit entendre et l'obus éclata non loin de lui. Le colonel tomba très grièvement blessé, un éclat de projectile venait de lui perforer le foie. Il fut transporté immédiatement à Verdun, à l'hôpital de Miribel, où malgré les soins qui lui furent prodigués, il expira le 27 août. Pendant ces trois dernières journées, il reçut avec le plus grand calme et une profonde piété les secours de la religion ; ses dernières paroles auraient été : « J'ai fait mon devoir ; mes fils feront le leur. »

Le colonel d'Amécourt avait épousé mademoiselle Lyautey, sœur du général Lyautey, gouverneur du Maroc en 1914 ; de ce mariage il eut trois fils dont deux ont été victimes de cette horrible guerre.

Le premier, pieux comme un ange, sortait de l'Ecole polytechnique ; il était lieutenant dans une escadrille de répérage, lorsqu'il tomba avec son appareil en flamme dans la Somme. Deux ans après, le second trouvait aussi une mort glorieuse.

AUBERTIN, Jules-Auguste-Marie
Caporal au 21ᵉ régiment d'infanterie coloniale.

Né à Fontenay-le-Comte le 20 avril 1888, élève du Collège Saint-François-Xavier de 1898 à 1902, Jules Aubertin ayant obtenu un sursis pour accomplir son service militaire, était étudiant en médecine, avant la déclaration de guerre ; il s'était aussi fait inscrire, en janvier 1913, à l'Institut catholique de Paris, pour y préparer sa licence de philosophie ; incorporé au 21ᵉ régiment d'infanterie coloniale, au fort d'Ivry près Paris, au mois d'octobre 1913, il partit pour le front, en qualité de caporal, avec ce régiment, dès le début des hostilités.

Les quelques phrases suivantes extraites des lettres qu'il écrivait à son excellente mère en août 1914, nous montrent combien étaient admirables ses sentiments de foi, de patriotisme et d'humilité chrétienne :

« J'ai combattu le bon combat, j'ai conservé la foi. Seigneur, je remets mon

« âme entre vos mains..... Réconcilié avec mon Dieu, fidèle à ma dévotion à la
« Très Sainte Vierge, avec quel courage n'accomplirai-je pas tout mon devoir de
« soldat et de chrétien... Et si mon sang doit être versé demain, que ce soit la plus
« noble et la plus réparatrice des expiations. »

Il est tombé au champ d'honneur, au bois d'Hanzy, en Argonne, le 8 octobre
1914 et la citation suivante qui accompagnait la médaille militaire et la croix de
guerre conférées à sa mémoire par le ministre de la Guerre, les 6 mai et
19 novembre 1919, fait le plus bel éloge, quoique sous une forme très laconique,
de ce bon et vaillant soldat :

*« Excellent gradé, courageux et dévoué. Tombé glorieusement le 8 octobre 1914,
au bois d'Hanzy. »*

Voici, d'après une lettre d'un de ses camarades adressée à Mme Aubertin, des
détails plus précis sur sa mort : « Nous étions dans le bois d'Hanzy, le 8 octobre
« vers 1 h. 1/2 de l'après-midi. Votre fils se trouvait aux avant-postes des tran-
« chées, lorsqu'un coup de fusil tiré par les Allemands blessa un de ses cama-
« rades. Votre fils se porta immédiatement vers lui et était occupé à le panser,
« quand une deuxième balle tirée également par les Allemands, l'atteignit dans
« les reins. Il tomba à la renverse et expira, cinq minutes après. D'après un de
« ses camarades, ses dernières paroles furent : « Ma pauvre mère ! » Il a été
« enterré tout près du lieu où il est tombé, et sur sa tombe on a planté une croix
« portant son nom et le numéro de son régiment. » Cette fin si belle valait assurément d'être rappelée, pour l'édification de ses amis et condisciples.

<hr>

DE BACOURT (FOURIER), PIERRE, JULES, ANTOINE
Sous-Lieutenant au 42ᵉ régiment d'infanterie.

Né à Mâcon, le 23 octobre 1892, il fut élève de Saint-François-Xavier de 1901
à 1904. Entré à Saint-Cyr en 1913 (promotion de la Croix du Drapeau), il en sortit
le 2 août 1914 et fut nommé sous-lieutenant au 42ᵉ de ligne, à Belfort. Sept jours
après, le 9 août, il tombait frappé d'une balle dans la tête à Habsheim (à l'est de
Mulhouse et à la lisière de la forêt de la Hardt) en exécutant une reconnaissance.
Il avait fait partie de la première offensive en Alsace, dirigée par le général d'Amade.
Cité ultérieurement à l'ordre du corps d'armée, avec attribution de la Croix de
guerre, la belle mention suivante vient honorer sa mémoire, et la Croix de la
Légion d'honneur à titre posthume couronne sa courte carrière militaire, le
8 novembre 1919 :

*« Officier d'une haute valeur, s'est distingué dans les durs combats du début
de la campagne. Tué glorieusement, le 9 août 1914, à Dornach, au cours d'une
reconnaissance dans les lignes ennemies. »*

Signé : PÉTAIN

Les extraits suivants de lettres de sa chère mère, nous donnent une idée du caractère sérieux et brave de ce jeune martyr :

« *30 janvier 1915.* — Nous avons été très touchés de votre compassion à notre affreuse peine. Notre bon Pierre bien aimé était la joie et l'espoir de notre avenir. Je retrouve parfois dans ses lettres des pages charmantes toutes vibrantes de patriotisme et de dévouement, qui révèlent le fond du cœur de mon pauvre petit si modeste et si doux. Je garde pour votre cher fils une sympathie toute particulière pour l'affection qu'il inspirait au mien. Ils auraient eu du plaisir à se retrouver plus tard dans la vie, et à rappeler leurs souvenirs d'amitié confiante. »

« *5 août 1917.* — Il y a eu hier trois ans que mon bon Pierre nous a dit adieu, calme et souriant, mais n'ayant pas, comme d'autres, l'illusion d'une victoire prochaine ; il avait vu l'Allemagne et se rendait compte de sa force. Esprit réfléchi, il parlait peu et s'en allait bravement au devoir. »

BARBEDOR, Camille-Emmanuel-Félix-Marie
Soldat au 202ᵉ régiment d'infanterie.

Né à Montfort-sur-Meu (Ille-et-Vilaine) le 7 mai 1887, il fut élève du Collège Saint-François-Xavier de Vannes de 1903 à 1904, en 3ᵉ année du cours de marine. Son père avait aussi étudié dans notre cher collège de 1858 à 1859 ; il était entré dans la magistrature et avait pris sa retraite comme juge à Montfort-sur-Meu, lieu de naissance de son fils.

Nous n'avons pu nous procurer de détails sur la fin tragique de Camille Barbedor. Tout ce que nous savons sur lui, c'est qu'il fut tué à l'ennemi, le 29 août 1914, à Noyers-Pont-Maugis (Ardennes), qu'il fut l'objet d'une citation le notant « bon et brave », et que la Médaille militaire, à titre posthume, est venue récompenser son dévouement et honorer sa mémoire.

BARBEY, Jules-André
Chef de bataillon au 418ᵉ régiment d'infanterie,
officier de la Légion d'honneur et Croix de guerre.

Né au Mans (Sarthe) le 3 août 1855, étudia à Saint-François-Xavier de Vannes, de 1866 à 1873 et se fit bien vite remarquer par sa vive intelligence, la franchise de son caractère et surtout une grande piété. — Sorti de Saint-Cyr (promotion 75-77) il fut nommé sous-lieutenant d'infanterie. Bientôt il se trouve obligé de prendre un congé de trois ans, après une crise terrible de rhumatismes, suite des fatigues éprouvées par lui, au cours d'une grève. Se trouvant à peu près rétabli, il est nommé capitaine au 54ᵉ d'Infanterie à Compiègne. C'est là que vers 1909, il a été atteint par la limite d'âge de commandant et s'est retiré à Orthez, près de son frère.

« Pendant son séjour à Compiègne, nous écrit un de ses bons amis, M. le comte du Plessis d'Argentré, André était ce que j'avais connu jadis, un excellent camarade, très aimé de tous, et très estimé comme officier, car on reconnaissait sa valeur. Il avait conservé les pieuses traditions de sa jeunesse et ne craignait pas, même sous le régime du Général André, de se montrer assidu à la messe, le dimanche. Il avait repris du service, au moment de la mobilisation et m'a écrit trois fois pendant la campagne : voici une de ses lettres.

Secteur 166, le 12 juin 1915. — 44ᵉ régiment d'infanterie.

Nous venons de revenir de Belgique où nous avons fait de bonne besogne ; je crois que nous n'en ferons pas de moins bonne ici, car j'ai une troupe étonnante et qui rend tout ce qu'on veut. Mon régiment a écopé ferme, hélas ! le premier jour de notre arrivée là bas : le colonel tué, un chef de bataillon tué, un autre blessé ! J'ai commandé le régiment pendant huit jours, ce qui m'a valu la rosette. Tout le monde est charmant pour moi. Je remplis maintenant les fonctions de lieutenant-colonel, ce qui me permet de me soigner un peu, car j'ai mon rhume des foins annuel. J'espère que nous allons continuer à défoncer les Boches ; mais que ces mâtins sont coriaces ! »

J'ai reçu encore de lui une dernière carte, le 13 septembre 1915. Il croyait aller au repos, et par le fait, je crois qu'il a été tué deux jours après en Champagne. Un de ses officiers, blessé le même jour que lui, m'a raconté, qu'allant au feu, une canne à la main, il avait été blessé à la hanche d'un éclat d'obus. Il s'était traîné dans un entonnoir et là, se sentant mortellement atteint, exhortait ses hommes, demandait pardon à Dieu et faisait publiquement sa confession, n'ayant pas de prêtre pour le secourir. La miséricorde de Dieu a dû être grande pour lui, car c'était un homme droit et brave s'il en fût, et son sacrifice était volontaire. »

Nous avons également reçu de M. le curé archiprêtre d'Orthez, la note suivante :

« Le commandant Barbey avait repris du service quoique en retraite et dégagé de toute obligation militaire, il a été tué d'un éclat d'obus en octobre 1915, après avoir mérité deux fois d'être cité à l'ordre de l'armée pour avoir donné l'exemple de toutes les vertus militaires. Blessé mortellement en entraînant ses hommes à l'assaut, il montra un calme admirable, leur distribuant en souvenir les éclats du projectile qui venait de le frapper. »

DE BEAUDRAP, JEAN-MARIE-JOSEPH-SOSTHÈNE
Caporal au 136ᵉ régiment d'infanterie
Mort pour la France à l'ambulance d'Hubarcq (Pas-de-Calais).

———

Né à Macey (Manche) le 21 juin 1888, élève à Saint-François-Xavier de 1896 à 1904.

Son père, capitaine au 116ᵉ d'infanterie, avait été commandé pour l'expulsion des Frères de l'Instruction Chrétienne de Ploërmel. Profitant d'une irrégularité dans la réquisition, il refusa de marcher, et fut mis en retrait d'emploi par le Ministre de la Guerre. Ne voulant plus rester en France, il pensa s'établir au Canada, dans la province de l'Alberta et y envoya ses deux aînés Pierre et Jean ; ce dernier termina ses études au collège des Jésuites de Winipeg. M. de Beaudrap étant mort en 1908, les deux frères s'associèrent et se livrèrent à l'élevage du bétail.

Au premier bruit de la mobilisation en France, ils s'embarquèrent, et, dès leur arrivée, demandèrent à s'engager dans la cavalerie, mais sur les observations qui leur furent faites, ils s'enrôlèrent au 136ᵉ d'infanterie en garnison à Saint-Lô.

Jean gagna bien vite ses galons de caporal, et faisait partie d'un groupe de volontaires devant occuper tous les postes périlleux. Sous une pluie de balles, il alla chercher, et rapporta sur ses épaules son lieutenant, puis son frère, blessés dans la même attaque.

Atteint d'une pneumonie contractée dans les tranchées, de Beaudrap mourut dans les sentiments de la plus vive piété le 1ᵉʳ mars 1915, à l'ambulance d'Hubarcq (Pas-de-Calais).

Dès son arrivée il sentit qu'il était perdu, il demanda l'aumônier, et s'entretint longuement avec lui ; le lendemain celui-ci devait lui porter le Saint-Viatique, mais une crise l'emporta au milieu de la nuit. Ses dernières paroles furent : « J'ai toujours bien vécu, je meurs en bon chrétien. »

———

DE BEAUFORT (GROUT), JOSEPH-MARIE
Capitaine au 33ᵉ régiment d'artillerie.

———

Né à Paris le 6 février 1885, élève au cours de marine à Saint-François-Xavier 1900-1903, élève de l'Ecole centrale des Arts et Manufactures (promotion de 1908), tué à l'ennemi le 13 octobre 1916.

Parti le premier jour de la mobilisation comme lieutenant au 33ᵉ d'artillerie, Joseph de Beaufort a pris part à la plupart des grandes actions qui ont eu lieu sur le front français.

Il était en Lorraine en août 1914, à la Marne en septembre, à l'Yser, ensuite, puis dans le Nord aux deux offensives de 1915, à Verdun en mai 1916 et enfin à la Somme où il fut tué le 13 octobre, le lendemain de sa nomination au grade de capitaine.

Deux de ses frères étaient avant lui morts au champ d'honneur.

Ce qu'il était comme officier, tous ceux qui l'ont connu peuvent l'imaginer, et aucun d'eux ne sera surpris des termes dans lesquels il fut cité à Verdun à l'ordre du jour de la division, en mai 1916 : « *Excellent officier de réserve, sur le front depuis le début de la campagne, n'a cessé de rendre les meilleurs services; s'est particulièrement distingué dans les combats du 21 avril au 18 mai, en assurant sous de violents bombardements l'exécution des tirs prescrits* », et à l'ordre du jour de l'Armée le 16 novembre 1916 : « *Officier de haute valeur, d'un calme et d'un sang-froid admirables, s'est particulièrement distingué en Belgique et à Verdun. Tué glorieusement à son poste de combat le 13 octobre 1916* (Bataille de la Somme). »

Mais rien ne dira mieux qui était, Joseph de Beaufort que ces quelques lignes extraites des lettres écrites par ceux qui furent ses chefs immédiats pendant la guerre. Le colonel me le présenta en ces termes :

« C'est un officier d'élite. »

« Prenant un commandement nouveau en pleine bataille, il s'est affirmé tout de suite « chef énergique, au coup d'œil sûr et à la décision prompte. Il a conquis ses hommes qui l'ont regretté comme s'il avait passé plusieurs mois avec eux.

« Cette tragique nouvelle frappa le régiment de stupeur : il était tellement estimé : Et encore peu connaissaient la bonté de cette âme très élevée et très fière, mais si noble et si bonne. »

Ajouter quelque chose à de pareils éloges ne pourrait que les affaiblir ou les déflorer. Mais s'ils disent si bien ce que fut notre camarade comme officier, ils laissent deviner ce qu'il pouvait être dans la vie civile.

Fils d'une mère admirable qui, restée veuve, sut merveilleusement diriger les six fils et les trois filles que Dieu lui avait laissés. Joseph de Beaufort avait une âme digne du beau nom qu'il portait, digne aussi de l'éducation qu'il avait reçue.

Aussi dès sa sortie de l'Ecole centrale abordait-il bravement la vie, embrassant à la fois ses satisfactions et ses joies, comme ses labeurs, ses responsabilités et ses devoirs.

Il se maria et entra dans l'industrie.

Ce qu'il aurait été comme industriel, la mort ne nous a pas permis de le savoir, mais il donnait les plus belles espérances : d'esprit calme et réfléchi, de jugement sain, au lieu d'essayer de conduire lui-même, il se laissait diriger par une main dont il avait reconnu la sûreté et l'expérience. Pendant ce temps, il se recueillait, observait, s'instruisait, se préparant ainsi aux lourdes charges futures. Ceux qui étaient chaque jour à ses côtés savent bien quel appui il aurait été pour eux dans l'avenir et quel bel édifice on pouvait construire sur les solides bases qu'il établissait en lui-même.

Dans la vie de famille, il était tout autre : il se sentait sûr de lui. Profondément croyant, mettant sa vie toute entière en parfait accord avec sa foi, il avait des idées très nettes sur ses devoirs.

Les directions qu'il avait reçues enfant ou jeune homme, de sa mère et de ses maîtres, la preuve de leur excellence qu'il voyait se confirmer chaque jour autour de lui, l'empêchaient d'hésiter sur la voie à suivre. Aussi était-il pour son foyer — il avait 3 enfants à vingt-neuf ans — un chef et un soutien.

On sentait qu'il aurait élevé noblement ses enfants, noblement parce qu'il en aurait fait des êtres de cœur, de vaillance et de devoir, et il n'y a pas de plus belle ambition au monde.

Il n'est plus là, mais il semble qu'en partant il a laissé dans son foyer une telle empreinte de sa maîtrise dans l'art de le diriger, une telle empreinte de l'élévation de son caractère, que la douce et bien-aimée femme auprès de laquelle Dieu l'avait amené comme par la main, ne sera pas tout à fait seule pour accomplir la tâche qui lui incombe désormais.

Que ces quelques lignes, dictées plus encore par la sincérité de l'esprit que par l'affection fraternelle du cœur, soient pour elle non pas une consolation, parce qu'elles disent trop la perte qu'elle a faite, mais un encouragement à porter altièrement sa douleur et à continuer vaillamment son œuvre. Que plus tard elles soient pour ses enfants une exhortation à être fiers de leur nom, fiers d'avoir un tel père, à être surtout dignes de lui, de son caractère et de ses exemples.

J. PERNOLLET.

Bulletin de *l'Association amicale des élèves de l'Ecole centrale*, 48ᵉ année, n° 372, décembre 1916, p. 118 et suiv.

DE BEAUMONT (BONNIN DE LA BONNINIÈRE)
GUY-JOSEPH-MARIE-PAUL

Lieutenant au 18ᵉ régiment de dragons.

Né à Paris le 27 mai 1889, élève de l'Ecole Saint-François-Xavier de 1904 à 1906, élève de l'Ecole Sainte-Geneviève, reçu à l'Ecole militaire de Saint-Cyr en octobre 1909, fait son année de régiment au 1ᵉʳ dragons à Joigny (Yonne), sous-lieutenant au 5ᵉ dragons à Lure (Haute-Saône), en 1913.

Au commencement des hostilités, le 7 août 1914, il entre en Alsace et se fait remarquer par sa parfaite insouciance du danger et un calme admirable qui lui donne en toutes circonstances la plus grande clairvoyance de la situation où il se trouve.

Devant Pfetterhausen, son escouade se heurte à un violent feu d'infanterie : de Beaumont se porte droit sur les maisons et s'approche jusqu'à pouvoir compter les tireurs ; quand il revient, trois de ses hommes sont tombés, son cheval a la joue perforée d'une balle, froidement il rend compte de ce qu'il a vu... Le village est enlevé.

Quelques jours plus tard, après avoir tenu 48 heures un petit poste très périlleux en face d'Huningue, il rejoignait son escadron. Il aperçoit une patrouille de cavaliers ennemis, il fond dessus, abat d'un coup de revolver le sous-officier qui la commande, mais roule sous son cheval qui vient de glisser dans un tournant, il se dégage, le genou ensanglanté, n'abandonne pas la poursuite, et peu après revient avec trois prisonniers.

Tel fut Guy, pendant les deux premiers mois de la guerre, tant en Alsace qu'en Artois, où le 10 octobre 1914, au combat de Foncquevillers (Pas-de-Calais), il reçoit quatre blessures, trois aux jambes et une à la tête.

Transporté le 12 à l'ambulance d'Alençon, tout faisait espérer sa guérison, lorsque son état s'aggrava subitement.

Il succomba le 15 novembre. La veille il demandait lui-même l'aumônier de l'hôpital et mourait dans les sentiments de la plus vive piété.

Au régiment comme au collège, il se montra toujours fidèle à l'éducation qu'il avait reçue, par la délicatesse de ses sentiments et par la pratique régulière de ses devoirs religieux.

(Extrait de l'allocution prononcée à ses obsèques par le capitaine Neveux)

Sa dépouille mortelle repose au cimetière de Moëlan (Finistère), sur cette terre de Bretagne qu'il avait tant aimée.

Ordre du jour de la division :

Officier de premier ordre, s'est distingué une première fois le 7 août 1914 au passage de la frontière, en se lançant à la tête de son peloton en fourrageurs pour reconnaître les abords de la route de Pfetterhausen et les lisières des bois d'où partait une vive fusillade, et plus tard aux batailles de Saint-Dié (Vosges) et de la Marne; est mort des blessures reçues le 10 octobre à Foncquevillers (Pas-de-Calais, arrondissement d'Arras).

BEAUVALLET (l'Abbé), François-Marie

Soldat au 148ᵉ régiment d'infanterie, en décembre 1914,
puis au 28ᵉ régiment d'artillerie lourde, en 1915.

Né à Vannes, le 27 mai 1888, il fut élève de Saint-François-Xavier de 1900 à 1907. A Saint-François-Xavier, lisons-nous dans la *Semaine Religieuse de Vannes*, il fut, au dire de tous, un excellent élève, pieux, intelligent, laborieux, mais un peu taciturne pendant les récréations. Il craignait, sans doute, pour son autel, son mois de Marie ou sa crèche, la main indiscrète d'un petit frère ou d'une petite sœur. Ou plutôt n'éprouvait-il pas, dans ces moments où la prière et l'étude n'occupaient pas son esprit et son cœur, cette angoisse secrète qui rembrunit le front des étudiants les plus joyeux, lorsqu'ils pensent aux sacrifices que toute la famille doit s'imposer pour permettre au pauvre « Kloireg » de suivre l'appel de Dieu? Cette épreuve qu'il rappelait souvent, afin de mieux exalter le courage, l'esprit de foi, de sa bonne mère, restée veuve avec quatre jeunes orphelins, ne devait qu'attirer son zèle à aplanir la voie aux élèves dont il eut à s'occuper pendant son court ministère.

Après avoir passé quelques mois à Saint-Patern, comme vicaire auxiliaire, il fut nommé vicaire à Notre-Dame-du-Pont, à Lanester près Lorient, en juillet 1912. C'est dans ce poste que le trouva la déclaration de guerre, déjà sérieusement atteint du mal qui devait le terrasser bien peu de temps après : « En sonnant le tocsin de la mobilisation, disait-il quelques jours avant de mourir, j'avais comme un pressentiment que je sonnais mon propre glas ». Deux séjours à la caserne, relativement courts, mais trop longs, hélas ! ont assurément abrégé son existence. A la stupéfaction générale, il fut pris dans le service armé en décembre 1914. Un premier séjour dans l'infanterie, en mars 1915, ébranla sa santé si délicate ; une autre période dans l'artillerie lourde, l'année suivante, la brisa complètement. Depuis cette époque, en effet, lui seul comptait sur sa guérison. Cette illusion commune, paraît-il, à ceux qui sont atteints du même mal, il la garda jusqu'à la fête du Sacré-Cœur. « Je crois, disait-il la veille, que le bon Dieu m'accordera une grande grâce demain ». Le lendemain, il remerciait le bon Dieu de lui avoir fait comprendre que ses jours étaient comptés, qu'il était inutile de recourir aux remèdes humains ; aussi le priait-il d'éloigner de son esprit toute pensée qui ne se rapportât pas à Lui. Ce jour-là il reçut les derniers sacrements avec une piété angélique. Ayant gardé toute sa lucidité d'esprit jusqu'au dernier soupir, il avait pour chacun de ses visiteurs une de ces bonnes paroles qu'on n'oublie jamais. Dans la soirée du 28 juin 1917 il rendit sa belle âme à Dieu, à l'instant même où les enfants du patronage qu'il aimait tant, ouvraient la porte du presbytère pour offrir leurs fleurs et leurs vœux à son pauvre suppléant.

BECQUEY, Xavier-Laurent-Michel

Lieutenant au 3ᵉ régiment de zouaves (8ᵉ régiment de marche).

Tué à Neuville-Saint-Waast.

Né le 26 septembre 1885, il fut élève du Collège Saint-François-Xavier, de 1900 à 1903. Sorti de l'École Forestière en 1912, il fut nommé aussitôt Garde général des Eaux et Forêts à Soukaras, puis à Philippeville où il se trouvait au moment de la mobilisation. Ses fonctions l'autorisaient à se joindre à un état-major ; il préféra s'exposer davantage et passa comme volontaire au 3ᵉ régiment de zouaves, à Constantine, en qualité de lieutenant. Il part pour le front français, en février 1915, avec son régiment affecté à la division marocaine, et tombe frappé d'une balle au front, le 11 mai de la même année, dans cette terrible bataille livrée entre Carency et La Targette devant Neuville-Saint-Waast, où son régiment avait d'abord pu pénétrer, mais qu'il avait été forcé d'évacuer, n'y pouvant plus tenir.

Cité à l'ordre de la division avec la mention suivante, il reçoit la croix de guerre : *Est tombé mortellement frappé au moment où il franchissait la tranchée, sabre au clair, entraînant sa compagnie à l'assaut.* En novembre 1920, la croix de la Légion d'honneur venait couronner sa trop courte, mais si belle carrière militaire. Il laisse une veuve inconsolable et un fils de quelques mois.

Dans une lettre à sa mère, datée du 1ᵉʳ août 1914, il disait : « Les femmes doivent avoir du courage comme les hommes. Dans de pareilles circonstances, à Liège, les femmes l'ont bien montré ». Dans une autre du 8 novembre, parlant de la mort de son beau-frère M. Dyèvre : « Il a pu, dit-il, avoir un prêtre à temps, son lieutenant étant un Père Jésuite. Sa femme suit le sort de bien des malheureuses jeunes femmes, très courageuses bien que le cœur brisé », « Enfin, nous dit sa mère, c'est surtout son désir de combattre et de faire quelque chose qui domine dans sa conversation et ses lettres. Ses mois d'attente, à Batna, l'exaspéraient, puis les tranchées lorsqu'il est en France. Malgré le danger des éclats d'obus, rien ne lui faisait perdre le ton semi-plaisant qu'il prenait généralement pour nous encourager à l'arrière. Il avait recommandé à l'abbé Dubreuil de prévenir de suite sa famille s'il lui arrivait malheur ; mais ce pauvre abbé était tué, le 9 mai, tandis que Xavier tombait le 11, à l'assaut de la tranchée ennemie.

« C'est une grande douleur pour nous et pour sa jeune femme qu'il avait épousée il y a dix-huit mois, et dont il a un fils de quelques mois. Nous avons confiance que le sort de Xavier est pour lui le plus beau et le meilleur : il était bon chrétien et homme du devoir avant tout. Sa vie a toujours été difficile et laborieuse, mais il ne craignait jamais l'effort et se donnait aux siens, sans compter sa peine. Il a fait de même en donnant son sang à la Patrie. »

DE MÉRIC DE BELLEFON, Jean-Antoine-Henri

Chef de bataillon au 153ᵉ régiment d'infanterie.

Mort pour la France à l'ambulance de Berck-Plage

Né à Brives (Corrèze) le 12 avril 1878, il fit ses études au Petit Séminaire de Montauban, puis au Collège Saint-François-Xavier à Vannes en 1894-95. Élève de l'École Sainte-Geneviève (1895-97), il fut reçu à Saint-Cyr en 1897.

Lors de la déclaration de la guerre, il était capitaine commandant au 8ᵉ dragons (2ᵉ division de cavalerie, Lunéville).

Comme capitaine commandant au 8ᵉ dragons, il prit part aux divers engagements de cavalerie de septembre, octobre et novembre 1914. Il fut un des premiers officiers cités à l'ordre de la division en décembre 1914.

Il tint ensuite les tranchées, avec sa division, en Lorraine et en Alsace.

Trouvant que son arme ne pouvait être employée comme il l'avait souhaité, il demande à passer dans l'infanterie en septembre 1916. Il ambitionne une place dans un régiment du 20ᵉ corps et obtient le commandement d'une compagnie au 153ᵉ d'infanterie. Il prend part au combat de Sailly-Saillisel en novembre 1916 et donne à ses hommes l'exemple de la ténacité et de l'endurance ; il eut encore là une citation.

A la suite de l'attaque du Chemin des Dames, le 16 avril 1917, il fut nommé chef de bataillon et fait chevalier de la Légion d'honneur avec ce magnifique éloge :

« ...Le 16 avril 1917, remplaçant son chef de bataillon blessé, a poursuivi la conquête de la première position allemande. S'est ensuite emparé de la deuxième position ennemie ; a organisé le terrain conquis et s'y est maintenu malgré les contre-attaques et le plus violent bombardement, sans perdre un pouce de terrain. »

Pendant les périodes de détente, où le régiment est chargé d'organiser des secteurs, il se fait encore remarquer par le travail éclairé que fournit son bataillon qui n'est plus connu dans tout le corps d'armée que sous le nom de bataillon Bellefon, et admiré de tous.

Du 18 janvier au 30 mars 1918, le régiment occupe à Verdun le secteur de Noirmont et travaille sous des bombardements d'obus toxiques.

Le régiment relevé, le bataillon Bellefon reçoit sur le front du régiment les félicitations du colonel.

Le 18 avril, le 153ᵉ est embarqué pour les Flandres et jeté brusquement dans la mêlée à la bataille du Mont Kemmel.

Dans la nuit du 28 au 29, le commandant de Bellefon avait lui-même inspecté les dispositions prises par ses compagnies en vue d'une nouvelle attaque allemande ; rentré dans son abri, il en ressort seul, sous un bombardement préparatoire effroyable, voulant suivre les mouvements ennemis. A peine dehors, il est atteint par un obus de gros calibre et grièvement blessé au bras, au poumon et à la colonne vertébrale.

Soigné d'abord dans une ambulance anglaise, il est évacué ensuite sur Berck-Plage. Les médecins eurent quelques jours l'espoir de le sauver. Lui ne pensait qu'à son bataillon et ne désirait que de le commander encore au feu, malgré un bras certainement sacrifié.

Quand toute espérance de guérison se fut évanouie, chrétiennement, sans une seule plainte, il a consenti son sacrifice en pleine connaissance et est mort le 15 mai 1918.

Citation d'avril 1918 ;

« ...Officier supérieur d'une rare énergie, d'une activité inlassable, d'une bravoure allant jusqu'à la témérité, a été mortellement blessé au moment où, au cours d'un violent bombardement par obus de gros calibres, il sortait de son poste de commandement pour aller s'assurer par lui-même que toutes les mesures de sécurité étaient prises par ses compagnies. N'a consenti à se laisser évacuer qu'après avoir passé son commandement à son successeur. »

Témoignages :

Du général Ch... J'aimais et j'estimais ce brave type d'officier. La guerre l'avait encore singulièrement grandi. Il a toujours été plus haut que sa fonction.

De son colonel... Le commandant était à mes yeux le meilleur chef de bataillon du corps d'armée. Il était d'une conscience remarquable dans toutes les questions et s'imposait à tous par l'exemple et ses précieuses qualités de chef. Je perds en lui le meilleur et le plus dévoué de mes collaborateurs. Il était adoré de tous et sa mort est une perte irréparable pour le régiment.

Du lieutenant F...

...Il était pour tous le modèle du devoir et de la bravoure chevaleresque. J'ai rarement vu un officier, un chef aussi admiré et aussi aimé de tous ses hommes. Les regrets unanimes qu'il laisse parmi nous le prouvent bien. C'est une perte irréparable pour le régiment.

Dès le début des hostilités, il n'eut qu'une volonté : mériter la victoire, tendre tous ses efforts vers ce but, ne jamais se plaindre, quelle que fut la dureté des circonstances, quel que fut son sort. Et il est allé, vers Dieu, sans trouble, avec confiance, ayant sacrifié tout son bonheur humain pour la France, selon la volonté d'En-Haut. Son héroïque simplicité dans le sacrifice fit l'admiration de tous ceux qui l'entouraient.

Fragment d'une de ses lettres :

...La mort ne sépare pas deux âmes jointes, nous pouvons la regarder avec confiance et espoir. Elle n'a rien d'effrayant pour ceux qui croient qu'elle est une libération et non un anéantissement. Rappelez-vous la phrase du cardinal Mercier parlant de tous ceux qui sont tombés pour la Patrie et qui tomberont encore : C'est sans doute une grande grâce que Dieu fait à ces millions d'être jeunes, en les rappelant à Lui. »

DE BELLEGARDE (DE LA FORGUE), PIERRE-MARIE-CAMILLE

Capitaine de dragons, attaché à l'état-major d'une division d'infanterie.

Tué à Achicourt.

Né à Saumur le 16 avril 1875, Pierre de Bellegarde fut élève du Collège Saint-François-Xavier de 1890 à 1892. Il s'y fit remarquer par son application au travail et une piété très éclairée, résultat de sa première éducation. Elève de l'Ecole militaire de Saint-Cyr (1894-96), puis de l'Ecole de cavalerie de Saumur, il était nommé sous-lieutenant au 4° chasseurs à Epinal, en 1898. Capitaine au 5° dragons au 25 mars 1911, il prend un congé de trois ans, et est affecté, en cas de guerre, à la 38° division d'infanterie. Aussitôt la déclaration de guerre, il rejoint son poste et remplit avec un zèle à toute épreuve les fonctions d'officier de liaison. C'est en revenant de porter un ordre en automobile et en traversant le village d'Achicourt, près d'Arras, qu'un obus allemand l'atteint, et il meurt, une heure après, le 28 décembre 1915.

Décoré de la Croix de guerre et chevalier de la Légion d'honneur, il mérite la belle citation suivante à l'ordre de l'Armée :

« Capitaine de cavalerie à l'état-major de la 33ᵉ division d'infanterie, officier plein d'allant qui a montré à diverses reprises un sang-froid remarquable et un mépris complet du danger; a rendu les services les plus appréciés à l'état-major de sa division. Blessé très grièvement au cours d'une reconnaissance le 28 décembre 1915, est mort une heure après. »

Dans une lettre à sa jeune femme datée de septembre 1914, il disait : « Nous reverrons-nous? Bon courage, ayez confiance ! Laissons là nos misères pour regarder plus haut. Vive la France ! »

Extrait du discours du général Delmotte, sur sa tombe :

« Au moment de l'entrée en campagne, le capitaine de Bellegarde, attaché à l'état-major d'une division d'infanterie se fit immédiatement remarquer par ses belles qualités d'endurance et d'allant. Toujours prêt à marcher et à prendre part aux reconnaissances les plus périlleuses, il avait su s'acquérir la sympathie, l'estime et la confiance de ses camarades et de ses chefs et s'était surtout signalé par son sang-froid dans les circonstances les plus critiques qu'il eut parfois à traverser. »

La lettre suivante de son ami, le capitaine Delbreil, adressée à sa veuve le 30 décembre 1915, nous montre combien le capitaine de Bellegarde était aimé et estimé de tous, à cause de la noblesse de son caractère et de ses brillantes et solides qualités :

« C'est complètement atterré par le malheur qui vous frappe et sous l'émotion que m'a causée cette affreuse nouvelle, que je tiens à venir vous présenter mes très respectueuses et bien vives condoléances. Ce n'est que hier soir, en rentrant de permission, que j'ai appris votre deuil qui, je vous l'affirme est le nôtre à tous, et comme l'on est heureux dans ces tristes circonstances, d'être entouré de sympathies, je me fais un devoir de vous assurer de toutes les miennes.

Depuis le début de la guerre, je voyais tous les jours votre mari que ses fonctions appelaient au corps d'armée et notre commune situation nous avait particulièrement liés. J'avais été à même de juger l'affabilité de son caractère, le charme qui se dégageait de lui, de sa manière d'être, de sa bonté pour tous, de sa parfaite droiture. Son courage frisait presque la témérité et c'est en grand seigneur qu'il s'exposait pour l'exemple, pour l'honneur de ses galons, pour son titre d'officier, enfin pour le panache, parce qu'il sentait en lui revivre tous les siens, qu'il se trouvait chez lui au milieu du danger. C'est donc bien bas que je salue cet excellent ami et du fond du cœur que je le pleure.

Il avait su conquérir l'estime de tous et l'affection du simple soldat comme celle de tous ses chefs. L'émotion bien profonde et bien sincère à ses funérailles vous en est un sûr garant. Vous pouvez être fière de lui ; il est tombé comme il a vécu pendant toute la guerre, en brillant chevalier et en bon chrétien, prêchant ainsi l'exemple jusqu'à son dernier soupir. Il a pu se confesser et, quoique excellent catholique et esclave de tous ses devoirs, c'est certainement pour vous une grande consolation et une certitude absolue de son bonheur actuel.

Le sacrifice de sa vie a été sûrement bien méritoire pour lui, car nous savions tous l'affection dont il vous entourait ainsi que sa fille, et j'avais été le témoin de ses craintes, de son anxiété alors qu'il vous croyait encore à Senlis en septembre 1914, et aussi de sa joie lorsqu'il fut rassuré sur le compte de ceux qu'il aimait.

Je prierai Dieu pour votre mari et lui demanderai de vous donner la résignation à sa sainte volonté, et le courage d'élever votre fille dans la belle tradition d'honneur, de loyauté, de vertus pour laquelle il a si magnifiquement donné sa vie. »

BELZ, Henri-Joseph-Marie

Lieutenant au 116ᵉ régiment d'infanterie.

Tué à Saint-Quentin (Aisne).

Né à Locoal-Mendon (Morbihan) le 14 août 1880, il étudia à Saint-François-Xavier de 1895 à 1899 et se fit remarquer par sa vive intelligence et son ardeur au travail. Adjudant au 116ᵉ de ligne, à la déclaration de guerre, il partit avec ce régiment si éprouvé dans cette terrible campagne et était au premier rang, sur le front, dès le début des hostilités.

Il fut très vite apprécié et devint sous-lieutenant le 4 novembre 1915 et lieutenant le 30 mars 1917. Il allait être promu capitaine, lorsqu'il tomba à Saint-Quentin (Aisne) le 10 août 1917, laissant une jeune veuve et deux orphelins.

Les trois magnifiques citations suivantes, accompagnées des Croix de guerre et de la Légion d'honneur, sont les preuves irrécusables de la bravoure et de la valeur de ce vaillant officier :

Ordre de la division, 30 avril 1916

« *A enlevé sa section avec un élan et un sang-froid admirables à la contre-attaque du 24 avril. Avait pris part depuis l'attaque allemande du 17 avril, à différents combats qui avaient permis, l'ennemi menaçant, de tourner le flanc droit du bataillon et dans lesquels il a fait preuve de décision, d'énergie et de courage.* »

Ordre de la brigade, 18 mai 1917

« *Chef de section dont le courage et l'abnégation sont au-dessus de tout éloge. Du 25 avril au 30, placé dans une situation très délicate, a su maintenir très haut le moral de ses hommes et très vif leur esprit offensif. A aussi puissamment contribué à maintenir l'ennemi et à organiser la défense d'un point vivement disputé.* »

Ordre de la IIIᵉ armée

« *Chef de section d'une bravoure admirable, ayant au plus haut degré le sentiment du devoir et de l'honneur militaire. Chargé d'enlever avec sa section un emplacement abritant une mitrailleuse ennemie, s'est parfaitement acquitté de sa mission : A été tué le 10 août 1917.* »

Voici quelques extraits de lettres de son colonel, de l'aumônier et de différents officiers de son régiment qui nous donnent des détails plus précis sur sa fin glorieuse et font le plus bel éloge du caractère de ce jeune officier si plein d'avenir :

Lettre de l'aumônier M. Moisan.

MADAME,

Je reviens de présider une bien triste cérémonie et j'ai la douloureuse mission de vous annoncer une nouvelle qui brisera votre cœur.

Les joies et les peines se touchent ici-bas. Vous aviez le bonheur de posséder votre époux il y a quelques jours seulement. Que n'est-il rentré deux jours plus tard ! Il est arrivé au moment où son bataillon, attaqué très fortement par les boches, devait essayer de reprendre quelques éléments de tranchées perdus.

A la tête d'une section, il s'est conduit merveilleusement et c'est à ce moment qu'une balle l'a frappé à la tête.

Je vous demande pardon, Madame, de vous faire souffrir, mais je demande à Dieu de vous donner la grâce nécessaire pour supporter votre douleur très chrétiennement, très courageusement. Tombé et ne donnant plus signe de vie, ses soldats l'ont placé sur le bord du boyau et ont continué à progresser ne désirant qu'une chose, venger la mort de leur lieutenant.

Les brancardiers dès que cela a été possible, sont allés chercher son corps et l'ont porté très loin, là où ils allaient au repos. De là une voiture l'a conduit jusqu'au village détruit de Lanchy où se trouve un cimetière hors de portée des obus.

Je suis allé à 8 heures du soir présider ses obsèques. En même temps que lui, nous enterrions un de ses camarades, le lieutenant Grandjean.

Le colonel Arnoux a fait devant les cercueils une belle oraison funèbre de ces chers camarades disparus.

Madame, je continuerai à supplier la divine Bonté d'avoir pitié de l'âme de votre époux, et en même temps je n'oublierai pas de prier pour vous et vos enfants.

Lettre du commandant Mongin.

Vannes, 17 août 1917.

CHÈRE MADAME,

Votre télégramme est venu raviver la peine que je ressens de la triste nouvelle qui circule en ville depuis quelques jours et qui vous réserverait, hélas ! comme à tant d'infortunées déjà, la plus cruelle et la plus douloureuse épreuve. — A de telles épreuves, je le sais, il n'est pas de paroles de consolation possibles. La mort glorieuse et digne de lui qu'aurait trouvée mon si dévoué collaborateur qui justifiait bien l'affection quasi paternelle que je lui portais, malgré la légitime fierté d'avoir fait à la Patrie le sacrifice suprême, ne peut être qu'un faible adoucissement pour un cœur brisé de douleur.

Il n'est pas de consolations terrestres possibles. Les femmes françaises épouses et mères, sont courageuses au-delà de toute expression, mais ce n'est que dans une foi ardente, une certitude absolue de la béatitude éternelle qu'elles peuvent puiser la résignation nécessaire.

Je n'ai pas encore reçu la notification officielle qui m'eût permis d'être des premiers à vous dire mon affection profonde pour mon brave ami, affection qui s'étendait à ses chers bien aimés, à la douleur desquels je m'associe. — Mais j'ose à peine l'écrire, je sens trop ce que cet aveu a de cruel et de déchirant. — Les renseignements non officiels parvenus au dépôt où tous nous nous intéressons très vivement à votre cher bien aimé laissent bien peu d'espoir ; avec l'aide de Dieu, du courage, Madame. — Croyez à mon dévouement asbolu, sans aucune crainte de m'importuner, et agréez pour vous et ces chers petits qui vous deviennent doublement chers, l'expression de ma vive sympathie et de ma douleur.

6 septembre 1917.

CHÈRE MADAME BELZ,

J'ai reçu il y a 3 ou 4 jours votre lettre désolée, mais je vous sais forte et courageuse et par votre énergie, vous saurez, autant qu'on peut le faire dans de telles circonstances, surmonter votre grand chagrin. — Vous êtes aussi une chrétienne dans toute l'acception du mot, et de ce fait, vous trouverez dans l'espérance de l'au-delà un réconfort à votre douleur. — Le jour de l'enterrement de votre glorieux mari, le colonel disait sur sa tombe: « En rentrant tout à l'heure, je trouverai difficilement des notes assez élogieuses pour proposer à l'ordre de l'armée, le camarade que nous pleurons. » — Il le proposait, en effet le soir même. Je voulais, en vous écrivant aujourd'hui, vous en donner les termes, mais la citation n'est pas encore revenue de l'armée. — Il n'est pas possible de lui donner la Légion d'honneur qu'il a tant méritée, les lois en vigueur s'opposent à ce que cette distinction soit accordée après la mort (1).

Au revoir, chère Mme Belz, veuillez embrasser vos enfants pour moi.

GUIZARD.

Lettre du lieutenant Brault.

24 août 1917.

Permettez-moi de vous adresser nos respectueuses condoléances pour la perte irréparable que vous venez d'éprouver. La mort glorieuse de votre cher mari qui était un de mes meilleurs amis m'a aussi beaucoup affligé. Je l'avais eu près de moi à déjeûner quelques heures avant sa mort. Rentrant de permission, heureux d'avoir revu les siens, il est parti à son poste de combat avec un entrain admirable — Ah ! quelle âme bien trempée ! — Le lendemain on me le ramenait couvert de gloire, tué d'une balle au front. C'est une consolation, en même temps que celle de le retrouver un jour au ciel, et une belle leçon d'héroïsme pour vos chers enfants, de savoir que votre cher mort a magnifiquement fait son devoir de soldat et qu'il est tombé en héros, face à l'ennemi, pour la France, à la tête de sa section qu'il menait avec une superbe bravoure à l'assaut des positions ennemies.

Honneur à lui et aux siens !

Après l'avoir mis en bière, je le fis transporter à Lanchy, petit village de l'Aisne, où il fut enterré le lendemain. Avant de quitter le pays, j'ai fait placer un entourage sur sa tombe et une croix indiquant son état-civil, deux couronnes, une offerte par les officiers du régiment, l'autre par sa compagnie.

(En donnant le détail des objets qu'il renvoie à Mme Belz, il signale, un porte-monnaie contenant des médailles pieuses).

Lettre du colonel Arnoux commandant le 116e.

17 septembre 1917.

CHÈRE MADAME,

J'ai la consolation de vous adresser le titre de la belle citation à l'armée que j'ai eu le bonheur d'obtenir pour votre cher mari, notre si regretté lieutenant Belz. Il en était parfaitement digne, et par sa vie, et par sa mort, qui fut par excellence celle des braves.

J'avais prié le lieutenant Marande, de vos amis, de vous écrire la fin glorieuse et les circonstances de ses derniers moments. Je n'y ajouterai rien, si ce n'est que j'ai perdu en Belz l'un de mes meilleurs officiers, à qui j'allais donner le commandement d'une Compagnie, et dont j'allais faire un capitaine à titre temporaire, en attendant de le faire titulaire, ce qui fut arrivé malgré son âge, à mesure qu'il serait monté en grade.

----

(1) Une loi promulguée depuis, a non seulement autorisé, mais encore ordonné la remise de décorations posthumes.

Dieu avait sur lui d'autres vues ; ne plaignons pas ceux qui meurent ainsi, car ils reçoivent de Dieu une récompense bien supérieure à toutes les croix et à tous les galons que nous pouvons leur donner. Ceux qui restent sont seuls à plaindre de perdre de tels hommes, un tel mari, un tel père et un tel officier.

J'associe mes regrets et mes prières aux vôtres, chère Madame, et m'incline bien profondément et bien respectueusement devant votre grande douleur.

DE BENOIST, Eugène-Marie-Paul
Capitaine au 1ᵉʳ régiment mixte de zouaves et tirailleurs.

Né à Senlis (Oise), le 2 avril 1884, élève à l'Ecole Saint-François-Xavier de 1898-1900, à l'Ecole militaire de Saint-Cyr de 1902-1904.

Il était le 7ᵉ fils du général de division Jules de Benoist qui avait commandé la 22ᵉ division d'infanterie du XIᵉ corps, à Vannes.

Lieutenant au 8ᵉ dragons à Lunéville au début de la guerre ; cité deux fois à l'ordre du jour et décoré de la Légion d'honneur.

Au moment de sa nomination comme capitaine, il avait demandé à passer au 1ᵉʳ régiment mixte de zouaves et de tirailleurs.

Citations à l'ordre du jour, 7 septembre 1914.

« Lieutenant au 8ᵉ dragons, au cours d'une reconnaissance le 5 août a bousculé une patrouille et ramené un prisonnier, le 22 août étant en reconnaissance avec six cavaliers, a bousculé une patrouille de quatorze uhlans, en a mis huit hors de combat. »

(*Officiel*, 19 septembre, nᵒ 7.963)

« Lieutenant au 8ᵉ dragons en reconnaissance le 14 septembre avec son peloton et ayant traversé le village de Woël occupé et barricadé par les allemands, y a pénétré de nuit avec son sous-officier, par les jardins, a obtenu des habitants des renseignements et les a fait parvenir de suite au commandant de la division.

E. M. P. de Benoist, officier de cavalerie, venu sur sa demande dans l'infanterie, a toujours fait preuve des plus belles qualités militaires, inspirant le plus bel entrain et la plus grande confiance à sa compagnie. Blessé mortellement le 17 juin en organisant avec la plus belle bravoure la position de sa compagnie, sous le feu violent des mitrailleuses. »

(*Officiel* 5 septembre 1915)

Cette dernière action eut lieu le 17 juin 1915, entre Souchez et Neuville Saint-Waast. Transporté à l'ambulance d'Aubigny en Artois, il expira le 22 après avoir consacré sa femme, ses enfants, sa mère au Sacré-Cœur et fait spontanément le sacrifice de sa vie pour la France.

Extrait d'une lettre à sa sœur.

« Il faut toujours se préparer à la mort et demander à Dieu de ne pas être pris « au dépourvu. L'idée qu'on laisse derrière soi des êtres chers et ayant devant eux « peut-être de longues années de lutte serait pénible, si on ne se disait que ces sacri-

« ficos sont la rançon de la France et que Dieu, en raison de leur grandeur, doit accorder
« toutes les grâces nécessaires à ceux qui les font. Je crois qu'il faut demander à Dieu
« non pas de les éviter, mais d'être capable de les faire, s'Il les exige de nous. »

En 1912, il fit partie de l'expédition du Maroc. Ayant souffert de la rareté des
secours religieux, il chercha à remédier à ce fâcheux état de choses en s'efforçant
de faire connaître l'œuvre de l'aumônerie coloniale, en recueillant des offrandes, en
donnant pour l'érection d'une chapelle sa part d'une maison, élevée avec le concours de plusieurs camarades, sur un terrain qu'ils avaient acquis. Il prit des
mesures pour que ses camarades fussent dédommagés, n'étant pas tous en situation
de faire un don gratuit. Grâce à son dévouement, la chapelle de Touriat fut organisée. Il s'était également occupé du poste d'Oudjda.

De son mariage avec Mlle de Charnacé, il laisse trois petits garçons.

DE BERNON, François-d'Assise-Armand-Marie
Soldat au 8e bataillon de chasseurs à pied.

Né à Saint-Martin-Lars en Sainte-Hermine (Vendée) le 7 juillet 1894, il étudia
à Saint-François-Xavier de 1911 à 1913. Soldat au 8e bataillon de chasseurs à pied,
il part pour le front avec ce bataillon, au début de la mobilisation. Blessé au combat de Bagatelle, en Argonne, le 30 juin 1915, il est fait prisonnier par les Allemands
et meurt à l'hôpital de Darmstadt, le 29 octobre 1917.

La lettre suivante qu'il adressait à son père, au moment de la Toussaint 1914,
fait ressortir sa grande piété et ses sentiments de bon chrétien.

« N'ayez pas peur, cher papa, quoique je ne puisse pas toujours assister à la
« messe les dimanches et les jours de fête, je me tiens bien en règle avec le bon
« Dieu ; et, ces jours-ci, j'ai communié tout spécialement pour nos chers morts. »
Et sa pieuse mère ajoute : « C'était une âme toute simple qui allait droit à Dieu,
« sans chercher à droite ou à gauche. Nous n'avons rien pu savoir de précis sur
« ses derniers moments ; d'ailleurs on croit que, tombé dans le coma à son entrée
« à l'hôpital, il n'a pas repris connaissance. Pauvre enfant ! C'est un martyr : nul
« ne peut dire ce qu'il a souffert de toute manière. »

D'autre part, M. le baron de Bernon, son père, nous écrit de la Guilleman-
dière par Sainte-Hermine (Vendée), le 11 juin 1918 :

« Je vous remercie des prières que vous me promettez pour mon fils François :
« ce fut une de ses grandes souffrances que d'être privé, en Allemagne, de tout
« secours religieux.

« Interné au camp de Darmstadt où il travaillait dans les mines, il souffrait
« cruellement des durs tourments que lui faisaient endurer les Allemands, tout spé-
« cialement de la faim, malgré l'envoi par la famille de deux colis chaque semaine,
« que les Allemands ne lui remettaient pas. Aucune citation ne nous est parvenue,

« le concernant ». Il était cependant tombé blessé au champ d'honneur, avant d'être fait prisonnier, et ce fait d'armes méritait bien, il nous semble, d'être signalé publiquement.

BESNIER, Alfred
Lieutenant-pilote aviateur.

Né à Campénéac le 12 décembre 1893, élève de Saint-François-Xavier de 1907 à 1910, entre au Grand Séminaire de Vannes et le quitte après un court passage, comme clerc minoré, en 1913.

En 1914, il revient d'Angleterre en France après la déclaration de guerre, est incorporé au 64ᵉ régiment d'infanterie à Ancenis, où bientôt, après un entraînement tout spécial, il commande une section comme aspirant.

En mars 1915, il part pour le front. Le 8, il écrivait ces mots à son premier maître : « J'ai reçu brusquement vendredi soir mon ordre de départ et me voici déjà « à Creil... Je suis content, plein d'entrain et de courage. Veuillez à l'occasion « communiquer à mes bons parents mes heureuses dispositions. J'ai confiance que « Dieu me protégera. En tout cas, il ne m'arrivera que ce qu'Il voudra. J'adore sa « divine volonté. Priez pour moi ! Merci à nouveau de tout ce que vous avez fait « pour moi... En avant pour Dieu et pour la France ! Puissé-je faire quelque bien « autour de moi là-bas ! »

Il est nommé sous-lieutenant au front et prend part à l'attaque d'Hébuterne.

Il est grièvement blessé au pied droit ; ses hommes, sur qui il exerçait une grande et bonne influence, lui témoignent leur profonde sympathie et leurs vifs regrets de le voir les quitter, lui qui commandait si bien.

Une glorieuse citation, malheureusement perdue, et la Croix de guerre sont la récompense de son courage et de son savoir-faire. Pendant longtemps, Alfred subit des traitements assez douloureux dans les hôpitaux. A un moment donné, il est menacé de se voir couper le pied blessé. Enfin il guérit, mais il reste boiteux et marche difficilement. Il n'est cependant pas réformé : du reste, il ne le veut pas l'être. Il demande à servir dans l'aviation.

Refusé, il est employé dans les bureaux.

Cette vie de bureau pèse à son activité et à son ardeur. Il renouvelle sa demande d'entrer dans l'aviation, et réussit cette fois.

Pilote diplômé, il écrit : « L'aviation est une arme dangereuse, mais aussi extrê-« mement passionnante. Les accidents mortels n'y sont pas rares et il faut être « extrêmement prudent pour s'en garantir. Je tiendrai *mon âme prête*, au cas, tou-« jours et quotidiennement possible, où je devrais tomber. »

Le 11 mai 1917, il écrit à une sœur : « Ce matin même vers 8 heures, j'ai failli « être descendu de 1000 mètres par un éclat d'obus d'abord qui a percé la toile de « mon appareil, et par 5 avions de chasse allemands qui en 5 minutes m'ont tiré

« plus de 500 cartouches de mitrailleuses. Je n'ai point perdu la tête et je suis des-
« cendu en manœuvrant pour éviter les coups. Ces vilains boches — 5 contre moi !
« — ont osé m'accompagner jusqu'à 25 mètres du sol, sans me permettre de me
« remettre à voler en ligne parallèle à la terre. J'ai cru un moment que j'allais y
« rester. J'ai fait mon acte de contrition et j'ai pensé à vous tous. Mon observateur
« a tiré à son tour, et à la fin les avions boches m'ont laissé. Je suis sûr que demain,
« à leur communiqué, ils mettront qu'ils ont obligé un avion français à atterrir.
« C'est faux. J'ai pu rentrer sans encombre. »

Deuxième citation :

« Le lieutenant-colonel commandant l'artillerie lourde du 32ᵉ corps d'armée cite à l'ordre du jour Besnier, sous-lieutenant, pilote, escadrille 215, pour le motif suivant : le 11 mai 1917, en faisant un réglage de contre-batterie, a été attaqué sur les lignes par plusieurs avions allemands accompagné jusqu'à 50 mètres du sol, 4 balles dans l'avion ; a repris de l'altitude et continué son réglage. »

Hélas ! ce fait glorieux devait être le dernier.

La France traversait les mois sombres de 1917. Un malaise général se faisait sentir. Les aviateurs en particulier n'avaient plus, par suite d'accidents trop nombreux, la belle confiance, pourtant si nécessaire, dans les soins donnés à la construction des avions. Y avait-il réellement malfaçon et sabotage ? Le lieutenant Besnier racontait, en ces jours-là, à une sœur, ses inquiétudes et celles de ses camarades à ce sujet. Le lendemain 20 mai, il se rend à Villacoublay, sur l'ordre de son capitaine, prendre livraison d'un avion d'un nouveau type déjà connu de lui.

L'avion s'éleva heureusement, lorsque à une cinquantaine de mètres d'altitude, il eut une perte de vitesse et vint s'écraser sur le sol. On accourt, le pilote était mort.

La France perdait un bon soldat. On eût préféré pour ce lieutenant si bien doué, pour « ce héros » comme l'appelait son capitaine dans son mot d'adieu, une mort plus glorieuse, mais, ajoutait-il, « il est mort en faisant son devoir, comme il savait si bien le faire. »

Si la France perdait un bon officier, le ciel recevait un bon serviteur de Dieu. Alfred Besnier n'avait pu réaliser ses premiers rêves de dévouement pour les âmes, mais il tombait glorieusement victime de son dévouement pour sa Patrie. Belle et sainte mort qui gagne la vie éternelle !

BILLOT, Henri-Marie-Désiré
Chef de bataillon au 74ᵉ régiment d'infanterie.

Né à Bordeaux le 13 août 1860, fait ses études au Collège des Jésuites de Boulogne, et vient suivre le cours de sciences à Saint-François-Xavier où se trouvaient comme professeurs ses deux frères, le Père Gabriel Billot, mort victime du naufrage du *Général-Chanzy*, et le Père Louis Billot, cardinal de la sainte Eglise romaine.

Elève de l'Ecole de Saint-Cyr, promotion de 1881-1883. — Il prend sa retraite en 1907, et se retire à sa propriété de Cadolan, près Guingamp, où il se consacre à l'éducation de ses onze enfants.

En 1912, il accepte d'être candidat aux élections de Guingamp, ses amis lui offrent la charge honorable, mais très lourde, de maire. Il ne céda à leurs instances qu'après de longues hésitations et n'accepta cet honneur que comme un devoir. C'est alors qu'il put donner toute la mesure de son dévouement et de ses qualités d'administrateur. Son tact, son exquise courtoisie lui concilièrent bien vite la sympathie de ceux qui l'approchaient. Avec lui, la discussion restait toujours correcte, son affabilité le rendait accueillant à tous et, malgré un travail parfois accablant, il écoutait avec patience les auditeurs qui venaient nombreux dans son bureau, donnant à chacun un conseil éclairé, une bonne parole, souvent plus aussi, car sa charité discrète était connue.

Mais quand l'heure de la guerre sonna, le soldat qu'il était ne put y tenir : il accourut à l'appel de la Patrie et dirigea à Saint-Brieuc le dépôt du 74e d'infanterie. Il lui eût été facile d'y rester et de remplir, dans ce poste, une tâche d'organisation honorable pour lui et utile à l'armée ; son âge, ses fonctions de commandant de réserve, ses devoirs de famille pouvaient le dispenser d'un service actif. Telle n'était pas sa manière de voir. A ses amis qui le dissuadaient, il répondait : « Lorsqu'on « a l'honneur de représenter un pays en temps de paix, il faut savoir le défendre « en temps de guerre ; ma situation de maire de Guingamp m'impose une obliga- « tion morale vis-à-vis de ceux qui m'ont donné leur confiance ; ma place est à la frontière. »

Ses démarches pressantes eurent le résultat qu'il attendait, et dès le mois d'octobre, il était affecté au 74e territorial qui, sans relâche, a glorieusement repoussé les assauts de l'ennemi dans la région d'Ypres et de Dixmude.

Depuis cette époque, le commandant Billot a rempli son devoir comme il savait le faire ; toujours sur la brèche, soutenant ses hommes par son énergie et son exemple, subissant sans se plaindre les rigueurs de la campagne d'hiver, la dure vie des tranchées, la lutte continuelle sous toutes ses formes, inspirant la confiance ; le père et le chef de ses soldats.

Le 22 avril 1915, les Allemands attaquent en masse et, grâce à un procédé infâme, les gaz asphyxiants, jettent le trouble dans nos lignes. Le commandant Billot rassemble ses héroïques Bretons pour résister quand même. Une balle le frappe en pleine poitrine. Il tombe mortellement atteint. Toujours oublieux de soi-même, craignant que ses soldats ne soient faits prisonniers, il refuse de se laisser emporter malgré l'approche des ennemis et est relevé par les Allemands, qui le portent à une ambulance où il expire le jour même.

Il est mort à son poste, face à l'ennemi, servant son pays comme il servait son Dieu, intrépidement. Dieu abrégea ses souffrances, Dieu qui s'était souvenu que deux fois il lui avait donné dans ses filles du meilleur de son cœur, que trois de ses fils combattaient pour la Patrie ; doucement sa main paternelle est venue lui fermer les yeux, et pendant qu'il plaçait sa tombe à l'entrée de la terre de France, comme au seuil qu'on ne passe pas, il recueillait son âme et la ramenait au ciel.

(Extrait du discours prononcé au Conseil municipal de Guingamp par M. Julienne, adjoint, et d'un article de M. du Roscoat, député).

..., Lui, je ne le plains pas, car Dieu lui aura donné de laisser après lui de beaux exemples de foi de piété, et de religion. Il lui aura donné surtout de couronner une vie toute d'honneur par une mort héroïque, et, à tous les points de vue, c'est la bonne part. (*Extrait d'une lettre du Cardinal Billot son frère.*)

Citations à l'ordre du jour (10 mai 1915).

« *Le colonel commandant la 173ᵉ brigade d'infanterie cite à l'ordre de la brigade le chef de bataillon Billot du 74ᵉ régiment d'infanterie. — A pris sur sa troupe un ascendant moral et une autorité tout-à-fait remarquables, a formé un bataillon sur l'entrain duquel le chef de corps pouvait compter en toutes circonstances.* »

30 mai 1915. — « *Officier très courageux. Quand la 1ʳᵉ ligne de son secteur a été envahie par les gaz, a organisé avec le plus grand sang-froid deux lignes successives de résistance. Blessé alors, pressé par l'ennemi, a ordonné aux troupes de se retirer, a refusé de se laisser emporter, criant à ses hommes : « Je suis trop lourd.* »

22 juin 1915. — « *A fait preuve, le 22 avril, de beaucoup de sang-froid et de courage en organisant deux lignes successives de résistance. Blessé et pressé par l'ennemi a refusé, pour ne pas compromettre leur salut, les hommes qui voulaient l'emporter.* »

20 août 1915. — « *Officier de grande valeur, a su prendre un ascendant moral absolu sur sa troupe. Le 22 avril, placé à l'endroit le plus exposé de la ligne, a défendu sa position avec acharnement, ne cédant que devant les gaz asphyxiants. Blessé grièvement, a refusé les secours du dernier soldat resté auprès de lui. Est mort en brave, face à l'ennemi.* »

BINIO (L'abbé), DÉSIRÉ-MATHURIN-MARIE
Soldat au 65ᵉ régiment d'infanterie.

Né à Bréhan-Loudéac (Morbihan), le 31 mars 1889, fut d'abord élève du Petit Séminaire de Ploërmel et termina ses études au Collège Saint-François-Xavier en 1907 et 1908.

Disparu dans l'attaque de Champagne le 25 septembre 1915, aux environs de Mesnil-les-Hurlus, d'après un camarade fait prisonnier, il aurait été blessé mortellement à la tête et serait tombé à ses côtés, au moment où il aurait été fait prisonnier. Son cadavre serait donc resté entre les mains de l'ennemi. Sa mort n'a pas été annoncée officiellement, il serait seulement porté comme disparu.

Voici la lettre qu'il écrivait à M. le recteur de sa paroisse, le 24 septembre 1915 : « Le grand coup est déclanché ; tant mieux ! Je dois y prendre part demain

« matin : ma compagnie fait partie de la première vague qui doit aller le plus loin
« possible. Resterai-je debout ? A la volonté de Dieu ! Mon sacrifice est fait pour
« Dieu, l'Eglise, la France, ma mère et tous ceux qui me sont chers. Vous conso-
lerez les miens, si..... Priez pour nous. »

Extrait du *Livre d'Or* du Petit Séminaire de Ploërmel.

« Ordonné prêtre à Noël 1912, l'abbé Binio fait un an de surveillance au Petit
Séminaire de Vannes, un an d'études philosophiques à l'Institut catholique d'Angers, et, la guerre éclatant, le voici atteint par l'ordre d'appel des anciens exemptés.
Le major qui l'examine hésite à le verser dans le service armé à cause d'une appen-
dicite. Et lui aussitôt de couper court à toute indécision : « Cela ne me gêne pas
pour marcher, dit-il, je puis faire un soldat. » Quand le lendemain, sa mère
inquiète à juste titre, des conséquences de cette parole un peu présomptueuse, lui
en fait des reproches : « Maman, réplique-t-il, vous ne voudriez tout de même pas
que je reste ici, et qu'un père de famille prenne ma place. »

Le 19 juin 1915, l'abbé Binio part en renfort au 65ᵉ d'infanterie. Il part, à la
vérité, triste et mélancolique, à cette pensée qu'il laisse derrière lui des amis dévoués et des parents inquiets, qu'il ne reverra plus son cher La Née, qu'il ne revien-
dra pas des tranchées, bien résolu toutefois à remplir vaillamment son devoir de
prêtre et de soldat : quand on parcourt son carnet de route, on est vite édifié à ce
sujet.

Le métier de soldat n'a rien d'agréable au front : il y a des corvées à faire, des
abris à creuser, des tranchées à établir, des marches longues et pénibles à exécuter,
et cela par tous les temps, sous la pluie comme sous le soleil, à toute heure du jour
ou de la nuit, sous des bombardements d'une violence extrême ; Désiré Binio ne se
plaint pas ; il ne murmure pas ; au contraire il accepte tout avec joie : « En avant,
pour la France ! », s'écrie-t-il. Aussi ce n'est pas étonnant de voir qu'à l'hôpital de
Nogent où il est évacué pour maladie, il fasse des démarches pour en sortir au plus
tôt. « Le major, écrit-il le 3 juillet, n'a pas l'air pressé de me renvoyer. » Puis, sept
jours après, il ajoute triomphant : « *Alea jacta est... !* Je pars demain. Je m'en vais
là-bas content et dispos. »

Chez Désiré Binio, le prêtre est encore plus beau et plus magnifique que le
soldat. Quelle fidélité aux exercices de piété ! Ce qui le peine le plus, au front, c'est
de ne pas pouvoir célébrer la messe aussi souvent qu'il le voudrait : « Pas de messe,
cela me coûte de l'écrire ; le prêtre n'est-il pas fait pour la messe ? » et quand il a
occasion de la dire, il rayonne de joie surnaturelle. Quelle intensité de vie intérieure ! Toutes les pages de son *agenda* sont émaillées d'invocations et d'aspirations
vers le ciel. Entend-il des blasphèmes, voit-il le dimanche profané ? « Pardonnez-
leur, Seigneur ! *Parce, Domine !...* Est-il fatigué, à bout de force, ou bien a-t-il en
vue la conquête d'une âme ? « *Deus, adjuva me !* » Enfin quelle conformité à la
volonté divine ! La première page de son carnet de route s'ouvre sur ces mots
crayonnés à la hâte : « A la grâce de Dieu, *fiat...* » ainsi que se termine la lettre
qu'il écrivait la veille de sa mort.

BINVEL, Jean-Baptiste
Soldat au 93ᵉ régiment d'infanterie.

Né à Larmor-Baden (Morbihan) le 17 août 1879, étudia au Collège Saint-François-Xavier, de 1893 à 1894 et quitta le Collège après sa troisième. Manquant de détails précis sur sa personne et sa fin tragique, nous ne pouvons lui consacrer une longue notice. Tout ce que nous savons sur lui, c'est qu'il fut tué à l'ennemi près de Reims, le 15 mars 1917. Il avait mérité deux élogieuses citations, la Croix de guerre et la Médaille militaire. Ces distinctions, distribuées par des chefs d'une indiscutable compétence, parlent plus haut que tous les panégyriques, et attestent, d'une façon absolue, la bravoure remarquable et le beau dévouement de ceux qui en sont l'objet. Saluons donc respectueusement la dépouille mortelle de notre ancien camarade, et honorons sa mémoire. Prions aussi Dieu pour lui, avec l'espoir qu'Il l'a déjà récompensé, là-haut, du suprême sacrifice fait par lui à la Patrie.

BLAREZ, Ferdinand-Joseph
Sergent-fourrier au 2ᵉ régiment colonial.

Né à Falaise le 15 septembre 1880, élève à l'école libre Saint-François-Xavier de 1887-1895.

En août 1914, il rejoint le 2ᵉ régiment d'infanterie coloniale, à Brest, et sur sa demande, est envoyé au front le 29 septembre, où il remplit les fonctions de sergent-fourrier. La vie des tranchées, le froid intense des derniers jours de novembre, pendant lesquels il coucha sur la neige durcie et à la belle étoile, provoquèrent une péritonite aiguë. Blarez voulut malgré tout assurer son service de sergent-fourrier jusqu'au bout. Mais il fallait l'évacuer d'urgence le 22 novembre sur l'hôpital auxiliaire de Saint-Dizier (Haute-Marne) où il arriva mourant le 23 dans l'après-midi. Le 24, à 3 h. du matin, Dieu le rappelait à lui ; l'aumônier vint le voir, mais comme le malade ne pouvait plus parler, il lui donna une absolution *in extremis*.

On le vit porter à ses lèvres et baiser à plusieurs reprises une relique de la petite sœur Thérèse de l'Enfant-Jésus qu'on lui avait donnée.

Quelques jours après, son capitaine écrivait à son frère Albert : « Avec autant « de titres que celui qui tombe au cours d'une action, Blarez est mort en faisant tout « son devoir. C'est pour vous et pour votre famille la plus belle des consolations. »

« En faisant tout son devoir ». Ce sont les expressions dont se servait sa mère vénérée en priant Dieu pour ses enfants.

« Mon Dieu, qu'ils fassent tout leur devoir ! »

Ferdinand Blarez, laisse après lui une veuve et deux petits garçons.

Citation posthume avec attribution de la Croix de guerre.

*« Sous-officier brave et dévoué qui a fait avec courage le début de la guerre. Blessé griè-
ement à son poste de combat, mort de ses blessures le 24 novembre 1914. »*

Au G. Q. G. le 17 juillet 1919, Le Maréchal de France,
commandant en chef les Armées françaises de l'Est,
Signé : PÉTAIN.

DE BLOIS, ROBERT-MARIE-ADRIEN
Sous-lieutenant au 116ᵉ régiment d'infanterie.

Né à Paris, le 18 février 1892, fit ses études au Collège Saint-François-
Xavier de Vannes, de 1905 à 1911. A la mobilisation, il était sous-officier
au 20ᵉ dragons, puis il fut affecté, comme sous-lieutenant au 116ᵉ régiment d'infanterie. Blessé le 28 septembre 1915, à l'assaut des tranchées allemandes, il mérita
une très belle citation à l'ordre du XIᵉ Corps d'Armée, que nous reproduisons,
et la Croix de guerre. — Blessé une seconde fois, mortellement, le 17 avril 1916, en
Argonne, il est transporté à l'ambulance de Baleycourt, près Verdun, où il meurt
peu après.

Voici une lettre d'un de ses amis et collègues, le lieutenant Orgebin, de Vannes,
qui nous donne certains détails sur sa mort et sur son noble caractère :

« Blessé à la tête d'une balle de mitrailleuse, il est transporté à l'ambulance de
Baleycourt où on lui remet la Croix de la Légion d'honneur, bien méritée, certes, par
son ardente bravoure, avec la superbe citation suivante, à l'ordre de l'Armée : *Officier remarquable, a toujours fait preuve du plus beau courage ; a été blessé très
gravement le 17 avril 1916, au bois d'Audremont près Verdun.* »

« J'ai eu de ses nouvelles par le docteur Stempavoski, du 3ᵉ bataillon du 116ᵉ qui
lui a serré la main, à Baleycourt. Robert l'a reconnu, ainsi qu'un sous-lieutenant
qui l'accompagnait. D'après ce docteur, la blessure était, certes, grave ; mais l'évacuation, le transport et l'opération s'étaient faits avec le maximum de satisfaction. Le
docteur Port, médecin de notre bataillon, nous avait dit que l'on gardait de l'espoir...
Hélas ! cet espoir fut vain.

« Robert n'était pas à ma compagnie, bien que nous eussions désiré l'un et
l'autre nous trouver ensemble. Il était à la 5ᵉ compagnie dont il était l'âme et la
cheville ouvrière. D'ailleurs, tout le monde aurait voulu l'avoir ; il était si franc, si
loyal, si brave, trop brave ! Je l'ai vu à l'œuvre en Champagne, les 25 et 26 septembre ; j'ai eu le bonheur de vivre ces grands jours dans une intimité complète avec
lui : nous restions trois officiers au bataillon. Je me rappellerai toujours sa confiance, son enthousiasme qu'il exprimait par ces mots qu'il m'adressait, alors que

j'envisageais la situation d'une façon pessimiste : « Bah ! mon pauvre vieux, me
« disait-il en bourrant sa pipe, il n'y a pas d'exemple, d'occasion dans la vie
« où l'on doive se faire de la bile ! » Ce moral, dans cette nuit terrible du 25 au
26 septembre me reste comme un de mes souvenirs réconfortants de campagne. Tous ceux auxquels vous vous adresserez, vous diront, comme moi, la
douleur que nous avons tous éprouvée de sa disparition d'entre nous, lui, le
plus *chic officier* du bataillon et le meilleur camarade. Je prie Dieu qu'il ait son
âme ! »

Citation à l'ordre du corps d'armée, 9 novembre 1914.

*Le général commandant le XIe corps d'armée cite à l'ordre du jour du corps d'armée le
sous-lieutenant de Blois, Robert-Marie-Adrien, du 116e régiment d'infanterie : a entraîné la
première vague à l'assaut des tranchées allemandes avec un entrain et un mépris du danger
remarquables. Blessé le 28 septembre 1915.*

Le général commandant le XIe corps d'armée,
Signé : BAUMGARTEN.

BOCHER, LOUIS-CHARLES-FRANÇOIS-MARIE
Sergent au 118e régiment d'infanterie.

Né à Grandchamp (Morbihan) le 29 juillet 1890, fut élève du Collège Saint-
François-Xavier de 1901 à 1905 ; il était fils de l'ancien juge de paix de
Granchamp.

Nous n'avons pu obtenir sur lui et sur sa fin glorieuse que peu de renseignements. Il est tombé, mortellement blessé à Laffaux, près de Coucy-le-Château
(Aisne), non loin de Soissons, le 5 avril 1917. Comme on le transportait à l'ambulance, sur une toile de tente, il avait encore le courage, malgré de vives souffrances,
de plaisanter joyeusement avec ses camarades qui l'emportaient : il succomba cependant le lendemain, des suites de ses blessures. Tous ceux qui l'ont vu au feu sont
unanimes à attester sa bravoure qui touchait presque à la témérité. Aussi mérita-t-il
d'être cité à l'ordre du régiment, dans les termes suivants qui confirment la bonne
opinion qu'avaient de lui ses camarades :

*Bon gradé, brave et dévoué, a été mortellement blessé, le 5 avril 1917, aux
combats de Laffaux.*

Cette citation lui valut la Croix de guerre, avec étoile de bronze ; et la Médaille
militaire, à titre posthume, lui a été décernée par décret du 3 avril 1920, suprême
récompense de ses loyaux services. Nous prions Dieu avec ferveur pour notre compatriote et ancien condisciple, tout en ayant le ferme espoir qu'Il l'a déjà récompensé
magnifiquement de son glorieux sacrifice.

Nous offrons aussi à sa famille nos plus respectueuses condoléances.

BOCHEREL (Abbé), FÉLIX

Clerc minoré, des missions d'Haïti, soldat au 125ᵉ régiment d'infanterie.

Il était originaire de Peillac, et arriva au Petit-Séminaire de Ploërmel en octobre 1903 ; il avait alors treize ans. Il fut un de ceux que la loi de séparation obligea à quitter cet établissement pour aller continuer leurs études au Collège Saint-François-Xavier. Depuis ce temps, j'ai peu revu ce jeune camarade, cependant je n'ai pas à faire un grand effort de mémoire et d'imagination, pour me rappeler ce petit jeune homme de seize ans, à la mine éveillée, au caractère toujours gai, et, dans mon souvenir comme dans mes prières, je l'associe à son ami Auguste Corven, lui aussi victime de la guerre.

Ses études secondaires finies, Félix Bocherel entre au Grand Séminaire, à Vannes, d'abord, à Saint-Jacques ensuite, car il veut être missionnaire, et travailler à la conversion des noirs d'Haïti. Il aime le Séminaire ; son cœur pur se plaît dans les entretiens avec Dieu, dans les études théologiques ; aussi ses deux années de caserne passées, il se hâte d'y revenir pour achever sa préparation au sacerdoce. Ses supérieurs récompensent sa piété et son travail en lui faisant conférer les ordres mineurs.

La guerre éclate. Félix a son ordre d'appel pour le 5ᵉ jour de la mobilisation, il y obéit ponctuellement, et se rend à Nantes, où il est affecté à la 11ᵉ section des commis et ouvriers.

Il reste deux ans dans cette place. Mais la France a besoin de tous ses enfants, elle enrôle tous ceux qui peuvent porter un fusil, et ne peut laisser à l'arrière les soldats des jeunes classes. Félix Bocherel quitte alors Nantes, pour être versé dans l'infanterie. Il envisage sa nouvelle situation sans frayeur, et avec l'intention de faire son devoir.

« Je m'attends sous peu à passer dans un régiment d'infanterie ; deux d'entre « nous sont déjà partis, en particulier mon caporal de bureau, et sous peu, quatre « ou cinq autres vont nous fausser compagnie... Ce n'est pas trop gai, mais, s'il le « faut, je serai là, et ne serai pas le dernier à combattre ces Boches maudits. ».

La meilleure preuve que, chez notre jeune ami, ces paroles ne sont pas une simple bravade, c'est la citation à l'ordre du régiment qu'il obtint en 1918.

Félix Bocherel, soldat grenadier très brave. A l'attaque du 9 mai 1918, a facilité la marche de la vague d'assaut en remplissant avec beaucoup d'entrain le rôle de « nettoyeur. »

L'abbé Bocherel est versé au 125ᵉ d'infanterie, et avec ce régiment fait plus de deux ans de campagne. Il supporte avec courage les longs séjours dans les tranchées, se bat avec un entrain merveilleux, et sort indemne de toutes les affaires. Ce n'est qu'à la fin de septembre 1918, six semaines avant l'armistice, qu'il succombe à une intoxication par les gaz.

D'après les lettres de l'aumônier de l'ambulance, nous pouvons donner quelques détails sur les derniers jours de notre camarade.

Le 25 septembre, Félix Bocherel est atteint par une vague de ces gaz délétères que les Boches avaient coutume de lancer pour préparer une attaque. Aussitôt il est transporté à l'ambulance, et sa première pensée est pour ses parents. L'oppression l'empêche d'écrire, et il charge l'aumônier de donner des nouvelles à son père.

« Il est inutile que vous écriviez à Félix, ajoute l'aumônier, votre réponse n'au-
« rait pas de chance de lui parvenir à temps, car l'ambulance n'est qu'un lieu de
« passage, et votre cher malade, dès qu'il pourra supporter le voyage, sera évacué
« vers l'intérieur. »

L'aumônier veut-il par cette lettre préparer les parents à une issue qu'il juge fatale ? Ou bien avait-il encore à ce moment quelque espoir de sauver ce jeune soldat ? Nous ne le savons pas, mais ce que nous apprend une seconde lettre de l'aumônier, c'est que Félix Bocherel ne fut jamais en état d'être évacué à l'intérieur, et qu'il succomba à l'ambulance le lendemain du jour où la première lettre fut écrite.

Il mourut en effet le 30 septembre, et fit preuve « d'un courage et d'une résignation admirables. » En pleine connaissance, et alors qu'on avait encore quelque espoir de le sauver, il a reçu les derniers sacrements. Puis, lorsque l'oppression des poumons devint forte au point de lui faire pressentir à lui-même une fin prochaine, il fit appeler l'aumônier pour le charger de transmettre à ses parents ses pensées les plus affectueuses, et il était plus préoccupé de la peine que sa disparition leur causerait que de ses propres souffrances.

L'abbé Bocherel est enterré au cimetière militaire de Roye et sa tombe porte le n° 40.

BODIN, Jacques-Edouard-Louis
Capitaine au 1ᵉʳ régiment de spahis.

Né au Mans le 26 avril 1888, suivit le cours de marine à Saint-François-Xavier de 1902 à 1906. Il n'avait quitté Vannes que pour suivre à l'Ecole Sainte-Geneviève le cours de préparation à Saint-Cyr où il fut reçu en 1907. Sorti dans la cavalerie, comme il le désirait ardemment, il passa de 1910 à 1913 au 11ᵉ dragons à Belfort.

Militaire dans l'âme, il ne rêvait que faire campagne et sollicita son envoi au Maroc. Il passa comme lieutenant au 1ᵉʳ spahis, en novembre 1913, et fut envoyé à Médéah, en attendant son tour de départ. Il venait d'être désigné pour y être envoyé le 6 août 1914, lorsqu'éclata la guerre. Il fit alors mille démarches pour permuter, afin de faire campagne, et passa au 5ᵉ chasseurs d'Afrique où il fit la première année de guerre et reçut sa première citation. Trouvant le rôle de la cavalerie trop inactif, il demanda à passer dans l'infanterie et fut nommé capitaine au 2ᵉ tirailleurs. Blessé devant Verdun le 25 février 1915, il fut cité à l'ordre de l'armée et nommé capitaine à titre définitif dans la cavalerie, tout en restant sur sa demandé au 2ᵉ tirailleurs. Le 15 juillet 1916, il tomba héroïquement à l'assaut de Fleury, en entraînant ses hommes dans un élan magnifique.

« Les trois citations superbes de notre cher enfant, nous écrit son excellente mère, les témoignages d'admiration et de regret que ses chefs et ses camarades nous adressent en foule ne donneraient qu'un bien faible adoucissement à notre grande douleur, si nous n'avions la ferme confiance de son bonheur dans le ciel. Sa mort a été aussi chrétienne qu'héroïque : la veille de sa mort, en prévision du terrible combat où la moitié du régiment devait tomber, Jacques s'était préparé en chrétien. Le 14 au soir, il se confessait et communiait, et le 15, à 8 heures du matin, il s'élançait entraînant sa compagnie. Blessé une première fois, et la mâchoire fracassée, il continua jusqu'au moment où il tomba criblé par une mitrailleuse. Sur ce champ de bataille labouré par les obus, son corps, malgré toutes les recherches, n'a pu être retrouvé.

Quelques semaines avant sa mort, Jacques avait préparé, pour qu'elle nous fût remise en cas de malheur, une lettre d'adieu. Il nous y exprimait le désir de voir ses amis recevoir une image de souvenir avec son portrait et quelques belles pensées tirées de l'*Imitation* et choisies par lui. » — D'autre part, M. le commandant Bodin, son père, nous écrit, le 13 juin 1919, une lettre dont nous extrayons les passages suivants qui donnent des détails plus précis sur la bataille au cours de laquelle Jacques trouva la mort :

Blessé en février 1916, à Louvemont où, pour sa belle tenue et ses qualités de chef, il avait maintenu l'ennemi et rallié, en fin d'action, les restes de sa compagnie au bataillon, il avait obtenu une belle citation à l'ordre de l'armée et sa nomination à titre définitif de capitaine au 1ᵉʳ spahis, tout en restant maintenu au 2ᵉ tirailleurs.

Retourné au front avant sa complète guérison, il commandait le 15 juillet 1916 la première vague d'assaut en tête de sa compagnie à l'attaque de Fleury.

Un de ses camarades, qui commandait une autre compagnie de son bataillon, nous a encore donné dernièrement des détails sur la mort du cher enfant.

A l'heure où les quatre commandants de compagnie recevaient les dernières instructions du chef de bataillon, Jacques fit l'admiration de ses camarades par son calme, sa sérénité d'esprit et la précision de ses remarques.

Il prit la tête de sa compagnie qui, débouchant par le glacis du fort de Souville, fut prise en flanc par des mitrailleuses ennemies embusquées à 400 mètres.

Jacques eut la mâchoire fracassée par une balle. Il eut l'énergie de continuer à marcher de l'avant, soutenu par ses agents de liaison et indiquant par signes la marche en avant alors qu'il ne pouvait plus parler. Ses agents de liaison, tués ou blessés, lui-même, atteint d'une seconde balle à la jambe, tomba. Il fit signe à son lieutenant de prendre le commandement et de continuer la marche en avant. Les Allemands avaient remarqué ce groupement d'hommes et dirigé le feu d'une de leurs mitrailleuses. C'est alors que Jacques tomba définitivement sous leurs balles. Il s'était confessé et avait communié dans la nuit : il était tombé comme un paladin des chansons de geste, en chevalier chrétien et Dieu, qu'il avait reçu, dut le recevoir en son paradis.

J'ai retrouvé dans ses papiers quelques pensées qui montrent bien qu'il méditait l'heure où il devrait se sacrifier.

« Faire son devoir quand c'est dangereux et qu'on vous voit, c'est beau ; le faire sans
« qu'on vous regarde, c'est mieux ; mais loin du danger et des regards, c'est encore très
« beau. »

« Il y en a beaucoup que tenterait une mort glorieuse, si on leur laissait le choix du « décor ; mais ignorée et cruelle, peu la souhaitent, Pourtant toutes sont glorieuses ».

« Etre brave : c'est faire son devoir ni mieux ni plus mal que si l'on manœuvrait avec des « cartouches à blanc ».

L'ami que nous avons vu dernièrement nous disait : « Ce n'est pas seulement sur le champ de bataille que Jacques donnait l'exemple, il allait toujours à la messe où il priait avec son livre qu'il avait grand soin de prendre. Dans les réunions de camarades qu'il animait de sa gaîté, il prévenait toute discussion de sa parole courtoise, toujours mesurée et spirituelle. »

Citation à l'ordre de la division, 2 novembre 1914.

« Au cours d'une reconnaissance en forêt, ayant eu son cheval tué sous lui, et se trouvant entouré d'ennemis, se dégagea en abattant à coups de revolver le plus proche d'entre eux ; a réussi ainsi à rejoindre sa patrouille et à rapporter des renseignements précieux. »

Ce fait se passa dans la région de Carlepont (Oise), le 22 septembre 1914 et lui valut la Croix de guerre qu'il reçut en juin 1915.

Citation à l'ordre de l'armée, mars 1916.

« Officier de cavalerie ayant demandé à passer aux tirailleurs. Soldat calme, brave, énergique ; a donné une preuve magnifique de sa valeur et de son tempérament de chef au cours des journées des 24 et 25/2 1916 en défendant avec opiniâtreté un village écrasé d'obus d'artillerie lourde et violemment attaqué par deux fois par un ennemi très supérieur en nombre. Blessé, a conservé son commandement et fut évacué le lendemain, une fois sa compagnie retirée du feu. »

Défense de Louvemont, le 25 février 1916, où il reçut une balle dans la cuisse. Evacué sur l'hôpital 16 de Montbrison, où l'extraction de la balle ne put être faite que le 12 mars.

Envoyé en convalescence le 8 avril avec un congé de convalescence de 2 mois, voulut rejoindre son régiment dès le 1ᵉʳ mai.

Citation à l'ordre de la division, 29 août 1916.

« Tombé glorieusement le 15 juillet 1916, alors qu'avec le plus grand mépris du danger et sous un bombardement très violent il entraînait sa compagnie à l'assaut de la position ennemie malgré une première blessure ».

Assaut de Fleury, sous Douaumont, nommé chevalier de la Légion d'honneur, à titre posthume.

DE BODMAN, Gonzague-Jean-Charles

Aspirant au 14ᵉ régiment de hussards.

Né à Saint-Florent-Saint-Hilaire (Maine-et-Loire) le 15 septembre 1898, suivit le cours de Saint-Cyr à Saint-François-Xavier en 1914-1915, puis entra à Saint-Cyr. Il était aspirant au 14ᵉ régiment de hussards, en 1915. Il est bientôt dirigé sur le front et est tué le 29 mars 1917, aux environs de Verdun, sous le quartier des Centaures (Meuse), à l'âge de 18 ans. Il avait mérité la Croix de guerre, avec la belle citation suivante :

Ordre de la division.

« Dans la nuit du 28 au 29 mars, étant en patrouille en avant de la tranchée de première ligne, a été mortellement atteint par éclats de grenade. Aspirant très brave, ayant une haute conception de son devoir. » (Ordre de la division n° 105).

Mme de Bodman et moi, nous écrit M. le baron de Bodman, son père, ne cessons de pleurer ce charmant enfant qui ne nous avait donné que joie et consolation sur terre. Veuillez ne pas l'oublier dans vos saintes prières, quoique j'aie le ferme espoir que le bon Dieu lui a, depuis longtemps, ouvert son paradis.

Mon bien aimé Gonzague avait gardé un souvenir charmant de son année de cours de Saint-Cyr, à Saint-François-Xavier, en 1915 ; et, c'est grâce à ce cours, nous disait-il souvent, que lui et son frère Pierre avaient obtenu la grande faveur d'entrer à Saint-Cyr, pour y suivre, pendant six mois, un cours d'aspirants de cavalerie. Voici un extrait d'une lettre qu'il écrivait à un de ses amis déjà soldat, le 22 octobre 1914, alors que lui-même n'était encore qu'étudiant. Nous y voyons quelle hâte il avait de prendre part, lui aussi, à la Grande Guerre, et de se dévouer entièrement pour sa patrie :

« Tu espères peut-être y rester, dans cette belle guerre ? Heureux mortel !
« C'était mon rêve et il ne se réalisera jamais ! Je ne pourrai plus me faire tuer
« qu'aux Colonies ; mais je n'aurai pas donné une goutte de mon sang, dans cette
« grande revanche, car mon père est implacable..
« Je ne te savais pas tant de talent pour conduire les aéros... Je comprends que cela te tente : c'est passionnant ! Au moins, il y a là du danger, et en France *ousqu'y a du danger, y a de la joie.* »

Insouciance de cette belle jeunesse si vite moissonnée dans sa fleur !

DE BOISANGER (Bréart), Augustin-Marie-Henri

Lieutenant au 19e régiment d'infanterie, Chevalier de la légion d'honneur, Croix de guerre.

Né à Quimperlé, le 16 janvier 1874, élève de Saint-François-Xavier (1889-1892). Élève de l'École Sainte-Geneviève, se prépare à Saint-Cyr, mais à 20 ans, sa santé le force à abandonner la carrière militaire.

Étant encore écolier, il écrivait à sa mère : « Je veux faire le bien et ne pas passer ma vie à rêver de le faire. »

Sous l'influence de son père, il avait été initié dès sa jeunesse aux questions économiques et sociales. Il groupe dans un Office Central, les syndicats agricoles du Finistère et les œuvres annexes, sous la devise : *Instaurare omnia in Christo*, appelle à lui toutes les bonnes volontés, respectueux des traditions, s'entourant de toutes les autorités sociales d'où qu'elles vinssent, pourvu qu'elles partageassent sa foi en l'idéal chrétien.

Travailler pour Dieu et pour la France, telle est sa devise.

Il refuse en 1913 la candidature à la députation de la 2ᵉ circonscription de Brest, pour se livrer tout entier à cette œuvre de paix sociale.

Au premier signal des hostilités, mobilisé comme adjudant territorial, il passe volontairement au 19ᵉ d'infanterie et rédige son testament pour assurer la continuité de ses œuvres.

Le 14 septembre il écrivait : « Je suis parti au début de septembre comme adju-
« dant, j'ai été nommé sous-lieutenant à Châlons et ai pris le commandement d'une
« compagnie, depuis j'ai été nommé lieutenant. Nous sommes arrivés le 28 sep-
« tembre dans la Somme, près d'Albert. J'ai passé 67 jours sans discontinuer dans
« les tranchées, à une très petite distance des Allemands, ayant souvent des petites
« attaques.

« Le général Eydoux m'a donné pour cela mon deuxième galon et une citation.
« Mes cheveux gris me servent dans ces circonstances et mon titre de volontaire
« aussi. »

Le 16 décembre il écrivait à ses sœurs : « J'ai entendu la messe et communié
« ce matin de façon à être prêt à tout ; mes instructions pour l'Office Central sont
« dans mon secrétaire. Je désire que la situation de l'Office Central soit très claire
« de toute dette, de façon que cela n'embarrasse pas mon successeur pour
« continuer..... Ce sera la meilleure manière de prier pour ceux qui ne seront
« plus là. »

Le lendemain, 17 décembre, à Orvilliers la Boiselle, le 19ᵉ d'infanterie se porte en avant sur un terrain découvert, avec un entrain remarquable, et pris par des feux d'écharpes et d'enfilades, il progresse quand même, s'empare d'un blockaus forte-ment organisé et des tranchées ennemies en avant du village, se maintint toute la journée sous un feu violent d'infanterie et d'artillerie. C'est là que Boisanger char-geait à la tête de son peloton, lorsqu'une première blessure le força à s'arrêter. Pressé par ses hommes de venir en arrière pour se faire soigner, il refuse en disant : « Je n'abandonne pas mes Bretons. » Deux autres balles vinrent le frapper dans la mêlée, et il mourut, donnant ainsi jusqu'à la fin, l'exemple du sacrifice et de la ténacité de la race.

Citations à l'ordre du jour.

« *Augustin Bréart de Boisanger, lieutenant de réserve au 19ᵉ d'infanterie, a fait preuve dans de nombreuses circonstances d'un sang-froid et d'une adresse remarquables, particulière-ment dans les multiples patrouilles qu'il a tenu à diriger lui-même, et est allé relever le corps d'un sergent à une faible distance des tranchées allemandes.* »

« *A pris le commandement de sa compagnie après que son capitaine eut été blessé et s'est porté à l'assaut à la tête du premier peloton de la compagnie pour reprendre le blockaus d'Or-villiers ; est tombé dans la mêlée qui a suivi.* »

Extrait du *Bulletin des Syndicats réunis des agriculteurs du Finistère*, 19 février 1915.

« Le salut de la Patrie est l'œuvre des œuvres : de Boisanger court au front et tombe ; le diocèse perd en lui le plus complet de ses hommes d'œuvres et l'Evêque le plus docile de ses fils. »

Paroles de M⁅ᵉ⁆ Duparc, évêque de Quimper au service funèbre célébré à Sainte-Croix de Quimperlé le 15 juin 1915 à l'occasion du centenaire de la naissance du vicomte Théodore Hersart de la Villemarqué, membre de l'Institut de France, grand-père d'Augustin. Six petits-fils du Vicomte sont morts pour la France.

DU BOISHAMON, CHARLES-MARIE-PIERRE

Capitaine adjudant-major au 29ᵉ bataillon de chasseurs à pied.

Né à Pluduno (Côtes-du-Nord) le 7 août 1885, élève de Saint-François-Xavier (1899-1902). Promotion de Saint-Cyr 1905-1907. Sous-lieutenant au 62ᵉ d'infanterie à Belle-Ile-en-Mer, envoyé à Grenoble, au 140ᵉ, le 28 septembre 1910. Passe au 1ᵉʳ régiment étranger le 9 novembre 1911, séjourne quelques mois à Sidi-bel-Abbès, puis aux confins algéro-marocains, du 2 mai 1912 au 17 juillet 1912, revient à Sidi-bel-Abbès et retourne au Maroc le 9 février 1913 ; il y reste jusqu'au 13 février 1916.

Blessé à la face le 27 février 1914, à Nekhila, reçoit le Onissam Alaonitte, le 7 avril 1914.

Cité à l'ordre du Maroc Oriental pour sa belle conduite à Nekhila, le 29 octobre 1913, en ces termes : « *A assuré la transmission des ordres avec une belle crânerie sous un feu violent.* » Cité à l'ordre des troupes d'occupation du Maroc, le 28 juillet 1914 : « *Commandant de compagnie, le 7 juin, au combat de Djebel bou M'hris, a déployé les plus brillantes qualités de calme, de sang-froid et d'autorité. A repoussé une attaque inopinée de Marocains sur le flanc d'un des derniers échelons de la colonne.* »

Promu capitaine au choix pour faits de guerre au Maroc, le 5 mai 1915.

Rentré en France sur sa demande, il passa au 29ᵉ bataillon de chasseurs à pied, le 22 février 1916 et fut nommé capitaine adjudant-major, 9 mois après.

Subit à la ferme de Navarin un bombardement effroyable ; le cimier de son casque est troué et arraché par un éclat d'obus. Est ensuite envoyé à Verdun, où il gagne la citation suivante, à l'ordre du corps d'armée, 14 août 1916 : « *A pendant la période du 28 juin au 2 juillet 1916 donné l'exemple du calme et du sang-froid sous un bombardement des plus violents. A, le 5 juillet 1916, conduit avec une vigueur remarquable une attaque de nuit de deux compagnies qui, malgré la présence des forces très supérieures, ont pénétré dans la position ennemie et y ont causé des pertes importantes.* »

Blessé mortellement à Bouchavesnes, le 20 septembre 1916, à 10 heures du matin, reçoit des mains du général de brigade la croix de la Légion d'honneur, avec le motif suivant : « *Officier remarquable par sa bravoure et son complet mépris du danger. A été grièvement blessé lors de l'attaque du 20 septembre 1916 en observant l'ennemi d'un poste constamment soumis au feu de l'artillerie. Blessé et cité à l'ordre. »*

    Titulaire de la Médaille commémorative du Maroc et de la Médaille coloniale (agrafe Maroc).

    Lettre du P. Fabre (capucin), aumônier du bataillon, 23 septembre 1916.

    Monsieur, c'est du champ de bataille où vient de combattre votre fils que je vous écris. Il m'a prié de le faire et c'est un service que je lui rends d'autant plus volontiers que ses sentiments chrétiens ont établi entre nous, depuis son arrivée au bataillon, des sentiments d'affection surnaturelle. Vous avez appris par les journaux que les Allemands ont fait une grosse attaque dans la journée du 20 pour essayer de reprendre le terrain conquis par nous la semaine précédente. Notre bataillon était en réserve. Nous avons subi un gros bombardement — la situation était inquiétante, il fallait surveiller. Dans ce but et pour placer des observateurs, le capitaine du Boishamon était monté sur la crête au-dessus de notre poste de commandement. Au moment où il donnait ses ordres, un obus l'a blessé — un éclat lui a traversé la poitrine. Les médecins, tout proches, l'ont de suite pansé ; il se préoccupait surtout de savoir si « les Boches avançaient » ; il a supporté la souffrance avec grand courage. Son premier soin fut de me demander ; j'étais auprès d'autres blessés, on me fit appeler de suite et j'accourus. Je n'eus pas de peine, vous le pensez bien, à lui parler de la souffrance et du sacrifice qu'il avait toujours regardé en face, en vrai chrétien. Il se plaignait surtout de ne pouvoir respirer ; l'éclat a dû traverser le poumon. Il a demandé à voir le commandant pour lui dire au revoir et devant tout le monde lui a demandé pardon si, dans son service, il avait pu le contrister. Le commandant a été très touché de cette délicatesse et l'a embrassé en pleurant. Quelques heures après, le commandant restait seul ; tous ses officiers d'état-major avaient été tués ou blessés. Il y avait déjà une heure ou deux que votre fils avait été touché, quand on vit arriver des prisonniers allemands. Cette nouvelle attaque victorieusement repoussée fut une grande joie pour notre blessé. Le calme était revenu, l'artillerie tirait moins, on résolut d'évacuer le capitaine avec d'autres blessés. Avant de partir, il me demanda de lui donner la Sainte Communion. Réconforté par la présence du Divin Maître, il accepte encore chrétiennement et avec courage les souffrances et les dangers de son voyage sur le brancard, pendant 2 kilomètres dans un terrain bouleversé par les obus. Arrivé devant le poste du général de brigade, il reçut de celui-ci la Croix de la Légion d'honneur, — suprême récompense sur cette terre, en attendant celle que Dieu devait lui donner bientôt. — Son âme en effet fut appelée à la récompense pendant qu'on transportait son corps à l'ambulance. Par les soins empressés de tous les officiers, ceux du bataillon et les officiers supérieurs, nous avons pu ramener le corps en arrière ; il a été inhumé à Bray-sur-Somme, il y repose dans un cercueil,.... Je vous promets de prier pour vous et vous demande en retour une petite part dans vos mérites et vos prières pour moi et nos chasseurs que votre fils aimait et à qui il a donné de si beaux exemples chrétiens de courage et d'abnégation.

P. Gérald Fabre.

    Lettre de l'aumônier divisionnaire, M. l'abbé Cocard, qui a présidé aux obsèques.

    Avant de quitter l'endroit où le capitaine du Boishamon est tombé le mois dernier je tiens à venir vous dire les profonds regrets qu'il a laissés derrière lui. Ces regrets je les ai entendu exprimer par le général de division, le colonel commandant la brigade (qui l'avait déjà connu à la Légion) et par divers officiers parmi les plus distingués de la division. Pour moi qui connaissais les sentiments religieux, délicats et profonds du capitaine du Boishamon, sa mort a été une peine profonde qu'atténuait seulement la pensée de la valeur de son sacrifice pour le salut de la Patrie, et la conviction de la récompense qu'il lui a méritée.

Je n'oublierai jamais, je crois, l'impression que j'ai ressentie en retrouvant près du petit cimetière dévasté de Cléry le corps du généreux soldat, et en contemplant, le mot n'est pas trop fort, le lumineux sourire fixé sur ses traits. De le revoir ainsi souriant, paisible, éclairé, ce fut pour moi un réconfort et la récompense de la route pénible et dangereuse que je venais de faire. Le jeune chasseur qui m'accompagnait, exprima en d'autres termes une impression analogue.

Le samedi, le cercueil était transporté dans la petite église de Lanneuville, où il resta exposé presque 24 h. Le lendemain à 10 h., je célébrai l'office devant le colonel commandant la brigade, de nombreux officiers et chasseurs du 29e, et nous le conduisîmes au cimetière de Lanneuville où il repose.

Notes trouvées sur une feuille de service.

Officier de valeur, a même secondé et au besoin a remplacé le chef de corps.

Commandant ZERBINI.

Excellent officier que j'ai connu autrefois à la Légion Etrangère, où il était considéré comme tout à fait remarquable.

Colonel MADELON.

Je connais le capitaine du Boishamon qui a fait longtemps la guerre au Maroc. Très bon officier, a tout ce qu'il faut pour commander éventuellement le bataillon.

Général d'ANSELME.

Il était légendaire par sa bravoure à la Légion et nos légionnaires s'y connaissent; c'est une perte cruelle pour la France.

(Lettre d'un camarade de la Légion).

Action Française, n° du 24 novembre 1916.

Notre admirable ami Charles du Boishamon, capitaine adjudant-major du bataillon de chasseurs à pied, a été mortellement frappé d'un éclat d'obus, simplement blessé, lors de la contre-attaque allemande de Bouchavesnes le 20 septembre 1916. Il avait 31 ans.

Officier d'avenir, très apprécié de ses chefs, il avait passé trois ans au Maroc Oriental au 1er régiment étranger, avait été blessé, cité plusieurs fois à l'ordre du jour et décoré de la Médaille coloniale, de celle du Maroc et du Millam-Allaouite.

Sa bravoure était légendaire.

Rentré en France, sur ses instances réitérées, en février 1915, et passé aux chasseurs à pied, le capitaine du Boishamon fut envoyé d'abord à la ferme de Navarin, puis il prit part à l'héroïque défense de Verdun, où il commanda l'enlèvement d'une tranchée, ce qui lui valut cette magnifique citation à l'ordre du corps d'armée.

A, pendant la période du 28 juin au 2 juillet 1916, donné l'exemple du calme et du sang-froid sous un bombardement des plus violents. A, le 5 juillet 1916, conduit avec une vigueur remarquable une attaque de nuit de 2 compagnies, qui, malgré la présence de forces très supérieures, ont pénétré dans la position ennemie et y ont causé des pertes importantes.

En septembre, sur le front de la Somme, il fut blessé au moment où, monté sur une crête, il observait les mouvements de l'ennemi.

Mortellement atteint, il survécut quelques heures à ses blessures, ne se préoccupant que de savoir « si les Boches avançaient ». Il eut avant d'expirer la satisfaction de recevoir des mains du général de brigade la Croix de la Légion d'honneur.

Ses lettres sont remplies d'allusions à sa mort; il semble qu'il en ait eu le pressentiment. Chrétien convaincu, il la vit venir avec sérénité, supporta ses souffrances avec le plus grand courage et demanda les secours de la religion.

Après la mort de son beau-frère tué à l'ennemi, il écrivait :

Pourquoi n'est-ce pas moi qui ne suis nécessaire ni même utile à personne ? Il a communié, il a été tué ; ce sont les deux gestes que j'ambitionne.

Depuis longtemps mon sacrifice est fait, il m'eut été désagréable d'avoir à le consommer au Maroc, alors que l'Allemand foule ma Patrie. Dieu m'a épargné cette épreuve ; tout mon sang n'est pas trop pour payer une telle faveur.

Si je suis tué, avec votre aide, Notre-Dame des Armées, je veux dire jusqu'à mon dernier souffle : Pour Dieu et pour la France, que mon supplice est doux !

Mon plus grand bien, mes chers parents, c'est l'éducation chrétienne que j'ai reçue de vous ; je veux par ma mort en rester digne.

(Extraits de son testament).

BOISSEAU, Jean-Marie-Eugène

Soldat mitrailleur au 68e régiment d'infanterie.

Né à Orgron (Vienne) le 19 décembre 1895, avait fait toutes ses études au collège Saint-Joseph de Poitiers.

Reçu bachelier ès sciences en juillet 1914, il vint à Vannes au mois d'octobre afin de suivre le cours préparatoire à Saint-Cyr établi au Collège Saint-François-Xavier.

Il fut appelé sous les drapeaux en 1915, et partit avec d'autant plus d'entrain et de joie que ses goûts le portaient vers la carrière des armes. Envoyé d'abord à Saint-Cyr, il y resta peu de temps, comptant bien y retourner un jour.

Pendant les longs mois qu'il passa sur la ligne de feu avec le 68ᵉ régiment d'infanterie, il supporta avec entrain et endurance la vie rude et glorieuse du fantassin français. Il tomba au champ d'honneur au secteur du Doigt-d'Hurtebise le 22 juillet 1917, âgé de vingt ans seulement.

La citation dont il fut l'objet résume les circonstances de cette mort glorieuse :

Extrait de l'ordre de la brigade n° 72.

Le lieutenant-colonel Havart commandant provisoirement la 33ᵉ brigade d'infanterie, cite à l'ordre de la brigade :

Boisseau Jean-Marie : Excellent soldat, a été tué le 22 juillet 1917, à son poste de fusilier-mitrailleur où il était resté très crânement en dépit d'un violent bombardement.

Signé : HAVART.

DE BOISSÉGUIN (DU GROS), HENRY-PIERRE-FRANÇOIS

Chef de bataillon au 41ᵉ régiment d'infanterie.
Chevalier de la Légion d'honneur. Croix de guerre.

Né à Ploudalmézeau (Finistère), le 25 juillet 1868, élève de l'École libre Saint-François-Xavier (1880-1887).

Elève de l'Ecole militaire Saint-Cyr 1888-1890.

Depuis son entrée à Saint-Cyr, M. de Boisséguin travaillait sans relâche et se préparait pour la revanche inévitable.

Le 9 août 1914, il partait pour le front avec le 270ᵉ régiment d'infanterie, et fut dirigé sur l'Artois. Officier distingué, il affirma tout de suite ses capacités professionnelles. Dès le 5 octobre, il avait pris le commandement d'un bataillon pour remplacer son chef blessé.

En cette journée du 6 octobre 1914, et pour inaugurer son commandement, le capitaine de Boisséguin fit montre d'une science manœuvrière consommée que résume imparfaitement la citation suivante à l'ordre de la division :

Se trouvant avec son bataillon, dans une situation très difficile, a su, grâce à la netteté de son coup d'œil, à sa décision rapide, prendre d'habiles dispositions qui ont réussi le 5 octobre 1914, à arrêter un mouvement débordant des Allemands. A fait preuve dans cette circonstance d'une ténacité et d'une énergie remarquables.

A la vérité sans la ténacité de ce bataillon et la valeur de son chef, qui continrent le mouvement débordant des Allemands sous Blainville, nous étions tournés, et alors le sort d'Arras devenait problématique. Modeste autant que brave, le commandant n'avait point parlé de son effort, ni mis en lumière ce beau fait d'armes et ce ne fut que le hasard qui livra la vérité à ses chefs. Aussi, au lendemain de sa promotion au grade de chef de bataillon, lorsque le 20 octobre 1915 le général lui remit la Croix de guerre, cet officier-général déclara à haute voix :

« Votre citation a une omission, c'est de ne pas avoir signalé votre trop grande modestie. En la signalant je tiens à vous dire mes félicitations. La citation aurait dû monter plus haut, mais si les événements rendaient la chose impossible, ils m'ont permis de vous mieux connaître. »

Au printemps de 1916, le commandant dut quitter son cher 270ᵉ. Il passa au 41ᵉ d'infanterie, et avec ce régiment, prit une large part aux sanglantes batailles de l'Argonne et sous Verdun. C'est à Thiaumont dans la matinée du 27 juin, qu'il tomba, frappé par une balle en plein front, dans l'exercice de son commandement.

Citation à l'ordre de l'armée.

de Boisséguin Henry, chef de bataillon au 41ᵉ d'infanterie :
Chargé avec son bataillon d'attaquer le 27 juin une position ennemie, a pris les dispositions les plus judicieuses et a conduit l'attaque avec son entrain et sa bravoure habituels. Son bataillon ayant été forcé d'arrêter sa marche en avant par suite de la violence du feu des mitrailleuses, a fait le coup de feu avec ses hommes pour leur donner l'exemple. A été tué.

Dans une lettre adressée à la veuve du commandant, le capitaine adjudant-major fait le récit émouvant des derniers moments de Boisséguin :

Madame, je viens remplir un douloureux devoir vis-à-vis de mon chef, le commandant de Boisséguin, mortellement frappé auprès de moi le 27 juin... Le 27 juin, le commandant reçut l'ordre d'attaquer avec son bataillon le front qui va du village de Fleury à la redoute de Thiaumont. A 4 h. 30, nous avons franchi nos premières lignes sous un feu de barrage. Je marchais aux côtés du commandant avec ses agents de liaison. Un premier obus tombait à un mètre de notre groupe et faillit nous tuer tous. Imperturbable, le commandant continuait à se porter en avant et son calme suffisait pour nous donner confiance à tous. Vers 5 h. nous étions arrêtés par le feu des mitrailleuses allemandes et nous nous abritions, le commandant, l'adjudant de bataillon et moi dans un trou d'obus qui devenait notre poste de commandement. Nous avons vu beaucoup d'hommes tomber à nos côtés, fauchés par le tir des mitrailleuses, tandis que quelques Allemands essayaient de lancer sur les nôtres des grenades à cinquante mètres environ du point où nous étions installés. Vers 8 h., le commandant prit un fusil pour tirer sur le groupe qui nous lançait des grenades. A la troisième reprise, il tomba frappé en plein front sans pousser un cri. Pendant les quelques mois qu'il a passés au 44e, le commandant de Boisséguin avait su se faire adorer de tous, et j'ai vu des lettres de soldats blessés écrivant à des camarades : « Notre père a été tué. »

L'aumônier de son régiment écrivait au lendemain de sa mort :

« Votre cher défunt était prêt à paraître devant le Bon Dieu, je puis le certifier. Il avait communié très peu de jours avant le 27 juin, et vous n'avez aucune crainte à avoir sur son salut. Puissent tous ceux qui meurent être aussi sûrs que lui du Paradis ! »

Au service célébré pour les morts du 270e (juillet 1916), l'aumônier de la 37e brigade prononça ces mots, en parlant du commandant de Boisséguin qui venait de tomber près de Fleury :

« Quel chef admirable et merveilleusement aimé ! Ce sont de ces physionomies qui planent et qui, même après leur disparition, laissent une trace ineffaçable. Les desseins de la Providence sont impénétrables, mais pourquoi faut-il que les meilleurs soient fauchés ? »

« Le commandant de Boisséguin — a écrit un de ses anciens officiers au 270e de ligne — était de ceux que l'on doit imiter en tout ». Il n'est pas de plus bel éloge.

DE BOISSESSON (Barbara de Labeloterie), Marie-Victor-Constantin-Joseph
Capitaine au 100e régiment d'infanterie
Chevalier de la Légion d'honneur. Croix de Guerre.

Né à Banquet (Landes), le 5 avril 1886, élève de l'Ecole Saint-François-Xavier (1898-1905).

Officier de carrière et enthousiaste de la revanche, le lieutenant de Boissesson partit en campagne avec la volonté de faire tout son devoir, d'ailleurs prêt à tous les sacrifices.

Avec son régiment, il prit part à la bataille de la Marne et fut blessé à la tête, le 10 septembre 1914. Après un mois de repos, à peine guéri, il rejoint le front. A la bravoure du soldat, il joignait la valeur militaire du chef, aussi fut-il promu capitaine.

Le capitaine de Boissesson combat en Champagne, au bois le Prêtre, au bois d'Ailly, où son régiment est très éprouvé.

A partir de juin 1915, le 100° de ligne a la faveur de faire partie de la *brigade de fer* et est envoyé en Argonne.

Mais cet intrépide officier était marqué pour la palme du martyre, et le 25 septembre, Dieu recevait son élu. C'est pendant la grande offensive, et près de Servan, sur les confins de l'Argonne, que Joseph de Boissesson trouve une mort glorieuse. Pendant la préparation de l'attaque et l'action qui suivit, il fait preuve de sang-froid et d'un beau courage.

Ecoutons ceux qui étaient à ses côtés et qui furent témoins de ses prouesses :

« Comme tous, le capitaine avait une confiance absolue ; il me semble le voir, fumant sa pipe, encourager tous les hommes par ses bonnes paroles et surtout par son courage et sa belle attitude, car c'était un vrai déluge de fer qui nous tombait dessus à ce moment.

« A neuf heures, heure fixée pour l'assaut, il se précipite à la tête de sa compagnie sur les tranchées ennemies. En vain ses subordonnés lui font remarquer qu'il pourrait diriger l'attaque en s'exposant moins ; il répond : « C'est ma place. » Bien des fois on l'avait exhorté à la prudence lorsqu'il accomplissait son devoir avec l'entier mépris du danger qui lui était coutumier. Atteint d'abord à la main droite, il ne continua pas moins d'entraîner ses hommes. Mais bientôt un obus lui déchire le ventre... « Cette fois-ci, bien touché » dit-il simplement. Un caporal blessé lui-même l'aida à se transporter dans un entonnoir qui devint leur abri, et se mit en devoir de le panser. Un second éclat d'obus vint les y atteindre.

« Après le combat son sous-lieutenant put enfin le retrouver et lui prodigua ses soins sous une pluie battante et les balles qui passaient en sifflant. Ce jeune officier le soigna avec un dévouement de frère d'armes, le couvrant de sa capote, et grâce à cet héroïsme, le capitaine eut la consolation d'avoir un ami près de lui jusqu'à la minute suprême. Le soir, à la faveur de la nuit, le sous-lieutenant et un volontaire se glissent entre les lignes, exposés à tous les feux, et ramènent le corps de leur valeureux capitaine. »

Fragments de lettres de ses camarades :

Le capitaine n'était pas un chef pour nous, c'était un père que nous aimions jusqu'au fanatisme.

Tous nous avons apprécié son noble caractère, il était littéralement adoré de ses hommes, il était un brave parmi les braves au su de tout le monde.

J'ai pu apprécier ses belles qualités de soldat, d'une bravoure à toute épreuve, dévoué; il était adoré de ses soldats et de ses chefs (Lettre du lieutenant-colonel).

Le héros était le fils aîné du marquis et de la marquise de Boissesson, née de Lonjon. Il avait épousé, six mois avant la guerre, Mlle de Gary. De cette union est née une petite fille.

Les restes mortels du capitaine de Boissesson reposent près du village de Saint-Thomas, près Sainte-Menehould. (Marne) L'*Armorial de la Gloire*, page 59.

Citation à l'ordre de la division.

Brave entre les braves, a toujours été un modèle de sang-froid, d'énergie et de courage. S'était déjà fait remarquer par sa belle bravoure au mois de septembre 1914 dans des circonstances particulièrement difficiles. Le 25 septembre 1915, s'est élancé avec une magnifique ardeur à l'assaut des lignes ennemies et a été mortellement blessé au moment où il allait les atteindre.

DE BOLLARDIÈRE (Paris), CHARLES-ROCH-JOSEPH-RENÉ

Chef de bataillon d'infanterie coloniale.

Né à Lorient, le 25 avril 1862, René de Bollardière fit de brillantes études au Collège Saint-François-Xavier de Vannes, de 1875 à 1881. Sa vive intelligence et son ardeur un peu fougueuse au travail lui attirèrent de suite l'estime de ses professeurs, comme la jovialité de son caractère, sa franchise et son entrain lui valaient la sympathie de ses condisciples, et même l'amitié solide de beaucoup d'entre eux qui la lui ont conservée jusqu'à la fin.

A sa sortie de l'Ecole militaire de Saint-Cyr, il entra dans l'infanterie coloniale où il fit toute sa carrière, prenant part à un grand nombre d'expéditions coloniales. Devenu chef de bataillon assez vite, il fut pendant longtemps aide-de-camp du vice-amiral, préfet maritime à Lorient ; mais voyant que ses opinions royalistes qu'il ne se donnait pas la peine de cacher, mettaient obstacle à son avancement, et d'ailleurs fatigué par ses nombreuses campagnes qui avaient profondément altéré sa santé, il se décida à demander sa mise à la retraite. Il l'obtint en septembre 1909, et revint habiter Vannes où il avait passé son enfance et sa jeunesse, dans le but de faire élever ses fils dans le vieux Collège où lui-même avait jadis étudié. Au moment de la mobilisation, il reprit du service et fut affecté à l'état-major de la place de Lorient, comme commandant du front de terre. En novembre 1916, il est nommé à l'état-major des troupes d'occupation du Maroc, en qualité de chef de la section coloniale de l'état-major, à Rabat. C'est dans cette ville qu'il est mort, le 11 mars 1917, d'un refroidissement contracté en cours de service et qui a déterminé une pleuro-pneumonie double.

Le commandant de Bollardière était chevalier de la Légion d'honneur et titulaire de plusieurs décorations coloniales.

Extrait du *Courrier de Châteaubriant* du samedi 17 mars 1917.

Nous apprenons la mort survenue au Maroc, à la suite d'une congestion pulmonaire, du commandant d'infanterie coloniale René Paris de Bollardière.

Avant la guerre M. de Bollardière habitait Vannes ; mais il était, il y a quelques années, devenu en quelque sorte notre concitoyen lorsqu'il acheta la propriété des Fougerais située sur la commune de Châteaubriant.

Le commandant de Bollardière avait accompli sa carrière militaire aux colonies : il avait été au Tonkin et à Madagascar.

Son état de santé devenu précaire à la suite de son séjour aux colonies, l'avait obligé à prendre prématurément sa retraite. Mais, à la déclaration de guerre, quoique souffrant, il reprit immédiatement du service, et c'est au service de la France que vient de mourir le vaillant officier, au Maroc où il avait été récemment appelé.

Nous nous inclinons avec respect devant le cercueil du dévoué officier qui vient de mourir à son poste et nous prions Mme de Bollardière et ses cinq enfants, d'agréer nos condoléances émues ; celui qu'ils pleurent laisse à Châteaubriant le souvenir d'un homme universellement estimé et d'un parfait gentleman.

Extrait de l'*Action Française* du 13 avril 1917.

Le commandant René Pâris de Bollardière, membre du comité royaliste du Morbihan et vice-président de la section d'Action française de Vannes, vient de mourir au Maroc à l'âge de cinquante-cinq ans, des suites d'une pleurésie.

Il avait fait toute sa carrière dans l'infanterie coloniale ; blessé plusieurs fois à l'ennemi, breveté d'état-major et décoré de la Légion d'honneur, il avait pris sa retraite après vingt-cinq ans de service.

A la mobilisation, il remplit, avec le dévouement le plus absolu, les fonctions de chef d'état-major de la place de Lorient ; puis il obtint, par d'actives démarches, de rentrer dans le service actif : en octobre 1916, il fut affecté à l'état-major du général Lyautey à Rabat.

Royaliste de raison autant que de tradition, il s'était consacré, pendant sa retraite, à la diffusion des principes de l'*Action Française* et les défendait avec vigueur, notamment dans la *Voix du Peuple*.

BOMPAIX (L'abbé), Vincent-Eugène

Sous-lieutenant au 28e régiment d'artillerie.

Né à Vannes, le 17 juin 1891, il étudia de 1907 à 1910 à Saint-François-Xavier où il se fit remarquer par sa vive intelligence, son ardeur au travail et un esprit sérieux bien au-dessus de son âge.

Comme beaucoup des victimes que Dieu s'est plu à choisir dans les rangs de de nos clercs, lisons-nous dans la *Semaine religieuse* de Vannes du 8 décembre 1917, M. Bompaix comptait parmi les meilleurs ! Esprit essentiellement sérieux, d'une maturité de caractère qui étonnait ses confrères, il eut fait, au dire de tous, un prêtre zélé.

La guerre le trouva brigadier dans un régiment d'artillerie de Rennes. Il ne tarda pas à devenir sous-officier, puis, après un court passage à Fontainebleau, sous-lieutenant. Dans cette nouvelle fonction, il sut rester le séminariste pieux et bon qu'il fut toujours, et sans tarder s'imposa, selon le témoignage de ses chefs étonnés, par une valeur professionnelle assez rare dans des officiers aussi jeunes. Hélas ! un triste accident vient brutalement d'achever une carrière qui promettait d'être féconde, pour l'Eglise surtout. Le 27 novembre 1917, l'abbé Bompaix reconduisait vers ses batteries un jeune officier vannetais comme lui, qui était venu le voir près des tranchées de première ligne où il était *signaleur*, lorsqu'il heurta du pied, par mégarde, une fusée boche restée sur le terrain. La terrible explosion qui suivit le blessa mortellement en atteignant grièvement son camarade.

M. l'aumônier de la division, accouru à la première nouvelle de l'accident survenu à M. Bompaix, raconte en ces termes ses derniers moments :

Je reconnus notre cher séminariste qui, lui, ne me reconnut pas. Une grosse artère était sectionnée d'où le sang giclait abondamment sous les soubresauts du blessé qui se tordait de douleur, malgré les efforts des brancardiers pour l'immobiliser. Il répétait sans cesse : « Que je souffre ! Je suis mort ! Secourez-moi ! » J'essayais de le calmer et de l'encourager par quelques prières de foi qu'il parut bien accueillir, mais ses cris de douleur empêchèrent tout entretien.. La mort étant imminente, je lui donnai l'absolution, l'extrême-onction et l'indulgence *in articulo mortis*. Après quoi il rendit son âme à Dieu. Le cher ami s'était, par bonheur, confessé le matin même et m'avait servi la messe à laquelle il avait communié. Cette coïncidence providentielle me permet d'espérer qu'il est maintenant au ciel d'où il veillera sur le diocèse qui perd un de ses meilleurs enfants...

La croix de la Légion d'honneur, à titre posthume est venue, le 26 juin 1920, récompenser sa bravoure et son dévouement, avec la belle citation suivante :

Excellent officier, consciencieux et très brave, a trouvé une mort glorieuse, le 27 novembre 1917.

Il avait mérité antérieurement, n'étant encore que maréchal des logis éclaireur d'artillerie, la mention qui suit, accompagnée de la Croix de guerre avec palme :

Sous-officier d'un très grand courage. Le 15 juillet 1916, malgré un bombardement d'une violence extraordinaire, a réussi à établir la liaison optique avec les batteries et a permis ainsi le déclanchement de tirs importants.

DE BONNEVAL, André-Henri-Joseph-Marie

Sergent au 130ᵉ régiment d'infanterie.

Né à Paris, le 8 janvier 1885, fut élève du Collège Saint-François-Xavier de Vannes (1893-1896).

Parti pour l'Amérique où il avait trouvé une situation, il revient de la République Argentine à la déclaration de guerre, et rejoint le dépôt du 130ᵉ régiment d'infanterie à Mayenne, où il demande à partir de suite sur le front.

Le 3 octobre 1914, il est blessé mortellement à Fouquencourt (Somme), et évacué sur l'hôpital de Saint-Maurice, près de Paris. L'aumônier de cet hôpital ne lui cache pas la gravité de ses blessures, aussi désire-t-il faire une confession générale, demandant à ses camarades de prier pour lui et de crier avec lui : « Vive la France ! » Le 8 octobre, sentant sa fin prochaine, il dit à l'aumônier : « J'offre ma vie pour la France ; je n'ai pas peur de la mort. »

Il succomba, le même jour, entre les bras de l'aumônier, sans agonie, et baisant avec une grande foi le crucifix de la bonne mort. Il est enterré avec sa mère, morte six mois auparavant, dans le cimetière de Saint-Senier-sous-Avranches (Manche).

Au début de la campagne, l'autorité militaire débordée par les événements, n'accordait que de très rares citations et encore moins de décorations. Aussi ne pouvons-nous faire mention de ces récompenses, qui, peut-être, viendront plus tard, à titre posthume, honorer la mémoire de notre jeune camarade. Mais Dieu, nous en avons le ferme espoir, a déjà récompensé depuis longtemps le sacrifice volontairement fait par André de Bonneval, et son beau dévouement à la Patrie.

BOSCHET (l'abbé), FRANÇOIS-LOUIS-MARIE

Sergent au 46e régiment d'infanterie.

Né à Bréhan-Loudéac (Morbihan), le 9 octobre 1891. Ancien élève du Petit Séminaire de Ploërmel ; après l'expulsion, venu à Saint-François-Xavier en janvier 1907 en troisième ; sorti après sa philosophie, en juillet 1910.

Ceux qui ont eu l'avantage de connaître l'abbé François Boschet, se souviennent de l'excellent confrère dont la franche cordialité s'alliait si heureusement avec la gravité qui sied bien à un aspirant au sacerdoce. D'une piété profonde, sans austérité, d'une bonne volonté infatigable à se plier aux moindres exigences du règlement, il eut vite conquis l'estime de ses directeurs et l'amitié de ses condisciples, attirés vers lui par son aimable simplicité et sa grande bonté...

Parti dès la première heure avec son régiment, le 46e d'infanterie, il se distingua sur le champ de bataille, en plusieurs circonstances.

Blessé une première fois, et dès le début, par une balle qui l'atteignit en pleine poitrine, il fut soigné chez M. le curé archiprêtre de Mortagne, où il reçut pendant de nombreuses semaines les soins les plus empressés et les plus aimables. De là, après son rétablissement, il vint passer quelques jours à Bréhan, le temps d'embrasser ses chers parents qu'il ne devait plus revoir, puis retourna au front.

Toujours intrépide, il faillit plusieurs fois trouver la mort, notamment dans une périlleuse reconnaissance où il s'était engagé spontanément, et dans l'explosion d'une mine qui fit sauter sa tranchée.

Il mérite pour ces faits d'être cité deux fois à l'ordre du jour et d'être proposé pour le grade de sous-lieutenant.

Dans une attaque, à quelques mètres en avant de la tranchée, il reçut une première blessure légère, à l'épaule droite. Puis, après que l'ordre eut été donné de rentrer dans la tranchée, et lorsqu'un camarade le prenait par le bras pour l'y faire rentrer, il fut atteint au côté droit de la poitrine, d'une seconde balle qui le tua sur le coup.

La douleur est profonde pour sa famille qu'il aimait tant, pour laquelle il se montrait si aimable et qui perd en lui son sixième enfant.

Les lettres qu'il écrivit aux siens, et dont le bulletin de Bréhan reproduisit plusieurs, sont un témoignage de sa piété profonde et de son héroïque bravoure.

« Je vous remercie, écrivait-il, le 26 mai 1915, des prières que vous avez faites pour moi. C'est sans doute, à leur efficacité que je dois d'être encore en vie. Je viens, en effet de passer trois jours terribles à Vauquais, en tranchées de première ligne. Je me demande comment je suis encore en vie. Les Boches nous ont fait sauter à la mine. Ma compagnie a été, en grande partie, mise hors de combat. Ce qui reste a tenu bon quand même et les Boches n'ont pas avancé. Le colonel et les généraux nous ont félicités et vont nous citer à l'ordre du jour. Cinq sergents sur neuf sont hors de combat. Comme cette foisci j'étais bombardier, j'ai immédiatement ouvert le feu sur les Boches, sitôt que la mine a sauté. Il faut croire que j'ai dû leur faire du mal, car les crapouillauds sont tombés en plein dans leurs lignes. Ils ont cessé de nous lancer des bombes et tout a été fini.

« Je me suis réjoui trop tôt de mon succès. Lorsque le lendemain (lundi de la Pentecôte), j'ai voulu recommencer, ils m'ont immédiatement repéré. Une avalanche de bombes et de crapouillauds s'est alors abattue sur mes cinq hommes et moi. La position devenait intenable. Je suis cependant resté à mon poste, jusqu'au moment où tous mes abris ont été démolis ; presque tous mes hommes ont été grièvement blessés. Tous nos équipements, fusils, baïonnettes, ont été mis en miettes. Pour ma part, j'étais méconnaissable, paraît-il, tellement j'avais la figure dégoutante ; j'étais couvert de poussière et de saletés de toute sorte. Le commandant nous a félicités, lorsque j'ai été lui rendre compte de ce qui nous était arrivé. »

DE BOÜARD DE LAFOREST, Sébastien-Henri-Jean-Guy-Marie

Sous-lieutenant au 8ᵉ régiment de cuirassiers à pied.

Né à Coutras (Gironde), le 24 septembre 1880, sous-lieutenant au 8ᵉ régiment de cuirassiers à pied, décoré de la Croix de guerre, étoile de vermeil, est tombé au champ d'honneur, sous Castel (Somme), le 4 avril 1918 (Journée des Cuirassiers), en faisant tête, héroïquement, avec une poignée d'hommes, à la ruée allemande vers Amiens.

Il était ancien élève de Saint-François-Xavier à Vannes, de 1897 à 1899, et de la rue des Postes.

En annonçant à sa mère la douloureuse nouvelle, le capitaine Costa de Beauregard, son chef et son ami, écrivait :

« Puis-je espérer atténuer un peu votre douleur en vous parlant de l'admiration que les officiers et les hommes du 8ᵉ cuirassiers avaient pour votre enfant? La noblesse de son caractère, sa bienveillance, sa bravoure, sa gaieté (surtout en surface) lui avaient gagné l'estime et l'affection de tous. Grand chrétien comme il était soldat de race, Sébastien donnait sans ostentation autour de lui l'exemple d'une piété éclairée et solide. Je sais par l'aumônier que, cette fois comme toujours, avant d'aller au feu, il avait rempli ses devoirs.

« Laissez-moi vous dire, Madame, que je crois pouvoir dès à présent m'adresser à lui pour m'aider à obtenir la grâce de bien commander nos hommes dans la prochaine bataille, car Sébastien de Boüard doit avoir à cette heure, une belle place auprès de Dieu... »

Le sous-lieutenant de Boüard a été honoré des citations suivantes :

Le général Passaga, commandant le 32ᵉ corps d'armée, cite à l'ordre du corps d'armée le sous-lieutenant de Boüard, du 8ᵉ cuirassiers à pied :

A fait preuve de bravoure, de sang-froid et de qualités exceptionnelles, le 22 avril 1917, en se portant, le premier, sur les bords d'un entonnoir de mine qui venait de sauter et en réorganisant, rapidement, la défense en face de l'ennemi qui attaquait.

(Citation comportant la Croix de guerre, avec étoile de vermeil).

Le général commandant la 1ʳᵉ armée, cite à l'ordre de l'armée (Ordre général n° 64 du 9 juillet 1918) :

« M. de Boüard de Laforest, Sébastien, sous-lieutenant à la 7ᵉ compagnie du 8ᵉ régiment de cuirassiers à pied. »

Officier d'une très haute valeur morale, très énergique et très courageux. A continuellement donné à ses hommes l'exemple du sang-froid et du sacrifice noblement consenti. A pris part avec son courage habituel à l'action du 4 avril 1918 au cours de laquelle il a été mortellement blessé. A déjà été cité pour sa belle conduite au feu.

Le général commandant la 1ʳᵉ armée : DEBENEY.

Journal officiel, 24 mai 1919 (Page 5347).

Le président du Conseil, Ministre de la Guerre,
Vu le décret du 13 août 1914,
Vu le décret du 1ᵉʳ octobre 1918 relatif à l'attribution des décorations posthumes,
    Arrête :
Article unique. — Sont inscrits aux tableaux spéciaux de la Légion d'honneur et de la Médaille militaire, les militaires dont les noms suivent :

Légion d'honneur pour chevalier :

De Boüard de Laforest (Jean-Marie-Henri-Guy-Sébastien) matricule 0622 ter, sous-lieutenant (réserve) au 2ᵉ bataillon du 8ᵉ régiment de cuirassiers : officier d'une très haute valeur morale, très énergique et très courageux, donnant continuellement l'exemple du sang-froid et du sacrifice noblement consenti. A pris part avec son courage habituel à l'action au cours de laquelle il a été mortellement blessé. A été cité.

Lettre de la Mᵐᵉ la baronne de Boüard.

VÉNÉRÉ MONSIEUR CHAUFFIER,

Vous êtes trop notre ami et celui des « anciens » de Saint-François-Xavier pour que je ne me fasse pas un devoir de vous faire part de la nouvelle et si cruelle épreuve qui vient de nous frapper.

Le 4 avril dernier, à la défense de Moreuil, notre bien aimé fils Sébastien, notre vaillant aîné, sous-lieutenant au 8ᵉ cuirassiers, a été blessé mortellement par des balles de mitrailleuses au moment où, debout, face à l'ennemi dont la ruée avait débordé les lignes anglaises, il faisait, par ordre, replier sa section et couvrait la retraite de ses hommes. Ceux-ci ayant été contraints de reculer encore et les Allemands ayant occupé le terrain sur lequel mon héroïque enfant était tombé, son corps n'a pu être ramené dans nos lignes, ce qui ajoute à notre douleur la plus affreuse obscurité sur le sort, sur les derniers moments de notre bien-aimé fils.

Son capitaine et son ami, M. Costa de Beauregard, par qui nous avons d'abord appris notre malheur, nous écrivait, que fauché par la décharge des mitrailleuses allemandes dont il était tout près, notre pauvre enfant n'avait pu survivre à ses blessures, mais que, son corps n'ayant pas été retrouvé, il n'en pouvait donner la certitude absolue. Sur ce doute — hélas ! bien faible et fugitif rayon d'espoir — nous avons, ma courageuse belle-fille et nous, multiplié les démarches en vue d'obtenir des recherches dans les ambulances et hôpitaux allemands où étaient soignés les blessés — prisonniers de ces fatales journées de la Somme. Alain avait écrit à Mgr Baudrillart en même temps que je m'adressais au... bon cardinal Billot, qui faisaient agir simultanément par le Vatican et par l'ambassade d'Espagne. Nous attendions dans des alternatives douloureuses de crainte et d'espoir l'effet de ces démarches, lorsque ces jours derniers, ma pauvre belle-fille dont la vaillance est admirable, a été avertie par la mairie de Seyssel, sur une note émanant du ministère de la guerre, que notre cher enfant était porté sur la liste des tués à l'ennemi du 4 avril.

Cette guerre atroce nous enlève donc, après mon regretté frère, le commandant de Vérez, notre fils premier-né, un enfant, un mari, un père irréprochable, un officier dont selon le témoignage de son capitaine, la bravoure, la bonté, la piété solide et éclairée faisaient l'admiration de ses camarades et de ses soldats, comme il avait été toujours le modèle de ses frères auxquels il était intimement uni...

Avant de quitter Seyssel, à sa dernière permission, — hélas ! sa *dernière* ! — en mars, il avait fait ses Pâques avec sa jeune femme et, le matin même de la bataille, il avait de nouveau — « Comme toujours en pareil cas » — nous dit le capitaine Costa, mis sa conscience en règle avec Dieu et rempli *tous ses devoirs* de chrétien. Mort ainsi, ayant offert depuis longtemps déjà sa vie pour la France, nous pouvons bien croire que le bon Dieu a voulu, en acceptant son héroïque sacrifice, lui en donner aussitôt la récompense ; aussi notre inconsolable douleur est-elle mêlée d'une grande fierté, et si nos pleurs coulent malgré nous, nous ne pleurons pas comme ceux qui n'ont pas d'espérance. Le cher disparu laisse une grande et noble tâche à ceux qui survivent, trois petits garçons, Bruno, Guy et Jean, dont l'aîné n'a pas encore huit ans, à élever dans les principes qui furent la règle de toute sa vie, dans l'amour de Dieu et de la Patrie qu'il a si bien servis. La vaillante petite mère n'y faillira pas, et Alain à qui elle a demandé d'être le subrogé tuteur des pauvres petits orphelins l'aidera de tout son dévouement, si Dieu qui l'a protégé jusqu'ici daigne le garder jusqu'au bout. Depuis quelques semaines, il a été ramené des premières lignes du front à un poste du camp retranché de Paris, en vertu de son titre de père de 5 enfants (bientôt six) ; et *actuellement*, car s'il est nommé officier comme il en est question, il retournerait au feu, il ne court que les risques des bombardements par avions, contre lesquels, sa pièce tire assez activement presque toutes les nuits.

François en passe de devenir maréchal-des-logis, est du côté de Verdun, près du fort de Douaumont, affecté à une batterie volante d'artillerie coloniale ; il est agent de liaison et par conséquent bien exposé.

Depuis sa grave opération, Jean versé dans l'auxiliaire, est attaché au contrôle des aciers et des engins importés d'Amérique et débarquant au port de Bordeaux. Y sera-t-il longtemps maintenu ? On parle de révisions et modifications dans le service auxiliaire à la suite du rapatriement des prisonniers de 1914...

Vous voyez, cher et vénéré Monsieur l'Abbé, que si le présent est pour nous plein de douleur, nous avons lieu encore de trembler pour l'avenir de ceux qui nous restent. Avec une confiance égale à notre soumission, nous nous en remettons pour tout à la Volonté du bon Dieu.

Je vous demande bien instamment de prier pour notre bien-aimé Sébastien et de le recommander aux prières de ses anciens maîtres, amis et condisciples de Saint-François-Xavier, et en notre nom à tous, je vous renouvelle, cher et bon M. Chauffier, l'expression du plus fidèle et respectueux dévouement.

Bne DE BOÜARD.

Sébastien de Boüard a été inhumé, le 24 avril 1918 dans le cimetière de Cottenchy (Somme), en terre bénite et toujours française, ce qui est une grande consolation pour ses bons parents. Il était fils du baron de Boüard, zouave pontifical qui combattit à Mentana pour la défense de l'Église.

BOUÉDO, René-Yves

Aspirant au 171ᵉ régiment d'infanterie.

Né à Josselin le 16 septembre 1896, élève de Saint-François-Xavier (1908-1910).

Entré à l'Ecole de Notariat de Rennes où il préparait son Droit, lorsque survint la déclaration de guerre qui le trouva disposé à accomplir tout son devoir.

Versé au 41ᵉ, puis au 70ᵉ régiment d'infanterie, part au 5ᵉ centre d'instruction où il passe brillamment son examen d'aspirant (2ᵉ sur 40) ; malheureusement il fut atteint par la typhoïde et fut éliminé, momentanément, pour ce fait.

Versé alors au 171ᵉ d'infanterie, il part, le 20 juin 1916, pour Verdun, Bois-Fumeu et Ravin de la mort.

« Il y fut soldat d'élite, intelligent, hors ligne comme sans-froid, vrai Breton, aussi gai sous les balles que dans les boues des tranchées »... tous ces termes sont extraits des deux citations à l'ordre du régiment et des lettres de ses chefs qui, de bonne heure, surent l'apprécier et l'aimer.

« Il sut mettre au service de son pays son entrain accoutumé, sa joyeuse humeur, son franc parler ; il devint un entraîneur et, par ses conversations pleines d'enjouement, il soutint le moral de ceux qui l'entouraient aux heures impressionnantes qui précèdent l'attaque. » (*Le Lys*, de Notre-Dame Josselin).

Dans les rudes combats de Verdun, il fut enterré deux fois par les obus et blessé à la tempe.

Quelque temps après on le retrouve dans la Somme où il prend part à quatre combats plus meurtriers les uns que les autres. A la suite de l'un d'eux, son capitaine sous les yeux duquel il a lutté, le félicite devant toute la compagnie assemblée et lui demande d'où il est : « De Bretagne, mon capitaine » — « Alors, tous mes compliments ; les Bretons sont tous de bons soldats, mais vous, vous êtes un brave ! »

Le 1ᵉʳ novembre, à la ferme du Bois-Labbé, près Bouchavesnes, surpris par un bombardement violent, il est blessé très grièvement par un éclat d'obus et a le mollet enlevé. Le bombardement ne permettant pas la relève immédiate des blessés, il reste sur le champ de bataille, perdant son sang en abondance. Enfin il allait être transporté au poste de secours par les brancardiers, lorsqu'un nouvel éclat vint consommer le sacrifice et faire de René Bouédo un héros.

« Sois tranquille, disait-il à sa mère dans ses lettres ; si je meurs sur le champ de bataille, je serai prêt. »

Affreusement mutilé, ce brave songe à elle : « Que dirait ma mère si elle me voyait en cet état ! »

L'aumônier du régiment se trouvait à ses côtés pour lui donner les secours religieux et lui montrer la route du ciel.

René Bouédo mourut le 1ᵉʳ novembre 1916 (Il avait obtenu deux citations). Il fut toujours magnifique de courage, car il avait offert sa vie pour la France ; il sut souffrir et mourir pour elle.

René Bouédo appartient désormais à la phalange des héros tombés pour la liberté et l'indépendance de leur pays, et dont le souvenir glorieux demeurera inscrit dans nos cœurs, et en lettres d'or sur le marbre, pour être donné en exemple aux jeunes générations.

DE BOUILLÉ (Comte DE), GUILLAUME-LÉON-AMOUR
Lieutenant au 208ᵉ régiment d'infanterie.

Entré au Collège Saint-François-Xavier en 1880. Il y fit sa 7ᵉ, et, dans la même année, il eut le bonheur d'y faire pieusement, sa première communion. Il continua ses études à Paris, rue de Madrid, et les y termina brillamment.

Il était officier de réserve au 3ᵉ dragons, lorsque d'un geste brutal, l'Allemagne nous contraint à mettre enfin la force au service du droit, en nous déclarant une guerre où le sang devait couler à flot ; à cette nouvelle, le lieutenant Guillaume de Bouillé n'hésite pas : son âge le plaçait dans la territoriale ; il demande à passer dans l'infanterie pour être en première ligne.

Il fut alors désigné pour servir au 208ᵉ R. I., où il fut nommé porte-drapeau. Il sut faire toujours noble figure ainsi qu'en témoignent les citations qu'il obtint par sa bravoure et son abnégation chrétienne :

Citation à l'ordre de la brigade, le 8 mars 1916 :

Officier de l'armée territoriale passé dans un régiment de réserve sur sa demande. Sous les obus comme sous les balles, a fait prendre les dispositions de combat à sa section avec le plus grand calme et la plus grande décision et fait preuve de courage personnel en se frayant un passage avec quelques hommes à travers les lignes ennemies, sa section étant entourée et aux deux tiers décimée.

Citation à l'ordre de la brigade, le 14 août 1916 :

Officier d'un sang-froid et d'une bravoure remarquables. A tenu à suivre son colonel pendant son séjour aux tranchées et pendant les journées des 20, 24 juillet a cherché toutes les occasions de se rendre utile quels que fussent les risques à courir.

Citation à l'ordre du régiment, le 6 novembre 1916 :

Officier d'un sang-froid et d'une bravoure remarquables ; chargé pendant les attaques du 10 au 13 octobre 1916 du ravitaillement en matériel et vivres, s'est acquitté de ses fonctions avec un dévouement digne d'éloges, n'hésitant pas à se rendre aux endroits les plus périlleux pour conduire lui-même les corvées.

Citation à l'ordre du corps d'armée, le 27 mai 1917 :

Officier de cavalerie venu sur sa demande dans l'infanterie. A Verdun s'est frayé un passage à travers les lignes ennemies, dans la Somme s'est toujours distingué par sa bravoure, a toujours fait l'admiration de tous par son sang-froid, a donné le plus bel exemple de courage. Lors de l'attaque du 16 avril, a été blessé.

Fait chevalier de la Légion d'honneur le 7 octobre 1917.

Pour officier de la Légion d'honneur : Motif de la proposition en faveur du lieutenant de Bouillé le jour même où il a été blessé, soit le 24 août 1918 :

Officier de cavalerie venu volontairement dans l'infanterie et ayant obtenu malgré son âge à servir son pays sur le front ; d'une bravoure et d'un sang-froid légendaires dans son régiment et toujours au danger, modèle de courage et d'abnégation ; animé du plus pur esprit de dévouement, grièvement blessé le 24 août au cours d'une reconnaissance extrêmement périlleuse de positions ennemies, a donné un bel exemple d'énergie et de sacrifice en demandant malgré la gravité de sa blessure à n'être évacué qu'après un camarade blessé également à ses côtés.

Comme le prouvent ces diverses citations, le comte Guillaume de Bouillé avait à cœur de se montrer le digne fils de Jacques de Bouillé, son père, tombé au champ d'honneur en 1870.

L'aumônier de son régiment résumait le lieutenant Guillaume par ces mots :

« Ce grand chrétien que nous avons toujours admiré. »

Les lettres qu'il écrivait à sa mère le peindront du reste, mieux que ne pourrait le faire le portraitiste le plus fidèle :

1er avril 1916.

« Je suis aussi bien que lorsque vous m'avez vu, et disposé à faire tout mon devoir. Enfin, ma chère maman, ne me plaignez pas, car je vis d'une façon intense en pensant à ceux que vous pleurez, et qui me guideront toujours dans l'accomplissement de ce devoir.

« Vous serez, je l'espère, toujours aussi fière de moi que vous l'avez été de mon père. »

27 mai 1916.

« Ah ! vous que j'aime tant ! Quand viendra l'heure du véritable sacrifice ?

« Je le voudrais, car je me sens capable de tout, et le grand désir que j'ai, c'est le sacrifice de ma vie.

« Priez pour moi, afin que la Providence me réserve quelque chose de digne. »

15 mars 1917.

« Il m'est doux de penser que j'ai derrière moi tant d'affections qui pensent et prient pour moi.

« Viennent les mauvais jours, je suis toujours sûr de trouver le port et le refuge. »

La France et les de Bouillé devaient compter un héros de plus ; Guillaume de Bouillé, qui avait toujours donné tant de preuves de son énergique bravoure, fut frappé, mortellement, le 24 août 1918, et succomba aux suites de ses blessures, le 5 septembre à l'hôpital militaire de Villers-Cotterets, à l'âge de 48 ans. Sa devise fut toujours : « Sans peur et sans reproche. »

La comtesse de Bouillé, sa mère, supporta cette nouvelle épreuve avec la résignation d'une vraie mère chrétienne, car elle savait que le souvenir de son cher disparu, comme son sublime exemple, demeureraient gravés, à jamais, dans la mémoire de ceux qui eurent le bonheur de le connaître. Puis n'ajoutait-il pas une page glorieuse à l'historique de cette belle famille française.

BOULER (l'abbé), JOSEPH-MARIE
Sergent-fourrier au 406ᵉ régiment d'infanterie.

———

Né à Guidel, le 16 septembre 1891, il étudia d'abord au Petit Séminaire de Sainte-Anne, puis vint achever ses études au Collège Saint-François-Xavier de Vannes. Il en sortit clerc minoré, et était instituteur libre à Guer (Morbihan) à la déclaration de guerre. Il est tombé au champ d'honneur le 26 septembre 1918, frappé d'une balle à la tête, à Saint-Hilaire-le-Grand (Marne), six semaines avant l'armistice, à l'âge de 27 ans. Sa bravoure et sa belle conduite devant l'ennemi lui ont valu la Croix de guerre et la Médaille militaire, accompagnées des deux élogieuses citations suivantes :

Agent de liaison pendant les journées du 4 au 8 mai 1917, a assuré son service en première ligne, d'une façon parfaite, parfois sous de violents bombardements. (Bataille de l'Aisne).

Chargé de liaison, le 26 septembre 1918, entre le bataillon et la compagnie, s'en est acquitté valeureusement. A été tué au cours de l'accomplissement d'une mission dangereuse. A été cité. (Attaque libératrice de Champagne, 7ᵉ septembre 1918).

Dans une de ses dernières lettres, il écrivait au presbytère de Guer :

« D'après les bruits qui courent, je monte en ligne demain soir. Je suis prêt et je pars sans aucune arrière-pensée. Malgré le désir intense que j'ai de vivre, je fais volontiers le sacrifice de ma vie pour la France, mais aussi et surtout, pour l'Église. S'il ne plaît pas au Bon Dieu que je puisse lui consacrer ma vie comme prêtre, ce que j'ai toujours désiré, je veux du moins, par l'acceptation volontaire de ma mort, que celle-ci ne soit pas complètement inutile. »

Et son bon père ajoute : « Ainsi que vous le savez, le sacrifice de mon pauvre « Joseph a été consommé. Le bon Dieu l'a agréé, accepté. J'ai foi en sa miséri« corde à l'égard de mon fils qui a souffert continuellement en union avec Lui. « J'espère aussi que de tels sacrifices ne seront pas vains, ni pour l'Église, ni pour « la France ; mais que cette belle et riche semence, demeurée là-bas, portera un « jour des fruits dignes d'elle. »

On ne saurait rien ajouter à ces paroles si simples et cependant si belles, et toute oraison funèbre paraîtrait bien pâle auprès d'elles.

BOULO (R. P.), Jean-Marie
Sergent au 6ᵉ régiment d'infanterie coloniale.

Né à Férel (Morbihan), le 1ᵉʳ février 1889, fut d'abord élève du Petit Séminaire de Ploërmel. Entré au Collège Saint-François-Xavier de Vannes, après l'expulsion. Il y fit sa philosophie en 1907 et entra au Grand Séminaire en 1908, pour en sortir clerc minoré en 1909, et ensuite se diriger vers le Séminaire des Missions Etrangères. Il fait ses deux années de service au 5ᵉ zouaves, en Tunisie, et revient à son Séminaire. Ordonné prêtre en mars 1914, il s'embarque en mai pour la Corée ; mais rappelé par la mobilisation, il revient en France et est incorporé au 6ᵉ régiment d'infanterie coloniale, où il gagne les galons de sergent.

M. le recteur de Férel, sa paroisse, nous communique la lettre suivante reçue par lui, le 27 avril 1915, du Séminaire des Missions Etrangères, rue du Bac, Paris.

« Nous venons d'apprendre la mort de notre cher confrère M. J. M. Boulo, missionnaire de Séoul (Corée), tué à l'ennemi le 23 courant. Sa mort a été instantanée : il est tombé frappé d'une balle qui, passant par l'œil droit, est sortie par l'oreille gauche. Le cher défunt a été enterré à la Chalade, canton de Varennes (Meuse), par un de ses confrères mobilisé comme lui. M. Boulo était un excellent sujet et un bien bon prêtre. Sa perte sera vivement regrettée en Corée. »

Que pourrais-je ajouter, dit M. le recteur de Férel, à cette lettre de Paris, si élogieuse à l'égard du défunt ? L'abbé Boulo, garçon unique d'une pauvre veuve, fut instruit à l'Ecole chrétienne d'Herbignac. Je le remarquai à l'église, au catéchisme, et quand il approchait des sacrements. C'est pourquoi j'en parlai à mon vicaire, M. Lory, qui le prit comme élève, lui donna les premières leçons de latin et s'occupa de lui. Après de bonnes études à Ploërmel et à Vannes, il entra au Grand Séminaire et, à la fin de sa première année, se décida à entrer aux Missions Etrangères. Ordonné prêtre au Carême 1914, il chantait à Férel sa première grand'messe, à laquelle prêchait M. Lory, et partait pour Paris. Revenu à Férel quelques semaines après, pour la mort de sa mère, il s'embarquait en avril pour la Corée où il n'était que depuis peu de temps, quand arriva la mobilisation. Zouave avant la guerre, il le fut encore à son retour de Corée, et se distingua dans cette troupe d'élite où il gagna les galons de sergent.

En se rendant à son poste, à Brest, il nous parut à tous frappé d'un pressentiment qu'il mourrait à la guerre : il ne cessait de le dire.

Le bon Dieu l'a voulu, et du haut du ciel, notre valeureux prêtre priera pour le pasteur et le troupeau de Férel, et particulièrement pour sa sœur et ses trois petits neveux privés de leur père, prisonnier en Allemagne.

Voici quelques extraits de ses cartes postales qui montrent son admirable résignation et son esprit de sacrifice :

« Qu'est-ce que cela peut bien faire ? Mourir en Corée ou en France pour défendre ma Patrie, n'est-ce pas la même chose ? Le jour de mon ordination, j'ai fait le sacrifice de ma vie, quand le bon Dieu voudra, je suis prêt !... »

« Je pense travailler en bon soldat et en bon missionnaire... »

« Reverrai-je Férel ? Ce n'est pas sûr ; mon sacrifice est fait d'avance... »

« La campagne sera dure, priez pour nous et faites prier... »

« Je suis content et résigné, c'est la volonté de Dieu ! »

Aux termes de la loi, la Croix de guerre et la Médaille militaire viendront sûrement rendre hommage à sa mémoire ; mais Dieu, meilleur et plus prompt justicier que les hommes, l'a déjà, sans nul doute, récompensé de son dévouement d'une façon bien supérieure et surtout plus durable.

BOUQUET, Jean-Baptiste

Colonel d'artillerie. Officier de la Légion d'honneur.

Né à Paris, le 7 octobre 1857, fit, à Saint-François-Xavier, d'excellentes études, de 1870 à 1874 et sut s'attirer l'amitié et l'estime de tous ses camarades, ainsi que de ses professeurs.

Nous sommes heureux d'insérer ici la notice suivante que nous devons à son beau-frère, notre cher camarade Joseph Aubert, président du Comité de Paris.

« Jean Bouquet, ancien élève de Saint-François-Xavier, membre perpétuel de notre Association Amicale, est décédé dimanche 15 septembre 1918, à l'hôpital maritime de Brest. Il n'est pas mort de blessures, mais d'épuisement et de fatigues, sans maladie caractérisée, n'ayant jamais voulu prendre de repos, malgré l'âge de la retraite, depuis le début de la guerre. A son entrée à l'hôpital, le médecin, après l'avoir ausculté, déclara qu'il était usé d'une façon générale.

« Avant la guerre, mon beau-frère était déjà mis à la retraite, comme commandant d'artillerie. Il reprit aussitôt du service, dès l'ouverture des hostilités, suivi par ses trois fils et un gendre dont deux engagés volontaires avant l'âge. Son gendre, capitaine d'artillerie aviateur, fut tué glorieusement, dès l'automne de 1914, et honoré à ses funérailles par le général Galliéni. Son second fils, engagé volontaire et simple sergent trouva la mort en entraînant ses hommes à la conquête d'une tranchée allemande à Hébuterne. Il fut cité à l'ordre de l'armée.

« Le commandant Bouquet, attaché d'abord à la défense de Paris, partit, en décembre 1914, pour l'Yser, où, nommé lieutenant-colonel, il commanda pendant 18 mois l'artillerie, sous les ordres de l'amiral Ronach. Depuis son retour de l'Yser, il fut chargé de l'organisation et de la direction de la nouvelle arme des « tanks ». Jusqu'à sa mort, sans prendre de repos, il se dévoua avec un tel zèle à son œuvre, que sa belle constitution finit par s'ébranler. Il dépérissait graduellement, et n'avait qu'une préoccupation qui était de n'être pas remis à la retraite avant la fin de

la guerre. « Je ne me reposerai pas, disait-il, tant que mes fils seront sur le front. »
Ses deux derniers fils n'ont pas même pu recevoir le dernier soupir de leur père !

« Le colonel Bouquet était, par dessus tout, l'homme franc et loyal, modeste et
d'une noble fierté, dédaigneux de toute espèce de protection dans sa carrière, inébranlable dans ses convictions religieuses qu'il affichait crânement, sans se préoc-
cuper des dénonciations civiles. Il avait horreur de toute espèce de réclame pour
lui-même et pour les siens, ayant hérité, en cela, du caractère de son père, membre
de l'Institut (Académie des Sciences). Il n'a pas voulu même laisser publier la
magnifique citation de son fils, et encore moins donner son portrait. Fils d'universitaire très distingué, après avoir commencé ses études au lycée Louis-le-Grand, ses
parents ayant fait la connaissance du R. P. Marquet, il quitta le lycée où il était
externe, pour entrer, comme interne, à notre vieux Collège Saint-François-Xavier,
puis à la rue des Postes, pour se préparer à l'École polytechnique où il entra en
1877. Son séjour à Vannes lui fut tellement agréable qu'étant encore enfant, il
appelait le Collège Saint-François « *le Paradis.* »

« Devenu officier d'artillerie, il fut successivement recherché par plusieurs
généraux, comme officier d'ordonnance. Bien qu'ayant passé par l'École de guerre,
et ayant toujours été très apprécié de ses chefs, malgré sa brillante intelligence,
la passion de son métier, il fut victime, dans son avancement, de ses opinions
religieuses et de son indépendance de caractère, et mis à la retraite, avant la
guerre comme simple commandant.

« Sa mort fut digne de sa vie. Après s'être confessé et avoir communié des
mains de l'aumônier de l'hôpital, il rendit le dernier soupir en recevant l'Extrême-
Onction. Il conserva jusqu'à la fin sa pleine connaissance, voyant venir la mort
sans effroi. Excusez-moi, Monsieur l'abbé et cher ami, de m'être étendu un peu
longuement sur la mort de mon beau-frère qui certainement ne m'eut pas autorisé
à vous parler de lui comme je viens de le faire. Mais j'ai cru de mon devoir, comme
membre de l'Association Amicale des Anciens élèves de Saint-François-Xavier, de
vous fournir des détails nécrologiques sur un de nos camarades dont le caractère
constitue une figure bien rare, à notre époque de réclame et d'arrivisme.

« Ma pauvre femme, déjà éprouvée comme moi-même, par la perte de sept
neveux sur le front, est profondément atteinte par la mort de son frère avec lequel
elle avait des rapports d'intimité exceptionnelle. »

Nous prions notre bien cher camarade, M. Aubert, d'agréer, pour lui et sa
famille, l'expression de nos plus respectueuses et sympathiques condoléances. Nous
adressons nos plus vifs remerciements à l'auteur de la fresque magnifique qui décore
le fronton de notre monument commémoratif, et dont la reproduction figure en tête
de ce volume.

BOURGOIN, Mathurin
Soldat au 1er régiment d'infanterie coloniale.

Né à Vannes le 17 juillet 1884, élève de Saint-François-Xavier (1890-1900). Fit partie du 1er régiment colonial et affecté à la 11e compagnie.

Les événements ne permirent pas à Mathurin Bourgoin de se distinguer au cours de cette guerre.

Prisonnier dès le 24 août par suite d'une erreur de direction du train, il fut interné pendant deux années au camp d'Oberdrof (Saxe) ; il y contracta la maladie qui le fit désigner pour être évacué en Suisse.

De retour en France, ramené par un train de grands blessés, il meurt d'épuisement à l'hôpital de Lyon, le 1er juillet 1917.

BRÉGENT, Pierre-Marie
Sergent au 41e régiment d'infanterie.

Né à Pluneret le 25 juin 1890, élève de philosophie à Saint-François-Xavier 1907. Entré au grand Séminaire de Vannes en 1909. Clerc minoré, parti en qualité de sergent au 41e régiment d'infanterie, s'est montré aussi bon chrétien que vaillant soldat.

Après avoir sauvé son commandant, il fut tué au combat de Fosres (Belgique) le 22 août 1914.

Voici la citation dont il fut l'objet :

Excellent sous-officier, grièvement blessé le 22 août 1914 à son poste de combat devant Arcimont, mort des suites de ses blessures. (Croix de guerre).

DE BRÉJERAC (Le Bouëtoux), Joseph-Marie-Anne-Ignace
Soldat au 144e régiment d'infanterie. Médaille militaire et Croix de guerre.

Né à Trégon (Côtes-du-Nord) le 25 janvier 1884, élève de Saint-François-Xavier (1897-1901), il s'engage dès le second jour de la guerre.

Comme on faisait quelques difficultés pour l'accepter, il dit : « Je ne désire pas la guerre, mais je considère de mon devoir de défendre la France et je ne resterai pas en arrière. »

Affecté au 144e d'infanterie à Bordeaux, après dix jours il part pour le front. Il rejoint son régiment à Craonne (Aisne), est affecté au service des auto-mitrailleuses et prend part à des actions très vives. Le 2 novembre 1914 à midi, son régiment était envoyé avec sa section au secours d'une compagnie violemment attaquée par les Allemands, près du village de Vendresse. Presqu'au sortir de la tranchée, en montant à l'assaut d'un petit tertre, un énorme obus l'atteignit aux genoux, lui arrachant les deux jambes ; la mort fut instantanée.

Le soir, son commandant et ses camarades rapportaient son corps et lui rendaient les derniers devoirs, après avoir enroulé à son poignet un petit chapelet trouvé sur lui. Son commandant écrivait à sa mère : « Votre fils est mort à son poste, face à l'ennemi, en brave..... s'il est une consolation à votre immense douleur, c'est de penser que votre fils qui était pieux, bon et brave, a maintenant la récompense que Dieu réserve à ceux qui ont donné leur vie pour la Patrie. »

« Je mourrai en chrétien, dites-le vous pour vous consoler. »

(Extrait de sa lettre d'adieu préparée d'avance.)

Citation à l'ordre du régiment :

Le colonel commandant le 144ᵉ régiment d'infanterie cite à l'ordre du régiment le soldat Joseph de Bréjerac, matricule 7139 de la 9ᵉ compagnie.

Quoique réformé, s'était engagé, dès le début de la guerre, a été tué dans un poste avancé qu'il n'a pas abandonné malgré un bombardement des plus violents.

Le colonel SAUVAGE, commandant le 144ᵉ régiment d'infanterie.

BRIÈRE, JEAN-ALPHONSE-MARIE
Lieutenant au 167ᵉ régiment d'infanterie.

Né à Pithiviers (Loiret), en 1888, entré à l'Ecole de Saint-Cyr en 1907-1910.

A la déclaration de la guerre, il était lieutenant au 167ᵉ régiment d'infanterie, où il n'a cessé d'être un modèle de bravoure, et sut mériter la citation suivante à l'ordre de l'armée :

Merveilleux soldat, admiré de ses camarades et de ses hommes, leur a donné le plus bel exemple de bravoure et d'abnégation.

S'est fait particulièrement remarquer par son entrain, son énergie, son esprit de sacrifice aux combats des 20 et 27 septembre 1914.

Le 13 décembre, sortant le premier de la tranchée, a lancé sa compagnie, où il faisait fonction de commandant, à l'assaut d'une position fortement organisée, et est tombé mortellement frappé, à la tête de ses hommes (il avait reçu déjà, à ce moment, une première blessure).

Il fut nommé chevalier de la Légion d'honneur.

Le lieutenant Jean Brière avait de qui tenir ; il était fils du distingué colonel Brière.

BROSSET HECKEL, Joseph-Emmanuel
Lieutenant au 11ᵉ hussards.

Né à Lyon le 8 mars 1889, élève du Collège Saint-François-Xavier (1903-1906) cours de marine.

Ayant manifesté le désir de se présenter à l'École Naval, il fut envoyé à Vannes, mais n'ayant pu obtenir ce qu'il voulait, il se retourna vers l'École de Saint-Cyr, où il entra dans un bon rang, ce qui lui permit de choisir l'arme de la cavalerie qu'il recherchait.

A sa sortie de Saint-Cyr, il fut envoyé aux chasseurs à cheval à Baune où il resta un an, puis passa à l'École de Saumur pendant une autre année ; à sa sortie il fut désigné pour servir au 11ᵉ hussards à Tarascon.

Ce fut le 29 juillet 1914 qu'il partit avec son régiment pour la frontière de Lorraine où il prit part à tous les engagements du début, notamment à la charge si néfaste de Sarrebourg.

Peu de temps après, il devait trouver la mort dans les circonstances suivantes.

Parti en reconnaissance avec quatre hommes dans un petit village de Meurthe-et-Moselle dénommé Girivillers où on lui avait signalé la présence d'Allemands retranchés dans une maison du village, n'écoutant que son courage, il mit pied à terre, laissant les chevaux à la garde d'un homme, et pénétra avec les trois autres dans la maison. A peine sur le seuil, des Allemands qui, au lieu d'être dans cette maison, se tenaient en embuscade dans celle d'en face, ouvrirent le feu, tuèrent les chevaux et l'homme préposé à leur garde ; c'est alors que le lieutenant Brosset Heckel, se précipitant pour se rendre compte de ce qui se passait, reçut une balle en plein cœur.

Son cadavre fut dépouillé par les ennemis.

Ce ne fut que le lendemain, que son capitaine revint avec l'escadron, et put relever le corps de ce vaillant. Il le fit enterrer dans le cimetière du village, derrière le chœur de l'église où il dit lui-même quelques prières sur le corps, pendant que les Allemands tiraient sur le village. La Croix de chevalier de la Légion d'honneur et la Croix de guerre lui furent accordées, à titre posthume, et remises à son père. Il était le second des enfants de cette honorable famille ; son aîné ainsi que son cadet étaient sur le front, et son troisième frère s'engagea sans attendre l'appel.

Si Emmanuel Brosset Heckel s'est conduit en vrai soldat, il a su mourir en vrai chrétien, ayant rempli ses devoirs religieux : Noble exemple et consolant souvenir pour une si belle famille ; aussi ses camarades ne l'oublieront-ils jamais.

BUCQUET, Jean-Baptiste-Anatole-Marie-Auguste

Sous-lieutenant au 48ᵉ régiment d'infanterie.

Né à Laval, le 11 novembre 1887, élève de Saint-François-Xavier (1897-1901). Il y fit sa première communion et en sortit au départ des Pères, en 1901. C'était un très bon élève, congréganiste et enfant de chœur, et un excellent camarade. Il avait gardé de son Collège un souvenir enthousiaste et un attachement très vif, chose rare chez les enfants qui n'y ont été que dans les basses classes, et il n'a cessé, dans les autres maisons d'éducation où il a passé, de regretter Vannes. Plus tard, se trouvant en garnison à Guingamp, son plus cher désir était de pouvoir assister aux réunions annuelles des Anciens Élèves.

Après deux années de préparation, à la rue des Postes, et un premier échec aux examens de Saint-Cyr, il s'engagea. C'était sous le régime du fameux général André, où l'on n'admettait plus à Saint-Cyr que 200 candidats par an. Il arriva assez rapidement par Saint-Maixent, et était sous-lieutenant au 48ᵉ d'infanterie, à la déclaration de guerre.

« Il était resté fidèle, nous dit son père, aux sentiments puisés à Saint-François-Xavier, et ayant voulu être officier, il comprenait son devoir dans le sens le plus élevé. Il était parti dans les sentiments les plus chrétiens, ayant fait d'avance son sacrifice. Espérons que le bon Dieu l'aura agréé. Mais il est bien dur pour moi de penser que le pauvre garçon aura eu le plus triste sort qui puisse échoir à un combattant, et que je ne saurai peut-être jamais rien sur sa fin tragique. Sur le terrain où il est resté, les blessés n'ont été relevés par les Boches qu'au bout de trois jours ; c'est ce que m'ont appris de grands blessés de son régiment, revenus d'Allemagne. Quant aux morts, ils ont dû être enterrés dans une fosse commune, sans aucune indication ; j'envie donc le sort des parents qui retrouveront une tombe. »

Jean Bucquet avait assisté à la bataille de Charleroi et à la fameuse retraite qui suivit, 24 août 1914. Il disparut au combat de Sains-Richaumont (Bataille de Guise) le 29 du même mois.

La Croix de la Légion d'honneur, à titre posthume, est venue glorifier sa mémoire ; mais nous sommes sûrs que Dieu a déjà récompensé magnifiquement le sacrifice de sa vie qu'il avait fait d'avance. Voici le texte de là citation accompagnant sa nomination au grade de chevalier de la Légion d'honneur.

Légion d'honneur, 48ᵉ régiment d'infanterie.

Par arrêté ministériel du 15 juin 1920, publié au *Journal officiel* du 6 décembre 1921, la Croix de chevalier de la Légion d'honneur a été attribuée à la mémoire du lieutenant Bucquet, Jean-Baptiste, mort pour la Patrie.

Vaillant officier. A fait preuve de courage et d'énergie en maintenant sa section sous le feu de l'ennemi, arrêtant la progression de l'attaque et conservant le terrain jusqu'à la dernière limite. Mortellement frappé dans l'accomplissement de sa mission de sacrifice, à Sains-Richaumont (Aisne), le 29 août 1914. (Croix de guerre avec étoile d'argent).

Nous offrons à son bon père, notre ancien condisciple aussi lui, nos plus sympathiques condoléances, en lui affirmant que son cher enfant aura une large part dans nos prières.

BUSSON, Louis
Directeur de l'usine à gaz de Sedan.

Né à Lorient, le 6 juin 1883, élève de Saint-François-Xavier (Philosophie et Sciences mathématiques), de 1899-1901.

Nous reproduisons ci-dessous un article du *Petit Ardennais* publié par le *Nouvelliste du Morbihan*, du 10 avril 1921, qui donne l'historique de l'horrible crime commis par les Allemands sur la personne de Louis Busson et rend le plus juste hommage à notre regretté compatriote et ancien condisciple.

« Nous avons signalé que notre compatriote lorientais Louis Busson, directeur de l'usine à gaz de Sedan, où il fut fusillé par les Boches en 1916, a été, à titre posthume, décoré de la Légion d'honneur.

Le *Petit Ardennais* dit à propos de cette distinction méritée, décernée à notre compatriote :

Les Sedanais ont appris avec une vive satisfaction, que la Légion d'honneur venait d'être attribuée à la mémoire du regretté Louis Busson, victime de la barbarie teutonne, fusillé le 13 juillet 1916.

Louis Busson, originaire de Lorient, ingénieur E.C.P., était arrivé à Sedan en août 1913; il était directeur de l'usine à gaz. Immédiatement il s'était fait apprécier de sa Compagnie, par son intelligence et son activité. L'invasion si brusque du 25 août 1914, le surprit à son poste; il y resta et il sut rendre des services importants à la population, par des fournitures de charbon qu'il réussissait à se procurer.

Très ferme avec les Boches, il avait pu conserver intégralement l'administration de son usine, mais ce n'avait pas été sans chocs assez pénibles avec l'Allemand, qui ne le portait pas dans son cœur.

Brusquement, en juillet 1916, on apprend en ville que Busson est arrêté et jeté en prison, à la caserne Macdonald. Le motif filtre peu après : Busson aurait tenté de faire parvenir en France libre un message confié à l'aile précaire d'un pigeon-voyageur tombé dans la cour de son usine? Durant plusieurs jours, on ne sait rien de ce que les Allemands vont faire de lui.

Le 12 juillet, on apprend qu'il a passé devant le Conseil de guerre, mais on ne sait rien de plus. Tout à coup, dans la soirée du 13, on dit que le pauvre Busson avait été fusillé au champ de tir de la Prayelle. Durant sa détention, aucun civil n'avait pu l'approcher et même un prêtre français qu'il demandait lui avait été brutalement refusé.

La nouvelle de sa mort si tragique remplit la ville de stupeur; les gens ne s'abordaient que pour parler de l'acte barbare que l'ennemi abhorré venait d'accomplir.

Les Allemands firent transporter le corps de leur victime, après l'avoir autopsié, au cimetière Saint-Charles, qui fut interdit à la population pendant huit jours, sauf pour les cortèges funèbres, tant le Boche craignait une manifestation.

Cependant le fossoyeur avait pris soin de marquer la tombe en l'entourant d'ardoises; aussi, peu après, ce fut un pieux pèlerinage de toute la ville, qui vint visiter la tombe.

Busson, qui mourait si tragiquement à l'âge de 33 ans, fut considéré par les Sedanais comme un concitoyen, et le Conseil municipal obtenait de sa veuve que le corps resterait au cimetière de Sedan. La ville éleva un monument sur sa tombe et nous croyons savoir que bientôt la Légion d'honneur l'ornera.

Il laissait une veuve et une fillette qui, elles, avaient réussi à gagner la France libre. Nous leur présentons, à l'occasion de la distinction dont il vient d'être l'objet, nos bien sincères condoléances.

A Sedan, Busson restera un symbole et son souvenir se perpétuera : jamais on n'oubliera qu'il fut courageux devant le Boche et devant la mort, et les assassins eux-mêmes, rendirent hommage à leur victime, en affirmant qu'il était mort en criant : « Vive la France ! »

P. TAVENAUX.

Voici le texte de l'affiche, par laquelle les Allemands apprirent à la population le crime qu'ils venaient de commettre :

AVIS. — Le Directeur de l'usine à gaz, Louis Busson, de Sedan, a été condamné, par jugement du Tribunal ambulant d'ici, à la peine de mort, pour trahison de guerre, puisqu'il a envoyé à Paris, par un pigeon voyageur, une lettre dont le contenu avait ce caractère. En exécution de ce jugement, il a été fusillé.

Sedan, le 14 juillet 1916.
Le commandant d'étape, HEYN,
. *Lieutenant-colonel.*

DE BUSSY, LOUIS-PAUL-MARIE-EUGÈNE

Sous-lieutenant au 2ᵉ régiment de chasseurs à cheval.

Né à Rouen le 20 février 1886, élève de Saint-François-Xavier (1892-1900).

Citation à l'ordre du jour :

Le général commandant le 11ᵉ corps d'armée cite à l'ordre du corps d'armée le sous-lieutenant de Bussy, Louis-Paul-Eugène, du 2ᵉ régiment de chasseurs. A montré dès le début de la campagne un dévouement et une bravoure au-dessus de tout éloge, a exécuté de nombreuses reconnaissances périlleuses et a rapporté des renseignements précieux.

Le 12 septembre 1914, le régiment avait franchi la Marne pour se porter à la poursuite de l'ennemi. De Bussy, envoyé en reconnaissance, s'était élancé hardiment au milieu des patrouilles allemandes, et avait fait plusieurs prisonniers. C'est alors qu'il fut tué, après avoir été attiré dans un guet-apens, au village de l'Epine (près Châlons-sur-Marne).

Louis de Bussy avait toujours eu la conduite la plus chrétienne, comme l'écrivait à son père, son chef d'escadron : « Votre fils est mort en héros et en chrétien, car il était toujours prêt. »

Il aimait beaucoup la Très Sainte Vierge. On a trouvé sur lui son chapelet ; or il est mort le samedi 12 septembre, fête du Saint Nom de Marie, à côté de la célèbre basilique de Notre-Dame de l'Epine, où les Allemands déposèrent son corps jusqu'à ce qu'il fut repris par son escadron.

CAILLOT, Jean-Désiré
Sous-lieutenant au 10ᵉ régiment du génie

Né à Vincennes le 14 septembre 1893, élève de Saint-François-Xavier, d'octobre 1898 à Pâques 1904.

Reçu à l'école des Ponts-et-Chaussées en octobre 1913, entre au 10ᵉ génie, pour y accomplir son service militaire. Le 2 août 1914, il était caporal sapeur ; en octobre, nommé sous-lieutenant, il part pour le front, dans la compagnie 20/4. Il prend part, en Belgique, aux combats de Woormyolle, fait construire des ponts et des passerelles sur le canal d'Ypres. Dirigé, avec sa compagnie, sur Moreuil, près d'Arras, il commande une section chargée d'organiser les positions conquises à Neuville-Saint-Waast. On lit, dans l'historique de la compagnie 20/4 :

« La section placée sous le commandement du sous-lieutenant Caillot, partit en avant de la première vague d'assaut et se distingua particulièrement en détruisant les défenses accessoires de l'ennemi : 3 tués, 10 blessés. »

Quelques jours plus tard, le 9 mai 1915, il est cité à l'ordre de la division :

Commandant un détachement de sapeurs en colonne d'attaque, a entraîne ses hommes avec beaucoup d'audace ; a su profiter de tous les arrêts pour consolider la position de l'infanterie. Au cours d'un combat à l'intérieur d'un village, n'a cessé de harceler l'ennemi en lui enlevant chaque jour des maisons organisées.

Le 20 mai 1915, comme il dirigeait, la nuit, des travaux de tête de sape, en avant de Neuville-Saint-Waast, il est frappé mortellement.

Cette mort glorieuse lui valut la Croix de la Légion d'honneur (citation posthume). Il avait déjà reçu la Croix de guerre à la suite de sa deuxième citation.

CAILLOT, Maurice-Auguste
Capitaine au 236ᵉ régiment d'infanterie.

Né à Paris le 27 février 1868, élève de Saint-François-Xavier en 1885 (Philosophie).

Il était officier de carrière. Sorti de Saint-Cyr avec la promotion 1889-91, il était capitaine en 1914, et partit pour le front, dès le début des hostilités, avec le 236ᵉ d'infanterie. Avant de quitter Caen, au moment de la déclaration de guerre, il fit, avec sa femme et ses deux enfants, la sainte communion. Il ne devait plus les revoir. Le 8 octobre 1914, comme il occupait, avec deux compagnies du 236ᵉ, le château de Leschelle Saint-Aurain, près de Roye, qu'il était chargé de défendre, un obus le blessa, dans la cour du château. Un de ses hommes s'élance pour le soutenir ; un second obus éclate, qui les tue tous les deux.

La Croix de la Légion d'honneur, avec une élogieuse citation, est venue récompenser son dévouement à la Patrie.

CALLOCH, Jules-François-Marie
Soldat au 144ᵉ régiment d'infanterie.

Né au Port-Louis, le 7 mars 1894, élève de l'École Saint-François-Xavier (1908-1912). Engagé volontaire au 144ᵉ d'infanterie à Bordeaux. Atteint de la fièvre scarlatine, il est évacué sur l'hôpital Bellegrin, à Bordeaux.

Il se fit l'apôtre de ses camarades et devint un modèle de piété.

Un jour, au moment de faire ses Pâques, il dit tout haut à la sœur infirmière : « Ma sœur, je voudrais faire mes Pâques demain, veuillez donc appeler l'aumô- « nier. » — Aussitôt de nombreux bras se lèvent : « Moi aussi, moi aussi. » Grâce à son zèle ingénieux, la plupart des malades de la salle s'acquittèrent de leur devoir pascal.

Sa mère et deux personnes qui l'affectionnaient comme leur enfant, se rendirent à son chevet pour soutenir son courage et recevoir son suprême adieu.

Il répondit aux prières de l'Extrême-Onction, reçut le Saint-Viatique avec les sentiments d'une foi très vive, et s'endormit dans le Seigneur, le 10 avril 1915.

Il avait 21 ans.

Extrait de l'Écho paroissial de Port-Louis, du 15 avril 1915.

DE CAMBOURG, Augustin
Capitaine au 4ᵉ régiment de cuirassiers à pied
Chevalier de la Légion d'honneur.
Disparu au Plémont (Oise) le 9 juin 1918.

Il naquit à Angers, le 27 septembre 1877. Il était le fils aîné du vicomte François de Cambourg, ancien combattant de 1870-1871, et de la vicomtesse, née Elisabeth du Boispéan. Son bisaïeul, son trisaïeul et son quatrième aïeul du côté paternel, ces deux derniers chevaliers de Saint-Louis, avaient servi comme officiers dans les armées catholiques et royales de Vendée et d'Anjou.

Il fit presque toute son éducation chez les Jésuites, à Vannes. Admis à Saint-

Cyr en 1897, il fut affecté à sa sortie, comme sous-lieutenant, au 11ᵉ chasseurs à cheval, puis nommé lieutenant au 9ᵉ chasseurs.

Démissionnaire en 1908, il rentra dans l'armée dès le début de la guerre et fut incorporé comme lieutenant au 2ᵉ chasseurs à cheval, qu'il accompagna au front.

Dans son ardeur à se dévouer, il sollicita d'être envoyé à un poste plus dangereux, et il fut nommé capitaine au 4ᵉ régiment de cuirassiers à pied. Il s'y fit remarquer par son activité, son énergie et sa bravoure, et il mérita ces trois citations datées des 12 mars 1917, 1ᵉʳ avril 1918 et 10 février 1919 :

1ʳᵉ Division de cavalerie, 4ᵉ régiment de cuirassiers à pied. Ordre du régiment n° 305.

Le colonel commandant le 4ᵉ régiment de cuirassiers à pied cite à l'ordre du régiment : le capitaine de Cambourg, commandant le 8ᵉ escadron. Venu, sur sa demande, dans un régiment à pied ; officier d'une grande bravoure et d'un rare sang-froid, possédant un très grand ascendant sur ses hommes, dont il a su maintenir le moral élevé dans les situations pénibles et souvent périlleuses où il s'est trouvé, aux tranchées de Biaches et de Puisalème.

Aux Armées, le 12 mars 1917.

Signé : le colonel BODEIN DE CALEMBERT.

1ʳᵉ Division de cavalerie à pied. Ordre général n° 4.

Le général commandant la 1ʳᵉ division de cavalerie à pied cite à l'ordre de la division : le capitaine de Cambourg Augustin, du 4ᵉ régiment de cuirassiers à pied. Ancien officier de l'active, venu sur sa demande au 4ᵉ régiment de cuirassiers et ayant un sentiment du devoir exceptionnel. A eu le 24 mars 1918, par son énergie et sa froide bravoure, une influence morale considérable autour de lui ; traversant en plaine un violent tir de barrage de mitrailleuses pour se rendre à sa section avancée, ne s'est replié qu'après tous ses hommes, en exécution de l'ordre donné.

Le 1ᵉʳ avril 1918.

Signé : Le général BRÉCARD.

1ʳᵉ Division de cavalerie à pied. Ordre général n° 36.

Le général Brécard, commandant la 1ʳᵉ division de cavalerie à pied, cite à l'ordre de la division : Le capitaine de Cambourg, du 2ᵉ bataillon du 4ᵉ régiment de cuirassiers à pied. Le 9 juin 1918, au Plémont, commandant la compagnie en réserve de son bataillon, a su faire face aux différentes attaques de l'ennemi ; s'est dépensé sans compter au cours du combat, communiquant à toute sa compagnie l'énergie qui l'animait ; a ainsi puissamment contribué à arrêter l'ennemi devant le Plémont pendant plus de dix heures. A été grièvement blessé.

Le 10 février 1919.

Signé : Le général BRÉCARD.

Le 4ᵉ cuirassiers était un régiment d'élite, qui s'était déjà distingué en beaucoup de circonstances, quand, au commencement de juin 1918, il reçut la mission de défendre l'importante position du Plémont, qui commandait le massif montagneux et boisé entre l'Oise et Lassigny près de Thiescourt, à 16 kilomètres au nord de Compiègne. L'ennemi attaqua ce plateau le 8 juin 1918 et le cerna par les trouées de Thiescourt à l'est et de Lassigny à l'ouest.

Les défenseurs du Plémont, lisons-nous dans une lettre du lieutenant Dentraiges, datée du 16 juin 1918 et insérée dans le journal le *Temps* sous le titre : « *Les héros du Plémont* », étaient d'héroïques cavaliers. Ils avaient reçu la consigne de tenir la position jusqu'au bout : ils l'ont tenue jusqu'au bout ; et c'est un fragment d'épopée. Le 8 juin, vers minuit, les Allemands déclanchèrent un bombardement d'une violence inouïe, par obus explosifs sur les retranchements, par obus toxiques sur nos batteries, et le 9, à 2 h. 1/2 du matin, leurs vagues d'assaut commencèrent à déferler par la trouée de Thiescourt, à l'est, et sur les pentes orientales du Plémont. Nos abris étant effondrés, nos tranchées nivelées, nos nids de mitrailleuses bouleversés, les combattants abrutis pas les vapeurs délétères, l'assaillant effectua sans trop de difficultés une progression initiale dans son propre barrage de cylindres fumigènes. Mais, en arrivant aux pentes nord du massif, il fut arrêté net. Le Plémont résistait. Alors l'ennemi commença son mouvement tournant par la droite et par la gauche. A 7 h., trois attaques avaient déjà été repoussées et la petite garnison avait même capturé des prisonniers. Avec ses mitrailleuses et ses grenades, elle semait la mort dans les lignes des assaillants.

« A 7 h. 50, la liaison avec le Plessier fut subitement coupée à gauche, les Allemands étaient dans le Parc. Parant le coup, les défenseurs du Plémont constituèrent un crochet défensif en arrière et à l'ouest, dans le ravin du Plessieret ; de là, une section de mitrailleuses balaya la route de Lassigny. Cette section devait tenir jusqu'à deux heures de l'après-midi : elle tint, en effet ; mais, dès midi, submergée par le flot innombrable des assaillants, elle avait disparu presque toute entière après une héroïque défense.

« Nos cuirassiers avaient tenu jusqu'au bout, comme ils en avaient reçu l'ordre ; un seul d'entre eux avait réussi à s'échapper. Mais le sacrifice des défenseurs du Plémont avait coûté excessivement cher aux Allemands ; le massif était littéralement jonché de leurs cadavres. Un ravin en était « bourré. »

« Espérons que, plus tard, sur le Plémont, une stèle consacrera et perpétuera la mémoire de ce fait d'armes merveilleux, l'un des plus superbes de cette guerre héroïque. »

Il ressort des lettres du colonel Oré, commandant le 4° cuirassiers à pied, du capitaine de la Villéon et d'officiers ou de soldats de ce régiment, que le capitaine de Cambourg avait, dans la matinée du 9 juin, eu la cuisse broyée par un obus, au poste avancé de ses mitrailleurs qu'il était allé encourager à résister jusqu'au bout. Il perdait son sang avec abondance et était déjà presque sans connaissance, quand deux de ses hommes le relevèrent et essayèrent de le porter au poste de secours. Mais, débordés et submergés par le flot envahisseur des Allemands, ils durent l'abandonner.

« Le capitaine Augustin de Cambourg, lisons-nous dans les lettres de son colonel, de ses camarades et de ses soldats, était un chef admirable, aimé et estimé de tous, doué d'un courage à toute épreuve, d'un sang-froid merveilleux, d'un caractère d'une splendide énergie et d'une grande droiture ; c'était le type accompli de l'officier et sa disparition a été pour le régiment une profonde douleur. »

Fidèle en tout aux traditions de son pays et de sa famille, Augustin de Cambourg joignait à toutes ses qualités militaires de profonds sentiments chrétiens, et, quelques jours avant la bataille du Plémont, il avait dit à un de ses amis et compatriotes : « J'ai souvent déjà été exposé, mais je suis toujours en état de grâce. »

S'il a succombé, victime de son patriotisme et de son courage pour la France et pour Dieu, fidèle à la devise de sa famille, il ne se sera pas sacrifié en vain.

CANO, Joachim-Marie

Sous-lieutenant au 129ᵉ régiment d'infanterie.

Mort à Juvisy-sur-Orge, le 22 septembre 1914.

———

Né à Quistinic, le 25 juillet 1880, élève de Saint-François-Xavier (1894-1897).

Il partit comme adjudant au 129ᵉ d'infanterie. Le 15 septembre 1914, à la bataille de l'Aisne, comme il était en service commandé, il fut frappé de plusieurs balles aux jambes, qui lui brisèrent la cuisse droite. Il ne fut ramassé et pansé que le soir, dix heures après sa blessure. On l'évacua sur Limoges, mais il était si épuisé qu'on dut l'arrêter à Juvisy-sur-Orge. Il mourut le 22, dans d'horribles souffrances, après s'être confessé et avoir reçu les derniers sacrements. Il venait d'être nommé sous-lieutenant.

———

CARRADEC (L'abbé), Joseph (clerc tonsuré)

Soldat au 154ᵉ régiment d'infanterie.

Tué à Fromaréville, le 20 avril 1916.

———

Récupéré en 1915, il partit comme soldat au 154ᵉ d'infanterie. Il écrivait à sa mère :

« En route pour le front, on est joyeux quand même, vous pouvez le croire. On laisse tout aux mains du Bon Dieu. »

Sur la ligne de feu, ses sentiments n'ont point changé :

« Pour moi, je suis entièrement soumis à la volonté du Bon Dieu. Il ne fait pas bon vivre ici : c'est la mort qui nous guette à chaque pas, et peut-être une mort affreuse, mais on est chrétien et tout passe ainsi facilement. »

Le 20 avril 1916, il fut tué à Fromaréville par un obus qui tomba sur lui en pleine tranchée. La veille de sa mort, il écrivait :

« Je vais avoir certainement à souffrir. Pendant le temps de la semaine sainte, je gravirai le Calvaire, en union avec mon Sauveur. »

Citation.

Carradec (Joseph-Auguste-Marie), matricule 13548, soldat, brave soldat. Est tombé pour la France à son poste de combat, le 20 avril 1916, à Fromaréville en faisant vaillamment son devoir.

Croix de guerre avec étoile de bronze.

DE CASSON (Boux), GUY-MARIE-EDMOND-JOSEPH

Capitaine au 287ᵉ régiment d'infanterie. Chevalier de la Légion d'honneur.

Tué à Orainville (Aisne), le 17 septembre 1914.

———

Né à Nantes, le 18 avril 1869, élève de Saint-François-Xavier (1880-1881).

Après avoir passé au Petit Séminaire et aux Collèges de Vannes et de Poitiers, il entra à Saint-Cyr en 1890. Il fit une partie de sa carrière en Algérie, se distingua en 1893 pendant la campagne de Chine, et après son mariage, sacrifia le goût qu'il avait pour cette vie aventureuse, aux devoirs de la famille. Nommé au régiment d'infanterie de Vannes, il fut désigné pour chasser de leur couvent les Frères de Ploërmel. Il refusa d'accomplir cette mission indigne et abandonna sans hésiter la carrière qu'il aimait tant. Après son acquittement, mis en non-activité, il trouva le temps, malgré ses occupations professionnelles, de consacrer à l'Association des pères de famille pour la liberté de l'enseignement, qu'il avait fondée à Saint-Quentin avec Mgr Péchenard, son zèle infatigable.

Le 4 août 1914, il reprenait l'épée, disant :

« Je serais heureux de donner ma vie pour faire à mes fils une France renouvelée où ils pourront, avec leurs sentiments de foi et d'honneur, marcher la tête haute. »

Son offrande fut acceptée. Le 17 septembre, au combat d'Orainvile, il tomba frappé d'une balle en plein front. Un de ses soldats écrivait à sa femme :

« Nous aimions le capitaine de Casson comme un frère. Il était si énergique, si courageux, si bon, que nous l'aurions suivi partout. Je vous envoie son chapelet qu'il égrenait souvent, pendant les moments de repos. »

———

CAUBERT DE CLÉRY, HENRI-MARIE-PAUL

Soldat au 116ᵉ régiment d'infanterie.

Mort pour la France le 8 septembre 1914, à Lenharrée (Marne).

———

Né à Solesmes (Sarthe), le 1ᵉʳ décembre 1892, élève de Saint-François-Xavier (1901-1909).

Tombe, comme beaucoup d'autres, soldat inconnu de la première Marne.

Élève à l'École nationale des Beaux-Arts, où il avait obtenu déjà plusieurs médailles, il était sous les drapeaux au moment de la déclaration de guerre. Quelques mois auparavant, ses talents de jeune artiste l'avaient fait noter par son colonel. Il fut appelé par lui pour symboliser, sur le certificat de bonne conduite destiné aux soldats, les gloires de son régiment et la défense du drapeau. Il y mit toute son âme d'artiste et de Français. Son œuvre venait d'être approuvée quand il eut à réaliser l'idéal qu'il avait tracé. Un des premiers jours de la guerre, le 8 septembre 1914, il tombait à Lenharrée. « Une balle au front l'atteignit au moment où il relevait la tête pour mieux viser l'ennemi », écrivit plus tard un de ses camarades.

Porté disparu, il ne fut reconnu que six ans après avoir été enterré.

Proposé pour la Médaille militaire, à titre posthume, il reçut cette distinction par décret en date du 22 mai 1922, avec la citation suivante : « Soldat brave et dévoué, glorieusement tombé pour la France, le 8 septembre 1914, à Lenharrée (Marne). » — Croix de guerre avec étoile de bronze.

DE CAZENOVES DE PRADINES, Fernand-Léon-Marie

Capitaine de cuirassiers, passé au 208ᵉ régiment d'infanterie
Chevalier de la Légion d'honneur, Croix de guerre (palme et deux étoiles)
Médaille de Madagascar 1915.

Tué le 20 juillet 1916 près de Herbeville (Somme), inhumé à Caix.

Né à Nantes, le 7 août 1870, élève de Saint-François-Xavier (1882-1887).

Engagé à dix-huit ans au 3ᵉ dragons, demanda et obtint de faire la campagne de Madagascar en 1895. Il fut nommé sous-lieutenant au 2ᵉ chasseurs à cheval, à Pontivy, le 15 janvier 1897, et passa au 10ᵉ cuirassiers à Lyon en mai 1907, puis fut nommé capitaine au 4ᵉ cuirassiers, le 24 septembre 1911.

Lors de la déclaration de guerre, il avait dû quitter l'armée pour venir près de sa mère malade et seule, mais il rejoignit son régiment le premier jour de la mobilisation.

En septembre 1914, il prit au front le commandement d'un escadron divisionnaire du 4ᵉ cuirassiers.

En avril 1915, ne trouvant pas le rôle de la cavalerie assez actif pour son ardent patriotisme, il passa sur sa demande et sans monter en grade, au 208ᵉ d'infanterie, où on lui confia la formation d'une compagnie de mitrailleuses qu'il commanda jusqu'à sa mort, avec une valeur militaire, un dévouement, un courage, une bonté admirés de tous ses supérieurs, camarades et inférieurs.

Il prit part à la bataille de Champagne, en octobre 1915, et obtint une première citation qui lui valut la Croix de guerre.

Officier de cavalerie ayant de ses devoirs militaires la plus haute conception, passé sur sa demande dans l'infanterie, a été placé à la tête de la 1ʳᵉ compagnie de mitrailleuses de la brigade et a constamment montré le plus grand zèle et une rare énergie. Pendant la période du 6 au 14 octobre, a tenu sans interruption un poste des plus dangereux, remontant sans cesse le moral de ses hommes soumis à un bombardement intense et exposés au feu incessant des mitrailleuses ennemies, s'exposant lui-même, au mépris de tout danger pour leur donner l'exemple.

A cette bataille de Champagne, la compagnie de mitrailleurs du capitaine de Cazenoves fut placée près des ruines de la ferme de Navarin où pendant 10 jours, elle

dut se battre et garder la position, sans qu'il fut possible ni de la ravitailler, ni d'é-
vacuer les blessés et les morts. Pendant ces journées effroyables, le sang-froid, la
vaillance, la bonté du capitaine de Cazenoves, émerveillèrent et soutinrent ceux qui
l'entouraient. La violence et la continuité du bombardement étaient telles, jointes
au manque de sommeil et de nourriture, que plusieurs hommes, pourtant de braves
soldats qui avaient fait la campagne depuis le début, s'affaissaient en pleurant ; il
sut leur rendre la force morale et plus tard, racontant avec calme et en souriant ces
heures terribles, il disait : « J'étais obligé de les bercer dans mes bras comme des
enfants. »

A un moment donné, le tir du 75 se trouva viser trop court et frappa au milieu
de la vaillante compagnie, faisant des victimes. Le capitaine de Cazenoves se sacrifia sans hésiter. Il confia pour un instant le commandement au lieutenant Oranie
son inséparable et digne compagnon et sauta hors de la tranchée, pour franchir en
terrain découvert, sous le feu direct des Allemands, les 300 mètres qui le séparaient
du poste téléphonique ; il y arriva sa capote percée de balles ; sa mission remplie,
il revint par la même voie, servant de cible, suscitant une émotion, une admiration
unanimes.

Le 27 janvier, à Verdun, il fut fait chevalier de la Légion d'honneur en récompense de sa belle conduite, avec la citation suivante parue à l'officiel du 17 janvier 1916 :

*Au cours de la présente campagne, a été versé sur sa demande, de la cavalerie dans l'in-
fanterie où il commande, avec le plus grand zèle et la plus grande énergie, une compagnie de
mitrailleuses ; a pris part aux affaires du 2 au 13 octobre 1915, où il a fait preuve du plus haut
degré de sang-froid et de ténacité.*

Du 20 au 26 février 1916, il combattit autour de Verdun, où son régiment, le
208e d'infanterie, reçut un des premiers et des plus violents chocs de l'armée allemande ; les tranchées étaient bouleversées. Là, ses goûts furent satisfaits. Il se
battit en terrain découvert, et bien qu'il fut toujours au pire danger, il sortit de
ces affaires sans blessure, ayant souffert terriblement au moral et au physique,
mais fier de ceux qu'il commandait et du devoir si bien accompli.

En juin 1916, il partit pour la Somme où pendant 40 jours il resta aux tranchées
de première ligne, en proie à de dures privations et souffrances. Une grande attaque
fut préparée pendant ces jours ; le capitaine de Cazenoves y travailla de toute son
ardeur militaire. Ce fut le 20 juillet 1916, à 7 h. du matin, qu'il franchit à la tête de
sa compagnie, le parapet de la tranchée. Quelques cents mètres plus loin, il tombait
percé de balles par une mitrailleuse allemande, cachée dans le petit bois Frinik
situé près d'Herleville (Somme).

Dieu épargna à ce fervent chrétien, à ce beau soldat, une agonie douloureuse.
Il expira presque aussitôt après, sans penser à la détresse infinie de celles dont il
était la vie. Pour lui il était prêt, ayant dès la première heure et sans réserves, fait
son sacrifice, sacrifice d'autant plus grand et déchirant qu'il était si heureux sur
terre, si tendrement, ardemment attaché aux siens, et plein de force et de vie.

Arrière petit-fils du général de Bonchamps, le héros vendéen, et petit-fils du

comte Fernand P. de Bouillé, neveu du comte Jacques de Bouillé, qui tous deux
tombèrent pour la France, à Patay, le 2 décembre 1870, en tenant la bannière du
Sacré-Cœur, fils d'Edouard de Cazenoves de Pradines, glorieux blessé de Patay,
député du Lot-et-Garonne, puis de la Loire-Inférieure, confident et ami de M. le
comte de Chambord, le capitaine de Cazenoves s'est montré digne des siens. De son
mariage avec Mlle de la Madelaine, il a laissé 2 filles.

Sentant sa mort approcher, son père lui avait tracé la voie à suivre : « Tu seras
soldat quoiqu'il arrive, tu seras soldat. »

Le fils a suivi la direction paternelle ; il embrasse le métier militaire, et il est soldat.
Pendant quelques années, par égard pour sa mère, qu'éprouvait la souffrance, il rentra
dans la vie civile et sacrifia sa carrière à sa mère ; mais à l'heure du danger, il sacrifia
sa mère à la Patrie et reprit le service.

Citation à l'ordre du corps d'armée, 21 juillet 1916.

Officier d'une valeur morale exceptionnelle tout de devoir et d'honneur.
A été tué en conduisant sa troupe à l'assaut.

Chevalier de la Légion d'honneur. Croix de guerre (palme et 2 étoiles). Médaille de
Madagascar 1915.

DE CHABRE, LOUIS-CHARLES-HENRI
Adjudant au 116ᵉ régiment d'infanterie.

Il naquit à Quimper, le 12 juillet 1886. Son père Etienne de Chabre, avocat,
longtemps bâtonnier de l'Ordre, fut le soutien de l'Evêque, des prêtres et des Congrégations, lors des expulsions ; il mourut subitement en 1908, alors que ses fils
auraient eu besoin du secours de sa haute intelligence et de ses lumières, pour les
diriger dans la vie. Sa mère, née Marie du Penhoat, était issue d'une très ancienne
famille du Léon où la loyauté et la bonté ont toujours été vertus familiales. —
Louis était le plus jeune des enfants, et peut-être pour cela le plus chéri de ses
parents, de ses sœurs et de son frère ; sa nature si droite et si loyale, même dans
ses très jeunes années, le rendait sympathique à tous.

Au Collège Saint-François-Xavier de Vannes, où il fit si pieusement sa première communion, comme à Saint-Yves de Quimper et à Saint-Stanislas de Nantes
où il finit ses études, il a laissé aux professeurs et aux élèves le meilleur des souvenirs. C'était le bon camarade, ardent au jeu, appliqué à l'étude, l'ami loyal pour
ceux qui l'entouraient et qui ne l'oublieront jamais. Ses études terminées, il fit son
temps de service à Vannes et son droit à Rennes, puis entra à Nantes au Crédit
Nantais où le nom de son père, tenu en si haute estime en Bretagne, lui ouvrit
toutes grandes les portes. Après quelques années il fut envoyé à Quimper, puis à
Pont-l'Abbé où il fonda une succursale qu'il dirigea jusqu'à la guerre. Toujours
heureux de payer de sa personne, dans les loisirs que lui laissaient ses occupations,
il avait aidé un ami dans la lutte politique toujours si âpre en Bretagne. Risquer sa
vie pour un principe, c'était pour lui le devoir. Dans la lutte électorale où il avait

soutenu si vaillamment le bon droit, il avait été de suite au poste où il y avait du danger ; à la guerre, c'était la même chose : là où le péril était le plus grand, on était sûr de le trouver.

Le 2 août il arriva à Vannes, remué jusqu'au fond du cœur par la magnifique flamme d'enthousiasme qui a soulevé et soulève encore tous les cœurs français. Pour être plus vite à la frontière, il réussit à partir dans le 116ᵉ au lieu du 316ᵉ, et pendant les premiers mois de la guerre, il ne se départit pas un instant de cette belle vaillance et de cet entrain qui le faisaient tant aimer de ses hommes. « Son « capitaine n'oubliera jamais ce qu'il lui doit pour avoir soutenu ses hommes mo- « ralement et physiquement, écrivait un de ses meilleurs amis ; sans lui, je ne sais « pas ce que nous serions devenus. » Dans les tranchées d'Albert où il resta 10 mois, toujours la même vaillance et le même entrain. Jamais l'ombre d'une plainte dans ses lettres à sa famille qui, déjà si éprouvée, ne vivait pas en songeant aux dangers sans nombre qu'il courait.

Sergent après la Marne, adjudant à la prise de Hamel où son colonel l'avait personnellement remarqué, il allait passer sous-lieutenant quand il tomba le 25 sep-tembre. Depuis le 1ᵉʳ de ce mois, le 11ᵉ corps était en Champagne ; et pendant ces quatre semaines, ce fut pour lui la préparation à cette grande offensive qu'il appelait de tous ses vœux. Sentant qu'il n'en reviendrait pas, il écrivait à sa mère une admirable lettre, testament d'affection où, après lui avoir dit sa confiance dans la victoire prochaine, il ajoutait : « Soyez courageuse ! Il faut tout prévoir. J'ai fait « mon sacrifice, et si je ne reviens pas, sachez que j'ai offert ma vie pour Dieu, « pour vous, pour la France. » Dieu accepta ce sacrifice si généreux, et l'ayant trouvé prêt pour la gloire éternelle, il permit qu'une balle et qu'un éclat d'obus lui apportassent la mort, une heure après l'attaque.

Ses amis au désespoir eurent pour celui qui les avait tant aidés, toutes les délicatesses ; après l'avoir embrassé pour ceux que sa mort laisse inconsolables, ils voulurent eux-mêmes le coucher dans sa dernière demeure : il avait alors les yeux ouverts et regardait le ciel. Quand la tourmente fut passée, ce furent leurs mains amies qui lui firent un cercueil et qui l'enterrèrent pieusement loin des obus, avec les officiers du 116ᵉ. Le colonel après l'avoir fait citer à l'ordre de l'armée, écrivit à sa famille une admirable lettre très élogieuse pour lui ; et de tous les côtés vinrent les regrets émus de ses vrais amis pour qui il restera toujours le type du Breton loyal, sûr et fidèle, qui sut aimer sa Patrie et son Dieu jusqu'au sacrifice suprême.

Citation à l'ordre de l'armée.

Le général Pétain cite à l'ordre de l'armée : de Chabre Louis, adjudant au 116ᵉ d'In-fanterie.

Chef de section distingué, a toujours fait preuve d'un courage et d'un moral remarquables. Tué en entraînant sa section à l'assaut du 25 septembre 1915.

Croix de guerre avec palme. Par arrêté ministériel du 20 octobre 1919, publié au *Journal officiel* du 22 février 1920, la Médaille militaire, a été attribuée à la mémoire de l'adjudant de Chabre Louis-Charles-Henri, mort pour la France.

DE CHAMAILLARD (Ponthier), Adrien-Yves-François-Marie

Sous-lieutenant au 302ᵉ régiment d'infanterie.

Né Quimper, le 24 décembre 1885, élève de Saint-François-Xavier de Vannes (1897-1901).

Il compte parmi les héros dont le sacrifice eut son effet constant, au cours de la victorieuse résistance de Verdun.

Ancien élève de l'École des Sciences Politiques, licencié en droit, ayant atteint sa vingt-huitième année, il partait de Chartres le 8 août 1914 en qualité de sergent au 302ᵉ, pour être dirigé sur la forteresse sublime.

Énergique et doux, simple et dévoué, modeste et distingué, enfin de haute valeur et d'éminent courage, il fut de suite apprécié et sollicité instamment par ses chefs d'accepter le grade d'officier, qu'il porta, dès novembre 1914, comme le signe d'un devoir supérieur.

Ses hommes l'aimaient et l'admiraient pour sa fraternelle sollicitude et sa conduite exemplaire.

Il combattit à Gouraincourt, Rembercourt, Les Éparges, Lamorville, après quoi il reçut la Croix de guerre.

Au Mort-Homme, après avoir quitté les tranchées de Régniéville qu'il défendit longtemps, il fut blessé le 14 juin 1916 aux jambes ; transporté à l'hôpital de Châtelguyon, il y mourait quinze jours après, contre toutes prévisions.

A la Croix de guerre devait se joindre celle de la Légion d'honneur, que la noble victime avait méritée pour sa dernière belle action. C'est à sa malheureuse mère que fut remis l'insigne suprême.

Les extraits de lettres qui suivent attestent l'estime et les regrets de ses compagnons d'armes de toute condition :

17 juillet 1916, aux Armées.

« Monsieur,

« Il y a quelques jours déjà, nous avions appris la mort de notre excellent camarade de Chamaillard, et cette nouvelle nous avait causé à tous le plus réel et le plus profond chagrin. Chamaillard avait raison de tenir au 302ᵉ, car au régiment tous ses camarades l'aimaient et l'estimaient ; ses hommes avaient en lui une confiance aveugle, ils l'avaient vu à l'œuvre, ils l'auraient suivi partout et se seraient fait tuer pour lui.

« Personnellement j'avais apprécié dès le début sa franchise et son caractère si loyal et si bon ; puis, à deux reprises différentes, il a rempli auprès de moi les fonctions d'officier adjoint ; et alors, pendant ces longues journées d'intimité passées au fond de nos réduits de la Lorraine, j'avais appris à le connaître tout à fait. J'avais trouvé en de Chamaillard tellement de finesse et de distinction ! Il savait allier à sa gaieté et à sa bonne humeur des sentiments si délicats qu'il était devenu pour moi plus qu'un camarade.

« Au moment où l'on a besoin d'un confident, je n'hésitais pas à m'adresser à lui, parce que j'étais convaincu que ma confiance était bien placée..... Maintenant, Monsieur, permettez-moi de vous dire, à moi qui l'ai bien connu, qu'il est, pour ses parents et ses amis, une meilleure consolation que celle de cette mort glorieuse. Votre beau-frère était un honnête homme et un vrai chrétien. Ceux qui le pleurent aujourd'hui doivent donc regarder plus haut que sur cette terre et se dire que le Dieu des Armées lui a sûrement accordé la récompense qu'Il donne aux braves et à ceux qui lui sont toujours restés fidèles... »

Commandant H.

« J'apprends à l'instant que la Croix de la Légion d'honneur a été accordée à de Chamaillard ; la proposition avait été faite aussitôt après le combat du Mort-Homme.

Je regrette de tout mon cœur que cette récompense, qu'il a si bien méritée, soit arrivée si tard.

La famille de Chamaillard pourra être fière de cette Croix. Nul plus que lui n'était digne de la porter. »

D'un aumônier brancardier de son régiment :

« Les liens qui nous unissaient étaient très étroits et j'ai été mieux à même que n'importe lequel de nous d'apprécier sa haute valeur intellectuelle et morale. Sous des dehors plutôt froids, timides, il cachait une âme chaude, ardente, courageuse, généreuse jusqu'au sacrifice. J'ai toujours admiré la noblesse de ses sentiments et la délicatesse de son cœur. Et il unissait à tout cela une générosité de sentiments profondément chrétiens.

« C'est vous dire, Madame, la peine affreuse que nous a causé la nouvelle de sa mort ; et malgré l'insensibilité à laquelle nous sommes malheureusement habitués par tant et tant d'affreuses choses, nous avons pleuré notre cher lieutenant de Chamaillard. »

Lettre d'un homme de sa compagnie :

« Pour le lieutenant de Chamaillard, on aurait fait n'importe quel sacrifice, car il fut pour nous un père et il nous aurait porté secours à tous, lui aussi. »

DE CHAMPAGNÉ (Giffard marquis), ALAIN-MARIE-GEORGES
Engagé volontaire à l'âge de 41 ans, au 25ᵉ régiment de dragons.

Né à Morbecque (Nord) le 19 mai 1874, il fut élève du Collège Saint-François-Xavier (1885-1892).

Au début de la guerre, dès que les engagements furent autorisés, il se présenta au 24ᵉ dragons et y fut reçu en qualité de simple cavalier. Quelques semaines ayant suffi à son instruction militaire, il fut envoyé directement au front, et, le 2 novembre 1914, il était grièvement blessé à la poitrine.

Voici un magnifique témoignage de bravoure, contenu dans l'ordre du jour qu'il mérita :

Citation à l'ordre de l'armée :

Cavalier de Champagné Alain, du 24ᵉ dragons, engagé volontaire pour la durée de la guerre, à l'âge de 41 ans, a donné, au cours des combats des 1ᵉʳ et 2 novembre, devant Saint-Éloi, un magnifique exemple à ses cadets de solidité au feu, de sang-froid et de bravoure. Très grièvement blessé d'une balle en pleine poitrine.

Transporté presque mourant dans un poste de secours, et, de là, dans un hôpital du front, il y fut décoré de la médaille militaire par le général de l'Épée. C'était à Vlamertinghe (Belgique).

A la Médaille militaire et à la Croix de guerre française vint s'ajouter, plus tard, la Croix de guerre belge.

Le marquis de Champagné était conseiller d'arrondissement, conseiller municipal de Craon, et président du Conseil paroissial de Saint-Nicolas.

La Société musicale, les Sociétés d'agriculture, de Courses et autres le comptaient au nombre de leurs membres.

Quant aux grandes œuvres catholiques, il en était le généreux soutien.

Dès l'âge de 18 ans, à cet âge où tant de jeunes gens ne pensent qu'aux distractions du monde, le marquis de Champagné regardait comme le premier de ses devoirs, non seulement de continuer les œuvres charitables de ses parents, mais d'en fonder de nouvelles. Parmi elles, il suffit de mentionner ce magnifique établissement scolaire de Saint-Joseph de Craon, et différentes écoles chrétiennes du Craonnais.

Il est mort des suites de sa blessure de guerre le 29 septembre 1918, et sa mort a été aussi édifiante que sa vie pour tous ceux qui l'ont connu.

———

DE CHAMPSAVIN (Le Beschu), Louis-Marie-Joseph

Lieutenant-colonel de cavalerie.

———

Né à Assérac le 24 novembre 1867, il avait fait ses études à Saint-François-Xavier de 1876 à 1884. Il entra à l'École militaire de Saint-Cyr où il fut élève de 1888 à 1890. Nommé lieutenant en 1892, il revint à Saint-Cyr comme officier instructeur de 1899 à 1904. Capitaine en 1903, il reprit à Saint-Cyr les fonctions d'instructeur qu'il exerça de 1909 à 1913. Il fut nommé commandant au mois d'octobre 1913. Il a fait la mobilisation et régla le départ au front des troupes comme commandant-major du 16ᵉ régiment de dragons à Reims. Versé à l'état-major du général de Castelnau en octobre, il fut mis sur sa demande au 20ᵉ chasseurs à cheval en mars 1916 où il resta jusqu'en novembre, tant que le lui permirent ses forces.

Le commandant de Champsavin mourut le 20 décembre 1916, à l'hôpital auxiliaire n° 10 à Nantes, des suites de la longue intoxication par les gaz asphyxiants dont le fort de Tavannes fut littéralement empoisonné durant toute l'afffaire de Verdun.

C'est une belle figure de soldat qui disparaît en plein avenir. Il était décoré de plusieurs ordres militaires français et étrangers, notamment de la Légion d'honneur qu'il avait brillamment gagnée au cours de la présente guerre.

Écrivain militaire, le commandant de Champsavin était aussi un officier de cavalerie d'un rare mérite ; il s'était particulièrement distingué, pendant la paix, au cours de maints raids de cavalerie et sa réputation de valeureux écuyer français était connue même à l'étranger.

Père de famille de 8 enfants, il n'avait point hésité à s'offrir comme volontaire pour la tâche à la fois si périlleuse, ingrate et obscure de la garde des forts de Verdun menacés. Le fort de Tavannes, voisin de ceux de Vaux et Douaumont lui avait été confié, il ne pouvait être en des mains plus sûres. L'héroïque officier sut imprégner de ses belles vertus militaires les hommes de sa garnison, avec lesquels il supporta sans broncher les longs jours d'épreuves de la défense de Verdun. Mais sous l'influence des gaz délétères, ce corps vigoureux se déprimait, tout l'organisme bientôt s'intoxiquait et ses forces faiblissaient ; cependant ce cœur intrépide, lui, s'armait chaque jour d'un nouveau courage. Aux offres qu'on lui fit de le relever momentanément pour lui permettre un repos réparateur, il opposa un fier refus. Il voulut rester là jusqu'au bout et ce n'est qu'après la reprise par nos vaillantes troupes des forts voisins de Vaux et de Douaumont, alors que Tavannes ne courait plus aucun danger direct, qu'il se décida à suivre les conseils des médecins militaires. Mais hélas, trop tard !

Ajoutons que quelque temps avant sa mort, il avait été appelé à Redon pour remettre lui-même la Croix de guerre à son fils.

Discours de M. l'aumônier prononcé à la chapelle de l'hôpital.

MESSIEURS,

J'offre le saint sacrifice de la messe ce matin pour le repos de l'âme du commandant de Champsavin. Ayant été le témoin de ses derniers moments si édifiants, si touchants et si chrétiens, vous me permettrez de dire à sa louange quelques mots très simples et très courts.....

Toutes les aspirations du commandant de Champsavin pouvaient se résumer, je crois, dans les trois souhaits que formulait naguère un officier, mort il y a quelques années aux colonies, et que voici : « Toutes mes forces morales, toute mon âme au service de ma foi ; toutes mes forces physiques, tout mon sang au service de la France ; tout mon être enfin pour mon devoir de Français et de chrétien. »

Telle fut bien la devise du commandant de Champsavin. Chrétien pratiquant, respectueux des enseignements de l'Eglise, esclave du devoir, il donna l'exemple de la fidélité la plus parfaite. Toujours soumis à la volonté de Dieu, lorsqu'il sentit la mort s'approcher, il accepta généreusement cette dernière épreuve comme il avait accepté toutes les autres, sans murmurer et sans faiblir. « Je n'ai pas peur de mourir, me disait-il, j'ai si grande confiance en la miséricorde et en la bonté de Dieu ! »

Mourir pour une noble cause est en effet, une grâce incomparable. C'est un gage certain de la plus sublime récompense au-delà de la tombe.

Comme vous, messieurs, il s'était mis au service de la vérité et de la justice, il donna sa vie pour la défense du droit et de l'honneur. Pendant plus de huit mois, il fut le témoin de cette lutte gigantesque qui se déroula autour de Verdun ; il en vécut toutes les phases, il en connut les horreurs et la gloire. Si nos angoisses furent grandes à nous qui étions éloignés du théâtre du combat, quelles durent être ses préoccupations et sa rage en face d'un ennemi qui, malgré l'héroïsme surhumain de nos soldats, enlevait chaque jour quelques nouveaux lambeaux de notre sol !

« Je ne crois pas, disait-il, qu'il soit possible de souffrir physiquement et moralement plus que je n'ai souffert alors. »

Il aurait pu comme tant d'autres, tomber là-bas et mêler son sang à celui des braves qu'il commandait. Dieu ne l'a pas voulu. Mais s'il mourut loin du front, sa mort n'est pas moins glorieuse, et elle fut plus méritoire encore, peut-être, parce qu'elle fut plus pénible.

Voir la mort venir pas à pas et supporter sans faiblir les angoisses, les peines, les douleurs des derniers instants, les accepter généreusement et les offrir à Dieu pour les grandes causes que l'on aime, révèle une force de caractère, une noblesse de sentiment, une fermeté de croyances dignes des plus grands éloges. Ce bel exemple, le commandant de Champsavin nous l'a donné. « Il est mort, suivant le mot de l'Ecriture, laissant non seulement à ses enfants, mais à toute la nation, un exemple de bravoure et de vertu. »

La mort heureusement ne détruit pas tout. La justice de Dieu et sa bonté demandent que ceux qui ont souffert tant d'épreuves physiques et morales, et qui les ont supportées avec un courage si grand et une résignation si parfaite, obtiennent un jour une compensation à tous leurs maux. C'est une consolation pour ceux qu'ils laissent, la seule véritable consolation, que de ne pas douter de leur présence au ciel et de pouvoir compter sur leur intercession constante auprès de ce Dieu Tout-Puissant au service duquel ils se sont dévoués pendant leur vie tout entière. Ce ne sont pas ceux qui s'en vont qui sont à plaindre. Ils ont reçu de Dieu bien plus encore qu'ils ne croyaient recevoir. La beauté qui les attirait dans les choses de cette terre, la bonté qui les charmait dans les plus douces affections, la sainteté qui les attirait au devoir et les passionnait pour la vertu, n'étaient que des reflets affaiblis des perfections infinies qu'ils contemplent en Dieu. Aussi sont-ils parfaitement heureux. Mais nous qui restons, nous sentons vivement notre douleur et le langage humain est impuissant à soulager notre peine. C'est au ciel qu'il faut nous réfugier, et, conduits par ceux qui viennent de nous quitter, nous rapprocher du Cœur de Jésus et mêler nos douleurs aux siennes.

L'une de nos plus anciennes poésies bretonnes, un hymne de guerre que nos vieux bardes chantaient à nos ancêtres lorsqu'ils se rendaient au combat, se termine par ces deux vers : « *Si nous mourons comme doivent mourir des chrétiens et des Bretons, jamais nous ne mourrons trop tôt.* » Le poète ne dit pas pourquoi. C'est sans aucun doute parce que de telles morts sont salutaires pour ceux qui restent en les rendant capables d'efforts et de sacrifices. Pieusement penchés sur sa tombe, sachons ce que le commandant de Champsavin nous laisse. Ce que nous admirons chez lui, nous avons le devoir de l'imiter. Il a donné sa vie pour la justice, et pour le droit, pour la liberté, pour que le monde devienne meilleur. A nous, en imitant son esprit de détachement et de sacrifice, son courage, son endurance héroïque, sa foi simple, son abandon à la divine Providence, de continuer la tâche qu'il a si bien commencée.

Pendant cette messe nous prierons spécialement pour le repos de son âme et nous lui demanderons en retour de nous obtenir de la miséricorde divine une mort aussi chrétienne et aussi courageuse que la sienne.

Fragments de discours et de lettres.

Il est mort !... Non, il n'est pas mort... Il revit d'une vie nouvelle et protègera du haut du ciel ses compagnons d'armes et rendra plus de services à sa Patrie du haut du ciel qu'il n'en aurait rendus sur la terre.

..... O mort glorieux pour la France, vos compagnons d'armes sauront par des accents émus, retracer votre vie, citer vos faits d'armes. L'héritage d'honneur de votre immortalité sera assuré à vos générations. Votre souvenir restera sur cette terre adouci par l'espérance des familles chrétiennes de vous retrouver dans une vie meilleure.....

On sait quelles luttes héroïques soutint le fort de Tavannes dont les Allemands se croyaient sûrs de triompher. Le commandant de Champsavin par son énergie et son habileté, secondé par la bravoure et le dévouement infatigables de sa garnison, tint tête aux assaillants et nous conserva ce fort précieux.

Tant de fatigues épuisèrent sa santé. L'héroïque commandant eut la consolation de garder à la France le fort confié à son courage et de venir mourir dans sa chère Bretagne. Ainsi se perpétuent dans nos meilleures familles les traditions de courage, de patriotisme et de foi chrétienne qui sont la force de notre Patrie et sont pour elle un gage de résurrection.

« Le commandant est pour nous tous un camarade, il est pour la plupart mieux que cela ; ses qualités admirables de cœur, de droiture et de bonté lui ont acquis l'affection de ceux qui l'approchaient au point que la funeste nouvelle a été ressentie comme si elle touchait un des êtres qui nous sont les plus chers.

L'admirable énergie, la volonté et la constance que le commandant a montrées en tenant au poste glorieux qui lui avait été confié, malgré les bombardements incessants du fort, l'ébranlement physique et la fatigue excessive qui lui étaient imposée, le placent au niveau des plus grands héros morts glorieusement pour notre pays ; son souvenir sera impérissablement lié à celui du régiment dont il est une des gloires les plus fières. »

..... Sa bonté ne s'arrêtait pas au cadre des officiers, elle allait aux subordonnés, jusqu'au dernier des cavaliers ; pas un de ceux qui ont eu l'honneur de servir sous-lui n'oubliera celui que leur cœur avait baptisé d'un nom conciliant à la fois le respect et l'affection. Pour tous il fut le modèle de toutes les vertus militaires et chrétiennes...

Tous ceux qui ont connu le commandant de Champsavin, l'aimaient et c'est particulièrement toute la cavalerie qui le connaissait et l'aimait. Les jeunes générations d'officiers qu'il avait formés lui avaient voué un véritable culte d'admiration pour son talent comme pour son son beau caractère. Combien de témoignages j'en ai eu !... Toute sa vie il avait donné l'exemple, il ne pouvait disparaître autrement qu'il avait vécu et sa mort est encore un modèle d'attachement au devoir...

..... C'est un chef qu'on n'oubliera jamais ; son inaltérable bonté lui a valu toutes les sympathies, et tous ses anciens collaborateurs comme tous ses anciens élèves avaient pour lui la plus profonde affection.

Son nom restera un emblème pour toutes les promotions et son souvenir planera longtemps sur l'arme.....

..... Il est impossible de faire plus complètement le don de soi même au pays, ni de le servir et de se sacrifier à lui avec plus de résignation et en même temps de simplicité et de modestie.

..... Il est mort comme il avait vécu, simple, généreux, en vrai Breton dont il était le modèle parfait. »

Citation.

Au Grand Quartier général, 3 janvier 1917.

Le général commandant la IIe armée cite à l'ordre de l'armée :

Le chef d'escadron le Beschu de Champsavin, Louis-Marie-Joseph du 20e régiment de de chasseurs, commandant le fort de Tavannes du 20 avril au 4 novembre 1916.

Commandant un fort de première ligne soumis à un bombardement incessant, s'est acquitté de ses fonctions pendant sept mois avec le plus grand sang-froid et le dévouement le plus absolu.

Intoxiqué le 11 juillet par les obus asphyxiants, n'a pas voulu se laisser évacuer, a tenu à rester à son poste malgré un état de santé très précaire et n'est entré à l'hôpital qu'à bout de forces. Est mort des suites de l'intoxication dont il avait été victime.

Le général commandant la IIe armée.
GUILLAUMAT.

CHARETON, Louis-Ernest-Marie
Lieutenant de cavalerie au 2ᵉ chasseurs.

Né à Guingamp en 1881, Louis Chareton étudia au Collège Saint-François-Xavier en 1889 et 1890, puis entra à Saint-Cyr en 1904. Voici un extrait du *Journal officiel* du 8 février 1915, relatant l'ordre du jour publié à l'occasion de sa mort :

Chareton, lieutenant de réserve à l'état-major de la 119ᵉ brigade ; déjà proposé pour une citation, a fait preuve en toutes circonstances de la plus grande bravoure. En particulier, le 1ᵉʳ janvier 1915, chargé de faire une reconnaissance, n'a pas hésité à exécuter sa mission malgré un violent bombardement, et a été tué par un obus.

La lettre suivante adressée à Mᵍʳ Morelle, évêque de Saint-Brieuc, nous donne des détails plus précis sur la mort de ce brave officier, et nous peint, d'une façon touchante, son caractère si sympathique, sa grande bonté et surtout sa foi profonde :

.... Je ne transmettrai point vos souhaits au lieutenant Chareton et je ne vous transmettrai plus jamais les siens, car il est tombé glorieusement, Votre Grandeur le sait déjà sans doute. Dans l'après-midi du 1ᵉʳ janvier 1915, après déjeuner, le lieutenant, sur l'ordre du colonel, était monté à cheval pour aller reconnaître la première ligne. La lutte d'artillerie était intense, et l'officier voyant les obus tomber à cent mètres sur sa droite, appuya à gauche. En même temps, les Allemands raccourcirent leur tir ; un projectile énorme tomba à deux mètres devant lui, éventrant le cheval et tuant raide le cavalier. Louis Chareton était un officier universellement estimé et aimé dans la division. On l'avait vu, pendant toute la campagne, galopant aux endroits les plus dangereux, allant sous la mitraille porter des ordres aux fractions les plus engagées. Les fantassins, peu tendres en général pour les « Armes à cheval », admiraient ce joli cavalier, si bien pris dans son dolman bleu clair, et si crâne devant le danger. Ses compatriotes étaient fiers de lui ; souvent lorsqu'il passait auprès du 248ᵉ, j'entendis les hommes murmurer entre eux : « C'est un gars de Guingamp. » D'ailleurs il était pour eux d'une charité inépuisable et je ne saurais dire quelle quantité de lainages et de linge il a distribuée. Aussi sa mort fut-elle un deuil universel et ses obsèques un triomphe. Tous les officiers et presque tous les hommes présents au cantonnement ont escorté en larmes la prolonge d'artillerie qui portait sa dépouille mortelle au cimetière. Le général de division et le colonel commandant la brigade ont successivement dit un dernier « Au revoir » au disparu. Ni l'un, ni l'autre n'a oublié de souligner la foi profonde du lieutenant. Car, Monseigneur, je ne vous donnerais pas une idée complète de la physionomie morale de mon regretté ami, si je ne vous disais combien il était croyant. J'ai rarement rencontré une âme plus droite, une conscience plus délicate, un cœur plus pieux. Depuis que les opérations militaires, en prenant le caractère de la guerre de siège, nous ont fixés sur place, je ne crois pas que le lieutenant Chareton ait manqué un seul jour d'assister à la messe et de communier. Et il y avait du mérite, car souvent la nuit s'était passée à parcourir les tranchées et à veiller au poste de commandement. Aussi son exemple portait des fruits de bénédiction. Bien d'autres officiers, Dieu merci, nous donnent les mêmes consolations, mais Chareton, plus connu par ses fonctions, plus facile à remarquer par sa tenue, ne passait jamais inaperçu.

Mon pauvre ami avait eu récemment de grandes désillusions. Il avait été, dans une récente campagne politique, méconnu par ses compatriotes. Sa mort glorieuse obtiendra, j'espère, ce que sa vie n'a pas obtenu. Le peuple comprendra peut-être que ses vrais amis ne sont pas ceux qui le flattent, mais ceux qui savent mourir pour lui. »

J. LE DOUAREC, prêtre.

(Semaine religieuse de Saint-Brieuc, 26 février 1915).

DE CHARETTE (DE LA CONTRIE), FRANÇOIS-XAVIER-MARIE-JOSEPH-GASPARD
Lieutenant au 2ᵉ chasseurs à cheval.

Né à Busset (Allier), le 17 octobre 1869, fit à Saint-François-Xavier, de bonnes études de 1879 à 1885 ; puis il entra à Saint-Cyr et en sortit dans l'arme de la cavalerie. Nommé lieutenant au 2ᵉ chasseurs, à Pontivy, il passa ensuite, avec le même grade au 1ᵉʳ chasseurs, à Châteaudun, où il prit un congé de trois ans.

Issu d'une vieille et célèbre famille de royalistes convaincus et de chrétiens fervents, il en avait conservé intégralement les traditions et ne cachait nullement ses opinions. Au moment des inventaires, il défendit vigoureusement son église paroissiale et empêcha l'agent du Fisc d'y entrer. Le triste André, alors ministre de la guerre, profita naturellement de cette occasion pour infliger à François de Charette, une peine disciplinaire, bien qu'il fut en congé et, pour ainsi dire, indépendant. Il se soumit et accomplit sa peine, comme il est d'usage dans l'armée, mais il donna aussitôt après sa démission.

Rentré dans la vie civile, il s'occupa beaucoup de questions politiques, marcha avec l'*Action Française*, et fit de nombreuses conférences dans la région de Bernay où il habitait. A la déclaration de guerre, en 1914, il reprit du service, et fut versé dans un état-major. Mais il insista tellement près de ses chefs, pour passer dans l'infanterie, qu'il fut bientôt versé au 66ᵉ régiment de cette arme, colonel Paillé. Blessé en Belgique, il vint avec son régiment dans la Somme, et le 18 octobre 1917, il faisait partie de l'attaque du ravin de Morval. C'est là qu'il est tombé glorieusement à la tête de ses hommes à l'âge de 47 ans. Il avait déjà la Croix de guerre et reçut la Légion d'honneur, à titre posthume. Nous ne possédons pas ses citations qui doivent être des plus élogieuses. Nous nous inclinons respectueusement devant la tombe de ce vaillant camarade, digne descendant d'une famille de preux et de croyants.

DE CHARETTE (DE LA CONTRIE), MAXENCE-MARIE-LOUIS-HENRI-EMMANUEL

Aide-Major au 26ᵉ régiment d'artillerie.

Né à Nantes le 27 décembre 1882, élève à Saint-François-Xavier (1896-1897).

Le docteur de Charette partit pour le front dès le début de la campagne. Blessé à Ethe le 22 août 1914, comme les infirmiers voulaient le relever, il ordonna qu'on recueillît d'abord les autres blessés, ajoutant : « J'ai donné ma vie pour la France, je ne veux plus m'occuper maintenant que de mon âme pour la donner à Dieu. » On le transporta cependant à l'ambulance de Gomery où il fut fusillé, le 24 août 1914, pendant le massacre de cette ambulance par les Allemands. Ce crime abominable, commis contre le droit des gens, sur la personne d'un médecin qui, en temps de guerre, doit être considérée comme sacrée, révolte la conscience de tout bon Français, et donne une idée des procédés employés trop souvent par nos ennemis, à notre égard. La personnalité de la victime, descendant d'une de nos plus vieilles familles de guerriers, ajoute encore un degré de plus à l'odieux de cette action.

CHATEL (l'abbé), FRANÇOIS-MARIE

Soldat au 148ᵉ régiment d'infanterie.

Né à Mohon (Morbihan), le 6 juillet 1888, il fit presque toutes ses études secondaires au Petit Séminaire Notre-Dame des Carmes à Ploërmel, et passa au Collège Saint-François-Xavier de Vannes, où il fit sa philosophie en 1907.

Durant le cours de ses études, il fut toujours placé parmi les premiers élèves de sa classe. Il montra, dès le début, cette intelligence claire et active qui alla en se développant. Il fournissait d'ailleurs toujours un travail très consciencieux, condition de toute formation sérieuse.

Il sortit diacre du Grand Séminaire, n'ayant pas l'âge requis pour être ordonné prêtre. Il fut quelques mois professeur au Collège Saint-Armel, à Ploërmel. A la rentrée de Pâques 1912, il arriva à la maîtrise de Sainte-Anne. Il y resta jusqu'en janvier 1915, époque où il partit pour la caserne.

Pendant les mois de juillet, août et septembre, il a envoyé à l'auteur de ces lignes un assez grand nombre de lettres, pour la plupart bien intéressantes à lire. M. Châtel y montre surtout un grand esprit d'observation. Il ne se contente pas de décrire le monde extérieur si varié, si grandiose, au milieu duquel il vit, souvent à quelques mètres de l'ennemi. Il analyse aussi ses pensées, pour les communiquer à son ami intime.

Il écrivait le 13 septembre 1915 : « Malgré les fatigues, les nuits passées presque sans sommeil, sans autre lit que la terre froide des tranchées, je me porte très bien. Il semble que plus on fait de misère à son corps, et mieux il se porte. A la guerre, un homme est plus dur à la misère qu'un cheval. » A côté de quelques phrases plutôt tristes où M. Châtel semblait avoir eu certain pressentiment de sa mort prochaine, la plupart de ses lettres sont écrites avec un calme et une force impressionnantes. Il puisait son courage dans son cœur de prêtre, acceptant son devoir coûte que coûte.

La dernière lettre qu'il écrivit à son ami est du 23 septembre 1915, deux jours avant l'attaque de Champagne. Elle commençait ainsi : « Voici la dernière fois que je t'écris, du moins avant le jour du grand assaut. Quand tu recevras cette lettre, je serai en pleine bataille, à moins que déjà une balle ne m'ait étendu mort au fond d'une tranchée, ou qu'un obus ne soit venu me broyer... Ma compagnie forme avec la quatrième la première vague d'assaut. A nous l'honneur de foncer les premiers sur les Boches.

« Et maintenant, je te dis : Au revoir ! sur cette terre, je l'espère, ou pour le moins, dans le ciel. »

M. Châtel est porté « disparu » depuis cette attaque. Il est mort, sans aucun doute. Il y a en Allemagne, affirme-t-on, des soldats faits prisonniers depuis trois ans, qui n'ont jamais pu donner de leurs nouvelles. Mais on aurait permis à un prêtre de le faire. C'est donc fini pour cette terre ; cher ami, ce n'est qu'au ciel que nous nous reverrons.

DE CHAUMONTEL, Pierre-Marie-Edgard
Aspirant au 42ᵉ régiment d'infanterie.

Né à Cherbourg (Manche), le 2 juillet 1895, il fit ses études au Collège de Marneffe (Belgique) et vint les terminer à Saint-François-Xavier, où il suivit le cours de préparation à Saint-Cyr (1913-1914).

Il se trouvait à Karlsruhe en Allemagne, lors de la déclaration de guerre et fut assez heureux pour pouvoir prendre le dernier train à destination de la France. Il s'engagea au 26ᵉ régiment d'artillerie, à Chartres, le 3 septembre 1914, et fut nommé, en mars 1915, aspirant au 29ᵉ d'artillerie ; en mai 1915, il partait pour Verdun. Rappelé à Fontainebleau pour y suivre les cours des élèves officiers, le 15 novembre 1915, il repart, le 2 mars 1916, pour le front dans la Somme. Nommé agent de liaison, le 1ᵉʳ juillet 1916, près d'un commandant du 36ᵉ colonial, blessé dès les premiers moments d'une attaque, il fut aperçu, dans le courant de cette journée, se battant comme un lion avec ses Sénégalais qui tentaient de pénétrer dans Frise. C'est au cours de cette action, le 2 juillet 1916, qu'il fut atteint par un éclat d'obus dans la poitrine qui le tua sur le coup. Le terrain ayant été repris par les Allemands, puis de nouveau, par nous, ce ne fut que cinq jours après que son corps fut trouvé. Il fut aussitôt enterré par les artilleurs du 105ᵉ régiment qui l'avaient retrouvé, puis des prières furent dites et sa tombe bénite. Sa batterie prévenue y fit mettre une croix avec son nom, un entourage en bois blanc, et une couronne.

Toutes les lettres d'officiers qui l'ont connu ne tarissent pas d'éloges sur sa bravoure et son entrain et démontrent toute l'estime qu'il avait su s'attirer par sa fraternelle camaraderie.

Les extraits suivants de lettres qu'il écrivait du front nous montrent l'excellent état d'âme de ce vaillant jeune homme et les sentiments de piété et de foi vive dont il était animé.

A l'un de ses oncles :

« Votre dernier neveu vous fera honneur. Soyez sûr que je ferai *tout mon devoir et plus* si Dieu m'aide... »

A l'un de ses professeurs de Marneffe :

« Je voudrais bien me faire tuer au front, car je n'ai rien fait jusqu'ici et ne suis bon à rien. Je crois que s'il en faut encore, le bon Dieu aura le *bon sens* de me choisir, n'est-ce pas ? »

A sa mère :

« Je n'ai pas vu de prêtre depuis longtemps ; je ferai un bon acte de contrition et puis je crois que mourir pour la Patrie bravement, en faisant son devoir, est un martyre qui doit vous envoyer droit au ciel. »

L'élogieuse citation ci-après, lui conférant la Croix de guerre, est venue récompenser son beau dévouement et son courageux sacrifice.

Citation à l'ordre du jour :

Pierre de Chaumontel, aspirant au 42ᵉ d'artillerie de campagne :
A fait preuve en toutes circonstances des plus grandes qualités de bravoure et de sang froid. Agent de liaison près d'un chef de bataillon de première ligne pendant les attaques du 1ᵉʳ au 4 juillet 1916, a donné au commandant des renseignements précieux qui ont contribué au succès des opérations, a été blessé mortellement pendant l'action.

DE CHAUNY (Mallet), Louis-Marie-Joseph
Interprète à l'armée anglo-canadienne.

Né à Confolens le 28 avril 1877, avait fait à Vannes, chez les Pères Jésuites, toute son éducation. Il passa 9 ans au Collège. A 16 ans, n'ayant de goût que pour la vie extérieure, il partit pour le Canada avec un de ses frères. Leur mère se dévouant pour ses fils s'expatria avec eux.

Après de nombreuses années d'une vie toute de luttes et de travail, il épousa là-bas une Française qui consentit à partager sa vie de colon. Il eut de nombreuses déceptions ; sa santé et celle de sa femme n'étaient pas assez fortes pour supporter le lourd fardeau de cette vie si rude. Cependant jamais il ne se découragea ; après chaque nouvelle épreuve, il se remettait bravement à l'œuvre, comptant sur l'appui de Celui qui console et soutient.

Les affaires s'annonçaient meilleures en 1914 lorsque l'appel aux armes parvint jusqu'à lui. Il n'avait jamais fait aucun service militaire, puisque son désir était de rester toujours au Canada qu'il considérait comme une Patrie nouvelle. Sans un instant d'hésitation, n'obéissant qu'à son devoir, il fit ses adieux à sa femme bien-aimée et à ses deux petits enfants de 7 ans et 15 mois, et il partit comme tous les Français défendre son pays. La séparation fut cruelle, mais il voulait se conformer à sa devise : « Le devoir avant tout. » Cet adieu aux siens fut le dernier : il ne devait plus les revoir !

En arrivant en France, il fut gravement malade et passa deux mois à l'hôpital d'où il crut ne jamais sortir.

Sa forte constitution triompha encore une fois du mal. En décembre 1914, il fit ses débuts à la caserne. Il entrait dans un régiment de choix, le 1er zouaves, si éprouvé pendant cette terrible guerre. Sa nouvelle vie assez monotone et triste au début, lui plut cependant beaucoup lorsqu'il put faire partie d'une section de mitrailleuses. Après un stage de trois semaines à Vincennes, il partit au début de février comme caporal, attaché à une section de mitrailleuses du 9e zouaves. Ses lettres étaient pleines d'entrain et de gaîté, la campagne l'intéressait. Il débuta à Tracy-le-Mont, puis resta assez longtemps à Compiègne. Bon chrétien, il s'était mis en règle avec Dieu et pouvait affronter le danger sans crainte.

Vers la mi-avril, il partit pour la Belgique. A peine y était-il arrivé que de nouveau le malheur s'acharnait contre lui. En effet, le 24, à peine arrivé près d'une ferme aux environs d'Ypres, une balle perdue le frappait, lui traversant les poumons et touchant la colonne vertébrale. La paralysie presque complète fut instantanée. Il fut relevé et envoyé à Dunkerque. Là encore il devait connaître de nouvelles angoisses. L'hôpital dans lequel il était couché sans pouvoir faire un mouvement, n'était pas épargné par les obus pendant les bombardements. Ses souffrances furent affreuses alors. Très atteint par sa blessure, il fut administré, car on le jugeait perdu.

On l'évacua sur Paris où il retrouva sa sœur et quelques parents.

Très mal soigné dans son nouvel hôpital, il put être transporté dans un autre où les soins les plus minutieux lui furent prodigués. C'était hélas trop tard ! La faiblesse était telle qu'il ne put supporter l'opération sur laquelle on comptait pour le sauver ; ces deux derniers mois furent pour lui un long calvaire. Pendant les premières semaines il conservait l'espoir de vivre et de revoir les siens. Mais bientôt tout espoir de guérison l'ayant abandonné, il dut faire son sacrifice... et quel sacrifice ! Partir ainsi sans pouvoir dire adieu à sa chère femme tant aimée et à ses chers petits enfants ! Mourir seul loin des siens et n'ayant que sa sœur pour recueillir ses suprêmes volontés et son dernier soupir !

Le 23 juin, l'opération fut tentée, mais sans succès. Il vécut encore six jours d'agonie ; le 30, il reçut une dernière fois la sainte communion et fit ses adieux à sa sœur et à quelques parents ; déjà la vie s'en allait, et d'heure en heure on voyait les progrès du mal s'accentuer. Il ne cessait de prier et de demander pardon de ses fautes. Il ne pensait qu'à Dieu, lui demandant le courage de supporter ses souffrances. Lorsqu'on cessait de prier, il faisait signe de recommencer ayant sa pleine connaissance jusqu'à la fin.

Sa mort fut celle d'un martyr ; car il endura d'atroces souffrances morales et physiques. Il a fait l'édification de ceux qui ont pu l'approcher et l'aider à bien mourir. C'est à 2 h. du matin, le 1ᵉʳ juillet 1915, qu'il rendit à Dieu sa belle âme purifiée par la souffrance. Nul doute qu'il soit au ciel et heureux pour jamais : c'est la seule consolation qui reste à ceux qui le pleurent.

CHENORIOT, Francis-René,
Capitaine au 2ᵉ régiment de zouaves.

Né à Vannes, le 12 août 1888, Francis Chenoriot fit de bonnes études au Collège Saint-François-Xavier, de 1897 à 1907 ; puis il entra à Saint-Maixent en 1911 et en sortit en 1913, avec le n° 14.

Voici comment le *Bulletin paroissial de Saint-Pierre* de Vannes nous présente cette belle figure de soldat qui restera gravée dans la mémoire de tous ses concitoyens : « Il commandait une compagnie de zouaves ; il avait 27 ans, et on le disait à la veille d'être promu chef de bataillon. C'était de l'avis de tous ceux qui l'avaient vu à l'œuvre, un officier de grand avenir...

Voici, parmi cinquante autres dont il a été le héros trop modeste, un de ses coups d'audace, qui rappelle et qui égale un des traits les plus héroïques de l'histoire de France ; et, plus heureux que le chevalier d'Assas à Clostercamp, il en est sorti la vie sauve, après avoir préservé la ville de Verdun d'une surprise, et ses soldats d'un massacre.

« Chargé d'endiguer une formidable attaque allemande qui se déclenchait du fort de Vaux, nous dit-il lui-même, mon bataillon reçut l'ordre dans la nuit du 8, d'occuper et de tenir la croupe située à l'ouest du fort. Comme par hasard, je fus désigné pour ouvrir le quadrille. Ma mission était de dépasser un secteur occupé par le... d'infanterie, puis de m'élancer dans l'inconnu. » Il s'y élança, en effet, sans hésiter, sous une mitraille épouvantable et un tir de barrage qui couchèrent sa compagnie sur le sol. Il s'avança même, en reconnaissance, bien au-delà du front de sa troupe, tomba dans une embuscade allemande et fut fait prisonnier. Il racontait lui-même en riant cette aventure qui eût pu être tragique. « A cet instant, je me sentis agrippé et déséquipé par des mains vigoureuses. Deux Boches, à figure hideuse et grimaçante, me tenaient ferme et allaient me pousser vers les leurs. Je gardai tout mon sang-froid. En mon âme se livra une courte lutte : ma compagnie arrivait toute entière, et si je ne lui criais pas de stopper et de faire feu, c'en était fait d'elle ; tout entière elle était prisonnière. Si je criais, c'était pour moi la mort, lardé que je serais par ces Boches solides et armés, désappointés d'avoir manqué leur embuscade. Alors je m'écriai en allemand, sur un ton d'im-

dignation : « Garde à vous, je suis capitaine, lâchez-moi ! » Les deux Teutons
les mains encombrées de mes dépouilles, me relâchèrent. Bref comme l'éclair, j'ap-
pliquai à l'un d'eux un formidable « *direct* » entre les deux yeux et sur le nez,
repoussai l'autre d'un « *chassé* » dans le ventre (il alla rouler je ne sais où), et je
sautai prestement hors de la tranchée en criant de toutes mes forces : « 2ᵉ compagnie, halte ! Ouvrez le feu ! » En vain les Boches déclenchèrent eux aussi un feu
d'enfer, lancèrent des grenades et des fusées, envoyèrent même des gens à ma poursuite. J'avais été trop prompt ; j'étais au milieu de mes zouaves que je venais de
sauver ; mais j'étais exténué, rendu. »

Après l'affaire de Vaux, il écrivait à ses parents : « Surtout ne criez pas cela sur
les toits ; tout l'honneur en revient à Dieu. » Sans cesse, il leur renouvelait cette
recommandation : « Faites prier pour mes zouaves. Faites dire des messes pour
mes compagnons d'armes. » A la suite d'un succès que ses zouaves avaient rem-
porté, il s'écrie : « Ah ! que c'était beau, cet assaut de ma compagnie, enlevant d'un
seul bond trois lignes allemandes ! Les boyaux étaient jonchés de cadavres ; on
asphyxiait et l'on brûlait les récalcitrants qui s'enfermaient dans les abris. De ma
personne, j'ai mis cinq Boches en fuite et j'en ai blessé deux à coup de revolver. »
Puis il ajoute : « Mais j'avais tellement pitié en passant par dessus leurs cadavres,
que j'ai récité une prière pour eux !... »

Ses soldats le disaient invulnérable.

Or, le 26 juillet, comme il était désigné pour aller enfin au repos, il se reposait
dans un abri, quand tout-à-coup, il voit venir l'aumônier qui lui dit : « Mon capitaine, je vous apporte la Sainte Communion ! » « Oh ! s'écria-t-il, avec une joie
visible, quel plaisir vous me faites ! » Un instant après, un gros obus éclatait à la
porte de l'abri, qui blessa l'aumônier et tua le capitaine. Mais laissons parler
M. l'abbé Cavaignac, aumônier du bataillon, qui fut témoin de sa mort et reçut son
dernier soupir. Il écrivait au père du capitaine Chenoriot :

... « Vous dire la douleur que m'a causé la mort de votre glorieux fils,
l'homme de la religion et du régiment, est chose impossible. Moi qui aurais donné
si volontiers ma vie pour épargner la sienne ! le voir disparaître à côté de moi, que
dis-je, sur mes genoux ; sa tête chérie appuyée fortement à mes lèvres, car je l'ai
embrassé jusque et même après son dernier soupir. »

Voici les circonstances de sa mort : C'était le 26 juillet vers les 9 h. du matin ;
je monte voir mon bataillon que je savais très fatigué, muni du Sacrement d'Extrême-Onction, comme toujours, et, ce jour-là, d'Eucharistie, pour votre cher fils,
pensant qu'il serait heureux peut-être de communier. Vers les 9 h. 1/2, j'arrivais à
l'abri où il était : « Mon capitaine, lui dis-je en arrivant, je vous apporte la Sainte
communion. » — « Quel plaisir vous me faites, répondit-il, avec une joie visible ! »
Nous causâmes quelque temps, le vaguemestre arriva ; il écrivit et remit à celui-ci,
une lettre pour vous, tracée à la hâte et au crayon ; puis un sous-lieutenant survint ;
nous continuâmes à causer de choses intimes, lorsque tout-à-coup, un malheureux
88 autrichien, je crois, éclata à deux pas de l'abri, devant l'ouverture, blessa mortellement votre cher enfant, l'officier, puis un sergent et un agent de liaison à deux
mètres de là. Votre fils s'affaissa sur mes genoux et prononça ces mots : « Je suis

blessé ; mon Dieu, ayez [pitié de moi; Vive la France ! » Je saisis précipitamment
les Saintes huiles, et lui dit : « Mon capitaine, je vous donne l'absolution et l'extrême-onction. » Il fit un grand signe de tête. A peine avais-je terminé, que j'entendis son sang s'échapper avec bruit de son cœur. C'était fini ; il avait été frappé en
plein cœur. Sa mort a été celle d'un brave et d'un héros. Je me tourne à gauche et
à droite, pour rendre les derniers devoirs aux trois autres infortunés qui étaient
sans connaissance, mais respiraient encore. Un rassemblement s'était déjà fait :
tous pleuraient votre cher fils et des volontaires s'offraient pour porter son corps
loin des tranchées. Voilà, bien cher monsieur, les circonstances dans lesquelles le
capitaine a trouvé la mort, une mort glorieuse et chrétienne ; ce sera une consolation pour vous, et surtout pour sa maman, d'apprendre ces quelques détails. Une
fois à l'hôpital, dès que j'ai pu célébrer le Saint-Sacrifice, ma pensée tout entière
s'est portée vers lui et vous ; son souvenir uni au vôtre restera gravé dans ma
mémoire. « C'est une grosse perte pour moi, » me disait le général de division
Niessel, lors de sa tournée à l'hôpital. Oui, c'est une grande perte pour tous, à tous
points de vue ; mais devant le Bon Dieu, il aura été une victime d'agréable odeur qui
hâtera le salut et la rédemption de notre pays. »

A l'ordre du corps d'armée. — Combats de Tracy-le-Val et de Puisaleine.

*Depuis le début de la campagne n'a cessé de donner, dans toutes les circonstances, l'exemple
des plus belles qualités militaires. Commande depuis cinq mois sa compagnie avec une intelligence et une autorité remarquables. Placé dans un secteur de première ligne, à un endroit des
plus difficiles et des plus périlleux, a donné maintes preuves d'activité et d'énergie et par sa
froide bravoure, a su, dans les moments les plus critiques, sous un bombardement intense,
inspirer à tous une inébranlable confiance (Croix de guerre).*

A l'ordre de l'armée. — Combat de Quennevières.

*A très brillamment entraîné sa compagnie à l'assaut des tranchées allemandes. Après la
prise des deuxièmes lignes ennemies, a organisé la position conquise avec une grande intelligence. A repoussé les contre-attaques en infligeant de fortes pertes à l'ennemi (Croix de la
Légion d'honneur).*

A l'ordre de l'armée. — Combat de Champagne.

*Le 25 septembre 1915, a brillamment enlevé sa compagnie à l'assaut, franchissant deux
tranchées allemandes et mettant en fuite, par la fougue de son mouvement, les canonniers d'une
batterie ennemie qui tomba peu après entre nos mains.*

A l'ordre de l'armée. — Combat de Verdun (fort de Vaux).

*Officier remarquable par son courage, son énergie et son sang-froid. Tomba aux mains de
l'ennemi au cours d'une reconnaissance qu'il faisait en terrain inconnu et sentant la gravité de
la situation de son unité qui le suivait, n'a pas hésité à user d'audace, s'est dégagé des mains
des soldats allemands et sous un feu violent de mitrailleuses et de grenades réussit à rejoindre
sa compagnie.*

A l'ordre de l'armée. — Combat de Verdun (village de Fleury).

*Sur le front depuis le début de la campagne. Officier doué des plus remarquables qualités
militaires : courage, sang-froid, froide résolution, donnant à tous le plus bel exemple d'esprit*

de sacrifice et de haute conception du devoir. A brillamment entraîné sa compagnie le 16 juillet 1916, à l'assaut d'une position allemande et l'a maintenue sur le terrain acquis, malgré un feu violent de mitrailleuses ennemies.

A été mortellement frappé au cours du bombardement qui suivit l'attaque.

CHEVALIER (l'abbé), HENRI-PIERRE-MARIE
Maréchal des logis au 50ᵉ régiment d'artillerie.

Né à Guégon, le 17 avril 1891, Henri Chevalier étudia au Collège Saint-François-Xavier de 1907 à 1910 ; puis il entra au Petit Séminaire de Calmont-Haut (Vannes) en 1911, et de là au Grand Séminaire d'où il sortit clerc tonsuré, pour accomplir son service militaire au 50ᵉ régiment d'artillerie, à Rennes.

« Bien des familles, lisons-nous dans le *Livre d'Or* de Ploërmel, ont été cruellement éprouvées par la guerre. Sur cette liste glorieuse, la famille Chevalier, de Guégon, ne serait pas la dernière ; elle a perdu deux de ses membres, MM. Henri et Alexis Chevalier, deux séminaristes, deux futurs prêtres qui auraient continué le bon renom des prêtres Guégonnais.

Henri fit toute la campagne avec le 50ᵉ d'artillerie, et y gagna les galons de maréchal des logis. Il y fit toujours bravement son devoir. Il fut tué, le 9 novembre 1917, en avant de Verdun, tandis qu'il quittait la position de batterie, où il était venu faire un ravitaillement en obus. « Au moment où il donnait à la corvée qu'il conduisait, le signal du départ, un bombardement ennemi s'est subitement déclanché ; c'est alors qu'il a reçu au côté gauche une grave blessure à laquelle il n'a pu survivre. Sitôt relevé, il fut transporté dans une sape-abri où l'aumônier alla le voir immédiatement. Il eut assez de force pour formuler et articuler distinctement des actes de foi, de résignation à la mort, et de confiance en Dieu. « Heureux, se disait-il, de lui offrir le sacrifice de sa vie pour le salut et la délivrance de la France. »

Puis il entra dans une courte, mais douloureuse agonie, et c'est en murmurant : « Sainte Anne, priez pour moi », qu'il s'endormit dans le Seigneur. Le lendemain, il fut inhumé dans le cimetière d'Haudainville, après un service et une messe à son intention. »

(Lettre de l'aumônier).

Sa belle conduite lui avait valu deux élogieuses citations, avec la Croix de guerre et la Médaille militaire.

CIRCAN, Robert-Antoine
Capitaine au 10ᵉ régiment de hussards.

Né à Foix (Ariège), le 10 décembre 1889, il fut élève de Saint-François-Xavier (1902-1903).

Son père, le général Circan, décédé le 2 août 1919, qui avait vaillamment combattu sous Metz en 1870, était à cette époque, colonel du 118ᵉ régiment d'infanterie, à Quimper. Robert commença au Collège Saint-François-Xavier, de bonnes études qu'il acheva dans la nouvelle résidence de son père qui avait quitté Quimper ; puis choisissant la carrière des armes, il entra à Saint-Cyr et en sortit dans la cavalerie. Il était capitaine au 10ᵉ hussards, à la déclaration de guerre ; mais demanda à être versé dans l'infanterie et passa aussitôt au 18ᵉ régiment de ligne.

Il est tombé au champ d'honneur à 27 ans, le 28 mars 1918, ayant déjà six belles citations, la Croix de guerre et celle de la Légion d'honneur. Il avait demandé à son colonel de le prévenir sitôt que l'offensive serait décidée, « parce que, bien « qu'il fût en congé régulier à ce moment, il tenait à y être, pour sa satisfaction « d'abord, et pour donner aussi l'exemple à ses soldats dont il était particulièrement aimé. Il paya de sa vie son beau dévouement, mais y trouva une fin glorieuse digne de la belle famille de militaires dont il sortait.

Voici la carte, navrante dans son laconisme, que nous recevions de sa pauvre mère, le 7 août 1919 :

« Mon Georges est mort ! Mon Robert est mort ! Mon mari est mort !... Je vous envoie deux souvenirs de mes enfants chéris, enfants d'élite, s'il en fut... Priez Dieu pour moi ; et qu'il me donne la force de vivre ! Je vous adresse la meilleure expression de mes sentiments attristés. »

Nous prions Mᵐᵉ la générale Circan, d'agréer nos plus respectueuses condoléances, en lui donnant l'assurance que nous ne l'oublions pas dans nos prières non plus que ses chers et glorieux défunts.

CORVEN (l'abbé), Auguste-Pierre
Sergent au 62ᵉ régiment d'infanterie.

Né à Keryado, près Lorient, le 22 décembre 1890, ancien Élève du Petit Séminaire de Ploërmel, venu à Saint-François-Xavier en janvier 1907, où il resta jusqu'en juillet 1909.

Au premier jour de la mobilisation, il rejoint son régiment à Lorient. Un sergent mitrailleur, père de famille, ne peut partir ; l'abbé Corven se propose pour le remplacer et est envoyé sur la ligne de feu.

Très habile tireur, il surprend les Allemands qui se dirigeaient sur les tranchées qu'il occupe, et les met en fuite. Ce fait lui vaut l'ordre du jour suivant :

Le général commandant le corps d'armée, cite à l'ordre du jour le sergent Corven commandant une section de mitrailleuses du 62ᵉ ; a fait preuve de sang-froid et d'énergie en assurant le service des pièces de sa section de mitrailleuses avant la fin d'un violent bombardement et a contribué à repousser une attaque allemande sur les tranchées le 11 décembre.

Le lieutenant colonel est très heureux de joindre ses félicitations à une citation aussi méritée et aussi élogieuse.

Pour lui, il apprécie ainsi cette citation : « L'autre jour les Boches ont voulu nous expulser. Ils nous ont lancé 40 à 50 minnen-werfer. Puis nous croyant pulvérisés, ils se sont approchés ; mes mitrailleuses les ont fait retourner au pas accéléré. Le général veut me citer à l'ordre du corps d'armée et mon colonel me nommer adjudant. De la gloire plein mon képi ! Pourvu que l'honneur en revienne à mon père et au corps sacerdotal ! Pourvu aussi que Dieu et la Très Sainte Vierge Marie soient mon bouclier, car pauvres de nous, devant de tels engins. »

Après 105 jours de tranchée, l'abbé Corven avait obtenu un repos de cinq jours pour sa section de mitrailleuses et s'était retiré au cantonnement de son régiment. Le 14 janvier 1915 vers 4 h. se trouvant sur la route d'Albert, un gros obus éclate auprès de lui, le frappe en pleine poitrine et lui perfore le poumon droit. Des brancardiers de passage le transportent à Senlis (Somme) où il reçoit les derniers sacrements des mains d'un de ses compatriotes.

Il meurt le lendemain 15, montrant une résignation et une piété admirables au milieu de ses souffrances.

Il écrivait le 30 septembre : « Quand reverrai-je ma cellule du Séminaire ? Cette pensée me trotte dans l'esprit, lorsque le long des routes de France j'égrène mon chapelet, que je médite mon *Novum* ou que je compose mon journal de route.

« Plusieurs de mes confrères ne reverront pas la leur..... Qu'adviendra-t-il de moi ? A la grâce de Dieu ! S'il veut ma vie, je la lui offre pour l'expiation de mes fautes, pour l'expiation des fautes de la France et sa conversion. *Fiat voluntas tua, Domine !* Je vis trop dans une atmosphère de mort pour formuler un souhait, et pourtant quelle joie si je revenais, comme j'apprécierais la vie du Séminaire, la vie du prêtre ! »

COUGOULIC, JOSEPH-GILDAS-MARIE

Aspirant au 2ᵉ régiment de tirailleurs marocains.

Né à Grandchamp (Morbihan), fit ses études à Saint-François-Xavier de 1908 à 1914. Se sentant la vocation religieuse, il entrait, comme scolastique, dans la Congrégation du Saint-Esprit, lorsque la guerre éclata. Il fut incorporé dans un régiment d'infanterie, et dirigé sur le front. Au Chemin des Dames, après avoir vu tomber la plupart de ses compagnons, il réussit à s'échapper avec un petit groupe de survivants. On l'envoya alors au repos près d'Epinal, où, à cause des connaissances spéciales qu'il avait précédemment acquises, on l'appela dans un poste de télégraphie sans fil. Là, il eut des loisirs, et il écrivait en juillet 1918 : « J'ai trouvé « ici Corneille, Racine, Bossuet, que j'ai relus avec plaisir. Mais mon stock de « livres est presque épuisé. Envoyez-moi quelques ouvrages intéressants. J'aimerais « avoir en particulier un traité de T. S. F. s'il en existe en librairie. J'ai toujours « le bouclier du Sacré-Cœur sur moi ; il m'a préservé dans l'Aisne, il me préservera « encore dans les Vosges, comme il le fera ailleurs... »

Sur les entrefaites, on demanda des volontaires pour les tirailleurs marocains : il donna son nom, ayant droit à devenir aspirant.

Le 31 août 1918, son régiment étant aux environs de Crécy-au-Mont (Aisne), « un grand nombre de soldats, écrit l'aumônier, y furent pulvérisés, sans qu'on put rien retrouver de leurs cadavres. »

Joseph Cougoulic était dans leurs rangs, et tomba ainsi, glorieusement à l'âge de 20 ans à peine, pour le salut de la France. La Patrie reconnaissante honorera, sans doute, sa mémoire, comme nous l'honorons nous-mêmes, y joignant de plus nos prières, bien que persuadés qu'il n'en a plus besoin et que Dieu l'a admis depuis longtemps dans son saint Paradis, en récompense de son martyre et de son beau dévouement.

COURTEMANCHE, Paul-Marie-Louis-Félix

Capitaine au 41ᵉ régiment d'infanterie.

Né à Mamers (Sarthe), le 25 novembre 1882, Paul Courtemanche fut Elève de Saint-François-Xavier (1889 à 1894). Son père était alors commandant de la gendarmerie du Morbihan, à Vannes.

Il entra à Saint-Cyr en 1901 et en sortit en 1903.

A la déclaration de guerre, il était lieutenant au 41ᵉ de ligne, à Rennes. Il partit aussitôt pour le front, avec son régiment, et fut blessé une première fois à Ham-sur-Sambre, de trois éclats d'obus, à la main et au visage, le 21 août 1914. Soigné à Reims, puis rentré à Rennes, il retourne au feu le 10 septembre, malgré les instances de son colonel qui, ne le jugeant pas bien guéri, voulait le retenir au dépôt. — Le 20 septembre, blessé de nouveau, et mortellement cette fois, il expire, faisant en toute connaissance le sacrifice de sa vie et donnant l'exemple le plus chrétien, sur le plateau de Craonne. Il repose dans le petit cimetière de Beaurieux.

Le 28 septembre, il est cité à l'ordre du jour et proposé pour le grade de capitaine et la Croix de la Légion d'honneur, avec une magnifique citation dont nous ne possédons malheureusement pas la teneur. La citation du 24 octobre portait :

Paul Courtemanche, lieutenant au 41ᵉ régiment d'infanterie, grièvement blessé en entraînant sa compagnie dans un retour offensif vers l'ennemi.

Honneur à ce jeune et brillant officier qui a tant payé de sa personne, pour le bon renom de nos armes, et contribué ainsi, pour sa part, dès le début, à notre succès définitif.

COVILLE, Pierre-Joseph-Marie
Capitaine au 4ᵉ régiment d'infanterie coloniale.

Né à Reims, le 9 novembre 1885, il fut élève de Saint-François-Xavier, (cours de marine) (1900-1902). Entré à Saint-Cyr au mois d'octobre 1905, avec le n° 54, il en sortit avec le n° 56, c'était donc d'après son classement, un officier d'avenir.

Sa première garnison, comme sous-lieutenant au 2ᵉ régiment d'infanterie coloniale, fut Rochefort. Il quittait cette ville, au bout de 18 mois pour passer deux années au Tonkin, d'où il revint avec les galons de lieutenant. Rentré en France, au mois d'août 1911 et affecté au 23ᵉ régiment colonial, à Paris, il en repartit, onze mois plus tard, pour le Congo. C'est au retour de cette colonie que la mobilisation le surprit, sur le *Formosa* qui n'échappa à la poursuite des Allemands que grâce aux vaisseaux anglais.

Sans prendre de repos, il rejoint le dépôt du 4ᵉ colonial, à Toulon, et en repart immédiatement avec une compagnie de soldats de l'Aude et de l'Hérault. Il prend part avec eux aux combats de Champagne, dans la région de Vitry-le-François, et le 16 septembre 1914, est grièvement blessé à la face par une balle qui lui traverse les deux joues, lui enlevant quinze dents et un léger morceau de la langue. La guérison de cette blessure exigea cinq longs mois de souffrances. Il reprenait le commandement de sa compagnie le 25 février 1915. Il enlevait à la baïonnette le fortin de Beauséjour le 9 avril de la même année. Pour ce glorieux fait d'armes, il était décoré de la Légion d'honneur et promu capitaine avec la mention suivante :

Officier d'une admirable bravoure ; blessé grièvement le 16 septembre 1914, à la mâchoire ; revenu sur le front, à peine guéri, a montré à tous les combats auxquels il a pris part, une vigueur, un esprit de décision et un coup d'œil remarquables, notamment le 9 avril 1915, dans un brillant assaut à la baïonnette, où il a enlevé, du premier élan, une tranchée ennemie fortement défendue.

Le 25 septembre 1915, il était désigné pour la première vague d'assaut à Massiges, et était mortellement atteint sur le parapet de la seconde tranchée. Il vécut encore trois heures et fit, en pleine connaissance, le sacrifice de sa vie pour la France et le salut de ses hommes qui l'adoraient.

Les deux extraits, ci-dessous, des lettres qu'il écrivait dans sa tranchée, nous prouvent que, chez Pierre Coville le chrétien ne le cédait en rien au soldat et qu'il possédait, au plus haut point, toutes les qualités requises pour faire un excellent chef et un entraîneur d'hommes :

« Ici je vis en esprit complètement avec le ciel... Il me semble qu'on ne peut guère faire autrement, car la ligne des tranchées est bien souvent la frontière qui sépare la vie de la mort. »

« Si le chef ne donne pas l'exemple, que feront les soldats ?.... J'ai la conscience tranquille et l'âme en paix... Les souffrances physiques qu'il faudra endurer, que sont-elles? auprès de la réparation due à Dieu pour nos fautes. »

DABIN, Henri-Joseph-Paul

Soldat mitrailleur au 116ᵉ régiment d'infanterie.

Né au Pallet (Loire-Inférieure), le 1ᵉʳ août 1883, élève de Saint-François-Xavier (1894-1903).

Henri Dabin partit avec le 116ᵉ régiment d'infanterie de Vannes, en qualité de mitrailleur ; il sut se faire estimer de ses chefs et aimer de tous ses camarades.

Sa conduite fut celle d'un brave, et il était en passe d'obtenir ses premiers galons, qu'il n'avait pu avoir, faute de vacances dans sa section.

Il devait malheureusement s'en produire, lorsqu'il fut tué à son poste, avec toute cette même section, à la suite d'un violent bombardement. Tous ceux qui la composaient furent cités à l'ordre de l'armée.

Quant à Henri Dabin, il fut l'objet de la citation suivante, à l'ordre de la brigade :

Ordre de la 43ᵉ brigade.

Brave et bon mitrailleur, a été tué à son poste de combat au cours d'une attaque ennemie accompagnée d'un très violent bombardement.

Ses camarades et professeurs ont pris une grande part au chagrin que ressentit sa famille de sa mort, et tous se souviendront de ce qu'écrivait son père : « Dans notre douleur, nous avons la consolation de savoir que notre cher Henri est tombé au champ d'honneur, après avoir fait tout son devoir. »

DABO, Jean-Louis-Mathurin

Sous-lieutenant au 202ᵉ régiment d'artillerie lourde.

Né à Tréal, canton de Carentoir (Morbihan), le 24 mars 1892, élève du Petit Séminaire de Ploërmel, vint le 1ᵉʳ janvier 1907 à Saint-François-Xavier, à la fermeture des Séminaires. Il se fit remarquer par sa piété et son assiduité au travail. A la fin de septembre, il entra dans la Congrégation du Père Eudes, au Juvénat de Gysegem, en Belgique.

Au moment où éclatait la guerre, il était diacre ; à l'appel de la Patrie et avec la permission de ses supérieurs, il vint se mettre à la disposition de l'autorité militaire, et fut incorporé au 7ᵉ d'artillerie, à Rennes.

Comme militaire, le Frère Dabo fut ce qu'il était comme religieux. Son plus grand bonheur était de communier, d'assister à la sainte messe et de faire des lectures pieuses ; le saint abandon fut toujours sa vertu préférée et fut le principe d'un courage, d'une bravoure auxquels ses chefs et ses soldats sont unanimes à rendre des hommages que d'aucuns trouveraient excessifs.

« Le lieutenant Dabo, écrit son capitaine, a supporté avec un courage splendide les douleurs violentes qu'il subissait. »

« C'était un garçon excessivement sympathique, d'une hardiesse peut-être trop grande et qui probalement lui a valu la mort ».

Le 3 août 1917 vers 4 h. du soir, le lieutenant Dabo surveillait le déchargement d'un camion de munitions lorsqu'un obus, pour ainsi dire isolé, vint tomber au milieu de la route, et éclata sur le champ. La stupeur de l'éclatement passé, une plainte douloureuse s'éleva du lieu du sinistre et l'on put voir le lieutenant Dabo cherchant à se tenir sur une jambe en s'appuyant à l'auto. Son pied gauche violemment sectionné n'était plus retenu à la jambe que par un lambeau de chair. On accourut à son secours et on le transporta au poste de la batterie ; à peine laissait-il s'exhaler quelques plaintes. Sa résignation et son courage étaient admirables. L'infirmier lui fit un premier pansement sommaire, mais trois autres blessures apparurent, dès qu'on l'eut déshabillé.

Une fois les pansements terminés, refusant tout aide, il se mit lui-même sur le brancard que l'on avait amené.

Arrivé à l'hôpital de Lynde, l'infirmier, un séminariste du diocèse de Vannes, vint dire à l'aumônier que le lieutenant était très agité et n'allait pas bien. L'aumônier se rend près de lui et le confesse ; mais vu son état, il ne put lui donner la Sainte communion. Il lui administra l'extrême-onction avec l'indulgence plénière. Le blessé conserva sa connaissance jusqu'au bout et vit venir la mort en souriant. C'est le samedi, 4 août 1917, que le lieutenant Dabo rendit sa belle âme à Dieu. Son corps fut inhumé au cimetière de Lynde et une belle couronne fut déposée sur sa tombe avec cette inscription : « Le colonel et les officiers du 102ᵉ, au lieutenant Dabo. » Au dessus, sur une petite planchette, on lit l'inscription suivante tracée par la main de ses hommes et dictée par leur cœur : « Ses vertus, son courage l'ont fait aimer de tous. »

Il avait obtenu la belle citation suivante à l'ordre de l'armée, en attendant la Croix de la Légion d'honneur qui ne peut manquer de venir récompenser ses glorieux services :

Officier d'une grande bravoure, toujours prêt à payer de sa personne quel que fut le danger. Le 3 août 1917, au moment où un violent bombardement s'abattait sur la position, est sorti de son abri pour maintenir par sa présence l'ordre dans un ravitaillement en cours. Atteint de plusieurs éclats d'obus, est mort le lendemain des suites de ses blessures.

A Ploërmel, le commandant du dépôt voulant honorer sa mémoire, décida que le casernement d'où partait ce jeune officier porterait le nom de Quartier Dabo.

DE DAMAS, HENRI
Sous-lieutenant au 4ᵉ régiment du génie.

Né en 1886, à Paris, élève à Saint-François-Xavier, cours de marine 1900-1904.

A la déclaration de guerre, il était adjudant au 13ᵉ régiment d'infanterie, et fut nommé sous-lieutenant au même régiment ; puis, en janvier 1915, il passe en cette qualité au 4ᵉ régiment du génie où, en toutes circonstances, on ne put qu'admirer sa belle conduite et sa bravoure sans égale.

Qu'il nous soit permis de relater ici la lettre écrite par son capitaine pour annoncer à son pauvre père le malheur qui le frappait, lorsque le lieutenant de Damas, après avoir été mortellement atteint, rendit à Dieu sa belle âme de profond chrétien, donnant l'exemple du plus stoïque courage, le 20 juillet 1916 :

« Je sais par votre fils que vous êtes foncièrement catholique et, par suite, courageux dans l'épreuve, et c'est sur sa demande expresse que je vous écris.

« Le 19 juillet à 20 h. Henri, votre fils faisait le rassemblement de la compagnie pour partir au travail, lorsqu'un bombardement ennemi commença.

« Deux éclats d'obus le frappèrent l'un au côté droit, lui faisant une blessure très grave, l'autre à la jambe.. »

(Le médecin de la compagnie lui fit aussitôt un pansement rapide, et l'aumônier fut appelé près du mourant).

« Le lieutenant de Damas montra un courage qui fit l'admiration de tous ceux qui se trouvaient à ses côtés.

« Il me pria d'écrire à son père, demanda l'aumônier et récita une prière. Comme le bombardement continuait très violent, il nous pria à diverses reprises de le laisser seul, ne voulant pas être cause de la mort d'un d'entre nous.

« Il pria même le médecin de donner ses soins à l'adjudant chef blessé en même temps que lui, sans s'occuper plus longuement de lui-même. Inutile de dire que, malgré son désir, nous sommes tous restés à ses côtés, et, dès que le bombardement prit fin, je le fis évacuer sur le poste de secours d'où il fut transporté, d'urgence, en automobile, à l'ambulance de Dugny (Meuse). »

20 juillet 1916.

Le commandant de la compagnie 8/52 du 4ᵉ régiment du génie.

Voici la lettre de Monsieur l'aumônier du régiment qui a eu le triste devoir de donner au lieutenant de Damas les derniers sacrements.

« Sitôt qu'il fut blessé, sa première et peut-être son unique pensée, fut de rencontrer un prêtre. J'étais dans la cour lorsque l'on m'avertit qu'un blessé me réclamait. J'accourus et trouvai votre fils étendu sur un brancard. Le docteur, avec beaucoup de zèle, faisait au pauvre blessé un pansement rendu difficile, soit par le nombre et la position des plaies, soit par l'abattement et les souffrances du mourant.

« Car il était mourant ; les traits tirés, sans force, les bras et les mains déjà glacées.

« Je suis prêtre, lui dis-je.

« Oh ! merci, tant mieux, mon Dieu. Il y a si longtemps que je soupirais après votre venue

« Je vais faire éloigner les personnes présentes ?

« Non, non, inutile; je puis me confesser en public.

« Il récita le *Confiteor* et, à haute voix, dit ce qu'il avait à dire.

« Il demanda pardon à Dieu des fautes commises, pendant que le major lui coupait à ce moment tunique et chemise pour examiner les blessures.

« Ne mettez pas les ciseaux sur mon scapulaire, supplia-t-il.

« Je le tranquillisai et lui donnai l'absolution. Il s'était confessé le dimanche précédent et nous étions au jeudi. Il demanda l'extrême-onction ; hélas ! je n'avais pas le nécessaire pour cela, mais, lui dis-je, vous arriverez dans une 1/2 heure à Dugny où l'aumônier se tiendra à votre disposition. Il se résigna.

« Docteur, pensez-vous que je puisse en réchapper ?

« Comme le major esquissait de vagues affirmations d'espérance, il affirma :

« Je suis prêt. Ne me cachez rien. J'ai fait le sacrifice de ma vie !

« Il souffrait beaucoup, chaque mouvement lui arrachait un cri. A un moment, je lui fis baiser son scapulaire en l'exhortant au courage.

« Oui, s'écria-t-il, ma bonne Vierge, j'aurai du courage. Je vous vois venir !

« On lui fit des piqûres d'éther, caféine et alcool camphré ; il devint plus calme, ferma les yeux et se recueillit.

« On le mit dans une auto d'ambulance américaine. Je lui serrai une dernière fois la main et le recommandai à Dieu.

« Il partit en me remerciant.

« Son ordonnance pleurait comme un enfant, car il avait pour son lieutenant une véritable idolâtrie. Il a recueilli du blessé tous les souvenirs qu'il a remis au capitaine. Celui-ci sanglotait, m'a-t-on dit, en voyant partir son meilleur ami.

« Puissent ces tristes détails consoler, par leur caractère édifiant, votre douleur paternelle. J'ai cru obéir à mon devoir de prêtre en vous écrivant cette lettre. »

F. Dubois, prêtre, G. B. D. 1916.

Tous les officiers du génie n'ont qu'une voix pour déplorer la perte du lieutenant de Damas qui rendit le dernier soupir à l'ambulance de Dugny (Meuse), le 20 juillet 1916, à l'âge de 30 ans.

Sa brillante conduite lui valut deux citations, l'une à l'ordre de la division, l'autre à l'ordre de l'armée. Puis la Croix de la Légion d'honneur et la Croix de guerre lui furent décernées.

Le lieutenant Henri de Damas, ainsi que le confirment ses citations, était un remarquable officier du génie, ne cessant d'être pour ses hommes un modèle d'abnégation, d'énergie et de dévouement. « *Blessé mortellement le 19 juillet, a insisté pour n'être pansé qu'après ses hommes.* »

Inclinons-nous devant la dépouille de ce cher et noble disparu ; remercions-le du généreux sacrifice qu'il fit de sa propre existence pour la défense de la Patrie. Remercions sa famille d'avoir donné à la France un tel héros et nous, ses professeurs et amis de Saint-François-Xavier, continuons à honorer la pure mémoire du vaillant Henri de Damas.

DE DAMPIERRE, Antoine-Marie

Lieutenant au 16ᵉ régiment de dragons
Chevalier de la Légion d'honneur, décoré de la Croix de guerre
Titulaire de la Croix militaire anglaise.

Mort pour la France à Vauxbuin (Aisne), le 19 novembre 1917

Né à Fontainebleau, le 4 octobre 1887, élève à Saint-François-Xavier (1901 à 1902).

Officier de réserve au 16ᵉ dragons, il partit comme son frère Aymar également au même régiment, à la déclaration de guerre. Peu de temps après, il demanda à passer dans l'aviation en qualité de pilote-aviateur, arme dans laquelle il a servi jusqu'au jour de sa mort, sans qu'il se fût jamais accordé un jour de repos.

Sa conduite se traduit par les quatre citations qu'il sut mériter et qui en disent plus long que toutes sortes de commentaires. En voici le texte :

Ordre de l'armée, 6 janvier 1915.

A exécuté de nombreuses reconnaissances et missions de bombardement sur les régions les mieux défendues par l'artillerie ennemie. A notamment pris part à une reconnaissance de nuit dans laquelle il a secondé son pilote avec le plus grand sang-froid dans des circonstances particulièrement critiques.

Ordre de l'armée, 8 septembre 1915.

Officier plein d'allant, d'énergie, d'activité, malgré les souffrances que lui causent d'anciennes blessures. Le 26 août, a engagé le combat avec un avion ennemi et l'a poursuivi jusqu'au moment où son adversaire dut atterrir dans ses lignes, d'une manière assez anormale pour donner la conviction qu'il était gravement atteint. A reçu 8 balles dans son appareil, toutes à proximité de lui.

Military cross War office.

London, 10 juillet 1915.

Officier de grande valeur, animé d'un esprit remarquable de discipline et d'abnégation. Exécute avec le plus bel entrain toutes les missions les plus périlleuses, seconde de la manière la plus efficace son chef d'escadrille. En un mot le lieutenant de Dampierre représente le plus complet officier français.

Légion d'honneur. — Ordre de l'armée, 8 novembre 1916.

Pilote brave et hardi jusqu'à la témérité. En campagne depuis deux ans malgré une santé très éprouvée, a toujours demandé à effectuer les missions les plus périlleuses, qu'il a remplies avec un courage hors de pair et une grande habileté professionnelle; à plusieurs reprises a remarquablement commandé une escadrille.

Ordre de l'armée, 24 octobre 1917.

Officier remarquable s'imposant à l'admiration de tous par son courage, son sentiment très élevé du devoir, son mépris absolu du danger, son énergie et sa modestie.
Malgré une santé des plus précaires, a tenu à accomplir chaque jour et par n'importe

quel temps des reconnaissances d'une rare hardiesse sur les lignes ennemies, pénétrant même très loin dans les régions arrière, afin de rapporter au commandement des renseignements importants, en particulier le 17 septembre 1917.

DEJOUR, Jean-Louis-Marie
Sergent au 410ᵉ régiment d'infanterie.

Né à Guillac (Morbihan), le 11 novembre 1888, fut élève de Saint-François-Xavier, (1900 à 1904), de la classe de cinquième à la seconde. Voici ce que M. l'abbé Blanche, recteur de sa paroisse, nous écrit à son sujet :

« La veille de son départ pour le front de Champagne, Jean-Louis Dejour voulut accomplir tous ses devoirs religieux et confier ses jours au bon Dieu. Il se confessa et, après avoir communié avec une foi édifiante, il vint au presbytère, et fit ses adieux au clergé qui avait pour lui la plus haute estime, à cause de sa piété et de sa bonne conduite.

« Au poste de combat, animé du meilleur esprit de dévouement pour ses hommes, il montra toujours l'exemple du plus brillant courage, même sous le feu le plus violent de l'ennemi.

« Atteint par une balle ou un éclat d'obus, dans des circonstances que je ne saurais préciser, il fut transporté avec précaution à une ambulance où il expira le 27 septembre 1915, « des suites de blessures contractées au service » nous dit le texte officiel. J'aime à croire qu'il avait reçu les derniers sacrements.

« Au nom de son sang répandu en oblation pour la Patrie, daigne le Dieu de la France déposer les flèches de sa colère, se laisser désarmer par sa miséricorde et accorder la victoire finale à notre pays libéré et enfin glorieux. »

DERRIEN, Joseph
Soldat au 106ᵉ régiment d'infanterie.

Né à Guiscriff (Morbihan), le 31 juillet 1894, fit au Collège Saint-François-Xavier, sa classe de seconde en 1911-1912.

Comme sur beaucoup d'autres jeunes soldats tombés au début de la guerre, nous n'avons pu nous procurer sur lui que très peu de renseignements. Tout ce que nous savons, c'est qu'il faisait partie du 106ᵉ régiment d'infanterie, de Vitré, et qu'il fut porté comme disparu, après le violent combat livré aux Eparges, le 17 février 1915. Sa mort qui n'a pas été constatée officiellement, n'en est pas moins certaine, car on n'a jamais, depuis lors, entendu parler de lui, et il n'a jamais figuré sur aucune liste de prisonniers en Allemagne. Il repose sans doute, dans la fosse commune creusée sur le champ de bataille, avec des centaines, peut-être des milliers de ses camarades dont les familles ne retrouveront jamais les restes et seront privées de pouvoir s'agenouiller sur la tombe contenant la dépouille des chers disparus.

DESCLOS LE PELEY, René-Jean

Sous-lieutenant au 282ᵉ régiment d'infanterie.

Né à Vannes, le 24 juin 1893, élève à Saint-François-Xavier (1900-1904).

Il suivit à Paris, de 1912 à 1913, les cours de l'Ecole des Langues Orientales. Quand survint la loi de 3 ans, il préféra le service au sursis.

Il fut affecté au 11ᵉ escadron du Train des Equipages à Nantes, où il passa brigadier.

Survint la guerre ; il fut nommé sous-officier, grade dans lequel il resta 9 mois, soupirant après l'heure où il pourrait se rendre utile par son activité et ses connaissances.

Lorsqu'une loi survint qui demandait des sous-officiers de cavalerie comme officiers d'infanterie, très bien noté, il fut admis sur sa demande et nommé sous-lieutenant au 282ᵉ d'infanterie.

Quelques jours après son arrivée, il reçut le baptême du feu. Enfin le jour de la grande offensive de 1915 arriva ; le sous-lieutenant René Desclos le Peley y fut blessé à la tête devant Souchez, le 28 septembre.

Evacué sur l'hôpital du Grand Palais à Paris, il faillit y subir l'opération du trépan, mais y échappa miraculeusement, lorsque le 2 novembre suivant, il était misérablement écrasé aux Champs-Elysées.

Mortellement blessé, il fut ramené au Grand Palais où, malgré les soins les plus dévoués, il ne put échapper à la mort qui l'enleva après de cruelles souffrances.

Il eut le bonheur d'y voir l'aumônier, car, brebis égarée, il s'était éloigné de la religion. Après les événements de 1915, il fit le vœu, s'il sortait indemne de la fournaise, de revenir de ses anciennes erreurs et de vivre désormais en bon chrétien.

« Plus je pense, écrivait-il à ses parents, aux pertes subies par mon régiment, plus je suis certain du miracle que Notre-Dame du bon Conseil a accompli à mon égard.

« Croyez à ma reconnaissance et soyez certains que, maintenant, je me placerai toujours sous sa protection. »

René Desclos le Peley avait tenu son serment, Dieu le rappelait à Lui, il mourait comme il avait juré de vivre.

Bel exemple de retour à la foi d'un jeune homme de 22 ans, et qui arracha à sa famille ce cri de reconnaissance :

« Dieu en nous enlevant notre fils n'a repris que son bien, et en nous accordant son retour à la foi, a donné une fois de plus, une preuve évidente de sa miséricorde infinie. »

DESGRÉES DU LOU, Pierre-Marie-Joseph

Capitaine au 168ᵉ régiment d'infanterie, Chevalier de la Légion d'honneur.

Né à Vannes, le 31 janvier 1874, élève à Saint-François-Xavier (1887-1892).

Admis à suivre le cours de 3ᵉ, il y prit rang parmi les premiers, puis il poursuivit régulièrement ses études et obtint les deux diplômes des Lettres et des Sciences.

Il entra alors à Sainte-Geneviève (rue des Postes) en 1892, en qualité de candidat à l'Ecole Saint-Cyr. Malheureusement il échoua à ses examens, alors que son frère Henri, plus jeune que lui de 18 mois, était reçu. C'est alors que Pierre s'engagea au 116ᵉ où il fut un soldat modèle, discipliné, serviable et d'une bonté de cœur légendaire. Il fut nommé caporal et sergent en 1896. Ayant ensuite subi les examens d'entrée à Saint-Maixent, il y fut admis en 1899. Il en sortit en 1900 et fut affecté comme sous-lieutenant au 48ᵉ, à Guingamp.

Il se maria en 1901 avec une jeune fille d'une très ancienne famille de magistrats, digne de lui, dont il eut cinq enfants.

Il se chargea par la suite de l'éducation religieuse de l'aînée ; on le voyait menant par la main une petite fille de 6 à 7 ans se diriger vers la cathédrale, pendant que sa compagne s'occupait des tout petits.

Capitaine en 1913, il fut désigné pour rejoindre le 162ᵉ régiment d'infanterie qui tenait garnison à Verdun.

La guerre était imminente, aussi s'occupa-t-il de la préparation utile de ses hommes, étudiant son personnel et tout entier à la formation de sa compagnie.

Le 162ᵉ alla prendre position dans la région de Fresne en Woëvre, dès le 31 juillet 1914. C'est de là que le vaillant capitaine adressa à sa fille aînée la lettre suivante :

« Je te quitte, ma chère petite Marguerite, et t'embrasse du plus profond de mon cœur avec Rico, Geneviève et Pierrot. Je vous serre dans mes bras, mes petits enfants ; soyez bien sages, bien bons pour votre maman et vos grands parents : soyez gais, les plus petits, mais pas trop bruyants.

Apprends leur de petites prières au Sacré-Cœur, à la sainte Vierge, à saint Michel et à Jeanne d'Arc, pour la France et pour votre papa.

Je rencontre beaucoup de petits enfants de vos âges, cela me reporte vers vous. On ne voit ici que des vieillards, des femmes et des enfants.

Embrasse aussi ton grand-père, ta grand'mère pour moi, embrasse-les bien fort. Ton papa qui vous aime beaucoup.

PIERRE.

Le capitaine Pierre Desgrées du Loû prit, le 7 septembre, une part importante à la bataille de la Marne alors à son début. Il envoyait jusqu'à cette date des bulletins laconiques sur sa santé, puis tout le reste du mois s'écoula sans aucune nouvelle de lui. Ce ne fut que le 3 octobre qu'une lettre du maire de Soisy-aux-Bois (canton de Montmirail) apprit à sa famille qu'il n'y avait plus d'espoir ; le brillant officier avait été tué à la bataille qui s'était déroulée les 6 et 7 septembre sur cette commune.

Ainsi que le rapporte son ordonnance, une vive fusillade se fit entendre, et l'on ne voyait rien ; tous s'impatientaient, lorsque le capitaine Desgrées du Loû se lève, prend sa jumelle et se penche du côté droit de l'arbre qui l'abritait. Il n'y était pas depuis une seconde qu'une balle vint le frapper en pleine poitrine. Il eut la force de dire : « J'ai la poitrine traversée.... Ah ! ma femme ! ! »

Il fit trois ou quatre pas pour se rendre à un fossé, puis tomba la figure contre terre et les bras le long du corps.

Il fut nommé Chevalier de la Légion d'honneur et obtint la Croix de guerre avec étoile de vermeil. Voici la citation qui lui fut donnée :

Officier d'une rare énergie et d'une bravoure remarquable, s'est brillamment conduit aux combats des 22 et 24 août et des 5 et 6 septembre 1914, à Soisy-aux-Bois.
A été tué le 7 septembre en voulant reconnaître les positions ennemies.

Ses professeurs et anciens camarades gardent fidèlement le souvenir de Pierre Desgrées du Loû, qui sut, toute sa vie, être le bon chrétien, le camarade recherché, le fils aimant, le mari fidèle, le père dévoué, le soldat exemplaire, et qui mourut en héros pour défendre sa patrie.

DESGRÉES du LOU, Xavier-Marie

Colonel du 65ᵉ régiment d'infanterie, dix campagnes dont six de guerre,
Officier de la Légion d'honneur, Croix de guerre,
Officier du Nicham Iftikar, du dragon de l'Annam, du Cambodge.

Né à Vannes, le 13 mars 1860, élève de Saint-François-Xavier (1869-1874).

Promotion de Saint-Cyr 1878-1880. Il partit le 9 août 1914, à la tête du 293ᵉ régiment d'infanterie.

Blessé gravement à la jambe le 27 août, à l'affaire de Chaumont Saint-Quentin, il subit une délicate et douloureuse opération. Boitant encore, il repartit le 20 janvier 1915.

Arrivé au front, on lui confia le 65ᵉ d'infanterie qui prend une part très active et périlleuse à l'affaire d'Hébuterne (juin 1915). Il quitte l'Artois pour la Champagne où le 65ᵉ arrive quelques semaines avant l'attaque du 25 septembre.

Le colonel sort le premier de la tranchée, fait défiler devant lui son régiment sous le feu de l'ennemi, tenant le drapeau élevé dans sa main, s'avance jusqu'à dix pas de la position allemande et tombe frappé d'une balle de mitrailleuse.

Ordre du jour d'Indochine.

S'est fait remarquer le 6 novembre 1893 à l'attaque de Giatho par sa bravoure et l'énergie avec laquelle il a conduit une colonne d'attaque qu'il a maintenue sur la position conquise, malgré les feux et les retours offensifs de l'ennemi ; et le jour suivant s'est emparé avec la plus grande vigueur d'une position rocheuse occupée par les pirates d'où il a rendu leurs positions intenables. (Général Duchemin, 9 avril 1894).

Ordre du jour de 1914.

Colonel commandant le 65ᵉ d'infanterie. Chef de corps de haute valeur militaire et morale, se donnant tout entier à la tâche et obtenant les meilleurs résultats ; blessé grièvement le 31 août 1914, à Chaumont Saint-Quentin, à la tête du 293ᵉ, est demeuré à son poste sur la ligne de feu, donnant à son régiment un bel exemple de bravoure. Revenu sur le front avant guérison complète, n'a cessé de faire preuve d'une grande énergie et d'une activité inlassable, malgré les souffrances que lui cause encore sa blessure.

A su communiquer à son régiment un esprit d'offensive qui, au moment des opérations sur Toutvent, a permis d'obtenir d'heureux résultats (13 juin 1915).

Chef de corps d'un magnifique courage. Déjà blessé au cours de la campagne, était revenu incomplètement guéri sur le front, a vaillamment succombé au premier rang en entraînant son régiment à l'assaut d'une position ennemie entourée de fils de fer (25 septembre 1915).

Extrait de sa lettre du 2 avril 1915.

« Combien ne faut-il pas demander qu'à ce moment suprême rien ne vienne troubler notre conscience. On sent alors que rien ne compte plus que Dieu... Suis-je prêt ? Si on l'est, la mort n'est rien et quels que soient les regrets terrestres, quels que soient les êtres chers que l'on laisse derrière soi, on sent que l'honneur du nom est engagé, que le devoir de Français vous y oblige et que Dieu n'admet pas qu'on se refuse à l'accomplissement de son devoir ; qu'en revanche, cet accomplissement dans l'obéissance absolue à sa volonté, assure la gloire et le bonheur éternels en même temps que la gloire terrestre dans le souvenir. »

23 septembre, veille de sa mort.

« Je sors de la messe, c'était très beau et très émouvant, le canon tonnait tout près. A cette messe il y avait bien 1500 hommes, des communions, des chants, un beau soleil, j'en suis tout ému d'une belle et sainte émotion.

A présent il n'y a plus qu'à faire tout son devoir. Priez de tout votre cœur et abandonnons-nous à la volonté de Dieu. »

DESLANDES (R. P.), Marie-Jean-Joseph-Adolphe
Adjudant au 124ᵉ régiment d'infanterie.

Né à Fougères (Ille-et-Vilaine), le 4 juin 1891, élève à Saint-François-Xavier (1903-1909), entré au Noviciat de la Compagnie de Jésus à Cantorbéry, 22 septembre 1909.

Fait ses premiers vœux en novembre 1911. Revient en France pour accomplir son service militaire au 124ᵉ d'infanterie, à Laval, le 3 septembre 1913.

Caporal en mars 1914, sergent en août 1914, adjudant le 12 septembre 1914.

Assiste aux batailles de Maugiènes et de Vorton, rentre en France ; après quelques jours de repos à Boiscolombe, prend part au combat de la Forêt de l'Aigle et est grièvement blessé, le 18 septembre, à Moulins-sous-Touvent (Oise).

Revient dans sa famille et n'a qu'un désir : retourner au feu. En décembre, il écrit à son capitaine : « Je suis remis ; hier on m'a délivré de tout pansement ; j'espère

être libre le 15 ; mon rêve c'est de fêter Noël avec vous. » Puis le 15 janvier 1915 :
« Je pars enfin !..... » Le 21, il part pour Châlons et assiste au combat de Perthes,
le 19 février.

Son bataillon reçut l'ordre de charger. Deslandes s'élança à la suite de son
colonel qui, dès les premiers pas, tomba mortellement frappé. Lui même reçut une
balle qui lui brisa la jambe ; il allait être sauvé par un de ses camarades, lorsqu'une
nouvelle balle l'atteignit à la tête et l'étendit raide mort.

Première citation.

*Deslandes, adjudant, a toujours montré le plus bel exemple de bravoure et de sacrifice.
Blessé grièvement le 15 septembre, a entraîné toutes les unités voisines de la sienne. Une balle
lui ayant fracassé la jambe, a continué à encourager de ses paroles et de ses gestes les soldats
qui l'entouraient. Sentant la mort venir, a trouvé la force de lever son képi au bout de son
bras en criant : « Vive la France ! »*

Deuxième citation.

*Le général commandant le 4ᵉ corps d'armée cite à l'ordre du corps d'armée M. Des-
landes, adjudant au 124ᵉ d'infanterie ; sous-officier très courageux et plein de sang-froid.*

*A Moulins-sous-Touvent, le 15 septembre, a brillamment entraîné sa section en avant
sous un feu intense.*

*A été grièvement blessé pendant ce mouvement, traversé de part en part ; détail émouvant,
Deslandes a du être inhumé dans sa dernière attitude signalée à l'ordre du jour, car il n'a pas
été possible de ployer son bras fixé par la mort dans une rigidité absolue.*

DESNÉ, Louis-Firmin

Né à Vannes, le 17 octobre 1881, élève à Saint-François-Xavier (1894-1895),
faisait partie du train des équipages en qualité de maréchal-des-logis ; il fut attaché
au quartier général du 11ᵉ Corps.

Ce fut aux environs de Soissons que ce brave sous-officier fut blessé grièvement par une bombe d'avion, le lundi 28 janvier 1918, vers trois heures du soir.

Il mourut à 5 heures, après avoir reçu les derniers sacrements de la main de
M. Lepaul, aumônier.

Il portait toujours sur lui un petit paroissien où il avait écrit de ses propres
mains, à la date du 21 mai 1915 :

« A l'hôpital militaire, je veux avoir la visite du prêtre, et tous les secours de
son ministère, si j'y entre par suite d'accident ou de maladie grave.

« Si je meurs, je veux les prières de l'Eglise catholique et l'inhumation religieuse.

« C'est ma volonté formelle. »

Desné Louis fut exaucé, car il rendit le dernier soupir ayant près de lui un
prêtre qui lui donna le secours de la religion dans laquelle il avait vécu, et qui ne
l'abandonna pas à ses derniers moments.

DILLEMANN, Henri-Marie-Louis-Joseph
Lieutenant au 60ᵉ régiment d'artillerie.

Fils du général Dillemann, naquit à Audelot (Haute-Marne), le 12 septembre 1889, et étudia à Saint-François-Xavier (1897-1898). Elève de l'Ecole Sainte-Geneviève (1906-1910), il fut admis à l'Ecole Centrale en 1910. Il venait d'en sortir comme ingénieur et faisait son année de service militaire à Toul, au 39ᵉ d'artillerie, quand éclata la guerre.

Il rentrait dans la nuit du 30 au 31 juillet du mariage de sa sœur, quand il apprit que son corps d'armée (le **XXᵉ**) était parti en couverture cette nuit-là même. Il le rejoignit sur le front et participa, d'abord comme maréchal-des-logis, puis comme sous-lieutenant, aux opérations de la IIᵉ armée (Général de Castelnau, en Lorraine, en Artois et sur l'Yser).

Au mois d'octobre, il reçut deux blessures peu graves par éclats d'obus, et le 18 novembre fut blessé près de Lizerne, par une balle dans le pied.

Conduit par voie de mer à Nantes, il dut y subir une opération assez douloureuse, la balle s'étant logée dans l'os du talon. Après un séjour à son dépôt, qui lui parut très pénible, il revint sur le front et fut affecté comme sous-lieutenant, à la batterie d'artillerie de tranchées de son régiment. C'est à ce titre qu'il prit part aux attaques de la IIᵉ armée (Général de Castelnau) en mai 1915 et à celles de la même armée (Général Pétain) en septembre et octobre 1915. Il s'y fit remarquer partout par son allant et son courage calme et tranquille et obtint ses premières citations.

> Citation à l'ordre de la brigade d'artillerie du 20ᵉ corps d'armée, du 9 septembre 1915.

... Jeune officier de premier ordre, a commandé avec énergie et sang-froid une section de 58 dont il a su obtenir pendant les attaques les meilleurs résultats sur le front ; depuis le commencement de la campagne a été blessé deux fois, dont la dernière assez grièvement.

> Citation à l'ordre du 37ᵉ régiment d'infanterie en octobre 1915.

... Pendant la préparation de l'attaque du 25 septembre 1915, a exécuté des tirs d'une précision remarquable, mettant une ardeur intelligente et une bravoure exceptionnelle dans l'accomplissement de son devoir.

Quelques jours après, il était blessé à la tête et dans le dos par une grenade à tige qu'un fantassin allemand avait tirée sur lui en le voyant régler son tir hors de la tranchée.

Son casque, qui fut percé par la grenade, lui évita la mort. Envoyé à l'hôpital militaire de Vichy, il y reçut du général commandant la IIᵉ armée (général Pétain), la citation suivante) :

> Citation à l'ordre de l'armée le 7 décembre 1915.

... S'est particulièrement distingué par son courage, son énergie et son entrain pendant les attaques de septembre et d'octobre 1915 ; commandait une demi-batterie de 58, s'est montré très brillant officier ; a reçu en octobre sa quatrième blessure.

En réalité, il aurait fallu dire sa 4ᵉ et 5ᵉ blessures.

Il revint de l'hôpital assez à temps pour participer à la reprise, en fin février 1916, du village de Douaumont par le 20ᵉ corps, puis alla lutter sur la rive gauche vers la cote 504.

La batterie allait s'y installer quand il apprit qu'il était désigné comme instructeur d'artillerie de tranchées au camp de Burgy où il dut se rendre aussitôt.

Pendant 4 mois, il eut l'honneur d'instruire de nombreux officiers destinés aux batteries de 59, de 150 et de 240 de tranchées qui se formaient de tous côtés ; mais quand il apprit que le 20ᵉ corps d'armée allait participer à l'attaque de la Somme, il réclama sa place sur le front. Le 10 juillet 1916, il était nommé au commandement de la 108ᵉ batterie de tranchées du 60ᵉ d'artillerie (155ᵉ division du 20ᵉ corps).

Il prit part en cette qualité aux attaques de la Somme où il vit tuer à ses côtés ses deux sous-lieutenants.

Promu lieutenant en août 1916, à la préparation de l'offensive d'avril 1917 où un de ses officiers fut encore tué.

C'est en procédant, 25 jours après cette attaque, à une reconnaissance destinée à modifier la position de sa batterie, qu'il reçut le 11 mars 1917, sa dernière blessure.

Un obus de 105 lui déchira la jambe gauche, de la hanche au genou ; transporté à une ambulance, il resta longtemps sans connaissance, puis dès qu'il revint à lui, réclama l'aumônier et se confessa. Transporté le lendemain dans une ambulance chirurgicale, il fut amputé le 12 mai de la jambe gauche. Il ne devait pas survivre à cette blessure et n'eut pas le moindre doute sur sa mort prochaine, quand il vit le général qui commandait sa division venir épingler sur sa poitrine la croix de la Légion d'honneur avec la citation suivante :

... Excellent officier d'artillerie de tranchée, doué des plus belles qualités militaires. A pris une part brillante à toutes les principales actions offensives. Blessé pour la 6ᵉ fois le 11 mai 1917. Trois fois cité à l'ordre. Croix de guerre avec palme.

Il mourut le 13 mai, à 10 heures, très chrétiennement, après avoir pu embrasser son père dans la nuit du 12 au 13. Enterré près de la belle Basilique de Mont Notre-Dame que le Kaiser fit sauter en juillet 1918, lors de la retraite de l'armée allemande, il eut à son enterrement, une partie de sa batterie ; et le plus ancien sous-officier de cette unité sut parler de lui, de son courage et de son affection pour ses hommes, en termes particulièrement émouvants. Son père le général Dillemann, et son oncle le lieutenant-colonel Dillemann étaient présents à cette cérémonie.

DRÉAN, PIERRE-YVES
Maréchal-des-logis au 3ᵉ régiment d'artillerie à pied.

Né à Lorient (Morbihan), le 27 février 1896, fit toutes ses études au collège Saint-François-Xavier (1905-1913) ; il y était considéré comme un bon élève et un excellent camarade.

Lorsqu'il fut tué, à son poste d'observateur, au Chemin des Dames, le 11 mai

1917, il était maréchal-des-logis au 3ᵉ régiment d'artillerie à pied, et détaché à la 54ᵉ section de renseignements par observatoires terrestres. Titulaire de la Croix de guerre, du 15 mai 1917, il était cité à l'ordre du jour de l'artillerie de la 5ᵉ armée avec le motif suivant :

Occupant un observatoire de recoupement fréquemment bombardé, n'a jamais cessé d'apporter à son service tout le calme et l'attention nécessaires. Tué le 14 mai à son poste de combat.

Par arrêté ministériel du 26 septembre 1919, publié au Journal Officiel du 7 septembre 1920, la médaille militaire lui a été attribuée.

Nous offrons à son excellent père et à tous les siens, l'expression de nos respectueuses condoléances et serons avec eux en union de prières pour l'âme du cher enfant mort glorieusement pour son pays.

DUBOIS, Edouard-François-Marie
Soldat au 113ᵉ régiment d'infanterie.

Né à Tréal (Morbihan), le 25 août 1892, fut élève à Saint-François-Xavier, (1907-1910). A la mobilisation, il était instituteur libre au Grand-Fougeray (Ille-et-Vilaine). Il fut incorporé au 113ᵉ régiment d'infanterie et dirigé sur le front.

Le 14 juillet 1915, il fut blessé, à la Haute-Chevauchée, en Argonne, et resta sur le champ de bataille. Relevé par les Allemands, il fut envoyé à Rastadt (Bade) comme prisonnier de guerre, et c'est au lazaret de réserve nᵒ 4 de cette ville, qu'il mourut vers le 10 août 1915. C'est tout ce que nous avons pu savoir sur lui, par la voie officielle, les renseignements venus d'Allemagne étant toujours donnés dans une forme très laconique.

Nous payons un juste tribut de prières à l'âme de notre ancien condisciple.

DUCLOS, Gabriel-Marie-François
Chef de bataillon au 317ᵉ régiment d'infanterie.

Né à Baud (Morbihan), le 13 août 1868, fut élève à Saint-François-Xavier (1886-1887), puis il passa à Sainte-Geneviève pour s'y préparer à l'Ecole militaire. Entré à Saint-Cyr, il fit partie de la promotion de 1889-1891.

Au début de la campagne, il était capitaine au 317ᵉ régiment d'infanterie. Il venait d'être promu au grade de chef de bataillon, le 1ᵉʳ septembre 1914, lorsqu'il tomba frappé d'une balle au cœur à Tracy-le-Mont (Oise), le 19 septembre. Il a toujours ignoré sa nomination au grade supérieur, mais celle-ci ayant paru à l'Officiel, son titre de chef de bataillon lui reste acquis. Il était décoré de la Croix de guerre et Chevalier de la Légion d'honneur.

Voici le texte de sa citation :

Tué le 13 septembre 1914, en se portant avec une partie de sa compagnie, au devant d'une attaque de nuit, permettant ainsi aux autres unités de la division de se dégager sans pertes.

Ordre du 10 août 1915.

Mᵐᵉ Duclos nous écrivait que son mari « était parti, comme tous ses camarades plein d'enthousiasme et de confiance, sans se douter des rudes épreuves qui l'attendaient. » Puis elle ajoutait dans une autre lettre : « Je vous remercie du souvenir que vous avez, dans vos prières, pour mon cher mari ; il était resté le digne élève des *Pères*, à tous points de vue, et le modèle des maris. C'est vous dire que ma douleur est immense, et qu'il faut regarder bien haut pour avoir du courage... »

Nous prions la digne veuve de l'héroïque commandant, d'agréer l'hommage de nos plus respectueuses condoléances.

DUCROQUET, Henri

Sous-lieutenant au 170ᵉ régiment d'infanterie

Né à Vannes, le 2 novembre 1888, fils d'un notable commerçant de cette ville, étudia à Saint-François-Xavier (1896-1899). Nous n'avons pu nous procurer sur sa fin tragique que bien peu de renseignements. Il fut porté disparu au combat d'Angres (environs d'Arras), le 16 juin 1915.

Il est très probable que la Croix de la Légion d'honneur viendra récompenser son obscur sacrifice, et apporter quelque adoucissement à la grande douleur de sa famille. Tous ses anciens condisciples tiendront à honneur de glorifier sa mémoire et ne l'oublieront pas dans leurs prières.

DUFILHOL, Armand-Marie-Edgard

Chef d'escadron au 3ᵉ régiment de dragons.

Né à Lorient, le 29 décembre 1861, étudia au Collège Saint-François-Xavier (1873-1878). Il fit partie de la promotion de Saint-Cyr, de 1881-83.

Deux ans avant la guerre, étant chef d'escadron, major au 3ᵉ Dragons, à Nantes, il avait dû prendre sa retraite, par anticipation, en raison de son état de santé qui ne lui permettait plus de faire un service actif.

Son état s'étant un peu amélioré, il avait pu reprendre du service à la déclaration de guerre, et avait été désigné pour occuper son ancien poste au 3ᵉ Dragons, à Nantes.

Mais au commencement de 1916, il fut repris par une crise assez violente qui l'obligea à se reposer et à se soigner pendant trois mois. Comme ses forces avaient considérablement diminué, il dut, après ce délai, se retirer définitivement et prendre le repos nécessaire dans le calme de la vie civile. Il était atteint malheureusement d'un mal qui ne pardonne pas, et que les fatigues de la carrière militaire, qu'il avait reprise par patriotisme, avaient beaucoup aggravé. Il mourut à Nantes, le 15 janvier 1917, et l'on peut affirmer, bien qu'il ne soit pas tombé sur le champ de bataille, que c'est la guerre qui a abrégé son existence.

Il était, depuis longtemps, Chevalier de la Légion d'honneur.

DUGUÉ, Adolphe
Caporal au 5ᵉ régiment colonial.

Né à Locminé, le 2 octobre 1895, élève à Saint-François-Xavier (1907-1910), puis au Petit Séminaire de Calmont-Haut. Atteint d'une ophtalmie, il ne put continuer ses études et se destina au commerce. Il séjournait depuis plusieurs mois à Londres, lorsque survint la déclaration de guerre. Il s'engagea.

Dugué Adolphe faisait partie du 5ᵉ régiment d'infanterie coloniale désigné pour les Dardanelles. Nommé caporal à la suite d'une blessure, il revint en France. Son régiment fut dirigé sur l'Argonne. C'est quelque temps après qu'il fut mortellement atteint, près de Souain, non loin de la cote Crétia.

Brave soldat, bon chrétien, il avait, nous dit l'infirmière qui l'approcha, conservé les principes qu'on lui avait inculqués au Collège.

DYÈVRE, Olivier-Isidore-Marie
Brigadier au 50ᵉ régiment d'artillerie.

Né à Rennes, le 22 décembre 1886, élève de Saint-François-Xavier (1900-1903). Il exploitait une terre importante dont il était propriétaire à Ben-Aich, dans le district de Khanguet-el-Hadjadj.

Au moment de la mobilisation, il se trouvait avec sa famille au Val-André (Côtes-du-Nord), il en repartit le 2 août pour rejoindre le 50ᵉ d'artillerie à Rennes. Il était très aimé de ses camarades.

Il a été tué le 21 octobre 1914 à Archicourt, près d'Arras, par un éclat d'obus qui l'a frappé en plein visage.

Il fut inhumé, le lendemain, dans le cimetière de Dainville.

Il était le fils de notre ancien condisciple Pol Dyèvre, bâtonnier des avocats de Rennes. De son mariage avec mademoiselle Marty Margit, il laisse deux enfants, dont il n'a pas connu le plus jeune, né en septembre 1914.

Nous offrons à notre ancien camarade et à toute sa famille, l'expression de nos plus sympathiques et respectueuses condoléances dans le malheur qui les a frappés. Nous le félicitons aussi d'avoir fourni, dans sa famille, un si fort contingent (3 fils et 1 gendre) de bons combattants qui ont contribué, pour une large part, à la délivrance de notre pays et à la victoire finale.

D'ENGENTE, Charles-Marie-Alexis
Capitaine au 107ᵉ d'infanterie.

Né à Paris le 28 novembre 1885, élève à Saint-François-Xavier (1895-1902). Entré à Sainte-Geneviève en 1905, reçu à l'Ecole militaire de Saint-Cyr, il était nommé sous-lieutenant en 1906. A l'école Saint-François-Xavier, Charles obtint constamment les meilleures places. Quand il fit sa première Communion, le 14 mai 1896, la croix de catéchisme brillait sur son petit uniforme ; il obtint en fin d'année, le prix d'instruction religieuse.

Il passa ses deux baccalauréats lettres et sciences. Pour le dernier, il lui fut accordé la mention « Bien. »

Entré à Saint-Cyr à l'âge de 18 ans, comme il avait été le modèle des fils et des frères, il continua à être celui de ses camarades et plus tard de ses hommes.

Son extérieur posé et réfléchi, cachait un cœur ardent et une extrême délicatesse de sentiments ; aimant passionnément son pays et son métier, il fit souvent plus que son devoir pendant les quatorze mois qu'il fut sur la brèche.

Parti en août 1914 pour la Belgique, il fut blessé à Baumont d'une balle qui lui traversa la main ; il ne se fit panser qu'après l'action et resta jusqu'à la fin à la tête de ses hommes. A la bataille de la Marne, il se battit comme un lion, et eut la joie de participer à la victoire.

Nous le trouvons en Champagne, en Lorraine, en Artois, toujours exposé au danger. Le plus bel avenir lui paraissait promis, quand le 22 septembre 1915, au Labyrinthe, il fut frappé mortellement d'un éclat d'obus à la nuque, en assurant le service de sa compagnie.

On le transporta dans une pauvre église du village d'Anzin. Il y passa sa dernière nuit, à côté du saint Sacrement. Le lendemain, sous un effroyable bombardement, ses compagnons d'armes le déposèrent dans une tombe provisoire. Deux messes furent dites le matin pour le repos de son âme ; le soir, à 5 heures, eut lieu l'enterrement militaire sous la mitraille qui achevait de démolir l'église.

Les lettres de son colonel, de ses autres chefs, de ses camarades et de ses chers soldats lui constituent un impérissable monument. Ses soldats, il ne les avait pas oubliés ; dans ses recommandations à sa femme, il lui demande de faire célébrer un service pour tous ceux de sa compagnie tombés à l'ennemi.

Homme de devoir avant tout, ses efforts tendaient toujours à l'accomplir le plus parfaitement possible, dans la vie militaire, comme dans la vie de famille. D'une admirable possession de lui-même, il était aussi calme à l'approche du combat que sur le champ de manœuvre.

A son départ pour la guerre n'écrivait-il pas cette lettre à sa mère : « J'aurai le cœur bien gros en laissant une femme comme il y en a pas beaucoup et quatre petits enfants chéris ; mais je refoule les larmes qui me monteraient aux yeux, et vous pouvez être assurée que je m'efforcerai de faire tout mon devoir. »

Le brave capitaine Charles d'Engente ne se faisait du reste aucune illusion sur le sort qui pouvait l'attendre, il y était préparé, car s'il fut héroïque soldat, il fut le vrai grand chrétien.

Voici ce que, pendant une permission qu'il prit, à Nancy, il dit à sa tante, près de laquelle il passa quelques heures.

« Mes jours sont comptés ; d'ici quelques mois, je n'existerai plus, je serai tué ; c'est mathématique, mon tour viendra. Je ne le dis pas à ma famille qui considérerait ma mort du point de vue terrestre et serait au désespoir.

« Pour moi je la vois du point de vue de la Foi, et je suis calme, car j'irai au Ciel. »

Son colonel disait en parlant de lui : « Il sut joindre aux vertus les plus solides, les plus hautes qualités militaires. »

L'appel de son Dieu, dont l'amour se confondait dans son cœur avec l'amour de sa Patrie ne l'a pas surpris. Prêt depuis longtemps pour ce départ, il tomba à son poste, pour cette cause de l'Alsace française à laquelle il avait voué sa vie.

Inclinons-nous devant la dépouille du vaillant et brave capitaine Charles d'Engente ; que sa malheureuse mère, que sa femme et ses enfants soient fiers d'avoir donné à la France un tel défenseur.

Il fut l'objet de citations à l'ordre de l'armée et la Croix de guerre avec palme lui fut conférée.

Citations :

Officier de premier ordre, déjà cité à l'ordre du corps d'armée pour le sang-froid, le courage et l'énergie dont il avait donné les preuves dans les premiers mois de la campagne. Est tombé mortellement frappé dans la tranchée avancée en préparant les travaux précédant les attaques de septembre 1915.

Ordre de l'armée, 7 mars 1916.

A fait preuve de sang-froid, d'énergie et de sens tactique dans le commandement de sa compagnie. Blessé le 28 août 1914, a néanmoins conservé le commandement de son unité.

Ordre du corps d'armée.

ESTRABOU, Jean

Caporal au 412ᵉ régiment d'infanterie.

———

Né à Belfort (Alsace), il fut élève à Saint-François-Xavier, en 1916, puis entra au Grand Séminaire de Vannes. Il quitta le Séminaire, l'année suivante pour être incorporé au 412ᵉ d'infanterie en avril 1917, et prit part en 1918, sur le front français, à de nombreuses attaques dont il sortit sain et sauf. Parti en Palestine, au mois de mai 1919, il rejoignit à Adana. En janvier 1920, il fut envoyé à Marache où, le 21 du même mois, éclata une insurrection turque. Débordé par le nombre des assaillants, le contingent français se replia sur des édifices publics avec de nombreux habitants.

Les Turcs forcèrent l'entrée de ces refuges, tuant et massacrant tout ce qui se trouvait devant eux ; les soldats français qui purent échapper à cette tuerie ne purent se sauver qu'après vingt jours de la plus cruelle étreinte, livrant d'incessants combats de rues et de maisons. Enfin, le 10 février, une colonne de secours les délivra.

Estrabou Jean demeura très affaibli. Il reprit le chemin d'Adana, dans des conditions atmosphériques extrêmement rigoureuses.

En particulier, la journée du 13 février fut des plus rudes. Les hommes eurent à faire 35 kilomètres dans la neige et par un froid de —15°.

Jean Estrabou fut terrassé. Evacué sur l'hôpital d'Adana pour épuisement physique, il succomba le 28 février.

Il fut inhumé au cimetière chrétien d'Adana le 1ᵉʳ mars ; le colonel lui fit rendre les derniers honneurs au nom du 412ᵉ.

Ses derniers moments ont dû lui être rendus bien douloureux, loin des siens, loin de son père, de ses frères et de sa mère qu'il adorait. Sa suprême consolation fut de les voir remplacés par le Dieu qu'il avait si fidèlement servi.

———

EVENARD, Jules-Joseph-Marie

Soldat au 116ᵉ régiment d'infanterie.

———

Né à Vannes, le 30 août 1893 ; élève externe de Saint-François-Xavier en 1908. Il partit avec le 116ᵉ régiment d'infanterie de Vannes, en qualité de soldat téléphoniste.

Il mérita l'estime de ses chefs et de ses camarades.

Il fut grièvement blessé à Maissin, le 22 août 1914. A peine rétabli, il voulut retourner au front.

Homme de devoir, il ne négligeait rien pour accomplir les missions périlleuses dont il fut chargé.

Il trouva la mort au cours des combats de Champagne (28 septembre 1915).

Il fut l'objet de la citation suivante :

Soldat courageux et dévoué ; grièvement blessé le 22 août 1914, est revenu au front à peine guéri.

A été tué au cours des combats en Champagne où il avait fait preuve de bravoure et de mépris du danger.

DE FARCY, PIERRE-CHARLES-MARIE-GUILLAUME
Adjudant au 135ᵉ régiment d'infanterie.

Né à Angers, le 27 janvier 1883, élève de Saint-François-Xavier (1893-1901).

Trois jours après l'ordre de mobilisation, il est incorporé au 135ᵉ d'infanterie en qualité d'adjudant et reste au dépôt du 3 août au 7 septembre.

Sachant son jeune frère sur le front et attiré par le désir de se dévouer, il demande à partir. Ses parents le prient d'attendre du haut commandement l'ordre de départ et de ne pas tenter la Providence. Mais rien ne peut le détourner de son dessein.

Avant de quitter Angers, il pria dans la petite chapelle de la rue Fulton le Dieu des batailles, Notre-Dame du Perpétuel Secours, saint Michel, la bienheureuse Jeanne d'Arc, tous les saints protecteurs de la France et de l'armée ; cela fait, il vint prendre congé de sa femme, de son père et de tous les siens.

Il rejoint l'armée de combat en Champagne, au lendemain de la victoire de la Marne. En arrivant, des gardes de la voie ferrée lui signalent le passage d'une patrouille de uhlans. Avec quelques hommes il rejoint les maraudeurs, en tue deux et ramène quatre prisonniers sur les douze hommes qui composaient l'escouade, et huit chevaux poméraniens.

Le 26 septembre, à Prosnes près Reims, les Allemands se précipitent dans une ruée formidable sur le 135ᵉ. Le commandant Maury donne l'ordre à deux bataillons de foncer à la baïonnette contre les colonnes ennemies. Les soldats de l'Anjou s'élancent.

« Ce fut sublime, écrit à M. de Farcy un témoin de cette charge, mais hélas ! ajoutait-il, beaucoup de ces héros sont tombés dans le sanglant assaut ; Monsieur votre fils fut du nombre des victimes. »

Pierre de Farcy marchait à la tête de sa section.

C'est vers huit heures du soir qu'il tomba face à l'ennemi, frappé d'une balle à la tête, glorieux martyr de la France.

FARNEL, Joseph-Marie

Maréchal-des-logis au 7ᵉ régiment d'artillerie.

Né à Saint-Nicolas-du-Tertre, le 10 juin 1892. Après trois années passées à Saint-François-Xavier, (1907-1910), il entre au Noviciat des Eudistes.

Il y était encore, lorsque sonna la déclaration de guerre.

Il fut envoyé au 7ᵉ régiment d'artillerie. Sa brillante conduite lui valut le grade de brigadier et une citation à l'ordre de la division.

Le brigadier Farnel Joseph-Marie, du 7ᵉ régiment d'artillerie, 3ᵉ batterie :

A fait preuve de beaucoup de sang-froid et de présence d'esprit, en ramenant sa pièce dans des circonstances critiques, et sous un feu violent.

Maréchal-des-logis peu après, il fut frappé à son poste, le 5 juin 1915 vers 17 h., d'un éclat d'obus qui l'atteignit en plein cœur ; il ne prononça que cette parole : « Je meurs ! »

Le brigadier-aumônier lui donna l'absolution au moment où il expirait. Il fut inhumé au cimetière militaire, à Cuise Lamotte (Oise), où eut lieu le service funèbre auquel assistèrent tous ses amis.

L'aumônier nous écrit que Joseph Farnel emportait avec lui les regrets de tous ses chefs, de ses camarades, de ses hommes. « En lui, ajoutait-il, j'ai perdu un très précieux auxiliaire. Pendant plus de trois ans que je l'ai connu, je n'ai vu en lui que l'amour des âmes. Par tous les moyens, il cherchait à faire le bien. »

FICHET, Laurent

Caporal au 173ᵉ régiment d'infanterie.

Né à Locmiquélic (Riantec), le 26 juillet 1894, élève au Petit Séminaire de Vannes, puis à Saint-François-Xavier (1909-1911).

Il partit au front le 9 décembre 1914, incorporé au 106ᵉ régiment d'infanterie.

Il fut blessé aux Eparges, en février 1915. Il prit part à l'offensive de Champagne, en août 1916. Nous le trouvons à Verdun (Fort de Vaux) du 20 au 24 août, où il se distingua, et fut nommé caporal. — Nouvelle blessure et citation à l'ordre du régiment.

A l'attaque du village d'Arvillers (Somme), le 26 août 1918, un éclat de grenade vint le frapper mortellement à la tête. Il fut inhumé près de Fresnoy-les-Roye.

La nouvelle de la mort de Laurent Fichet a causé à tous ceux qui l'avait approché un unanime et douloureux regret ; il était en effet bon fils, bon camarade et bon chrétien.

FLOHY (l'abbé), Jean-François
Caporal au 49ᵉ régiment d'infanterie.

Né à Naizin (Morbihan), le 15 avril 1892, élève du Petit Séminaire de Sainte-Anne, venu à Saint-François-Xavier, (janvier 1907-juillet 1908).

Blessé et fait prisonnier à Péronne, le 28 septembre 1914.

Interné à Alten Grabow, près Magdebourg (Allemagne), meurt le 28 septembre 1915.

Pendant sa longue captivité, il secondait de son mieux l'aumônier français du camp qui l'avait chargé de faire le catéchisme à un réserviste désireux de faire sa première communion ; il donnait aussi des leçons de latin à un autre prisonnier qui désirait entrer dans le sacerdoce, et tous les soirs, après la prière en commun, il faisait des conférences apologétiques pour développer l'amour de la religion et de l'Eglise dans le cœur de ses compagnons de captivité.

Depuis le jour où l'on avait pu obtenir la communion quotidienne, il communiait chaque matin avec les sentiments de la plus vive piété.

Une bibliothèque catholique ayant été établie dans le camp, il put occuper agréablement et utilement ses loisirs. Mais son âme bretonne si sensible et déjà si portée à la mélancolie, avait souffert plus que d'autres de ce régime de détention prolongée. Ces douleurs morales jointes à la dépression physique eurent bientôt raison d'une santé jusque là très robuste. Le 14 août 1915, il écrit « qu'il a dû s'aliter pour une petite migraine qui le tracasse depuis plusieurs jours. » Malgré tous les soins qui lui furent prodigués par l'aumônier et par ses camarades, principalement par les séminaristes, son état s'aggrava ; quatre jours avant sa mort, il reçut l'Extrême-Onction et le 28 septembre, il s'endormait dans la paix du Seigneur.

Sa mort prive le diocèse de Vannes d'un de ses bons séminaristes dont les qualités naturelles et les vertus de foi, de piété et de dévouement faisaient présager un avenir sacerdotal et un apostolat des plus féconds.

(*Semaine religieuse de Vannes*, 23 octobre 1915).

FOCH, Germain-Jules-Eugène
Aspirant au 131ᵉ régiment d'infanterie.

Né à Montpellier le 23 décembre 1889, élève à Saint-François-Xavier (1903-1906.

Au mois de juillet 1914, il était sergent au 131ᵉ d'infanterie à Orléans et venait de passer avec succès les examens de Saint-Maixent, car, ayant la vocation militaire, il voulut dès son entrée au régiment faire de l'armée sa carrière.

Son père, le général Foch, depuis Maréchal de France, commandait alors le XX⁰ corps d'armée à Nancy.

Le 3 août, il écrivait à sa mère : « Nous partons demain pour une destination inconnue ; après ce sera comme il plaira à Dieu. Soyez sûre, ma chère maman, que je suis prêt sous tous les rapports, au physique et au moral. »

Le 131⁰ partit en effet le soir du 4 août, conduit à la gare par une foule enthousiaste qui chantait, acclamait et couvrait de fleurs le régiment si populaire à Orléans. Il se dirigea vers la frontière et le 16, Germain écrivait encore : « Nous sommes depuis deux jours en première ligne. Nous n'avons pas encore tiré, mais les cavaliers qui sont avec nous sont en contact permanent avec les patrouilles allemandes ; je ne sais pas trop ce que nous allons faire, mais je suis prêt. » Le 19 août (ce fut sa dernière lettre) : « Nous sommes allés aux avant-postes... j'ai été nommé aspirant, cela me fera passer probablement comme chef de section dans une autre compagnie. » Il resta dans la 11⁰ qui fut à peu près complètement décimée le 22 août.

Le régiment arriva le 21 août sur ses positions de combat près de Longuyon (Meurthe-et-Moselle). Il devait attaquer le lendemain dès l'aube à Ville-Houdlemont, petit village situé sur la frontière belge. Germain, à la tête de la section qu'il commandait, partit à deux heures du matin. Un bataillon était déjà engagé et il fallait se hâter d'aller occuper les positions assignées.

Le caporal Auboc raconte : « Germain fut envoyé en patrouille par son capitaine auquel il rapportait des renseignements lorsque, la brume commençant à s'éclaircir, nous apercevons au-dessous de nous l'ennemi qui aborde les premières pentes. Couchés dans un champ d'avoine, nous nous battons avec acharnement pendant plus d'une heure sous une rafale de balles. La situation était intenable ; nous tirons, nous tirons, de tous côtés des camarades sont blessés ou tués, mais nous tenons toujours. Nos officiers sont fauchés, nous tenons quand même, lorsque nous nous apercevons que les Allemands nous tournent sur la gauche. L'ordre est donné de battre en retraite. C'est alors que l'aspirant Foch, le fils du général, rassemble sa section, et pour protéger notre retraite, se rue à la baïonnette avec ses hommes contre l'ennemi. C'est une effroyable mêlée, nos pauvres camarades disparaissent bientôt engloutis par les masses allemandes, mais grâce à leur dévouement, nous avons pu prendre quelque avance... » Puis il ajoute : « Celui que je regrette le plus, c'est l'aspirant Foch, un bon camarade, brave comme tout et pas fier. On peut certainement dire qu'il est mort en héros. Si vous l'aviez vu partir à la charge, un vrai démon qui ne craint pas la mort ! Mais la mort n'aime pas à être défiée... »

Pendant que Germain se battait et succombait sous le nombre en Lorraine, son père, dans cette même Lorraine, couvrait et défendait Nancy avec son beau XX⁰ corps.

Ce fut au lendemain de la bataille de Fère-Champenoise où à la tête de la IX⁰ armée il avait enfoncé le centre allemand, que le général reçut des nouvelles alarmantes de son fils et de son gendre le capitaine Bécourt (capitaine au 26⁰ bataillon de chasseurs, blessé mortellement à la tête de sa compagnie à Joppécourt (Meurthe-et-Moselle) le 22 août 1914).

« Vos deux enfants, mon général, lui disait-on, sont tombés le même jour, le 22 août; ils se sont conduits en véritables héros. Ils sont restés entre les mains des Allemands, nul ne peut dire s'ils sont morts ou vivants ; il reste donc encore une lueur d'espoir. »

Pendant cinq mois, on se suspendit à cet espoir, on croyait Germain prisonnier avec sa compagnie qui avait disparu presque tout entière et l'on attendait des nouvelles qui ne vinrent pas.

A la fin de janvier 1915, le général Foch qui était alors à Cassel après la bataille de l'Yser, reçut la communication officielle de la mort de son fils, avec preuves à l'appui ; il n'y avait plus de doute. Germain avait donné sa vie à la France ; la liste des morts, hélas ! si nombreux du 131ᵉ avait été envoyée d'Allemagne par un des médecins du régiment qui avait, avec ses collègues relevé les braves enfants tombés à la Ville-Houdlemont. Les habitants du pays, le personnel et les ingénieurs si dévoués des mines de Gosey les avaient pieusement inhumés.

Citation à l'ordre de l'armée :

Dans la matinée du 22 août, envoyé en reconnaissance avec une partie de sa section, est tombé après avoir montré beaucoup de calme, d'insouciance du danger et d'énergie.

(Ordre de l'armée n° 83, du 9 février 1915).

GAILLARD, Charles
Sergent au 65ᵉ régiment d'infanterie

Né à Plouharnel (Morbihan), le 8 juillet 1897, élève de Saint-François-Xavier (1913-1914). C'était un charmant garçon, intelligent et laborieux, qui se montrait gai et plein d'entrain en toutes circonstances.

A peine âgé de 17 ans, il s'engage le 8 septembre 1914, est incorporé au 65ᵉ régiment d'infanterie, à Nantes, et part pour le front, fin novembre 1914. Après avoir eu la plus belle conduite pendant l'année qu'il passa sur le front, et s'être fait remarqué par plusieurs brillants faits d'armes, ainsi que l'attestent les magnifiques citations qui suivent, Charles Gaillard trouva la mort à la Courtine (Marne), dans les conditions suivantes, le 25 octobre 1915.

« Dans la nuit qui a suivi l'attaque de la Courtine, nous écrit sa mère, mon fils est rentré dans les lignes allemandes, portant au lieutenant commandant la compagnie cernée, un ordre du colonel ; il n'en est plus jamais sorti, non plus que son lieutenant, et leurs hommes ont été faits prisonniers. Un de ces prisonniers a attesté leur mort ; on a retrouvé le corps du lieutenant ; mais nous n'avons rien pu savoir au sujet du corps de notre fils : officiellement, il n'est que disparu. Mais toutes les recherches que nous avons faites n'ont abouti qu'à ceci : il n'est sur aucune liste de tués, de blessés ou de prisonniers. Pour nous, nous le croyons bien mort ! »

Les lettres et extraits que nous publions ci-dessous, donneront bien plus exactement au lecteur une idée de ce qu'était cet excellent camarade ; de même que les citations et témoignages qui terminent la notice, crient bien haut la bravoure extraordinaire de cet héroïque enfant.

Nous offrons à sa famille si cruellement éprouvée par sa perte, l'hommage de notre respect et de nos plus sympathiques condoléances.

Extrait des lettres de Charles Gaillard.

Nantes, novembre 1914.

« Je compte partir dans une quinzaine de jours pour la ligne de feu...

La seule chose que je craigne est de ne pouvoir supporter les fatigues de la guerre ; de plus forts que moi sont revenus exténués. Enfin j'espère bien qu'avant d'être dans ce même état, j'aurai rendu ma part de services à la France.

Un de mes camarades m'a fait faire connaissance avec M. le chanoine Ménard qui dirige un cercle militaire, nous allons chaque semaine entendre sa messe à Saint-Clément. »

Nantes, novembre 1914.

« Nous sommes très heureux de partir au front et, pour ma part, je m'en vais avec la plus grande confiance dans la victoire.

Excuse-moi d'abréger ma lettre. Je viens de la cathédrale et j'ai juste le temps de faire les dernières commissions en vue du départ. »

Aux Armées (Picardie), 25 décembre 1914, 8 heures du soir.

« Tout en haut d'une grange pleine de foin, à la lueur d'une chandelle que fait vaciller un « frais » zéphir passant à travers les tuiles, à 2 ou 3 kilomètres de la ligne de feu, on entend la pétarade du canon.

Figurez-vous qu'hier soir, en revenant du salut et de la bénédiction célébrés par l'adjudant du bataillon (un missionnaire), nous nous apprêtions à fêter Noël.

J'espérais avoir le bonheur d'entendre la messe de minuit et même d'y communier... tout-à-coup alerte, rassemblement, départ pour le front comme troupes de deuxième ligne, une attaque devant avoir lieu.

Nous sommes donc arrivés ici en cantonnement d'alerte ; on se couche tout équipés.

Je suis allé ce soir jusqu'à l'église d'ici, qui était éclairée, espérant me confesser ; à peine entré j'entends des gémissements de blessés ; odeur d'iodoforme, c'était une ambulance !

Qui sait si, avant la fin de cette lettre, je devrai sauter à mon sac et à mon brave fusil !... »

Aux armées, 14 janvier 1915.

... « Ce matin, au petit jour, je me suis trouvé tout heureux d'entendre au loin les cloches de la cathédrale d'Amiens.

Tous les soirs je vais chercher Bary ou un autre camarade après la soupe et nous allons ensemble au salut ; les choristes sont des soldats ainsi que les assistants et sous l'aube du célébrant on aperçoit la capote de notre adjudant, missionnaire de l'Immaculée ; parfois le 75 vient déranger l'office, mais cela est peu de chose. »

Aux armées, 14 mars 1915.

« J'arrive du salut et, avec mon caporal, je me suis confessé à l'adjudant-missionnaire. »

Aux armées, 14 mars 1915.

« Mon cher papa, je te remercie bien du petit appareil photographique que tu m'as envoyé, il m'a fait d'autant plus de plaisir que, grâce à lui, je pourrai fixer sur papier les vues intéressantes, mais surtout les portraits des camarades que je serai toujours charmé de revoir ; il n'y a rien de tel que les peines communes pour lier ensemble ceux qui les endurent.

Quand je pense aux fatigues de « La Boisselle », je me demande comment j'ai pu les supporter. »

Aux armées, 5 avril 1915.

« Nous sommes à Acheux depuis samedi. Hier j'ai pu entendre une messe basse et la grand'messe ».

Aux armées, 20 avril 1915.

« L'adjudant du bataillon, missionnaire de l'Immaculée, s'appelle M. Leroux. J'ai pu faire mes Pâques à Acheux le jour de Pâques. »

13 juin 1915 (Dans la Somme).

« Nous venons d'avoir cinq jours de violents combats d'où, je puis le dire, j'ai été miraculeusement sauvé ; à ma compagnie, sur 258 hommes, il y en a 119 en moins !

Ayant eu, avec mon caporal et un camarade, à conduire des prisonniers en terrain découvert, je suis arrivé seul dans la tranchée avec les prisonniers, les deux autres avaient été tués. »

26 juin 1915.

« M. Tobie, surveillant à Saint-François-Xavier, est brancardier à ma Compagnie ; je ne l'avais pas reconnu à cause de sa barbe ; j'ai été très content de le voir, d'autant plus qu'on est toujours heureux d'avoir un prêtre à côté de soi dans des jours comme on en a vus. »

Aux armées, en Champagne, 1er septembre 1915.

« J'ai été très heureux de revoir hier mon camarade Antoine de la Chevasnerie, brigadier au 28e régiment d'artillerie. Tout le corps d'armée est réuni ici.

Avant-hier soir le Père Le Portois est venu me voir à mon gourbi. Quelle bonne surprise !

Hier nous nous sommes promenés ensemble : M. Tobie, Antoine de la Chevasnerie et moi. Nous avons comme de juste, causé de Saint-François.

J'ai appris que M. Guyon, mon ancien surveillant, est au 19e, je compte bien le voir. »

23 septembre 1915. En Champagne.

« Ne vous attendez pas à recevoir de mes nouvelles d'ici quelques jours, nous partons ce soir pour les tranchées.

Il paraît (nouvelle officieuse) que si je reviens de la grande affaire qui se prépare, ce sera avec les galons de sergent. »

24 septembre 1915.

« Nous voici en tranchées depuis hier au soir, la grande danse a commencé pour les boches, beaucoup de ferraille passe au-dessus de nous.

Demain matin nous sortons pour l'attaque.

Hier nous avons été passés en revue par le colonel, tout le régiment, musique en tête. J'ai enfin reçu « solennellement » la Croix de guerre avec l'étoile d'or. »

29 septembre 1915.

« Je trouve enfin un instant pour vous écrire ; quel pauvre régiment est maintenant notre 65ᵉ !... plus que 8 à 900 sur les 3.000 hommes ! 38 officiers en moins, dont notre pauvre colonel Desgrées du Lou, son capitaine-adjoint, le porte-drapeau et le commandant du 2ᵉ bataillon... enfin les boches reculent toujours ! »

24 octobre 1915.

« Nous attaquons ce soir les tranchées de la Courtine. Dieu veuille que tout marche bien ! »

Hélas ! Il devait y trouver la mort.

Colincamps, le 12 juin 1915.

Ma chère maman,

« Voici enfin que nous avons un moment de repos après la fournaise où nous vivons depuis cinq jours. Notre attaque est finie pour un temps, à notre avantage il est vrai, mais non sans beaucoup de pertes. J'ai à t'annoncer la mort du pauvre Charles Langlois à la suite d'une blessure faite par une bombe.

Je vais tâcher de te raconter ce qui s'est passé. Comme tu dois le savoir, nous étions en réserve de division pour la première attaque tentée par le 64ᵉ, le 93ᵉ et le 127ᵉ.

L'attaque devait avoir lieu le matin à 5 h. Nous étions dans un boyau de seconde ligne pendant toute la nuit. Vers 1 h. du matin le bombardement des premières lignes boches a commencé. C'est effrayant ; on aurait dit le bruit d'un coup de tonnerre très rapproché et continu pendant des heures ; puis tout-à-coup un grand silence, suivi bientôt par le crépitement de la fusillade ; l'attaque était commencée.

Alors dans nos boyaux, c'est la procession des blessés et surtout des prisonniers et des engins (mitrailleuses).

Peu après on nous fait savoir que la première ligne est à nous, que nous avons pris la ferme de Toutvent, que nous attaquons la seconde ligne. Toute la journée se passe ainsi. La nuit cela se calme. Le matin à 3 h. on nous annonce que notre compagnie doit attaquer.

Naturellement pendant la première attaque, le génie creusait un boyau de communication vers les boches, les téléphonistes posaient les fils ; nous sommes bientôt dans l'extranchée boche ; la tranchée à attaquer était à 600 mètres. Heureusement il y avait de la brume ; on sort en lignes de section, colonne par quatre, puis tout-à-coup à 200 m. : « En avant à la baïonnette ! »

Nous voilà arrivés aux tranchées. Quelques-uns tombent. Une minute après nous étions dedans, en possession d'une mitrailleuse et d'une vingtaine de prisonniers ; il fallait voir les autres courir dans les boyaux ! à chaque instant on en voyait qui faisaient panache comme les lièvres qui reçoivent du plomb.

Pour comble de malchance, voilà le 75 qui se met contre nous, nous envoyant de terribles rafales ; on avait beau agiter des fanions pour faire allonger le tir, rien à faire ; les tués, les blessés s'entassent, et quelles blessures !

Bientôt plus d'officiers valides. Bertho le premier a une joue emportée, de Frettes est blessé à la tête, puis Champenois aux jambes, Grimaud légèrement à la tête. Le sergent prend le commandement. Je suis désigné avec Bacbleu mon caporal et un autre pour conduire les prisonniers. Il fallait remonter sur le terrain et les boches nous tiraient tant et plus. Tu penses si l'on courait. Enfin j'arrive avec les prisonniers dans la tranchée. J'étais seul, Bacbleu et l'autre étaient morts.

Quand j'ai été conduire les prisonniers au commandant et lui dire ce qui se passait, il a fait replier la compagnie.

Nous étions harassés ; il manquait la moitié des hommes ; presque tous les blessés étaient restés aux mains des boches. Toute la journée nous nous reposâmes entassés dans les boyaux.

Vers le soir, je vais à la 4ᵉ section voir Langlois; on me dit qu'il est blessé. Je le trouve étendu dans un bout de tranchée ; il avait toute sa lucidité et nous parlait très bien. Sa jambe droite était fracturée et presque tout à fait coupée au genou, la cuisse gauche était au vif jusqu'à la ceinture ; un petit éclat lui avait coupé un pouce et la lèvre supérieure jusqu'au nez. Impossible de faire parvenir les brancardiers. La circulation dans les boyaux était quasiment impossible. Une ou deux heures après, il mourait au bout de son sang.

Plusieurs fois aussi j'ai rencontré Bary harassé, mais indemne. Je l'ai vu aujourd'hui il allait à l'enterrement des lieutenants Blaneau et Flageollet de sa compagnie.

Hier matin, notre compagnie a pris possession d'une bonne longueur de tranchées boches. Les cadavres boches y étaient entassés ; cette tranchée était complètement bouleversée par nos 75 et nos marmites. »

15 juin 1915.

MON CHER PAPA,

« C'est des ex-tranchées boches que je t'écris. Nous y sommes revenus depuis hier, mais cette fois c'est plus calme, le concert est fini pour un temps, la tranchée est maintenant organisée et on ne marche plus sur les morts.

J'ai à t'annoncer que j'ai eu le bonheur d'être cité à l'ordre du jour de mon corps d'armée et que ma nomination de caporal ne peut plus tarder.

Je le serais déjà depuis plusieurs jours sans une erreur du sergent-major qui avait oublié d'inscrire mon nom sur la liste des propositions.

Comme de juste tu as dû suivre avec intérêt le communiqué officiel de notre attaque, mais les journaux sont laconiques. Le récit en serait pourtant bien intéressant pour vous, car elle montre qu'en dépit de toutes les embûches et de toutes les difficultés, grâce à un bon commandement, à un bon matériel, avec de la bonne volonté, on peut les serrer de près ! Je les ai vus fuir et j'en ai descendu plusieurs. Je t'assure qu'ils trottaient joliment. Il faut voir comme notre artillerie arrange leurs tranchées. Et quelle rafle nous y avons faite, quand nous y sommes rentrés, cela me rappelait mes fouilles au grenier quand j'étais petit. »

CHARLES.

TÉMOIGNAGES ET CITATIONS :

25 octobre 1915. Extrait d'une lettre de son cousin Ch. Barry, sous-lieutenant au 65ᵉ :

« J'espère et je suis même sûr que Charles Gaillard va être cité à nouveau, car sa conduite a été superbe. Un homme de ma section qui s'était perdu avec sa compagnie l'a vu à l'œuvre et il en a été émerveillé. »

Attestation du colonel de Vial, commandant le 65ᵉ régiment d'infanterie :

« Le courage et les services du sergent Gaillard le mettent au premier rang parmi les braves qui sont tombés au service de la France. »

Extrait d'une lettre du capitaine Grimaud, commandant de la compagnie :

« J'aimais beaucoup ce petit brave et sa disparition de la compagnie m'a bien affecté. »

Extrait d'une lettre de M. Tobie à M. le Supérieur de Saint-François-Xavier (En Champagne).

« Avant de partir d'ici, je tiens à vous envoyer un petit souvenir, une photographie de Champagne faite par un élève de Saint-François-Xavier, Antoine de la Chevasnerie.

Elle représente trois anciens élèves de Saint-François : Charles Gaillard, l'abbé Binio et moi.

Nous sommes là, appuyés contre une modeste cabane presqu'entièrement construite par l'abbé Binio et moi, et qui nous servait de chapelle.

C'est dans cette chapelle que Charles s'est agenouillé à mes pieds pour recevoir le pardon de ses fautes avant de partir à l'attaque.

C'est là aussi que l'abbé Binio a dit sa dernière messe avant de disparaître. »

CITATIONS :

Juin 1915. — Le Général Commandant le XI⁰ corps d'armée cite à l'ordre du corps d'armée : Gaillard Charles, soldat de 2⁰ classe, 2⁰ Compagnie du 65⁰ régiment d'infanterie.

S'est volontairement offert pour explorer une tranchée nouvellement conquise, y a fait six prisonniers qu'il a ramenés.

Le Général Commandant la 21⁰ Division d'infanterie cite à l'ordre de la division : Gaillard Charles, sergent à la 2⁰ compagnie du 65⁰ régiment d'infanterie.

A l'attaque de la Courtine le 24 octobre 1915, s'est offert comme volontaire et a réussi dans des conditions périlleuses et urgentes à percer les lignes allemandes pour rendre compte de la situation de sa compagnie cernée momentanément par l'ennemi.

La médaille militaire a été attribuée à la mémoire du sergent Gaillard Charles-Félix, du 65⁰ régiment d'infanterie, mort pour la France.

Excellent sous-officier, brave et dévoué. A l'attaque de la Courtine, le 24 octobre 1915, s'est offert comme volontaire et a réussi, dans des conditions particulièrement périlleuses et urgentes, à traverser les lignes allemandes pour rendre compte de la situation de sa compagnie cernée momentanément par l'ennemi. A trouvé une mort glorieuse au cours de cette opération. A été cité.

DE GALEMBERT (DE BODIN), STANISLAS-MARIE-LOUIS-EDGARD

Sous-lieutenant au 42⁰ régiment colonial.

Né à Orbigny (Indre-et-Loire), le 10 juillet 1895, il commença ses études au Collège Saint-François-Xavier (1905-1906), et y fit sa première communion.

Engagé volontaire, dès le début de la guerre, au 44⁰ régiment d'artillerie, il passa, sur sa demande, au 102⁰ d'infanterie, en novembre 1914. Il fut successivement aspirant au 318⁰ régiment d'infanterie en septembre 1916, et sous-lieutenant en avril 1917. Sa belle conduite sur le front français lui avait valu ses galons et plusieurs belles citations dont nous n'avons pu nous procurer qu'une seule, ainsi conçue :

Citation à l'ordre de la 9⁰ division d'infanterie :

Energique et courageux ; a rempli intégralement sa mission, au combat du 16 avril 1917, en dirigeant avec bravoure sa section sur les lignes ennemies, faisant vingt prisonniers, détruisant une mitrailleuse et opérant, sous les tirs de barrage de l'artillerie et des mitrailleuses, sa jonction avec l'unité voisine.

Affecté au 2e *bis* régiment de zouaves, il partit avec ce régiment pour l'Armée d'Orient, puis passa au 42e colonial. Au cours d'un engagement, il fut fait prisonnier et envoyé en Bulgarie. Il y est mort, le 21 août 1918, à Sesliévo, de fatigue et d'épuisement.

Stanislas de Galembert était fils du général, commandant d'armée, à qui nous offrons nos plus respectueuses condoléances.

* * *

GEORGET, Albert
Lieutenant au 131e régiment d'infanterie.

* * *

Né à Quélern, en Roscanvel (Finistère), le 28 juin 1883, fils d'Albert Georget, alors capitaine du Génie, depuis lieutenant-colonel, chef du Génie à Rennes, officier de la Légion d'honneur, officier de l'Instruction publique.

Il était l'aîné des garçons d'une famille de sept enfants (trois frères et quatre sœurs) ; l'aînée de ses sœurs, franciscaine, missionnaire de Marie, était avant la guerre à Constantinople dans un hôpital ; elle y est demeurée depuis ; son plus jeune frère, Pierre, médecin aide-major de l'armée active, a été l'objet de trois citations et a reçu la Croix de guerre.

Albert fit son éducation au collège Sainte-Croix du Mans (1893-1896), puis à l'école Saint-François-Xavier de Vannes (1896-1900), enfin au collège Saint-Vincent de Rennes.

Il sortit de Saint-Cyr en 1906. Nommé sous-lieutenant au 142e régiment d'infanterie, à Lodève, le 1er novembre 1906, promu lieutenant au même régiment le 1er novembre 1908, il fut affecté le 11 octobre 1910 au 131e régiment d'infanterie à Pithiviers et en octobre 1913, au même régiment à Orléans.

Il épousa en 1910 Mlle Anne-Marie Berland, fille du docteur Berland, professeur à l'Ecole de médecine de Poitiers. Il eut de ce mariage une fille Alice, née en 1911.

Au moment de la mobilisation, Albert était en permission en Bretagne et venait d'être gravement blessé dans un accident de motocyclette. Il eut le chagrin de ne pouvoir rejoindre tout de suite son dépôt et partir avec sa compagnie, avec les hommes de son peloton qu'il avait instruits, qu'il aimait, dont il était aimé et auxquels il savait pouvoir tout demander. Rentré à Orléans le 20 août 1914, il fut chargé de l'instruction des élèves de Saint-Cyr reçus à l'école en 1914 (promotion de la grande revanche) et affectés au 131e. Le 19 septembre, bien qu'incomplètement remis de sa blessure, sentant qu'un devoir plus pressant l'appelait ailleurs, il partait pour le front disant : « Je pars un peu tôt pour ma jambe, mais je sens trop que là-bas on a besoin d'officiers. Mon bonheur, que la Providence avait fait si profond, est entre ses mains et Dieu seul peut me préserver. Je ne négligerai pas les précautions, car la témérité est souvent une faute, mais s'il me faut donner ma vie, je ne la marchanderai pas. » Il affirmait ainsi à la fois son patriotisme, sa foi et l'acceptation du sacrifice de sa vie.

Le commandant de son dépôt écrivait à quelque temps de là : « Je l'avais affecté à l'instruction des Saint-Cyriens (il en était très aimé) avec l'espoir de le garder longtemps, de lui faire terminer cette instruction. Les dures nécessités, les demandes du front ne m'ont pas permis de le faire, et j'ai dû, un peu malgré moi, le comprendre dans un détachement. »

De leur côté ses élèves, les jeunes Saint-Cyriens, le suppliaient de ne pas partir, et de les attendre pour les conduire au feu ; il dut leur faire promettre de bien accueillir son successeur. Ces mêmes jeunes gens, lorsqu'on les réunit pour leur annoncer la mort de leur instructeur, s'écrièrent : « Nous le vengerons ! » Ils se sont depuis montrés dignes de lui, et hélas, trop nombreux sont ceux qui sont tombés en défendant la Patrie.

Le sentiment du devoir poussé à l'extrême, l'énergie, telles étaient les qualités dominantes d'Albert. Un de ses camarades, lieutenant au 131ᵉ régiment d'infanterie, le définissait « un passionné du devoir et une volonté servie par un grand cœur. » A ces qualités se joignait un charme que subissaient tous ceux qui l'approchaient et qui ne pouvaient le connaître sans l'aimer ; ses soldats d'abord dont l'un, du 142ᵉ d'infanterie, malade dans un hôpital de Rennes, attestait l'affection que tous lui portaient à Lodève ; puis les jeunes élèves de Saint-Cyr dont on a vu plus haut l'attitude.

Pour mieux faire connaître encore le jeune officier, il convient de citer quelques pensées extraites d'une lettre qu'il écrivait le 28 septembre 1914, veille de sa mort : « Les tombes se creusent tout autour de moi et la pensée de venger les morts en protégeant les êtres chers qui nous attendent au foyer silencieux nous anime tous... On veut être toujours plus digne des êtres qu'on adore et à qui l'on doit la fierté de son exemple, de son nom, de sa race... Il n'y a rien de plus beau que de donner sa vie pour une noble cause ou de sauver les hommes dont on a la responsabilité... La Patrie, c'est le foyer, la famille, ce sont tous ceux qui attendent de nous vengeance ou protection... A bien considérer les choses, c'est la grâce des grâces que d'être appelé à tout donner, et le rôle le plus noble que Dieu ait laissé aux mortels... »

C'est en Argonne que le lieutenant Georget rejoignit son régiment ; il y reçut le commandement de la 3ᵉ compagnie. Très bien noté, et s'étant distingué dans un combat dès le 22 septembre, il était proposé pour le grade de capitaine. Heureux du commandement qui lui était confié, il écrivait : « Demain une rude journée se prépare ; si je résiste, j'aurai le bonheur de vous envoyer mon troisième galon cueilli dans la bataille. »

Ce bonheur devait lui être refusé.

Le 131ᵉ régiment d'infanterie était chargé de la défense d'une partie du bois de la Chalade, près de la voie romaine dite la « Haute chevauchée. »

Le 29 septembre au soir, les troupes engagées se trouvant presque débordées, reçurent l'ordre de se replier. La 3ᵉ compagnie placée à la lisière du bois à un kilomètre environ au nord-est de la pierre croisée, devait couvrir la retraite du 131ᵉ. A ses demandes de renfort, le commandant de la compagnie avait reçu pour réponse par deux fois l'ordre de « résister jusqu'au bout. » Les allemands avancent toujours, le lieutenant Georget pour enrayer leur marche lança magnifiquement ses hommes en avant. A ce moment il fut frappé d'une balle et tomba. L'adjudant de sa compagnie s'approchait de lui pour l'emporter : « Laissez-moi, dit-il ; vous, en avant, continuez ! » Cette contre-attaque de la 3ᵉ compagnie brisa l'élan de l'ennemi et dégagea le régiment.

Le lieutenant resta abandonné sur le terrain et son corps ne fut retrouvé que quatre jours après. Il fut inhumé avec des officiers et des soldats de son régiment ainsi que des 113ᵉ et 82ᵉ d'infanterie, dans un enclos situé près de la maison forestière du Four des Moines.

Le 25 novembre 1914, le lieutenant Georget était l'objet de la citation suivante à l'ordre de l'Armée, insérée au *Journal Officiel* (Nᵒ du 12 décembre 1914) :

Est tombé mortellement atteint d'une balle, alors qu'il entraînait brillamment sa compagnie pour l'assaut.

Cette citation lui valait la Croix de guerre avec palme.

DE GESLIN DE BOURGOGNE, HENRI-MARIE-BONAVENTURE
Maréchal-des-Logis au 13ᵉ hussards.

Fils du général de Geslin de Bourgogne, ancien élève lui-même de notre Collège, Henri naquit à Marconne (Pas-de-Calais) le 14 juillet 1886, et étudia à Saint-François-Xavier de 1900 à 1902.

Maréchal-des-logis au 4ᵉ chasseurs d'Afrique, puis au 13ᵉ hussards, il fut bientôt versé dans l'infanterie, le rôle de la cavalerie, dans cette guerre, étant assez restreint.

Il faisait partie des troupes d'expédition en Orient, et c'est à Salonique qu'il contracta les fièvres paludéennes qui le fauchèrent en pleine jeunesse et en pleine vigueur. Il est mort à l'hôpital de cette ville, le 12 août 1917, « offrant sa vie à la France, nous dit l'*Echo de Paris* du 24 août 1917, avec la sérénité d'un saint. »

Il était titulaire de la Croix de guerre, et avait mérité deux belles citations dont nous ne possédons malheureusement pas le texte.

Nous prions son excellent père et toute sa famille, de vouloir bien agréer l'expression de nos plus respectueuses condoléances.

GIVELET, HENRI-RAYMOND
Canonnier au 5ᵉ groupe d'artillerie d'Afrique.

Né à Vannes, le 19 novembre 1899, il étudia à Saint-François-Xavier de 1914 à 1917.

Il avait été classé, en avril 1919, au 5ᵉ groupe d'artillerie d'Afrique (276ᵉ régiment d'artillerie de campagne) à Ludwigshafen. Au mois de juin suivant, il en avait été détaché au centre de stockage du service de santé de la VIIIe armée, à Landau. Il devait y être classé définitivement, mais la mutation n'a jamais été faite. C'est à Landau qu'il a été blessé mortellement, le 13 octobre 1919, dans les circonstances suivantes :

Le centre de stockage était installé, hors de la ville, dans les baraques d'un ancien camp de prisonniers français. Il renfermait un matériel important de médecine et de chirurgie qu'on y rassemblait pour l'évacuer vers la France. Quelques jours avant, des vols y avaient été commis (c'était le moment des troubles de la région de la Sarre). Vers 8 h. du soir, Henri, qui était de garde, entendit du bruit et donna l'alerte ; puis, sans attendre l'arrivée de ses camarades, il sauta par une fenêtre du côté opposé au leur, pour couper la retraite aux malfaiteurs. Dans l'obscurité, il reçut, en contournant le baraquement, un coup de feu qui le blessa grièvement à l'abdomen. Transporté d'urgence à l'hôpital militaire de Landau, où le médecin constata une perforation de l'intestin, il y mourut le surlendemain, à midi. Il est enterré au cimetière de l'hôpital militaire.

L'extrait suivant d'une lettre de l'aumônier militaire nous donne de touchants détails sur la mort de ce pauvre enfant :

Extrait de la lettre de M. l'abbé Couäsnon, aumônier militaire, à Spire (18 novembre 1919).

« Je comprends que la peine a été bien dure pour vous : vous n'avez pas même eu la consolation suprême d'une mère de bercer sa dernière agonie. Soyez sûre que sa dernière pensée a été pour vous. Dès que je l'eus mis en présence de la réalité, immédiatement, avec une douceur et une bonté charmantes, le premier nom qu'il a prononcé a été le vôtre et j'ai vu tout de suite à qui j'avais affaire et combien grand était dans son cœur l'amour qu'il avait pour vous.

Bien élevé comme il l'était, préparé comme il l'a été, Dieu l'aura bien reçu et il sera un jour le plus beau fleuron de votre couronne. Il est allé rejoindre son frère au ciel, où les familles se reconstitueront pour toujours. »

GIVELET, René-Louis-Jacques-Maurice
Lieutenant au 142e régiment d'infanterie.

Né à Belfort, le 13 décembre 1886, fait ses études au Collège Saint-François-Xavier (1895-1904). Entre en campagne le 5 août 1914 (Lorraine), assiste à la bataille de Jolivet, près de Lunéville, le 22 août 1914. Chargé d'une section de mitrailleuses, il se porte sous un feu violent, au-delà d'une crête pour installer sa batterie, et tombe très grièvement blessé au village de Bonviller.

Après la bataille il fut porté comme disparu. Son corps ne fut retrouvé que le 25 avril 1915. Il portait encore sa médaille d'identité et son scapulaire.

Au Collège, à Saint-Cyr, au régiment, René fut un modèle, et sans ostentation remplissait régulièrement ses devoirs religieux. Dans sa dernière lettre d'adieu il écrivait à ses parents : « Il y en a qui tomberont ; ceux-là auront donné leur vie pour la France et serviront à sa grandeur... Vous pouvez être tranquilles, je suis prêt à tout... Si je dois tomber, je mourrai bien, et je pourrai retrouver là-haut tous ceux que nous avons aimés ensemble... »

Ordre du jour du 16ᵉ corps d'armée :

Le 22 août 1914 au combat de Jolivet, s'est porté seul, avec un très beau courage, sous un feu violent, au-delà d'une crête pour installer sa section de mitrailleuses ; très grièvement blessé et disparu.

(Officiel, nº 1281, 14 août 1915).

Nommé Chevalier de la Légion d'honneur (décoration posthume) par décret du 18 août 1919, inséré au *Journal officiel* du 26 décembre suivant.

GIZARD, Camille-Marie-Joseph
Lieutenant au 21ᵉ régiment d'artillerie.

Né à Bordeaux, le 5 janvier 1889, il fit successivement ses études au Collège de Saint-Joseph de Tivoli à Bordeaux, puis au Collège Saint-François-Xavier de Vannes, de 1902 à 1905. Elève de l'Ecole Sainte-Geneviève (1905-1909), il fut admis à Polytechnique en 1910.

Il était lieutenant au 21ᵉ régiment d'artillerie à Angoulême, quand la guerre a éclaté.

Lieutenant de batterie, mobilisé à Ruelle, il fait d'abord partie du XIIᵉ corps d'armée.

Blessé une première fois à la jambe pendant la bataille de la Marne, à Châtel-Raoul, près Vitry-le-François où il commandait une batterie, il se fait porter au feu sur un caisson et reprend le commandement de sa batterie. Blessé une seconde fois, il retourne au front à peine guéri.

Citation à l'ordre de la brigade :

Ayant remplacé à son poste, son capitaine blessé, fut blessé lui-même d'une balle à la jambe. Ayant obtenu par son insistance de ne pas être évacué, se fit ramener le lendemain par un avant-train sur la position de la batterie où tous les officiers avaient été tués ou blessés, et reprit le commandement pendant deux jours sous un feu très meurtrier. Fut blessé à nouveau d'un éclat d'obus à l'autre jambe. Revenu sur le front aussitôt sa guérison, n'a cessé de donner le plus bel exemple de calme et de courage.

Après avoir passé l'hiver 1914-1915 en Champagne, le lieutenant Gizard est désigné pour prendre le commandement de la 108ᵉ batterie de 58, bientôt rattachée au 6ᵉ d'artillerie.

Artillerie de tranchées : les crapouillots doivent être organisés pour participer à la grande offensive de Champagne du 25 septembre 1915.

Le matin du 25, à 10 heures, le lieutenant Gizard dans un acte de charité parfaite, trouvait la mort à Auberive en voulant porter secours à un de ses hommes.

Citation à l'ordre de l'armée :

Accompagnant les premières vagues de l'infanterie dans un assaut, s'est porté en avant, a découvert et sous le feu d'une mitrailleuse, pour ramener le corps d'un de ses brigadiers mortellement blessé par le feu de cette mitrailleuse. A été alors tué d'une balle au front. Officier d'une énergie et d'une bravoure exceptionnelles.

Son Colonel écrit à Mme Camille Gizard :

« Je ne me suis pas senti jusqu'ici le courage de vous dire la perte cruelle que l'armée vient d'éprouver...

« Il est de ceux qui laissent un vide affreux, irréparable, que rien ne peut combler. Avec lui disparaît le meilleur des lieutenants du 21°, le plus vaillant, le plus affectueux, le plus sympathique ; également aimé de ses hommes pour qui il avait toutes les sollicitudes, tous les dévouements, hélas ! et de ses chefs qui avaient une confiance absolue dans son expérience, son coup d'œil, son savoir, son intelligence et son cœur... »

Lettre d'un de ses camarades.

« Le sacrifice qu'il a consenti fut grand, très grand. Il laissait derrière lui des êtres aimés, un foyer chéri ; mais quelque pénible que fut l'épreuve, il l'avait, par avance, acceptée avec sa nature généreuse, de toute son âme. Il fut simple, noble, résolu, héroïque ; son dernier geste n'a surpris personne. Il prêchait par l'exemple.

Pour lui, les actes seuls comptaient ; nombreux sont ceux qui ressentiront profondément sa perte ; près de lui on voulait devenir meilleur. »

Ses notes intimes.

« Qu'est-il de plus beau pour l'homme que de vivre avec au cœur un seul amour, en faisant autour de soi un peu de bien ? »

« La place d'un soldat est là où l'on sert le mieux. »

Notes de routes.

« Nous donnerons notre vie pour cette France plus belle que nous adorons dans nos rêves. La mort est légère lorsque l'âme quitte la France victorieuse pour monter au ciel du Dieu qui protège les Francs. »

Ses citations lui conféraient la Croix de la Légion d'honneur et la Croix de guerre avec palme.

GLÉHELLO (l'abbé), Jean-Marie
Soldat au 262° régiment d'infanterie.

Né à La Grée-Saint-Laurent (Morbihan), le 23 novembre 1887, étudia à Saint-François-Xavier de 1907 à 1908, puis entra au Grand-Séminaire. Ordonné prêtre le 13 juillet 1913, il fut nommé la même année instituteur à le Palais (Belle-Isle-en-

Mer). C'est dans ce poste que la mobilisation le surprit. Il fut incorporé au 262ᵉ régiment d'infanterie, comme infirmier-brancardier, puis versé dans le rang.

A la bataille de la Marne, en opérant un mouvement de retraite, il fut frappé d'une balle au foie, le 8 septembre 1914. D'abord il ne crut pas à la gravité de sa blessure, et essaya de continuer à marcher avec ses camarades ; mais sentant les forces l'abandonner, il dut, appuyé sur un homme, se retirer pour se faire soigner, alors que les balles allemandes pleuvaient à cet endroit et que les obus faisaient rage. On l'évacua immédiatement sur Sens, vu la gravité de son état ; mais il mourut en cours de route et l'on ne retira qu'un cadavre du fourgon où il avait été déposé. Nous ne pouvons donner aucun détail sur ses derniers moments, mais les extraits de lettres qui suivent, nous renseignent, d'une façon très touchante, sur ses obsèques et les faits qui suivirent sa mort.

Lettre de Mᵍʳ Chesnelong, archevêque de Sens, à qui Monseigneur de Vannes avait fait demander des renseignements sur la mort de M. Gléhello.

CHER MONSEIGNEUR,

« Votre lettre m'apporte la certitude que je ne m'étais pas trompé, le 8 septembre dernier, en allant m'agenouiller devant la dépouille mortelle d'un jeune soldat, dans la poche duquel un de mes prêtres-soldats, infirmier militaire à la gare de Sens, avait trouvé un rituel.

Le 8 septembre, en effet, j'allais à la gare pour apporter quelques encouragements aux blessés qui y passaient très nombreux. Un de mes prêtres infirmiers me dit : « On vient d'en descendre cinq qui sont morts en cours de route. Dans la poche de l'un d'eux, qui s'appelle Gléhello et est du Morbihan, j'ai trouvé un rituel. » Je me fis conduire dans la salle où on avait déposé les pauvres morts, je récitai un *De Profundis* devant les cadavres de ces jeunes soldats et je fermai les yeux de votre jeune prêtre, dont la figure était très calme et belle dans la mort. Je m'informai auprès de ses camarades, mais je ne pus avoir d'autres renseignements que celui-ci : « Il était mort depuis plusieurs heures quand nous somme arrivés à Sens. »

On l'a enterré au cimetière de la ville. Une croix et quelques fleurs, déposées par mes bons Sénonnais, recouvrent sa tombe.

Je viens de prier mon vicaire général de faire ajouter sur la croix, à son nom de famille, sa qualité de prêtre. »

Un prêtre-infirmier de la gare de Sens écrit à M. le recteur de Noyal-Muzillac, oncle du cher abbé Gléhello :

« Quand votre cher neveu nous est arrivé en gare de Sens, il était mort depuis quatre ou cinq heures. Tranquillement assis dans un coin du fourgon, il semblait vraiment faire sa méditation. La figure calme et reposée, était celle d'un prêtre rendant son âme au bon Dieu avec l'assurance tranquille que donne le devoir héroïquement accompli.

« Je l'ai fait descendre et porter à la salle mortuaire, où j'ai pris son nom et recueilli les objets en sa possession.

« Le rituel trouvé sur lui m'a confirmé dans l'opinion que j'avais affaire à un confrère.

« Je l'ai pieusement recouvert, lui mettant son chapelet entre les mains, et j'ai récité le *De Profundis* de tout cœur. Monseigneur l'Archevêque étant venu faire visite à la gare, je l'ai conduit près du cher Abbé. Sa Grandeur l'a béni et a prié pour son âme.

« Ensuite je l'ai fait conduire à l'Hospice, en le signalant aux Sœurs comme prêtre.

« On l'a pieusement enseveli ; on lui a fait l'office mortuaire et conduit au cimetière, où une petite croix et une couronne, recouvrant sa tombe, indiqueront à tous qu'un prêtre repose là, en attendant que sa famille en vienne prendre possession, si elle le désire.

« Veuillez agréer, cher Monsieur le Curé, l'expression de mes condoléances affectueusement confraternelles et respectueuses ».

Abbé F., Infirmerie de la gare (Sens-sur-Yonne).

D'autre part, les édifiants détails qui suivent sont fournis par M. l'aumônier de l'Hôtel-Dieu de Sens, dans deux lettres adressées à Monsieur le recteur de Noyal-Muzillac :

Sens, le 3 octobre 1914.

« Malheureusement nous avons peu de détails sur la fin de votre regretté défunt. Il a été blessé à la grande bataille de la Marne d'un éclat d'obus qui a intéressé le foie. Il est mort en cours de route avec cinq de ses camarades. A-t-il été administré ? Nous ne le savons pas, et il sera difficile de le savoir. Lorsqu'il a été descendu en gare de Sens, il tenait son chapelet dans ses mains jointes, et Monseigneur, notre bon Archevêque, qui était présent, nous disait en bénissant spécialement sa chère dépouille : Mes enfants, celui-ci doit être un Prêtre. Il ne se trompait pas.

Oui, bien cher confrère, il vous sera possible de retrouver sa tombe. Elle est devenue pour moi un lieu de pèlerinage. Et jeudi dernier, en visitant les tombes de nos soldats, Monseigneur venait prier sur celle de votre neveu ; le soir même, me faisant appeler, il me disait encore : Mon fils, veillez bien à l'entretien de cette chère tombe, car je l'ai promis à Monseigneur l'Evêque de Vannes.

J'aurais voulu vous donner plus de détails, car je comprends bien votre peine et celle de votre famille. On a trouvé dans ses poches un petit rituel et son porte-monnaie contenant 114 fr. Le tout a été déposé à l'Economat de l'Hôtel-Dieu et à la disposition de la famille. On a trouvé en outre un petit paquet de médailles que le bon abbé voulait distribuer. Il m'a été remis ; je vous le garde. »

Sens, le 28 octobre 1914.

« Je rentre du cimetière où je viens de parer la tombe de votre cher défunt, pour que le jour des morts, elle soit belle et attire les regards et surtout les prières. Notre grande cérémonie au champ des morts, présidée par Monseigneur, se passera sur le terrain où reposent nos 456 soldats tombés au Champ d'honneur. C'est sur la tombe de votre cher neveu que se donnera l'absoute solennelle, et c'est aussi de là que Sa Grandeur adressera la parole aux fidèles qui ne manqueront pas de se presser à cette pieuse cérémonie.

Aussitôt nos fêtes de la Toussaint passées, je me ferai un devoir, sur votre désir, de vous envoyer les différents objets que vous serez heureux de posséder. Quant à la montre de votre cher disparu, je doute qu'elle figure parmi les objets trouvés sur lui. Je ne l'ai point vue.

En vous renouvelant, bien vénéré confrère, l'assurance de mon entier dévouement, croyez que je garde de votre bon et pieux abbé, le plus religieux souvenir, et que ce petit coin de terre qui garde sa dépouille, ne connaîtra ni l'oubli, ni l'abandon. »

DE GOUVELLO, Amaury-Arthur-Jules-Anne

Lieutenant au 410ᵉ régiment d'infanterie
Chevalier de la Légion d'honneur, Croix de guerre.

Né à Saumur (Maine-et-Loire) en 1896, élève au collège Saint-François-Xavier (1908-1909). Militaire de carrière, il était, à 22 ans, lieutenant commandant la 2ᵉ compagnie du 410ᵉ régiment d'infanterie, lorsqu'il tomba glorieusement au Champ d'honneur, au nord de Souain, près du bois des Bouleaux (Marne), tandis qu'il menait sa compagnie à l'attaque, le 26 septembre 1918. Il était titulaire de six belles citations, dont deux à l'Armée, une au Corps d'armée et trois à la Division ; nous n'en possédons malheureusement pas les textes. Il était aussi Chevalier de la Légion d'honneur et décoré de la Croix de guerre.

Son père, le colonel de Gouvello, nous écrit, au sujet de sa mort, les lignes suivantes :

« Me trouvant en réserve derrière mon fils, j'ai pu aller chercher son corps avec mon officier d'ordonnance, M. Stéphane Brousset, lieutenant au 3ᵉ dragons, actuellement fiancé à ma fille cadette Yolande. Nous lui avons fermé les yeux, et nous l'avons ramené à Suippes où je l'ai remis au P. Bailly qui lui avait fait faire, naguère, sa première Communion à Marneffe. Le lieutenant Brousset l'a enterré le lendemain, sous un violent bombardement déchaîné sur le cimetière, tandis que j'entrais en ligne sur la Py.

« Amaury avait le pressentiment très net de sa mort et avait fait une confession générale, dans la nuit qui a précédé l'attaque. Cet enfant était pour nous d'une tendresse inexprimable. Dieu l'a pris, à son heure, pour le placer près de Lui, je n'en ai jamais douté. Mais quelle détresse pour nous, après la mort de Gilles ! »

Voici un extrait d'une allocution de M. l'abbé Chevrot, aumônier volontaire à la 151ᵉ Division, prononcée le 16 octobre 1918, en l'église de Cumières (Marne). On y trouve le plus bel éloge de ce jeune et vaillant officier :

« Amaury de Gouvello était par tradition et par tempérament, vraiment un soldat. Ardent, énergique, tout d'une pièce, il était fait pour se battre, non pas de loin, sur une carte ou devant une planchette de tir, mais de près, face à face, à la grenade, à la cravache. Comme Charles de Bizemont, pour le même motif très élevé et avec la même délicatesse, il s'efforçait d'adoucir l'infortune de ses soldats les plus durement atteints par les malheurs de la guerre. Il était d'une bonté qu'aucune détresse ne trouvait insensible. Oui, profondément bon, mais il avait en quelque sorte la pudeur de sa générosité, il entendait qu'on ne sût rien de sa libéralité quasi légendaire et il tâchait de la dissimuler sous le couvert d'une brusquerie un peu militaire que l'on sentait de commande et qui le faisait aimer davantage. Que ne pouvait-on pas attendre d'une nature aussi riche, aussi vivante, qui n'était pas ennemie d'une certaine fantaisie, à moins que le devoir ne fût en cause ? Alors, son exubérance s'arrêtait tout court, et vous vous trouviez sans transition devant un homme réfléchi, devant un chef. Si sa bravoure, sur le champ de bataille, était reconnue de tous, il eut, ces temps derniers, à montrer un courage peut-être plus difficile. Appelé au mois de mai aux fonctions d'officier d'ordonnance du général Franchet d'Espérey, il avait souffert au vif d'être éloigné de son 410° pendant les dures journées de l'Aisne. Les circonstances l'avaient amené ensuite dans l'état-major d'une infanterie divisionnaire. Il n'eût plus qu'un désir, revenir à son régiment, retrouver sa 2° compagnie dont il était si fier, sa compagnie qu'il aimait jalousement et presque sans mesure. Certes, il pesa le sacrifice qu'il imposerait à sa famille déjà très éprouvée — il est le septième Gouvello tombé au Champ d'honneur — il aurait pu sans scrupule ne rien entreprendre pour quitter un poste qu'il n'avait pas brigué. Il estima que lui, à son âge, officier de conviction et de carrière, ne pouvait remplir pleinement son devoir qu'à l'endroit où l'on combat et où l'on meurt, et il vint reprendre sa place parmi vous.

On avait pu remarquer que, depuis son retour, il manifestait une certaine gravité qui contrastait avec l'entrain et l'enjouement que nous lui avions toujours connus. Dans les jours qui précédèrent l'offensive, il eut le pressentiment très net de sa mort. Je ne puis me souvenir sans un serrement de cœur de notre dernier entretien, dans la nuit qui précéda l'attaque. Il fut, en effet, l'un des premiers à tomber. Inclinons-nous devant cette belle figure de jeune officier, et que sa famille sache à quel point nous partageons sa douleur. Ce nom de Gouvello, qui fut celui d'un colonel, de deux officiers tués, et d'un sous-officier blessé du régiment, peut-on croire qu'il sera jamais oublié au 410° ? Nous le prononcerons encore et souvent, tout bas, avec autant de respect, mais avec tellement de tristesse ! »

Les trois fils du colonel de Gouvello étaient anciens élèves de Vannes, comme leur oncle le colonel François de Gouvello.

Nous offrons nos plus respectueuses et sympathiques condoléances, à cette famille si éprouvée, et en particulier, à M. le colonel de Gouvello.

DE GOUVELLO, François-Louis-Exupère

Colonel du 3°. régiment de tirailleurs algériens
Officier de la Légion d'honneur. Croix de guerre.

Né à Crach (Morbihan), le 27 janvier 1864, élève à Saint-François-Xavier (1875-1878). Il entra à Saint-Cyr et fit partie de la promotion de 1883-1885. C'est dans l'infanterie qu'il conquit tous ses grades et fut souvent attaché aux Etats-Majors.

Sur le front depuis le début de la guerre, le colonel de Gouvello avait commandé le 3° tirailleurs, puis la 74° brigade d'infanterie, et s'était, à maintes reprises, signalé par son entrain et sa bravoure. Il avait été cité trois fois à l'ordre de l'Armée. Voici une de ses citations, prise dans l'*Officiel*, du 29 décembre 1914 :

Chargé de défendre deux villages, a résisté à toutes les attaques malgré un bombardement de plus de 40 jours, et a dirigé, de son côté, de nombreuses attaques, avec la plus grande énergie et le plus brillant sang-froid.

Il fut tué, le 14 décembre 1916, par un éclat d'obus, en sortant de sa tranchée, au bois de la Caillette, au sud du fort de Douaumont, près Verdun. C'est le quatrième de Gouvello qui tombe ainsi sur le champ de bataille, depuis le commencement de la guerre.

Au cours de sa carrière, le colonel s'était particulièrement distingué à Madagascar et au Maroc.

DE GOUVELLO, Gilles-Charles-François-Joseph-Anne
Capitaine au 71ᵉ d'infanterie.

Né à Angers le 5 juillet 1891, élève à Saint-François-Xavier (1900-1904).

Le lieutenant Gilles de Gouvello, commandant la 1ʳᵉ compagnie du 71ᵉ d'infanterie, est tombé au Champ d'honneur le 28 septembre 1917, dans le secteur de Mourmont, devant Verdun.

« D'allure très militaire », dit un de nos amis qui l'a rencontré au front, « courageux, dur au mal, énergique, actif, insouciant du péril, doué d'un véritable talent d'organisateur, saisissant le terrain et sachant en tirer parti », ajoute un bon juge, il avait un à un conquis tous ses grades et mérité trois belles citations ; il est mort en brave.

Profondément religieux, aussi modeste que brave, ne parlant jamais de lui, toujours calme au feu comme ceux qui sont prêts, il s'était confessé l'avant-veille et portait sur sa poitrine l'image du Sacré-Cœur : il est mort en chrétien.

A 20 ans, Gilles s'était engagé au 71ᵉ d'infanterie à Saint-Brieuc, et arrivait au régiment muni de son brevet d'aptitude militaire.

Il promettait d'être un chef. La guerre le surprit comme il préparait Saint-Maixent.

Son régiment donna chaudement à Charleroi et à Guise. Le sergent de Gouvello fit là ses premières armes, et les fit bien. Séparé une nuit de sa compagnie, il était resté dans un village occupé par l'ennemi avec un groupe de cent hommes. On le crut perdu. Il rejoignait le lendemain, sans avoir laissé un seul homme dans les lignes ennemies.

Cet acte d'énergie et de sang-froid lui valut d'être proposé pour la médaille militaire, et le 1ᵉʳ septembre, ses chefs le récompensaient en le nommant sous-lieutenant.

Ensuite ce furent la retraite de la Marne et le retour dans l'Aisne. Gilles épuisé dut être évacué. Mais il n'avait qu'un désir : rejoindre au plus tôt son régiment. Il le retrouva près d'Arras, et passa l'hiver dans la dure tenue de secteurs difficiles, au contact de l'ennemi.

Pris un jour dans une explosion de mine avec une partie de sa section, et très commotionné, il dut être évacué de nouveau. Mais, cette fois encore, pour peu de temps.

En 1915, Gilles était en Argonne. Le 8 septembre, nommé lieutenant, il y prenait le commandement de la 1ʳᵉ compagnie, qu'il devait garder jusqu'à sa mort.

Vint la ruée allemande sur Verdun. Envoyé, dès le premier choc, dans la région d'Avocourt et de la cote 304, le 71ᵉ passa ensuite sur la rive droite et se battit à Thiaumont, sur la cote de Froide-Terre. De recrutement breton, il y montra d'admirables qualités d'endurance et contribua largement, pour sa part, à enrayer la progression de l'ennemi. Le poste de Gilles, l'ouvrage 119, était encombré de cadavres.

Une nuit, dirigée sur un autre ouvrage pour y relever une de nos unités, la 1ʳᵉ compagnie y trouva les Allemands. Elle ne dut son salut qu'à la présence d'esprit de son jeune chef.

Ce fut encore « sur ce front de magnifique horreur de Verdun » que le 74ᵉ tint les tranchées durant la plus grande partie de l'hiver 1916. Au début de 1917, il était à Lassigny, prêt à poursuivre l'ennemi dans son repli vers Saint-Quentin.

Puis transporté en Champagne, le 74ᵉ prit une part très active aux attaques d'avril sur le mont Cornillet. Il y éprouva de lourdes pertes. Blessé, le 30, par un éclat de grenade au bras, Gilles, évacué pour la troisième fois, n'attendit pas sa guérison. « Il avait trop hâte de retrouver sa chère compagnie. »

De nouveau, en septembre, il est à Verdun. Son régiment occupe le sous-secteur est de Mourmont sur la rive droite. Le bombardement y était incessant, la vie exceptionnellement pénible.

Plus que jamais les chefs devaient payer de leur personne pour assurer l'exécution des travaux prescrits. Gilles de Gouvello n'y manqua pas. Cette fois encore, il fit là tout son devoir, donnant à tous le plus bel exemple de calme et de mépris du danger.

Le 28, à 11 heures, il revenait de sa tournée habituelle dans les lignes dont il avait la garde. Il s'était à peine assis à l'entrée de son abri qu'un obus de gros calibre tombait sur celui-ci, écrasant les quatre hommes qui s'y trouvaient. Le poste de secours n'était qu'à dix mètres. Les brancardiers accoururent aussitôt. Gilles, grièvement blessé à la nuque et à la jambe, n'avait pas perdu connaissance, mais il ne pouvait parler. De suite, l'aumônier du bataillon lui administra l'Extrême-Onction. Par l'expression de ses yeux, par ses mouvements de tête, Gilles faisait comprendre qu'il s'unissait aux prières et acquiesçait aux exhortations. Il fit ainsi courageusement le sacrifice de sa vie à sa Patrie et à son Dieu. Il avait toujours été le loyal serviteur de l'une et de l'autre.

Le lieutenant Gilles de Gouvello repose maintenant au cimetière de Glorieux, à Verdun. Cinq de Gouvello, avant lui, étaient tombés au Champ d'honneur.

Comment mieux caractériser la vie de leur cher disparu que par ces mots de leur père, qui le résument si bien, et que respectueusement nous faisons nôtres : « Gilles était brave, mais c'était un modeste. »

1ᵉ Ordre du régiment (juin 1916) :

A pris part à toutes les actions du régiment et a commandé sa compagnie dans des circonstances difficiles, notamment en juin 1916, en montrant le plus grand mépris du danger.

2° Ordre du régiment (21 mai 1917) :

Officier brave et énergique. A l'attaque du 30 avril 1917, a commandé sa compagnie avec sang froid sous un feu nourri de mitrailleuses ; blessé le soir du même jour, au cours de la relève particulièrement difficile.

3° Ordre de l'armée (octobre 1917) :

Officier brave et énergique, d'une haute valeur morale : a toujours fait preuve des plus belles qualités militaires et donné l'exemple à sa troupe. Blessé le 30 avril 1917 et revenu au front à peine guéri, a été mortellement frappé le 28 septembre 1917 en dirigeant, sous un violent bombardement, l'organisation d'une position nouvellement conquise.

GRAFF, Antoine-Jacques-Paul

Lieutenant-colonel du 115ᵉ régiment d'infanterie
Chevalier de la Légion d'honneur. Croix de guerre.

Fils du général Graff, très connu et estimé de tous dans la ville de Vannes, Antoine y naquit le 25 février 1869, et étudia au Collège Saint-François-Xavier de 1880 à 1884. Il fit partie de la promotion de Saint-Cyr, dite du Dahomey, 1889-1891, et sortit dans l'infanterie. Breveté d'Etat-Major, il était commandant au 115ᵉ régiment d'infanterie, lorsque la guerre éclata. Parti en campagne avec son bataillon le 5 août 1914, il fut cité à l'ordre du 4ᵉ corps d'armée, le 22 août avec la mention suivante : « *pour avoir défendu héroïquement avec son bataillon, le village de Saint-Nard* » (bataille de Virton-Belgique). Il fut placé à la tête du 115ᵉ régiment d'infanterie, le 23 septembre 1914, et promu lieutenant-colonel, le 2 octobre.

Le 7 octobre 1914, il marchait à la tête de son régiment, dans l'attaque de nuit d'Audechy (Somme), lorsqu'il fut tué, à l'âge de 45 ans. Il fut alors cité à l'ordre de l'armée, dans les termes suivants :

A, depuis le début de la campagne, donné, dans de nombreuses affaires auxquelles a participé le régiment, les preuves des qualités de commandement les plus brillantes. A été tué à la tête de son régiment dans une attaque de nuit.

Il fut inhumé, le 8 octobre, au matin, avec les prières de l'Eglise, dans le cimetière d'Ercheu (Somme).

Nous offrons au Général et à sa famille l'expression de nos plus respectueuses et sympathiques condoléances.

GRASSAL, Rémy

Lieutenant-aviateur.

Né à Mamers (Sarthe), le 24 août 1886, élève à Saint-François-Xavier (1900-1904).

Nous lisons à son sujet, dans le *Nouvelliste de Bretagne* du 26 mars 1916 :

« Nous apprenons la mort héroïque du lieutenant-aviateur Rémy Grassal. Décoré de la Croix de guerre, il avait déjà été cité deux fois à l'ordre du corps d'armée. Proposé cinq fois pour la Légion d'honneur, son dernier vol lui méritait cette troisième, suprême et glorieuse récompense. »

Citation à l'ordre de l'armée :

A fait campagne depuis le début de la guerre jusqu'au mois de septembre 1915 dans l'infanterie, où il s'est fait remarquer par son courage, son énergie, son sang-froid.

Observateur d'armée de premier ordre, chargé le 2 février 1916, de la protection d'avions de reconnaissances, a livré combat dans les lignes allemandes à un avion Fokker et a été contraint d'atterrir, grièvement blessé.

A succombé le jour même aux suites de ses blessures, à l'âge de 29 ans.

GRATIOLET DE BELAER, JEHAN-HENRI

Soldat au 67ᵉ d'infanterie.

Né à Laval, le 14 janvier 1895, Jehan passa au Collège Saint-François-Xavier les années 1905 à 1910. Il y a laissé le meilleur souvenir.

Incorporé au 67ᵉ régiment d'infanterie, il fit vaillamment son devoir et reçut la Croix de guerre. Grièvement atteint, il ne devait jamais se remettre de ses blessures, des suites desquelles il est mort courageusement en juin 1921, à l'hôpital militaire 96.

Gratiolet avait de qui tenir ; c'était, en effet, le fils du commandant tombé héroïquement, aux Eparges, au début de la guerre, à la tête de son bataillon, et le petit-fils du célèbre anatomiste Pierre-Louis Gratiolet.

GUDIN DE VALLERIN, RAOUL

Brigadier au 3ᵉ spahis.

Né à Montherlant (Oise), le 21 décembre 1899, élève à Saint-François-Xavier (1911-1914).

Engagé volontaire à 17 ans, en Afrique où il avait suivi son père qui commandait la cavalerie du Maroc, il était brigadier au 3ᵉ régiment de spahis, lorsqu'il tomba glorieusement au cours des opérations du groupe mobile de Meknès, à El-Hammam (Maroc), le 17 mai 1918. Il était le dernier des trois fils du colonel Gudin de Vallerin, Officier de la Légion d'honneur et Croix de guerre. Voici la belle citation à l'Ordre de l'Armée qu'il obtint avec ses décorations.

Citation à l'ordre de l'armée :

Raoul Gudin de Vallerin, brigadier au 3ᵉ régiment de spahis, décoré de la croix de guerre (palme) et de la médaille militaire, tombé glorieusement au combat d'El-Hammam (Maroc) le 17 mai 1918.

« *Jeune brigadier, modèle de bravoure et de sang-froid. S'est distingué dès sa première affaire, à El-Hammam, le 17 mai 1918, gardant tout son calme sous le feu de l'ennemi. Atteint d'une balle en pleine tête, au moment où il donnait des ordres à des spahis pour empêcher un mouvement tournant de l'adversaire, est tombé glorieusement au champ d'honneur. »*

Général LYAUTEY.

L'extrait suivant d'une lettre de son excellente mère, nous fait connaître le noble caractère et les sentiments délicats de ce charmant jeune homme, cruellement enlevé à l'affection des siens.

Nous prions M. le colonel et Mme de Vallerin d'agréer, pour eux et toute leur famille, l'expression de nos plus respectueuses condoléances.

Lettre de Mme Gudin de Vallerin à Monsieur le supérieur de Saint-François-Xavier :

Prélichy, par Corbigny (Nièvre), 21 avril 1919.

MONSIEUR LE SUPÉRIEUR,

« Dieu qui a protégé nos deux fils aînés pendant cette terrible guerre nous a repris ce cher enfant et c'est pour nous un terrible sacrifice. Il était vraiment notre joie et notre orgueil. C'était un beau et solide garçon, d'une adresse remarquable pour tous les exercices et les travaux physiques, rien ne l'effrayait ni ne le rebutait. Nature d'élite, il était bien armé pour les luttes de la vie, mais Dieu l'a voulu pour le ciel ! Que sa volonté soit faite !...

Et pourtant Raoul aurait pu faire œuvre utile en ce monde !

Engagé le 25 novembre 1917, il est tombé le 17 mai 1918, brigadier depuis un mois. Il a été pleuré par tous ses chefs, ses camarades, ses spahis... Un de ses officiers m'écrivait : « Raoul est tombé, comme un héros à la tête de ses hommes, face à l'ennemi. Le chagrin de ces braves était réel et l'impression produite sur eux par cette belle mort a été profonde. Eux qui ont vu maints combats, eux qui s'y connaissent en courage et qui sont de vieux braves, ils n'ont pu retenir leurs larmes et l'un deux se faisant l'interprète des autres m'a dit cette jolie phrase : « Il est mort parce qu'il était le fils du chef ! »

« Combien cela est la vérité et que de choses on découvre en méditant ces quelques mots ! Il est mort parce qu'un sang de race coulait dans ses veines, parce que dans son cœur vous n'aviez mis que de la bonne semence et que tous les sentiments nobles et généreux s'y étaient développés magnifiquement. »

Sa citation et cette lettre de son capitaine qui n'était ni un tendre ni un flatteur, sont le plus bel éloge que l'on ait pu faire de Raoul.

Mon mari qui commandait toute la cavalerie du Maroc avait placé son fils dans cet escadron réputé *très dur*, pour qu'on ne l'accusât pas de favoritisme.

Vous voyez, Monsieur le supérieur, que vous pouvez être fier de votre ancien élève comme je suis fière de mon fils. »

GUÉGAN, XAVIER-EUGÈNE

Lieutenant au 118e régiment d'infanterie.

Né à Hennebont, le 9 juin 1895, fit ses études au collège Saint-François-Xavier, de 1908 à 1914, et en sortit admissible à Saint-Cyr, cette même année. Sous-lieutenant au 118e régiment d'infanterie en 1914, il devint lieutenant le 6 octobre 1915.

Le lendemain, il reçut deux blessures mortelles devant Tahure, à la position dite « la Brosse à Dents », où une tranchée porte son nom. On le transporta à l'ambulance où il mourut le 13 octobre 1915, après qu'il eut reçu des mains de son colonel la croix de la Légion d'honneur. Deux jours avant sa mort, ne se rappelant plus qu'il était lieutenant, il demanda à son colonel, devant son jeune frère, engagé de la classe 1917 : « Mon colonel, ai-je mon second galon? » Le colonel répondit : « Mon cher Guégan, je vous ai tout donné, car vous l'avez bien mérité. » D'ailleurs, une lettre de son frère, le Dr Honoré Guégan, ainsi qu'un extrait de l'*Echo paroissial* d'Hennebont, nous montrent en quelle estime le tenait son colonel, estime que partageaient tous ses camarades et ses subordonnés.

Lettre du Dr Honoré Guégan, médecin aide-major à monsieur le Supérieur.

MONSIEUR LE SUPÉRIEUR,

« Comme vous me l'avez demandé, je vous envoie la citation de mon frère Xavier qui vient de paraître au tableau de la Légion d'honneur :

« Guégan Xavier, sous-lieutenant au 118e régiment d'infanterie, officier plein de bravoure et d'entrain, a remarquablement conduit, le 25 septembre 1915, la compagnie dont il a pris le commandement après que son capitaine eut été blessé ; les jours suivants s'est dépensé sans compter, avec le plus parfait mépris du danger.

Le 6 octobre 1915, a enlevé d'une manière superbe sa compagnie à l'assaut d'une position ennemie. A été grièvement blessé de deux éclats d'obus, l'un à l'abdomen, l'autre à la tête ; cette seconde blessure a entraîné la perte de l'œil droit. »

Avec la Croix de la Légion d'honneur, mes parents vont recevoir sa Croix de guerre avec palme. »

En transmettant cette citation à la mère de Xavier, le colonel du 118e ajoutait :

« Nous aimions et nous estimions trop votre cher fils pour ne pas lui donner dans la mesure du possible le témoignage de notre admiration. J'avais demandé pour lui la Croix et la citation à l'ordre de l'armée, je suis bien heureux d'avoir pu obtenir les deux.

Je vous envoie une copie certifiée conforme de la citation ; gardez la ; ce sera un précieux souvenir pour vous, car vous pouvez être fière de lui.

Je vous prie d'agréer l'expression de toute mon estime pour le magnifique officier qu'était votre fils. »

Nous lisons dans l'*Echo paroissial* d'Hennebont l'article suivant concernant la mort du brave lieutenant Guégan.

« C'est avec regret que nous apprenons que M. Xavier Guégan, lieutenant au 118e régiment d'infanterie, fils de M. Honoré Guégan négociant, conseiller municipal, président de la section des vétérans des armées de terre et de mer du canton d'Hennebont, médaillé militaire, vient de mourir glorieusement sur le front, des suites de nombreuses blessures reçues le 7 octobre dans les tranchées en Champagne.

Il reçut des soins à Croix-en-Champagne. On espérait sauver le jeune officier qui venait d'être promu lieutenant et avait reçu de son général la Croix de la Légion d'honneur et la Croix de guerre avec palme, mais les blessures étaient trop graves et la mort a fauché ce héros de 20 ans.

Les obsèques ont eu lieu devant tout le 118e ; un grand nombre d'officiers et de compatriotes l'accompagnaient à sa dernière demeure. Le Colonel du 118e a retracé en termes émus, la conduite du jeune héros hennebontais et les larmes de tous ont coulé avec abondance.

« Mon cher Guégan, a dit le Colonel, vous étiez parmi les braves de mon régiment l'un des plus braves. Je me rappellerai toujours que vous m'avez demandé de partir avec dix hommes occuper la position désormais historique de la Brosse à Dents. Votre haute moralité faisait votre force. Je suis certain que vous êtes entré directement au Paradis car le baptême du sang en ouvre les portes.. »

Voici une lettre que Xavier écrivait à ses parents le 9 février 1915, qui prouve combien ses sentiments religieux étaient restés vivaces, et quel plaisir il ressentait à rappeler ses souvenirs de collège.

Mardi, 9 février 1915.

« M'étant confessé la veille, j'avais obtenu de mon capitaine la permission de n'aller à l'exercice qu'à 8 h. 1/2. L'abbé Le Gall, aumônier du 118e, s'était dérangé de Millencourt pour venir célébrer la messe à Laviéville, cela uniquement pour moi. Quel homme dévoué ! Je lui répondais la messe et j'eus le bonheur de pouvoir communier. Je me croyais revenu à ces temps du collège bien peu éloignés d'ailleurs, où il m'arrivait si souvent de répondre la messe. Je me revoyais simplement 7 mois plus tôt dans une des chapelles de Saint-François-Xavier. Moi surtout qui au collège avais été enfant de chœur, j'en avais usé des marches d'autels pendant mes six années consécutives !

Je revoyais tout cela avec joie. »

Nous adressons à son excellente famille, l'expression de nos plus sympathiques et respectueuses condoléances.

DE **GUER** (DE **MARNIÈRES**), JEAN-RENÉ-AUGUSTE

Brigadier au 3e régiment de cuirassiers.

Né le 6 août 1897, à Saint-Philbert-de-Grand-Lieu (Loire-Inférieure), élève au Collège Saint-François-Xavier (1908-1912).

Engagé volontaire au 3e cuirassiers, en octobre 1915, il partit, également comme volontaire, au front, en janvier 1917, et fut nommé brigadier en novembre 1917. C'est à la ferme Sébastopol, près de Mailly-Raineval (Somme), qu'il est tombé glorieusement le 6 avril 1918, lors des terribles journées où notre cavalerie a arrêté la ruée ennemie et sauvé la ligne Paris-Amiens. Il est inhumé au cimetière militaire de la cote 109, près de Mailly-Raineval.

« L'avant-veille de sa mort, nous écrit sa pieuse mère, il alla trouver l'aumônier du 3e cuirassiers qu'il connaissait particulièrement et lui dit : « M. l'aumônier, si je succombe, veuillez être mon interprète près de mes chers parents, et leur dire que je les remercie de m'avoir donné la foi, de m'avoir gardé contre les atteintes du doute qui fait tant de ravages parmi les soldats. Avec la foi que j'ai, je suis prêt à tous les sacrifices. »

« Vous voyez que mon fils était digne de la belle mort qu'il a eue : une balle au front, en pleine bataille. Je le pleure avec fierté ; mais le vide qu'il me laisse est profond : c'était une créature d'élite, une nature exquise, et un fils si affectueux... »

Voici le texte de l'élogieuse citation qu'il mérita si bien par sa bravoure à toute épreuve et par le sacrifice consenti de sa vie.

« Jean de Marnière de Guer, engagé volontaire, brigadier au 3ᵉ cuirassiers, médaillé militaire, Croix de guerre, mort pour la France, le 6 avril 1918, à l'âge de 20 ans :

Jeune gradé plein d'allant et de sentiments généreux. Le 6 avril, sous les violentes rafales de mitrailleuses ennemies à l'assaut desquelles il se portait, s'est volontairement découvert pour utiliser un fusil-mitrailleur abandonné, et a été tué pendant qu'il se servait de cette arme.

DE GUERRY DE BEAUREGARD, Henri-Marie-Tancrède-Auguste-Louis

Lieutenant au 7ᵉ régiment de hussards
Chevalier de la Légion d'honneur, Croix de guerre avec palme.

Né à Chavagnes-en-Paillers, le 3 janvier 1879, élève au Collège Saint-François-Xavier (1889-1897). Puis, à l'école Sainte-Geneviève, il se prépara à Saint-Cyr, d'où il sortit dans la cavalerie. Au moment de la déclaration de guerre, il était lieutenant au 7ᵉ hussards, en garnison à Niort. Il quitte cette ville avec son régiment le 3 août, et le 7, il franchit la frontière d'Alsace, avec les troupes françaises qui s'emparent successivement d'Altkirch et de Mulhouse.

Il était superbe d'entrain, mais sans illusion sur le danger, confiant et résolu à faire tout son devoir, quoiqu'il pût lui en coûter.

C'est dans un des premiers engagements avec l'ennemi, le 10 août 1914, qu'il tomba glorieusement, frappé de quatre coups de feu, à la poitrine.

Le *Publicateur de la Vendée* du 19 août, sous la signature de M. de Suzannet, nous annonçait, en ces termes, la mort de ce vaillant officier :

« C'est avec une profonde émotion que la Vendée aura appris la douloureuse nouvelle qu'un de ses meilleurs enfants était au nombre des premières victimes de la formidable lutte où la patrie est engagée. Le lieutenant Henri de Guerry, du 7ᵉ régiment de hussards, en opérant une reconnaissance à la tête de son peloton, au-delà de la frontière, a été mortellement blessé, arrosant de son sang notre terre de Lorraine.

Honneur à lui ! Saluons bien bas sa glorieuse dépouille !

Plein d'ardeur et d'amour pour son métier, ses chefs avaient pour lui une estime et une affection qu'il avait également su inspirer à ses hommes, et s'il est mort sans avoir hélas ! la joie d'assister au triomphe de la France, ce n'est pas en vain, cependant, qu'il aura vaillamment fait le sacrifice de sa vie.

Nous ne pouvons mieux faire que de reproduire, d'après un journal des Deux-Sèvres, l'ordre du jour qui a été lu à la portion du régiment se trouvant encore à Niort : « Le commandant a la profonde douleur d'annoncer au régiment la mort de M. le lieutenant de Guerry, décédé à l'hôpital de Nancy, des suites des blessures reçues au cours de la reconnaissance du 10 août. Bravoure, franchise, bonté, telles étaient les qualités dominantes de cet officier qui, par la tradition de sa famille et ses sentiments, était désigné parmi ceux qui ne peuvent tomber qu'à l'avant-garde de leur régiment. Il reçoit, dès maintenant, la récompense que Dieu réserve aux héros et aux martyrs.

« Que son exemple serve à élever encore nos cœurs et nous rende dignes de l'imiter ! »

Peut-il être pour un soldat un plus magnifique hommage ? Il serait téméraire de rien vouloir y ajouter.

Du fond du cœur, nous plaignons son inconsolable veuve, les trois petits orphelins qu'il laisse, ses malheureux parents. Rien ne peut hélas ! ici bas, sécher des larmes aussi amères : nous pouvons, du moins, prier Dieu de leur accorder la résignation que seul Il peut donner et les assurer qu'une sympathie unanime s'associe à leur douleur. »

Les deux belles citations suivantes, qu'il avait si bien méritées, ne nous donnent qu'une faible idée de sa bravoure et de son dévouement à la cause sacrée qu'il servait si noblement.

Citation à l'ordre de l'armée :
(Extrait du *Journal Officiel* du 20 mai 1916).

De Guerry de Beauregard, Henri, lieutenant au 7ᵉ régiment de hussards « étant en reconnaissance le 10 août, n'a pas hésité à attaquer à cheval au galop avec quelques cavaliers l'infanterie ennemie, donnant ainsi au début de la campagne à ses hussards un bel exemple de mordant et d'audace. Est tombé glorieusement mortellement frappé.

Ordre du régiment :

Le 10 août, le lieutenant de Guerry du 2ᵉ escadron en reconnaissance, a été attaqué près de Château-Salins à 7 kilomètres au-delà de la frontière par de l'infanterie ennemie. L'officier a été gravement blessé, le brigadier Lesueur blessé et le cavalier Perdriau a disparu. Ils étaient les premiers des nôtres qui avaient le très grand honneur de franchir la frontière. Outre les services éminents que cette reconnaissance a rendus au commandement, elle nous a donné à tous un grand exemple. La bravoure et l'énergie du lieutenant de Guerry et de ses cavaliers passeront dans l'âme de tous les hussards du 7ᵉ et les rendront capables de tous les dévouements et de tous les sacrifices.

10 août 1914.

LE COLONEL.

Nous offrons à son excellente famille nos plus respectueuses et plus sympathiques condoléances, avec l'assurance que le cher disparu ne sera jamais oublié dans nos prières.

GUÉZAIS (l'abbé), JOSEPH
Vicaire à La Croix-Helléan, soldat au 9ᵉ zouaves.

De santé délicate, il n'avait pas fait de service militaire, et il ne fut pas mobilisé dès le mois d'août 1914. Lorsque la Patrie en danger dut faire appel à tous ses enfants, on obligea les « exemptés » à passer un nouveau conseil de révision, et l'abbé Guézais fut enrôlé comme combattant au 116ᵉ d'infanterie. Son esprit de foi, son patriotisme lui firent accepter courageusement toutes les fatigues de la vie militaire, si bien qu'il était un soldat modèle, mais son âme simple et naïve était navrée de voir que, malgré ses exemples, ses sacrifices, ses exhortations, beaucoup de soldats menaient une vie peu chrétienne.

Après trois mois d'exercices et de manœuvres, il part au front dans un régiment d'élite, le 9ᵉ zouaves de marche. Il ne s'illusionne pas : le bon Dieu demande le sacrifice de sa vie, il le fait généreusement. Sa consolation aux heures de repos est d'avoir comme compagnons deux amis intimes, deux prêtres du diocèse de Vannes. Tous les trois sont combattants ; plus d'une fois ils ont monté la garde dans les tranchées de première ligne, ils ont visé aux créneaux, ils ont chargé à la baïonnette, toujours ils l'ont fait avec bravoure et entrain. Ce sont de bons camarades, de bons soldats, de vrais zouaves ! Ce sont aussi de vrais prêtres, donnant à tous l'exemple du courage, du désintéressement, toujours prêts à exercer auprès des autres leur ministère sacerdotal.

Lorsque l'abbé Guézais arrive dans les tranchées de Neuville-Saint-Vaast, le combat est à peu près terminé. Des grandes manœuvres en Lorraine servent de préliminaires à une nouvelle attaque. Le 26 septembre 1915, le 9ᵉ zouaves arrive en première ligne dans le secteur de Beauséjour et de Maisons-de-Champagne. C'est la contre-offensive qui commence, et elle fut très rude. Les zouaves sont rapidement décimés. L'abbé Guézais sort indemne de cette première bataille, et, pour se reposer des rudes fatigues de la journée, il aide les brancardiers à transporter les blessés. C'est ainsi que, dans la soirée du 30 septembre, l'un de ses confrères, épuisé par une grave blessure, a le bonheur d'être relevé et transporté par lui. Devant le poste de secours, les deux amis se disent adieu : l'un part pour l'hôpital, l'autre retourne dans la fournaise, hélas ! pour y rester.

Le 6 octobre suivant, les « chacals bondissent » sur l'ennemi avec leur entrain ordinaire, et ils avancent de plusieurs kilomètres. Ce succès est plus qu'éphémère ; les Allemands reviennent aussitôt avec des renforts, et les zouaves sont écrasés sous l'avalanche. Un survivant a vu l'abbé Guézais faire le coup de feu au plus fort de la mêlée ; puis, l'ennemi ayant avancé, on ne l'a plus revu. Qu'est-il devenu ? On ne le saura jamais. Ou bien il a été tué à son poste de combat ; ou bien prisonnier, il a été victime de la barbarie allemande. Pour nous qui le pleurons, une seule consolation nous reste, c'est de penser que son âme bonne et pure est allée au Ciel recevoir la récompense méritée par sa vertu et son héroïsme.

Un zouave du 9ᵉ.

(Extrait du *Livre d'Or* du *Petit-Séminaire de Ploërmel*).

GUILLEMAUD (l'abbé), Jean-Louis
Vicaire instituteur, caporal-brancardier au 9ᵉ zouaves.

———

Né à Helléan, où sa famille jouit d'une grande considération et de l'estime générale. Il était vicaire instituteur à Marzan lorsque la guerre éclata. Parti un des premiers à cause de son âge, il fut incorporé au 116ᵉ d'infanterie, puis au 9ᵉ zouaves avec lequel il fit campagne jusqu'à sa mort.

Ce que fut ce jeune prêtre pendant ces quatre années de guerre, quelques lignes, extraites d'une lettre à sa famille, vont nous le dire.

« L'heure des dangers va encore une fois venir. Il n'arrivera que ce que le bon Dieu voudra, et je me remets totalement entre les mains de la Providence. Comme toujours je suis prêt à faire mon devoir et tout mon devoir de prêtre et de Français. »

Il a fait son devoir et tout son devoir de soldat, témoin les six citations qu'il a obtenues.

Ses chefs reconnaissaient sa bravoure, et deux fois le proposèrent pour la médaille militaire. L'un d'eux, le commandant de son bataillon, écrivait au lendemain de sa mort : « Il nous reste du caporal Guillemaud le souvenir fait d'affection, d'admiration, de reconnaissance pour le prêtre comme pour le soldat ! »

L'abbé Guillemaud a fait son devoir, tout son devoir de prêtre. Quand il devint aumônier de bataillon, il prenait une succession difficile, il remplaçait le P. Bozec, originaire du Finistère, qui par son zèle, son dévouement, son courage avait conquis l'estime et l'affection des zouaves. Ceux-ci s'aperçurent bientôt qu'ils n'avaient pas perdu au change, et l'un d'eux, sergent brancardier, écrivait en annonçant la mort de son caporal : « L'Eglise perd en l'abbé Guillemaud un bon prêtre, le régiment, un apôtre. Ses hommes l'ont pleuré, et tout son bataillon avait pour lui une telle estime que sa mort a été pour tous, pourtant habitués à ces malheurs depuis quatre ans, comme un coup de foudre. Sa mort est un deuil pour le bataillon.

« C'était le plus brave du bataillon, et peut-être du régiment. C'était surtout un bon prêtre, et sa mort nous est sensible : le régiment n'a plus de prêtre. »

Son devoir, l'abbé Guillemaud le fit jusqu'au bout ; il fut frappé au moment où il allait avec un médecin-major, pour donner les secours de l'âme et du corps aux blessés.

C'était le 18 juillet 1918, au début de la grande offensive qui devait nous donner la victoire définitive, sur le plateau à l'est de Courtecon (Aisne), près du chemin d'Ambliny à Cutry. L'obus qui l'a frappé l'a mis littéralement en morceaux.

Citation à l'ordre de l'armée :

J.-L. Guillemaud, caporal-brancardier, réputé pour sa crânerie et son dévouement. Le 15 juin 1918, a pénétré dans un îlot de résistance ennemie pour y chercher les blessés, y a fait prisonniers deux officiers allemands qui s'y trouvaient, après les avoir contraints de se rendre par son attitude énergique. »

Extrait du *Livre d'Or du Petit Séminaire de Ploërmel.*

GUILLERME (l'Abbé), Jean-Marie

Soldat au 116ᵉ régiment d'infanterie.

Né à Guidel, le 16 juin 1894 commença ses études au Petit Séminaire de Sainte-Anne, et fut élève de Saint-François-Xavier, de 1907 à 1910.

Parti de Vannes avec le 116ᵉ de ligne, dès le début de la guerre, il disparut le 8 septembre 1914, à la Fère-Champenoise.

Voici ce que disait, à son sujet, le numéro de la *Semaine Religieuse* du diocèse de Vannes, du 30 septembre 1916 :

« Monseigneur recommande aux prières du clergé et des fidèles M. l'abbé Jean-Marie Guillerme, de Guidel, clerc minoré du Grand Séminaire de Vannes, porté disparu à la suite du combat de Lenharré, le 8 septembre 1914, et dont on vient d'apprendre officiellement la mort. »

Le 31 août 1914, il écrivait à sa bonne mère :

« Je suis depuis huit jours en bataille, mais plus avec mes jambes qu'avec mes armes. Je ne suis ni blessé, ni malade, mais je me sens très fatigué. Quant à l'argent, j'en ai suffisamment, puisque je ne trouve rien à acheter.

« Ma chère mère, priez bien la Sainte Vierge pour qu'elle me donne du courage. J'ai offert le sacrifice de ma vie pour le salut de la France et la conservation de mon frère Yves dont la vie est si nécessaire à ses enfants. Ne vous inquiétez pas à mon sujet : le bon Dieu disposera de moi suivant sa sainte volonté. Si nous ne nous revoyons plus en ce monde, espérons que nous nous retrouverons au Ciel. »

Tombé le jour de la fête de la Nativité de la sainte Vierge en qui il avait une si grande confiance, il nous paraît certain qu'elle a conduit, elle-même, l'âme de ce bon chrétien et de ce soldat sans peur, directement au Paradis.

GUILLO-LOHAN, Jean

Lieutenant au 124ᵉ régiment d'infanterie
Chevalier de la Légion d'honneur.

Né à Saint-Brieuc le 9 septembre 1886, élève au Collège Saint-François-Xavier (1898-1904). Il y a laissé le meilleur souvenir, tant parmi ses maîtres qui avaient reconnu sa nature d'élite, que parmi ses camarades que charmaient la franchise et la gaîté de son caractère.

L'Indépendance Bretonne, du 23 février 1915, nous annonçait la mort de ce vaillant officier.

« Un deuil, depuis longtemps redouté, mais dont les parents et amis du cher disparu se refusaient à accepter la certitude tant qu'il restait une lueur d'espoir, vient d'être malheureusement confirmé.

On savait que le lieutenant Jean Guillo-Lohan, du 124e d'infanterie, de Laval, avait été grièvement blessé le 22 août, à Virton, en Belgique, et avait dû être laissé sur le champ de bataille au moment où nos troupes reculaient devant les forces supérieures de l'ennemi. Depuis ce jour, aucune nouvelle précise n'avait pu être recueillie sur son sort.

Samedi soir, une lettre du comité de la *Croix Rouge de Genève* prévenait la famille que le lieutenant Jean Guillo-Lohan a succombé à ses blessures à l'hôpital Saint-Charles de Virton, et a été inhumé près de cette ville.

Cette nouvelle qui ajoute un chagrin de plus à ceux dont M. et Mme Joseph Guillo-Lohan ont été frappés au cours de ces dernières années, attristera vivement nos concitoyens parmi lesquels la famille Lohan ne compte que des sympathies. Elle attristera spécialement tous ceux qui connaissaient de plus près le lieutenant Lohan, dont le caractère franc, sérieux et plein de joyeux entrain, prévenait dès l'abord en sa faveur et savait ensuite retenir l'affection.

Officier consciencieux et attaché à ses devoirs, le lieutenant Lohan était fort estimé de ses chefs et très aimé de ses camarades qui le considéraient comme un officier de valeur et d'avenir. Il partit gaiement en août, rempli de confiance dans la victoire prochaine et dans son avenir à lui-même, mais résigné non moins gaiement aux sacrifices qui pourraient lui être demandés.

Le 22 août, à Virton, il était blessé au bras vers 10 h. du matin ; il continua néanmoins à combattre jusqu'au soir et à donner à sa compagnie l'exemple du plus brillant courage. Frappé vers la fin de l'après-midi, et presque simultanément, de deux nouvelles blessures plus graves, il tomba.

Secouru par ses camarades, et aidé par l'un d'eux à se préparer à mourir chrétiennement, il n'eut ni illusion sur son sort, ni défaillance. La seule faveur qu'il demanda et qu'il obtint, fut d'être laissé sur le champ de bataille, afin de mourir les armes en main et face à l'ennemi. Il l'avait du reste annoncé avant son départ : « Si je meurs, écrivait-il, ce sera face à l'ennemi. »

De telles morts font évidemment couler bien des larmes ; mais pour un pays qui a de tels soldats, elles sont un gage de victoire ; pour des cœurs français, une consolation ; pour des parents chrétiens, plus qu'une espérance. »

Les quatre lettres suivantes que nous insérons bien volontiers, font ressortir le beau caractère et la noble figure de ce jeune héros, prématurément enlevé à l'affection des siens.

Lettre du capitaine Lemaire, commandant la 8e compagnie du 124e régiment d'infanterie.

Aux armées, 1er juin 1915.

Madame,

Je vous ferai tout d'abord l'aveu que, depuis le 22 août, je suis torturé par le regret de n'avoir pu ni recevoir le dernier souffle de mon brave Guillo-Lohan, ni lui rendre les derniers honneurs, mais, engagé avec ma compagnie comme dernier renfort du bataillon, mes quatre sections ont été réparties sur tout le front, et, naturellement, je me trouvais de ma personne du côté opposé à celui même où combattait cet officier d'élite. L'incertitude où j'ai été si longtemps de son sort m'a seule empêché de vous adresser mes condoléances ; du moins que cette lettre vous soit le témoignage de mon souvenir ; il n'est pas de jour en effet où ma pensée ne se soit reportée pieusement sur la noble et héroïque figure de Guillo-Lohan.

Nature loyale, pétrie d'idéal, d'une franchise et d'une fermeté de caractère assouplies par une bonté et une distinction de cœur véritablement exceptionnelles, Guillo-Lohan devait nécessairement s'affirmer comme un chef entraînant, un camarade plein de charme, un collaborateur précieux.

Très près encore de ses hommes par sa jeunesse, Guillo-Lohan était pour eux un grand frère qui, en toute circonstance, en marche, à la manœuvre, appelait la confidence, réconfortait ou grondait, sans jamais punir. Nul évidemment mieux que son capitaine n'a pu goûter la simple et persuasive éloquence avec laquelle il remplissait ce petit ministère.

Quant à la valeur de sa camaraderie et de son amitié, le culte profond que Guillo-Lohan vouait à tout ce qui lui tenait au cœur suffirait déjà à l'esquisser, si un simple fait ne venait la préciser de façon miraculeuse. *Un de ses bons amis, frappé par sa mort, n'a eu depuis Virton d'autre consolation pour évoquer cette belle amitié brisée que de revenir à la prière.* Dès lors que dire de plus de l'amitié d'un héros qui a su réveiller une telle piété !

Une nature aussi ouverte, une sensibilité aussi riche avaient nécessairement sous le prisme de la jeunesse, grand besoin de se dépenser ; ici encore la formation première, les goûts, l'intelligence de Guillo-Lohan avaient su donner à son activité un tour à la fois familier et ferme, un ton averti et renseigné sans pédantisme, une allure de cocarde et d'épopée admirée par tous. Un peu sceptique devant les gros traités de tactique, Guillo-Lohan y recherchait avant tout l'homme : le soldat, l'officier de troupe, tout simplement. Curieux des anecdotes de guerre, délicieux conteur des gestes de son père et de ses oncles en 70, il puisait en son ingéniosité l'art de les transporter dans ses méthodes d'instruction ; aussi son enseignement, relevé de beaucoup de bon sens et d'une pointe d'humour et d'imagination, était-il vivant au suprême degré..., d'autant plus vivant que sa connaissance particulière du cœur breton, — du cœur de la plupart de ses hommes, — lui suggérait à propos l'indication qui oriente et donne confiance.

Ainsi armé, il devait suffire à Guillo-Lohan d'écouter l'appel de sa foi et de sa race pour devenir un héros et en effet, le 22 août, à Virton, son calme, sa maîtrise, son mépris de la mort, son ultime dévotion l'ont consacré grand chrétien et soldat de race.

Voici la citation dont il a été l'objet.

Le Général commandant le quatrième corps d'armée cité à l'ordre du corps d'armée :

M. Guillo-Lohan, lieutenant au 124ᵉ régiment d'infanterie : « Mortellement blessé en entraînant sa section vers l'ennemi, a exigé qu'on le plaçat face à l'ennemi, son sabre d'un côté, son revolver de l'autre, disant : Je veux mourir face à l'ennemi. »

Quatrième corps d'armée, Etat-major.

A faire souffrir votre cœur de mère par tous ces souvenirs, je m'aperçois que je n'ai pas osé jusqu'ici aborder l'un des côtés les plus poignants du beau caractère de votre fils, côté cependant éminemment riche en consolations et c'est pourquoi je ne le veux point négliger.

Du 7 au 22 août, nos longues étapes se passaient naturellement en bonnes causeries que des confidences teintaient parfois d'émotion. Grâce à ces confidences, j'ai pu entrevoir la pensée intime de Guillo-Lohan et j'ai ainsi acquis l'impression que, depuis l'embarquement à Laval jusqu'à Virton, mon noble ami a rapporté tous ses actes, toutes ses émotions au culte profond qu'il réservait à la « maison », au « foyer » de Saint-Brieuc. Et ici même je veux jalonner mon impression par trois moments de réconfort que lui ont valu les tendresses du « foyer » ; ce fut d'abord, à Laval même, la visite de sa mère et de sa sœur, le 3, si je me trompe. Puisse, Madame, l'assurance de cette joie donnée vous servir de consolation. Ce fut d'autre part, à Witarville, dans la Meuse, une lettre de votre main, Madame, où vous lui transcriviez la confiance que son père avait dans les destinées de la France. Enfin, ce fut à Villers-sous-Mangiennes, une lettre de sa sœur dont la piété haute et ferme l'avait littéralement grandi et enthousiasmé. J'ai voulu, Madame, vous transcrire ces impressions comme dernier encens offert du souvenir de votre fils, de notre ami, mais je vous demande ici en grâce de m'arrêter, car mon émotion, elle aussi, s'agrandit de toute la peine que j'ai éprouvée de la perte depuis Virton, de tant et tant d'amis.

Recevez, Madame, pour vous et votre famille l'expression de mes plus affectueux respects.

Capitaine LEMAIRE,
124ᵉ régiment d'infanterie.

Récit de l'adjudant Madeuf, sur la blessure du lieutenant Guillo-Lohan, tombé à Virton, le 22 août 1914.

Vers 14 heures, ne recevant plus aucun ordre ni aucun renseignement, le Chef du 2ᵉ bataillon, commandant Brunet, décide d'aller en 1ʳᵉ ligne voir ce qui se passe. Cette ligne était formée des 8ᵉ et 5ᵉ compagnies au centre, dans la partie la plus exposée du champ de bataille.

En arrivant au sommet d'un léger pli de terrain, où le moindre arbuste était un point de mire et où pleuvaient les balles, le commandant se couche. Je me place auprès de lui et je distance les fourriers et cyclistes en tirailleurs derrière nous.

Devant nous, nous apercevons à la jumelle une dizaine d'Allemands évacuant une tranchée.

Près de nous, à 100 mètres, dans un champ où sont dressés des meules d'avoine, serpente notre 1ʳᵉ ligne.

Les compagnies sont à la limite du champ, leurs officiers sont en avant postés derrière leurs trop fragiles abris. Ils sont grièvement blessés. En rampant nous nous portons vers eux, le commandant veut leur dire un dernier adieu. A droite le capitaine Morel est étendu, très pâle et très souffrant ; plus à gauche se trouve le lieutenant Guillo-Lohan. Le commandant se dirige d'abord vers lui, lui serre affectueusement les mains, le loue et l'encourage et se porte ensuite vers le capitaine Morel.

Moi, je reste auprès du lieutenant Guillo-Lohan que j'aimais beaucoup ; il est anéanti, mais il a l'œil ardent quand même. Appuyé sur une meule d'avoine, il présente le flanc à l'ennemi ; à ce moment une balle qui m'était destinée pénètre dans sa jambe droite ; je veux le cacher derrière les gerbes, il s'y refuse et me prend la main. « Madeuf, me dit-il, donnez-moi l'absolution, je sens que je suis touché à mort. »

— Mais, mon lieutenant, la poitrine n'est pas touchée, les jambes se guériront, je vais vous faire emporter vite.

— Non ! restez-là et donnez-moi l'absolution.

— Hélas ! mon lieutenant, je n'ai pas le pouvoir de vous absoudre et jamais je ne l'ai tant regretté, mais si vous voulez, nous allons réciter ensemble l'acte de contrition.

— Oh ! oui ! mon Dieu, de tout cœur.

Et lentement, à haute voix, faisant effort, le cher blessé articula l'acte de contrition suprême, tandis que les balles sifflaient toujours à nos oreilles.

Je l'encourageai ensuite, je voulus l'obliger à se cacher, lui indiquant les motifs d'espoir et de prudence. Je lui fis promettre un pèlerinage à Notre-Dame de Lourdes dès qu'il serait rétabli, ce qu'il fit de tout cœur. Sur ce j'insistai pour le mettre à l'abri et voulus le transporter un peu.

— Oh ! Madeuf, laissez-moi. J'ai le bras cassé, voyez. J'ai les cuisses et le bas-ventre abîmés par des éclats d'obus. Je veux mourir là, je me sens mieux.

Et son regard bon et fier me fixait. J'eus la force de lui sourire.

Tout en arrangeant le tas d'avoine plus commodément, je commençai à le glisser de façon à masquer le plus possible le pauvre corps aux vues de l'ennemi. Il s'en aperçut et refusa. A ce moment je fut appelé près du commandant, je le fis savoir au lieutenant et lui demandai la permission de le quitter.

Alors M. Guillo-Lohan me demanda des renseignements sur la situation.

Est-ce que les boches fuient ?

— Oui, mon lieutenant, la tranchée à 600 mètres devant nous se dégarnit et j'aperçois des pansements qui flottent sur certains fuyards.

— Ah bien ! Vous allez me tourner face à l'ennemi, je le veux, approchez mon revolver de ma main gauche et mettez mon sabre dans ma main droite, je veux les voir fuir et s'ils viennent, je me défendrai jusqu'à la mort. »

Appelé par un devoir impérieux auprès du commandant tué deux minutes après, blessé moi-même, je n'ai pas pu, hélas ! retourner auprès du cher blessé.

Je ne puis croire encore que Notre-Dame de Lourdes ait ainsi laissé mourir son pieux chevalier, ce vaillant officier, idéale vision du plus pur héroïsme de France au champ d'honneur.

Lettre du général Sorin, ancien colonel commandant le 124ᵉ régiment d'infanterie.

Béthune, 28 juin.

MONSIEUR,

Le fils que vous avez eu la douleur de perdre à Virton était un des meilleurs officiers de mon régiment. J'avais de sa personne et de son caractère la plus haute opinion, et je me souviens assez bien de la façon dont je l'avais noté.

J'avais eu l'occasion de l'apprécier également dans le monde et je l'y rencontrais avec plaisir ; mon régiment était beau et je sais qu'il a été durement éprouvé : c'est hélas ! le sort de toute l'infanterie au cours de cette guerre.

J'ai perdu moi-même mon fils unique, jeune officier de réserve qui s'était marié le 8 juillet et qui fut tué le 24 août, bien près de l'endroit où est tombé, lui-même, votre fils.

Je joins à cette lettre une petite note que vous pourrez utiliser et vous prie de croire, Monsieur, à tous mes sentiments les plus distingués.

Général SORIN.

Jean Guillo-Lohan, jeune officier intelligent, distingué, d'une éducation parfaite et d'un physique agréable, tenue très belle, conduite irréprochable.

Doué de très bonnes qualités d'instructeur, il a sur sa troupe l'ascendant que lui assurent ses connaissances professionnelles, son entrain, sa ferme bienveillance et sa résistance physique.

Beaucoup de caractère, de personnalité et d'initiative, a du coup d'œil et du jugement.

En résumé : officier de valeur et d'avenir.

Lettre de l'adjudant N... du 124ᵉ d'infanterie, à Mˡˡᵉ Marie Guillo-Lohan.

MADEMOISELLE,

Excusez ma réponse tardive, mais en mission de réquisition depuis quelques jours, je remettais sans cesse cette pénible missive.

Je comprends votre douleur, en la mesurant à celle de ma sœur, le jour où moi-même je disparaîtrais.

Je demande à Dieu chaque jour l'énergie et le courage qui animèrent le lieutenant Guillo-Lohan à ses derniers instants ; gestes si beaux, si nobles, accordés seulement aux héros tels que lui.

Son souvenir présent dans chaque mémoire permettra à beaucoup de ceux qui le connurent d'essayer de l'imiter en mourant crânement et utilement pour la défense du Droit et de la Religion.

Vous dire tout ce que je sais du lieutenant Guillo-Lohan me serait hélas ! bien impossible et beaucoup trop long. Entre lui et moi, il y eut dès le début, de l'amitié et non des rapports d'officier à soldat.

Affecté à sa compagnie lors de mon incorporation, j'eus recours à lui en de nombreuses occasions. Il comprit mon caractère ; j'étais un révolté et sans lui, je puis vous l'avouer, j'eus fait le plus mauvais soldat qui soit. A deux reprises différentes, il me sauva du Conseil de guerre où mon emportement m'eût certainement conduit. Ses encouragements et ses conseils amicaux triomphèrent de mon tempérament.

Je passais caporal à quatre mois ; immédiatement il me prit dans la section pour couvrir plus facilement mes incartades. Dès ce moment, soit en marche, soit en manœuvre, je fus à ses côtés ; l'intimité devint plus grande de jour en jour ; mille sujets nous rapprochaient, un surtout : son désir semblable au mien avait été *le Borda* ; à la suite d'objections, il avait choisi l'armée de terre.

Ses débuts furent aussi durs que les miens ; pour échapper à une partie des mesquineries et des petitesses du métier, il se fit nommer fourrier ; je l'imitais du reste, sur ses conseils quelques mois plus tard.

Nommé sous-officier, je passai à la compagnie immédiatement voisine (la 7e). Comme lieutenant, il commandait la 1re section de la 8e ; comme fourrier, j'étais affecté à la dernière de la 7e, si bien que pendant les marches, je me trouvais à ses côtés comme par le passé.

Vint enfin la libération ; j'emportais au fond de moi deux amitiés et un souvenir d'éternelle reconnaissance envers deux personnes qui m'avaient tant facilité la dure épreuve de deux années de caserne. L'un était le lieutenant Guillo-Lohan et le second l'adjudant Madeuf.

Un an à peine s'était écoulé, hélas, la mobilisation nous réunissait : l'heure était grave et les moments de liberté bien courts. Le lieutenant Guillo-Lohan maintenu à la 8e donnait tous ses instants à ceux qu'il allait conduire si vaillamment au feu ; pendant notre séjour dans la Meuse, nous eumes quelques instants de liberté.

Des camarades « prêtres-soldats » s'arrangèrent de façon à célébrer la messe. Nous sollicitâmes la présence du lieutenant Guillo-Lohan parmi nous : sa présence, son attitude furent commentées et entraînèrent nombre d'hésitants ; la fois suivante, l'église fut trop petite pour contenir tous les fidèles et pourtant la messe était célébrée à 2 heures du matin. Il était l'officier le plus aimé du bataillon et maintes fois entre camarades, nous avions fait le serment de lui amener nos sections pour combattre sous ses ordres. Hélas, tous ceux en qui nous avions mis notre confiance tombèrent les uns après les autres fauchés par la mitraille qui semblait les repérer. Le soir du 22 août, quand la retraite sonna et que nous constatâmes tous les vides, bien des yeux laissèrent tomber des larmes, bien des cœurs se serrèrent.

Plus tard encore, il nous fut permis de constater la grandeur de nos pertes. L'élan des hommes fut merveilleux, mais nous manquions de chefs ! et pourtant, que de traits d'héroïsme, que de beaux mouvements !

Ah ! si l'on pouvait ressusciter tous nos braves, ah ! si au cri de « Debout les Morts, » ils s'étaient tous relevés, je ne donnerais pas trois mois à l'Allemand avant d'être bouté hors de France. Mort en Chrétien, mort en Héros, c'est toute la Bretagne que votre frère représente.

Chrétien fidèle, il a donné joyeusement sa vie d'ici-bas, sachant que là-haut, plus belle, plus douce une autre vie l'attendait.

Maintenant, intercédant pour nous auprès du Père Eternel, il fera par la prière, ce que son épée n'a pu faire sur cette terre.

Je garderai dans mon cœur le souvenir du lieutenant Guillo-Lohan, héros voulant mourir face à l'ennemi et invoquant la Vierge que nous prions pour lui.

Acceptez, Mademoiselle, l'hommage de mon profond respect et de mes sympathiques condoléances.

Nous ne pouvons qu'adresser à l'excellente famille du brave et cher lieutenant nos plus respectueuses et sympathiques condoléances, en lui donnant l'assurance qu'il aura toujours la plus large part dans nos prières.

GUILLON, Gaston-Léon-Marie
Musicien-brancardier au 62ᵉ régiment d'infanterie.

Né à Locminé, le 19 janvier 1888, il fut élève à Saint-François-Xavier de 1899 à 1905. Onzième enfant d'une famille qui en comptait dix-sept et dont six furent mobilisés dès le début de la guerre, il partit avec son régiment, prit part à la bataille de Charleroi, puis à la retraite et aux combats de la Marne. Tahure lui valut sa première citation. Il s'était élancé avec les troupes d'assaut, et, au major qui lui reprochait sa témérité, il avait répondu : « Si vous ne voulez pas que j'avance avec les autres, prenez mon brancard et donnez-moi un fusil ». Sa gaieté communicative réconforta plus d'une fois ses compagnons, brancardiers et combattants. Ceux-ci l'avaient en particulière estime à cause de son courage qui le portait à affronter des dangers que sa situation de brancardier lui eût permis souvent d'éviter.

Il mourut devant Verdun. Un obus de gros calibre tomba sur le gourbi où il dormait. Quand on l'eut dégagé, il avait cessé de vivre. Il n'a donc pu recevoir l'assistance d'un prêtre, mais sa correspondance nous le montre toujours prêt pour le grand voyage. « Nous nous devons entièrement à notre devoir, écrivait-il. J'ai fait le sacrifice de ma vie... Demain, je retrouverai dans la communion la force d'accomplir tout ce que me demandera la France. »

Citation à l'ordre du corps d'armée :

« Guillon Gaston, soldat brancardier, d'une bravoure et d'un sang-froid à toute épreuve, est allé relever des blessés sous un bombardement très violent d'artillerie lourde dans les journées des 1ᵉʳ, 2 et 4 avril 1916. »

GUILLON (R. P.), Henri
Lieutenant au 65ᵉ d'infanterie.

Né à Locminé, le 24 février 1894, frère du précédent. Élève au Petit-Séminaire de Sainte-Anne, puis à Saint-François-Xavier qu'il quitta pour entrer au Noviciat de la Compagnie de Jésus, à Jersey.

Mobilisé au début de la guerre comme caporal au 77ᵉ de ligne à Cholet, il se bat à Charleroi et à Ypres, où il reçoit une blessure grave dont il ne guérit jamais complètement. Il ne voulut pas cependant s'attarder dans les hôpitaux et croyant n'avoir pas assez mérité la Médaille militaire, la Croix de guerre et le grade de sous-lieutenant que lui avait valus sa première campagne, il repart-pour le front, prend part à la grande offensive de Champagne, aux batailles sous Verdun et sur le plateau de Craonne. Tant de fatigues l'épuisent et rouvrent sa blessure mal fermée. On l'évacue sur Igny-l'Abbaye, où il expire doucement sept jours après, le 14 mai 1917.

Ces trois années de guerre avaient été pour lui comme un nouveau noviciat et le commencement d'une carrière d'apôtre. Que de souffrances il a apaisées, que de colères il a calmées, que d'erreurs, de préjugés aussi il a dissipés parmi ses compagnons d'armes ! Avec quelle joie il annonce qu'il vient de convertir un jeune aspirant, qui n'avait pas encore fait sa première communion ! Il est plus fier de cette victoire là que les actes d'héroïsme qui l'ont signalé à l'estime de ses chefs. Dans la bataille, dans la tranchée, à l'hôpital, au dépôt, il exerce discrètement, aimablement, joyeusement même un apostolat fécond qui a continué, espérons-le, de porter des fruits abondants après sa mort.

GUILLON, Marcel

Sous-lieutenant au 116ᵉ régiment d'infanterie
Chevalier de la Légion d'honneur. Croix de guerre avec palme.

Né à Locminé (Morbihan), le 3 janvier 1898, ne fit que passer à Saint-François-Xaxier en 1914. C'était un charmant garçon, très bien doué sous tous les rapports, auquel les qualités physiques et morales que lui avait départies la divine Providence devaient assurer le plus brillant avenir. Engagé volontaire en février 1915, à l'âge de 17 ans, il alla bientôt rejoindre son régiment, le 116ᵉ de ligne, sur le front. Il fit avec lui plus de trois années de campagne et mérita sept citations des plus élogieuses, dont nous donnons le texte ci-dessous. Il avait, par sa bravoure et sa belle conduite au feu, gagné la Croix de guerre avec palme. Il fut tué, face à l'ennemi, à Somme-Py (Marne), le 2 octobre 1918, à l'âge de 20 ans, fauché, comme tant d'autres de nos héroïques enfants, dans la fleur de sa jeunesse.

Voici la lettre que M. l'abbé Duvernay, aumônier du 116ᵉ de ligne, écrivait à ses bons parents pour leur annoncer la douloureuse nouvelle. Elle fait, en même temps, un éloge ému de ce jeune et brave officier :

Aux armées, le 10 octobre 1918.

Monsieur,

Le colonel commandant le 116ᵉ régiment d'infanterie me prie de vous écrire pour vous annoncer une bien triste nouvelle. Le sous-lieutenant Guillon a été blessé grièvement le 2 octobre, au cours d'une attaque française au nord de Somme-Py (Marne). Il est mort quelques instants après en bon chrétien.

Que ce vous soit une consolation de savoir que votre fils laisse au régiment le souvenir d'un soldat d'élite et d'un chrétien convaincu. Au service que nous avions célébré pour le repos de son âme, tous les hommes de sa compagnie avaient tenu à rapporter à leur officier ce témoignage de tendre affection en venant tous prier pour lui.

Le lieutenant Guillon repose dans le bois des Epines, à 3 kilom. au nord-est de Somme-Py.

Daignez agréer, Monsieur, l'expression émue de nos condoléances les plus sincères.

Abbé Duvernay, *aumônier militaire,*
116ᵉ R. I., secteur 224.

Voici maintenant les textes de ses sept citations, dont la dernière qui est la plus belle, lui fut accordée avec la Croix de la Légion d'honneur, à titre posthume, et qui vint définitivement glorifier sa mémoire :

Citation à l'ordre de la brigade.

Le 29 décembre 1916, le lieutenant-colonel Arnoux, commandant la 43ᵉ brigade d'infanterie cite à l'ordre de la brigade :

Engagé volontaire de la classe 1918, en février 1915, a été présent aux deux affaires de Verdun, trois fois enterré par des obus, toujours aussi énergique que courageux.

Citation à l'ordre de la brigade.

Le 2 mai 1917, le général Ferru, commandant la 43ᵉ brigade d'infanterie cite à l'ordre de la brigade :

Chef de section actif et très consciencieux; par son entrain et sa bravoure a su maintenir un moral élevé parmi ses hommes en dépit de leurs grandes fatigues.

Heurtebise, mai 1917.

Citation à l'ordre du régiment.

Le lieutenant-colonel Arnoux, commandant le 116ᵉ régiment d'infanterie cite à l'ordre du régiment :

A pris position en cours d'attaque et a maintenu sa ligne intacte malgré les violentes réactions de l'ennemi, août 1917.

Ordre du régiment du 3 juillet 1918 :

Jeune officier calme, énergique et brave, a conduit admirablement sa section dans un secteur difficile, très violemment bombardé.

Ordre du régiment du 28 juillet 1918 :

Au cours des attaques de juillet 1918, a fait preuve de beaucoup de calme et de sang-froid, en maintenant sa section sous de violents bombardements. Le 19 juillet, a parfaitement exécuté une reconnaissance poussée très loin en avant de nos lignes.

Citation à l'ordre de la 5ᵉ armée :

Excellent officier, d'un calme, d'une bravoure remarquables, qui, pendant quatre jours d'attaque a maintenu très haut le moral de ses hommes.

Le 2 octobre 1918, avec un mordant extraordinaire, a attaqué un fortin ennemi, défendu par plusieurs mitrailleuses sous le feu desquelles il est tombé mortellement frappé.

Strasbourg, le 17 décembre 1918.

Le général commandant la 4e armée,
GOURAUD.

Citation accompagnant la Légion d'honneur.

Chef de section admirable, titulaire de six belles citations. Mort glorieusement pour la France, atteint d'une balle à la tête, le 2 octobre 1918, en se portant à l'assaut d'un nid de mitrailleuses ennemies (Secteur d'Orfeuil). Croix de guerre avec palme.

Les quelques fragments qui suivent, extraits de lettres qu'il écrivait à sa famille, nous donnent une idée de sa bravoure à toute épreuve, et de sa belle insouciance au milieu des plus grands dangers.

Du collège où il se trouvait encore, au début de la guerre, il écrivait à ses parents, pour obtenir d'eux l'autorisation de s'engager, sitôt ses 17 ans échus :

« Est-il possible que, sur quatre garçons, vous n'en donniez pas un à la Patrie ! Mes frères sont trop jeunes, c'est donc à moi de partir... »

Le 28 septembre 1918, pendant la terrible offensive de Champagne, il écrivait :

« Çà marche très bien : nous sommes maintenant en réserve, en attendant l'ordre de poursuivre plus loin ; voilà déjà cinq nuits que nous couchons dehors, et, le matin, nous nous réveillons en grelottant littéralement. »

Enfin *le 30* — ce fut sa dernière carte ! — il écrivait à 6 h. du soir en pleine bataille :

« Voilà le cinquième jour de l'attaque. J'ai toujours ma tête sur mes deux épaules. Je peux en avoir de la reconnaissance à la Providence et en faire dire des messes ! Le résultat est beau et sans trop de pertes en général, sauf pour ma section qui, cette fois, n'a pas eu beaucoup de veine. Mes deux sergents ont été tués ainsi que deux de mes soldats et cinq autres blessés grièvement, dont le pauvre Caudal (son ordonnance). Il était près de moi, et c'est mon bidon qui m'a protégé : un éclat l'a traversé et s'est arrêté sur ma peau ! J'espère que Caudal s'en tirera, quoiqu'ayant été blessé à la tête et à la jambe. »

Ajoutons en terminant cette notice que le cadre de notre ouvrage a rendue forcément trop courte, que malgré les démarches les plus actives et les plus douloureuses de ses infortunés parents venus, en deux fois, sur le lieu de la sépulture, le corps de l'héroïque Marcel Guillon n'a pu être identifié. Ils n'auront donc même pas la suprême consolation de pouvoir s'agenouiller sur sa tombe, et de se dire qu'ils ont, du moins, près d'eux, les restes de leur bien aimé et glorieux fils.

GUILLOTEAUX, Marc-Jean-Joseph
Maréchal-des-logis au 27ᵉ dragons.

———

Né à Cannes (Alpes Maritimes), le 10 mars 1891, élève à Saint-François-Xavier (1899-1900) ; tué le 30 mars 1918, au sanglant combat d'Orvillers-Sorel (Oise), comme chef des éclaireurs d'un groupe à cheval du 13ᵉ régiment d'artillerie coloniale, en barrant aux envahisseurs la route de Paris.

Cité à l'ordre du jour de la 3ᵉ armée par le général Humbert, décoré de la Croix de guerre avec palme et de la médaille militaire, Marc Guilloteaux était parti pour la Belgique dès les premiers jours de la mobilisation, avec le 2ᵉ cuirassiers, où il était brigadier ; il prit part à tous les engagements de la 1ʳᵉ division lourde et assista notamment à la bataille de Dinant-sur-Meuse.

Après la retraite de Belgique, il passa au 32ᵉ dragons et fut affecté comme estafette, au général d'Urbal, puis fut nommé maréchal-des-logis.

Plus tard, il servit à pied, dans les tranchées, du côté de Notre-Dame de Lorette, et en divers autres points du front.

Il est enfin détaché comme éclaireur au 13ᵉ régiment d'artillerie coloniale, à Coucy-le-Château, quand survient le désastre de l'armée anglaise du Général Gough, en mars 1918.

Son régiment se bat jour et nuit, pendant une semaine, reculant pied à pied, décimé, pour couvrir la route de Paris.

Le 30 mars, à 9 heures du matin, le maréchal-des-logis Guilloteaux, chargé par son commandant d'aller découvrir les premières lignes ennemies, est tué d'une balle de mitrailleuse, en plein front, à la tête de ses éclaireurs. Retrouvé sur le champ de bataille par l'aumônier divisionnaire, son corps est pieusement enseveli par ce dernier, sous le feu de l'ennemi.

Le chef d'escadron, commandant l'artillerie de la 1ʳᵉ division écrit à son père, M. Guilloteaux, sénateur du Morbihan :

« Je n'insiste pas sur les qualités exceptionnelles de bravoure et de sentiment du devoir que possédait votre fils ; plein d'allant, il était l'admiration de tous et un modèle pour tous mes artilleurs ; tous, nous l'avons pleuré ! »

Le général Humbert, commandant de la 3ᵉ armée, l'a cité à l'ordre de l'armée, le 24 avril 1918, dans les termes suivants :

Chef des éclaireurs d'un groupe à cheval, a pendant les combats récents, fait l'admiration de tous par son allant et sa belle bravoure cavalière, réclamant toujours l'honneur d'accomplir les missions les plus périlleuses ; a été tué en reconnaissant les premières lignes ennemies.

Marc Guilloteaux était non seulement un vaillant soldat, mais aussi et surtout un chrétien fervent. L'extrait suivant d'une lettre que nous écrit son père en est le meilleur témoignage :

« Cet enfant a été admirable ! Pendant tout le cours de la guerre, pas une plainte, malgré sa santé délicate, pas un mot amer ou de regret. Il ne nous écrivait jamais que pour nous rassurer ; plein de sérénité, de volonté, de feinte gaieté, nous cachant les dangers qu'il courait, tendre comme une fille, brave comme une lame d'épée !

« C'était un croyant, et qui portait haut le sentiment de l'honneur et du devoir.

« Au retour de la désastreuse retraite de Belgique, il m'a raconté en souriant, que lui et ses camarades, avant leur premier engagement avec l'ennemi, avaient tous communié, pour affronter la mort *sans peur et sans reproches...* Ah ! les braves enfants ! que Dieu ait leurs âmes ! »

Nous prions son excellent père, M. le sénateur Guilloteaux, d'agréer nos plus cordiales et respectueuses condoléances.

GUILLOUCHE (l'abbé), Sébastien-Marie
Caporal au 176ᵉ régiment d'infanterie.

Né à Caden (Morbihan), le 20 février 1891, ancien élève du Petit Séminaire de Ploërmel ; venu à Saint-François-Xavier en janvier 1907, en seconde ; sorti après sa rhétorique, en juillet 1908. Il entre au Grand Séminaire de Vannes, puis fait deux années de service militaire.

Rentré au Séminaire, l'abbé Guillouche était clerc minoré au moment de la mobilisation. Parti comme caporal au 116ᵉ d'infanterie, il fut grièvement blessé le 8 septembre 1914, à Lenharrée près la Fère-Champenoise, par une balle qui lui traversa la poitrine de part en part. Après être resté plus de vingt-quatre heures sur le terrain, il fut recueilli par les Allemands, aux mains desquels il demeura pendant trois jours. Délivré par une contre-attaque française, le pauvre blessé fut évacué à Lourdes, où il attendit longtemps une amélioration de son état, amélioration qui ne devait être que passagère. Le coup avait été trop fort pour sa poitrine déjà faible, et notre jeune confrère succomba dans sa famille à Caden, le 7 juin 1916, des suites de ses blessures.

L'abbé Guillouche était artiste délicat et timide, à l'esprit droit, à l'âme très surnaturelle, qui montra de bonne heure de réelles dispositions pour la musique. Son talent naturel bien dirigé, développé par l'étude et l'exercice donnait les plus belles espérances. Ceux qui ont entendu le jeune organiste au Grand Séminaire, ou à Sainte-Anne d'Auray, où il passa un an comme maître de chapelle, appréciaient déjà beaucoup son jeu si souple et si expressif qui rendait admirablement les moindres nuances. Son âme sensible vibrait du reste elle-même au moindre choc ; un rien le faisait souffrir, un rien le faisait jouir. Cette sensibilité native, cette crainte d'être heurté le rendaient timide en face de ceux dont la compagnie ne lui était pas familière. En revanche, il se livrait entièrement à ceux qui avaient sa confiance, car il éprouvait le besoin de s'épancher. Cette franchise était aussi un effet de sa grande droiture. Il ne savait pas dissimuler, dévoilait toujours toute sa pensée ; et n'hésitait même pas, malgré sa réserve habituelle, à relever chez autrui tel jugement qui ne lui paraissait pas correspondre à l'exacte réalité. Son bon sens, du reste, voyait ordinairement juste et surtout avait le don de n'envisager toutes choses que du point de vue surnaturel. Sa conversation était émaillée de ces petites réflexions pieuses qui témoignaient de son commerce intime avec Dieu. Le jeune séminariste n'avait d'autre rêve que de consommer cette union par le sacerdoce ; Dieu dont les desseins sont insondables, ne l'a pas permis. Il a préféré le mettre au nombre de ces « lis brisés » dont parle Charles Gégoud :

> Vous alliez être en fleur et votre âme est partie :
> Mais vous ne portez plus le poids des jours mauvais,
> Vos yeux sont affranchis de nos voiles épais,
> Vous voyez le côté lumineux de l'Hostie.

Sa belle conduite au feu lui valut l'élogieuse citation suivante à l'ordre du régiment, le jour où il tomba mortellement blessé :

Excellent caporal, consciencieux et dévoué. S'est bravement conduit pendant la retraite ; blessé grièvement, le 8 septembre 1914, à Lenharrée, par une balle qui lui a traversé le poumon gauche de part en part.

Puissent nos prières hâter, si ce n'est déjà fait, la réalisation de cette espérance du poète et faire que Dieu, choisi par l'abbé Guillouche pour sa part d'héritage au jour de la sainte tonsure, se donne bientôt à lui dans la pleine lumière de sa gloire.

« *Dominus pars hereditatis meæ.* »

(*Semaine Religieuse de Vannes*, samedi 17 juin 1916.)

GUYONVARCH, Louis

Soldat au 132ᵉ régiment d'infanterie.

Né à Plouay, le 13 mai 1894, commença ses études au Petit-Séminaire de Sainte Anne, et vint les achever au Collège Saint-François-Xavier (1907-1910).

Il s'engagea volontairement pour trois ans, le 20 octobre 1913, et fut affecté au 132ᵉ régiment d'infanterie, à Reims. Il passa l'hiver de 1914 aux Eparges, et y fut blessé le 9 mars 1915. Transporté à l'hôpital temporaire de Verdun, il y est mort le 14 mars 1915, au matin, des suites de ses blessures.

Nous n'avons pu nous procurer de plus amples renseignements sur lui, et n'avons pas d'autres détails sur sa fin glorieuse.

HAMON, Charles-Léon-Marie
Colonel commandant la 26ᵉ brigade d'infanterie
Officier de la Légion d'honneur.

Né à Lannion (Côtes-du-Nord), le 3 novembre 1855, fut élève du Collège Saint-François-Xavier (1867-1870) ; il y a laissé le meilleur souvenir, tant près de ses anciens professeurs que de ses condisciples.

Il fit partie de la promotion de Saint-Cyr (1873-1875), et son incontestable valeur lui fit parcourir rapidement tous les grades. A la déclaration de guerre, il commandait déjà par intérim la 26ᵉ brigade d'infanterie, et s'attendait d'un moment à l'autre à recevoir sa nomination de général. Mais sa campagne, hélas ! fut trop courte pour lui permettre d'obtenir le haut grade pour lequel il était proposé et qu'il méritait si bien. Il contribua en effet puissamment à nous faire remporter plusieurs victoires dans les Vosges (*voir victoire de Charmes, dans Hanotaux*) ; et c'est au cours de celle de la Marne, qu'il est tombé glorieusement à Sempuis (Camp de Mailly), le 10 septembre 1914, à la tête de sa brigade, en repoussant l'ennemi. Le 21ᵉ corps d'armée dont il faisait partie, arrivant au secours du 17ᵉ corps qui se laissait déborder, changea la face des choses et nous valut la victoire. Dès le 14 août 1914, il était cité à l'ordre de l'armée avec toute sa brigade, dans les termes élogieux qui suivent : « *S'est particulièrement distingué au combat de Plaine. La 26ᵉ brigade donne à l'armée l'exemple de la plus grande endurance et énergie.* » Laconiques et très simples étaient les citations ; mais elles étaient spontanées et données seulement après un véritable exploit. Cette citation lui conférait de droit la Croix de guerre avec palme ; ses bons services antérieurs lui avaient déjà valu la médaille du Sahara et la médaille de sauvetage, lors des inondations de Mamers. Il avait pris pour devise : « Je m'en remets à la volonté de Dieu et vais de l'avant. » Il n'y faillit jamais. Sa haute valeur militaire et sa magnifique bravoure, en même temps que les sentiments de foi profonde dont il était animé, le font considérer, par tous ceux qui l'ont connu, comme un héros et un saint.

HAMONOU, Yves-Marie
Soldat au 35ᵉ régiment d'artillerie.

Né à la Trinité-Langonnet (Morbihan), le 27 novembre 1899, étudia au Collège Saint-François-Xavier (1917-1918). Incorporé au 35ᵉ régiment d'artillerie le 21 avril 1918, il passe trois mois à Vannes, puis est envoyé dans un camp, à Saint-Julien-du-Saut, dans l'Yonne, où il a à supporter bien des privations et des fatigues. Mais il ne se plaint jamais et endure tout avec patience. On le désigne ensuite pour partir pour l'Alsace, par étapes souvent très pénibles. Enfin arrivé à Strasbourg, il se repose un peu. Mais il lui faut repartir, de la même façon, pour le Palatinat ; le froid, la fatigue et le surmenage lui font contracter une bronchite qu'il ne peut soigner, faute de médecin et de médicaments.

Le 8 février 1919, il arrive aux environs de la ville de Worms, en Allemagne et le 19, il y tombe gravement malade. On le transporte à l'ambulance ; le major constate qu'il est atteint d'une broncho-pneumonie très grave. Le 9 mars, son père qui est venu près de lui, lui demande s'il veut se confesser et recevoir le bon Dieu. Il accepte avec joie ; mais il est impossible de trouver un seul aumônier dans toutes les divisions françaises, et il faut avoir recours à un prêtre catholique allemand que l'on découvre à grand'peine. Il se confesse et meurt, entre les bras de son père, le 11 mars 1919 au matin, sans agonie et priant avec lui jusqu'à son dernier soupir. La seule consolation que j'ai eue, nous écrit son père, fut de le voir mourir en bon chrétien ; mais sans ma présence, personne ne se fut occupé de son âme. Je remercie Dieu de cette grâce, et ai le ferme espoir qu'il a accueilli mon cher enfant dans son saint paradis.

HANÈS, Maurice-Charles-Marie

Capitaine au 62ᵉ régiment d'infanterie
Chevalier de la Légion d'honneur.

Né à Cherbourg (Manche), le 16 avril 1870, étudia au Collège Saint-François-Xavier, de Vannes (1879-1880), puis il suivit, à l'Ecole Sainte-Geneviève, à Paris, le cours de préparation à Saint-Cyr où il entra et fit partie de la promotion de 1890-1892.

En 1900, il était lieutenant au 116ᵉ régiment d'infanterie à Vannes et en 1914, lors de la déclaration de guerre, capitaine au 62ᵉ régiment d'infanterie, à Lorient. Il partit pour le front dès le début de la mobilisation. Il tomba au Champ d'honneur, le 27 août 1914, à Sailly-Saillisel, près Bapaume (Somme). Toutes les recherches faites en vue de retrouver son corps sont restées infructueuses. Le désarroi qui suivit nos premiers revers du début de la guerre, n'a pas permis à sa famille d'avoir de plus amples renseignements sur sa fin, glorieuse cependant. Dieu qui récompense surtout les dévouements obscurs, lui aura certainement tenu compte de sa bravoure et de son généreux sacrifice, nous en avons le ferme espoir.

Nous offrons à Mᵐᵉ Hanès et à sa famille nos plus respectueuses condoléances.

D'HARCOURT, GUILLAUME-LOUIS-MARIE-ROBERT
Lieutenant au 7ᵉ dragons.

Né à Paris le 19 janvier 1888, élève à l'école Saint-François-Xavier (1902-1906).
Reçu à l'Ecole spéciale militaire en 1907.

Il était lieutenant au 7ᵉ dragons quand la guerre éclata.

Blessé à Laventie (P. de C.), il fut porté à l'ordre de la division avec la citation suivante :

Les 9 et 10 octobre 1914, au cours d'une mission confiée à son escadron dans des circonstances périlleuses, a donné le plus bel exemple d'énergie et de sang-froid, — d'abord dans les défenses en pleine nuit d'un point de passage dont l'occupation était particulièrement difficile ; puis le lendemain, pendant le mouvement de retraite de son escadron à travers la cavalerie ennemie, dans l'attaque avec son peloton d'une barricade qui lui fermait le passage. A été assez grièvement blessé.

En novembre 1916, il s'engagea dans les tanks, espérant y servir son pays plus efficacement que dans la cavalerie.

Au moment de l'ordre de mobilisation il écrivait à ses parents : « La guerre arrive et je l'accepte avec le patriotisme et la foi que vous m'avez inculqués. Si Dieu veut que je revienne glorieux, c'est avec plus de fierté que vous m'accueillerez au retour et je serai digne de la famille à laquelle j'ai l'honneur d'appartenir. Si le Seigneur dans sa bonté veut marquer le terme de mon existence, que son nom soit béni. »

Ce sacrifice de sa vie qu'il faisait d'avance à la veille de la guerre, il le renouvelait le 15 avril 1917, veille de sa mort, dans sa lettre d'adieu à sa femme : « Demain nous partons à l'attaque pleins de confiance en la victoire. Je tâcherai de communier avant de partir et si Dieu me rappelle à Lui, j'irai heureux d'avoir fait mon devoir pour mon pays, pour ma famille. » — Dans la nuit il put assister à la messe et communier. — Voici la citation à l'ordre de l'armée qui lui rendit un dernier hommage :

Chef de char au 9ᵉ groupe, a conduit son char avec ardeur à l'assaut d'une tranchée ennemie et y a combattu bravement jusqu'à ce que son appareil ait été détruit par l'artillerie allemande.

Ce fut alors, quand il se vit dans l'impossibilité d'avancer davantage, qu'il fit descendre les cinq hommes formant l'équipage du tank en leur donnant l'ordre d'emporter les mitrailleuses. Ayant ainsi assuré le salut de ceux dont il avait le commandement — car tous furent sauvés — comme un capitaine de vaisseau à son bord, il sortit le dernier et fut frappé par la mitrailleuse allemande qui le guettait.

D'HATTECOURT, Georges-Antoine

Maréchal-des-logis au 4ᵉ régiment de chasseurs d'Afrique.

———

Né le 8 décembre 1888, à Angers, élève à Saint-François-Xavier (1897-1906).

Il fit son service militaire au 5ᵉ régiment de cuirassiers à Tours et sortit du régiment avec le grade de maréchal-des-logis.

Peu après, il entra à la Société Générale, à Arras. Pendant les années qu'il y passa, il eut soin de s'affilier au groupement de la Jeunesse catholique et sut s'entourer d'amis chrétiens et adonnés aux œuvres. Il fut aussi un des fidèles de l'Adoration nocturne ; son premier congé se passa dans les exercices d'une retraite fermée.

La mobilisation le trouva à l'agence de la Société Générale d'Alger à laquelle il était attaché depuis quelques semaines.

Maréchal-des-logis au 4ᵉ chasseurs d'Afrique, il craignit, s'il y restait, de ne pas prendre part, assez rapidement, à la grande guerre qui commençait et il demanda au général Moinier, commandant le corps d'armée d'Alger, d'être détaché comme éclaireur au 1ᵉʳ régiment de zouaves. C'est, en cette qualité, qu'il s'embarqua le 4 août 1914, pour la France. Dès le 13, il était à Chimay en Belgique, et le 22, il recevait, au Châtelet, le baptême du feu. Le 30, il prenait part au combat de Villers-le-Sec. Quelques jours après, il écrivait : « J'ai failli y rester. N'ayant plus de cheval, j'ai pris un fusil et des cartouches et suis allé faire le coup de feu en première ligne. » Parlant ensuite de la retraite qui fit refluer nos troupes jusqu'à la Marne : « La retraite fut précipitée, j'étais épuisé de fatigue. Un sergent de tirailleurs m'a ramené. »

Le 7 octobre, il fut nommé sous-lieutenant par le général Muteau, avec ce motif : « Ne pouvant plus se mouvoir à cheval sous le feu de l'ennemi, a continué à assurer son service à pied. » La bataille faisait rage et Georges écrit quelques jours plus tard : « Comment en suis-je revenu ? Maintenant que le danger est passé, j'ai peur, rien que d'y penser... »

Sa nomination de sous-lieutenant avait un second motif : son bataillon s'étant trouvé à X... dans une situation critique provenant du tir défectueux de l'artillerie française, il fallait que celle-ci fût prévenue. Le commandant envoie l'un après l'autre, trois cavaliers. Tous les trois sont tués sous ses yeux. Et cependant la mission est urgente et ne peut être remplie que par un cavalier. Il n'en reste qu'un : le maréchal-des-logis d'Hattecourt. Le commandant l'appelle. — « Présent », répond-il — « Mission de confiance, vous allez prendre ce cheval et vous rendre à Z..., auprès du général ..., vous lui remettrez ce pli ; je vous défends de rentrer avant la nuit en raison du danger. Allez ! » — « Au revoir, mon commandant. » Et il partit et remplit sa mission sous une pluie d'obus, dont pas un, cette fois, ne l'atteignit.

En narrant très simplement ces faits, dont sa famille lui avait demandé le récit, Georges ajoutait : « Je ne vous raconte pas cela par amour-propre, mais pour que vous sachiez bien que, si j'ai l'honneur d'être tué, ce sera en faisant mon devoir jusqu'au bout. Cette pensée me donne du courage et elle sera votre consolation. »

Malheureusement, cette nomination de sous-lieutenant qui paraissait si motivée ne fut pas ratifiée au cabinet du Ministre de la Guerre et Georges n'obtint même pas la Croix de guerre pour les faits racontés plus haut et pour plusieurs autres parmi lesquels un, encore, mérite d'être cité.

Le colonel E..., commandant les zouaves, avait été tué, et il s'agissait d'aller chercher son corps, resté sous le feu de l'ennemi. Georges s'offrit pour cette mission périlleuse et il eut l'honneur d'être un de ceux qui rapportèrent le malheureux colonel dans les lignes françaises. Partis onze volontaires, ils revinrent seulement quatre !

Depuis la fin d'octobre, et pendant tout le mois de novembre et de décembre, le 1er régiment de zouaves fit partie des troupes héroïques qui se battirent sur l'Yser et en défendirent le passage à l'ennemi.

Presque toute l'année 1915 se passa également en Belgique, coupée par un séjour à l'hôpital et un congé de convalescence. Au mois d'août, il quitta les zouaves pour rentrer aux chasseurs d'Afrique et en janvier 1916, il partait pour Salonique.

Un séjour très prolongé sur les bords du Vardar lui donna la fièvre paludéenne. Il eut beau résister aux premières atteintes de la maladie, il dut cependant entrer à l'hôpital et son état parut tellement sérieux qu'après quelques semaines, il fut dirigé sur une formation sanitaire de Toulon. En décembre 1916, il vint en convalescence dans sa famille, et y arriva dans un état de faiblesse effrayant. Trois mois de séjour dans l'air natal lui permirent de repartir pour son dépôt de Tunis ; mais, promptement écœuré, par l'embusquage qui lui semblait y sévir, il demanda à regagner l'Orient.

Repris par les fièvres, il resta cependant en Grèce, jusqu'à la fin d'octobre 1917, époque à laquelle, désirant passer dans l'artillerie, il fut désigné pour suivre les cours à Fontainebleau. C'était aux plus tristes jours de la guerre sous-marine, et il fallut naviguer vingt longs jours avant d'aborder à Marseille. Georges fut très malade pendant cette traversée, et à peine les cours de Fontainebleau commencés, on dut le diriger sur un hôpital de paludéens.

L'année 1918 se partagea pour lui entre l'hôpital, un congé de convalescence, un séjour en Afrique et le retour en France au dépôt de son régiment, à Tarascon.

Déclaré « inapte » pour le front d'Orient, il eût pu terminer tranquillement la guerre à Tarascon ; mais, une telle inaction, tandis que ses frères d'armes donnaient le grand effort qui devait chasser l'ennemi du territoire, n'était pas dans la nature de Georges.

En août 1918, il demande à partir sur le front français comme volontaire et il réclame le poste périlleux d'agent de liaison dans un régiment d'infanterie. Sa demande est acceptée, et le 28 août, il quitte Tarascon pour remplir les fonctions d'agent de liaison à la compagnie de mitrailleuses du 159e régiment alpin d'infanterie.

Il fut d'abord à Reims. L'un de ses amis a raconté, depuis, que là encore, il avait fait preuve d'un beau courage, se proposant pour aller, sur une route balayée par les obus, chercher un médecin pour un camarade gravement atteint.

Au commencement d'octobre 1918, son régiment fut dirigé sur la Belgique : « Quelle pile prennent les Boches ! » écrivait-il, le 2 octobre, « on en rencontre tout le long de la route. A coups de canons, de mitrailles, de bombes, tout marche ! Ça barde et le front crève !!. L'aviation fait du bon travail. La cavalerie a bien marché du côté de Bonconville ; si j'avais pu savoir, j'aurais demandé un de ces régiments-là, mais je ne perds rien pour attendre ; car mon régiment est un régiment alpin qui a déjà la fourragère et qui va donner. »

Le 12, il écrivait sa dernière lettre, toute pleine d'entrain et d'espoir ; il savait que l'attaque était pour le lendemain ou le surlendemain. Elle eut lieu le 14 octobre, sur la route de Roulers, et à peine était-elle engagée, Georges reçut de son capitaine l'ordre d'aller, sous des rafales de mitrailles chercher des prisonniers boches. Il obéit, sans un instant d'hésitation. Mais, dès les premiers pas, il reçut au bas ventre une balle de mitrailleuse et s'affaissa mortellement touché. Relevé, sur l'ordre du capitaine par un brancardier et quatre prisonniers, il demande à son ami, le jeune médecin du bataillon, accouru en toute hâte : « Vous allez m'examiner, et bien franchement, vous me direz s'il y a danger de mort... et puis, n'est-ce pas, si vous me jugez perdu, vous m'amènerez un prêtre..., vous savez, je veux revoir l'aumônier avant de mourir ! »

En transmettant ces paroles à la famille de Georges, le Docteur L... ajoute : « Pendant les quelques instants que j'ai passés près de lui, il fut admirable d'énergie et de calme, ne disant pas un mot de ses souffrances, les dominant et ne songeant qu'à se préparer à mourir en grand chrétien. »

Transporté à l'ambulance d'Oostvleteren, il vécut huit jours encore sans qu'aucun des siens prévenus trop tardivement, pût venir consoler sa lente agonie. Il reçut tous les sacrements de l'Eglise et puisa, sans doute, dans sa foi chrétienne si vive et si profonde le courage d'accepter la mort !... La sainte Vierge, du reste, dut veiller à ses derniers moments, car il était un fervent de son culte et, chaque jour, il récitait son office...

HENRY, Édouard-Théobald

Capitaine au 32ᵉ régiment de chasseurs alpins.

Né à Vannes, le 17 mai 1886, élève à Saint-François-Xavier (1896-1900) (fils d'un Alsacien et d'une Lorraine), était, en 1914, lieutenant de réserve.

Soldat dans l'âme et patriote ardent, il eut un cri d'allégresse et d'espoir lorsque le pays appela tous ses enfants à la défense du sol natal. Enfin, s'écria-t-il, je vais pouvoir réaliser le rêve de mon cher père et courir à la délivrance de nos belles provinces d'Alsace et de Lorraine.

Mais, et ce fut une torture pour lui, le sort voulut qu'on l'envoyât tout d'abord au Maroc. Son caractère admirablement trempé, son énergie remarquable, ses qualités d'officier apte à toutes les missions difficiles, l'avaient désigné à l'attention de ses chefs pour un commandement des plus délicats en temps de guerre. On lui confia la section spéciale du 2ᵉ bataillon d'infanterie légère d'Afrique (c'est-à-dire une compagnie de disciplinaires des moins malléables).

Il réussit à merveille dans ce poste ingrat et sut obtenir de ses hommes des résultats magnifiques. Enfoncé dans le bled, sous un climat terrible, subissant mille privations, assailli presque continuellement par des bandes de Marocains rebelles, toujours en alerte, constamment en éveil tant pour sa sécurité personnelle (il était seul officier à la tête de ce détachement isolé) que pour le salut de sa troupe, il parvint à mener à bien toutes les missions qui lui furent confiées.

Aussi, en 1917, fut-il nommé capitaine au 2ᵉ bataillon d'infanterie légère.

Comme tel, il prit part aux combats livrés par la colonne, et fut cité à l'ordre du jour dans les termes que voici :

Le 4 juillet 1917, placée en arrière-garde avec mission d'assurer dans la nuit, la protection de la colonne mobile, au sortir d'un défilé boisé des plus favorables à l'ennemi, a fait preuve d'une bravoure et d'une ténacité remarquables, chargeant à la baïonnette pour dégager les blessés et assurer le repli de l'extrême pointe.

Au combat du 8 juillet 1917 s'est de nouveau fait remarquer par son entrain et sa vigueur au cours d'un assaut lancé contre des assaillants tenaces et bien armés qui cherchaient à entourer l'arrière-garde et qui ont échoué, grâce à l'énergie de la contre-attaque menée par la 5ᵉ et la 6ᵉ compagnie du 2ᵉ bataillon d'Afrique avec leur brio légendaire qui s'est encore surpassé.

(Officiel du 24 décembre 1917).

Il reçut donc la Croix de guerre avec palme, puis la médaille du Maroc et fut nommé officier de l'ordre du Ouissan-Alaouite.

Entre temps il ne cessait de demander d'être envoyé sur le front français, il brûlait du désir de se rencontrer face à face avec nos ennemis abhorrés, les Boches !

Enfin, en mars 1918, son vœu fut exaucé, il fut appelé à servir au front. Il sollicita le commandement d'une troupe d'élite et sur son désir, il fut nommé à la 1ʳᵉ compagnie du 32ᵉ bataillon de chasseurs alpins.

Il participa, depuis lors, à de multiples actions, surtout depuis la grande offensive de juillet 1918, et se distingua à maintes reprises. Il exultait à la vue des Boches perdant du terrain sans cesse et son ardeur à l'attaque s'avivait chaque jour.

Le 16 août 1918, il recevait l'ordre d'enlever le village de Beuvraignes (Somme). Il prit immédiatement ses dispositions de combat et, après avoir fait le sacrifice de sa vie au pays, il se mit en tête de sa compagnie d'alpins qu'il entraîna à l'assaut en entonnant des chants patriotiques.

Sa haute silhouette fut naturellement le point de mire des fantassins ennemis. Une balle atteignit en pleine poitrine le capitaine Edouard Henry qui mourut sur le coup. Il n'eût, hélas, pas la récompense de voir de ses yeux ses Alpins se rendre maîtres de Beuvraignes et atteindre en vainqueurs l'objectif désigné par leur valeureux chef. Voici en quels termes, le commandant du 32ᵉ bataillon apprit la triste nouvelle à la famille du vaillant officier disparu.

26 août 1918.

MON CHER CAMARADE,

« J'ai la profonde douleur de vous annoncer que votre neveu, le capitaine Henry, a été tué le 16 août dernier devant Beuvraignes. Sa mort a été ce qu'avait été toute sa vie militaire, celle d'un héros. Il a été frappé d'une balle en pleine poitrine au moment où, avec un admirable mépris du danger, il allait entraîner sa compagnie à l'assaut. Il n'a point souffert et ne s'est pas vu mourir.

Le lendemain il a été enterré au cimetière de Bus, à l'ouest de Beuvraignes.

Il avait l'âme des preux d'antan et son cœur ne connaissait point l'angoisse ; c'était un vrai soldat et il arrachait des cris d'admiration à ses chasseurs.

Le bataillon perd un officier admirable et le corps d'officiers, un ami, car il avait su acquérir l'affection de tous.

Je vous prie de témoigner nos sincères condoléances à Mme Henry et de lui dire que nous souffrons tous de l'affreux malheur qui la frappe.

Veuillez agréer, mon cher camarade, l'assurance de ma vive sympathie et de mes plus vives condoléances. »

WAUTHIER,
*Chef de bataillon commandant le 32e bataillon
de chasseurs alpins.*

Cette mort héroïque valut au capitaine Henry la citation suivante :

Le général Jacquot, commandant la 35e C. A. cite à l'ordre du corps d'armée M. Henry Edouard, capitaine commandant la 1re compagnie du 32e bataillon de chasseurs alpins :

Dans la journée du 16 août 1918, a fait preuve d'un courage qui a suscité l'admiration de tous. Sous un feu très violent et à courte distance de l'ennemi, s'est porté en avant de sa compagnie pour reconnaître le terrain sur lequel il allait l'engager.

A été tué au cours de cette reconnaissance.

Le général commandant le 35e C. A.
Signé : JACQUOT.

La perte d'un tel soldat, d'un tel patriote, si douloureuse pour sa famille entière, pour sa pauvre mère, pour sa jeune veuve à qui il laisse une petite fille, si affligeante pour ses nombreux amis de Vannes qui appréciaient au plus haut point les qualités magnifiques dont il était orné, est particulièrement navrante lorsqu'on songe qu'elle est survenue peu de temps avant l'armistice. Quelques semaines plus tard, l'âme de ce héros se serait réjouie de la victoire définitive et du retour à la France de ces provinces d'Alsace-Lorraine qui lui étaient si tendrement chères.

Parmi les figures vannetaises que la Grande Guerre aura mises en évidence, sous la pleine lumière du sacrifice victorieux, celle du capitaine Edouard Henry s'illuminera d'une auréole de gloire qui le désignera au profond respect et à la reconnaissance éternelle des générations futures.

Le capitaine Edouard Henry avait trois frères qui ont, eux aussi, fait vaillamment et brillamment leur devoir durant la guerre. Bien que plusieurs fois blessés, ils ont été finalement épargnés et ont pu revenir auprès de leur admirable mère, lui apporter les consolations dont elle a tant besoin après de si longues années d'angoisses quotidiennes !

Le second, Paul Henry, capitaine d'artillerie, fait Chevalier de la Légion d'honneur après la bataille de Champagne, en septembre 1915, a reçu en outre la Croix de guerre avec quatre citations. Deux blessures.

Le troisième, Marcel Henry, lieutenant d'artillerie, Chevalier de la Légion d'honneur, à Verdun, Croix de guerre avec 7 citations. Trois blessures.

Le quatrième, Yves Henry, s'est engagé en 1917, à l'âge de 17 ans et a fait la campagne de 1918 au cours de laquelle il a été atteint gravement par les gaz asphyxiants.

JACOB (l'abbé), MATHURIN
Soldat au 137ᵉ régiment d'infanterie.

Il naquit à Baden, le 16 novembre 1894, et fit à Saint-François-Xavier ses classes de quatrième et de troisième, de 1909 à 1910.

Se sentant sans doute attiré vers les missions lointaines, il entra comme novice dans la Congrégation des Pères du Saint-Esprit, à Langonnet, où il se trouvait quand la guerre éclata. C'est comme soldat au 137ᵉ d'infanterie qu'il fit la campagne qui fut pour lui de courte durée. En effet moins d'un an après, le 24 avril 1915, il fut tué d'une balle au front en combattant aux Eparges.

Sa famille reçut aussitôt la nouvelle de sa mort, mais sans aucun détail sur les circonstances qui l'accompagnèrent.

Mathurin Jacob, écrit l'un de ses confrères, était un novice modèle, une nature douce, indulgente, simple et dévouée, toute faite pour se donner aux autres. Le bon Dieu l'a trouvé mûr pour le ciel ! On dirait une de ces âmes tout intérieures et tout à Dieu, qui semblent vouloir rester cachées au monde même après leur mort.

DE JACQUELOT DU BOISROUVRAY, ALAIN-MARIE
Lieutenant au 148ᵉ régiment d'infanterie
Chevalier de la Légion d'honneur, Croix de guerre.

Né à Quimper (Finistère) le 27 mai 1883, Alain de Boisrouvray étudia à Saint-François-Xavier, de 1893 à 1896 et s'y fit apprécier par son intelligence et la noblesse de son caractère. Il quitta Saint-François-Xavier pour aller préparer au Collège Saint-Vincent de Rennes, les examens de l'Ecole spéciale militaire où il fut admis.

La guerre le trouva lieutenant au 148ᵉ régiment d'infanterie, et dès le début de la campagne, il fit preuve de qualités exceptionnelles dans son rôle d'officier.

Il tomba glorieusement pour la France à la Chapelle-Servon (Marne) le 13 septembre 1914, transpercé de dix balles, à l'âge de 31 ans.

La lettre suivante, adressée au capitaine Joseph de Jacquelot, frère d'Alain, par le maréchal des logis Chocart, du 42ᵉ d'artillerie territoriale, donne sur la mort de notre héros les détails les plus précis et fait le plus bel éloge de ce vaillant officier.

Blincourt, 28 décembre 1916.

Mon Capitaine,

Veuillez permettre à un rapatrié d'Allemagne qui, avant d'être fait prisonnier, a vécu douze jours dans les lignes allemandes avec le lieutenant de Jacquelot, du 148ᵉ d'infanterie, de vous dire toute son admiration pour cet officier qui fut grièvement blessé et certainement assassiné par les Allemands, le 13 septembre 1914. C'est pour moi un impérieux devoir que je m'étais promis de remplir dès que je rentrerais en France, que celui d'adresser aux membres de la famille du lieutenant de Jacquelot le tribut d'admiration et de reconnaissance que des camarades et moi avons voué à celui qui fut par son calme, son courage et l'ascendant de sa valeur personnelle, l'âme d'une colonne de 350 soldats français cernés dans les lignes allemandes. Hélas ! Il a succombé au moment où il pouvait entrevoir la réussite et la récompense de son dévouement, et cela par l'insouciance de quelques-uns de ceux qu'il voulait sauver pour eux-mêmes et pour la Patrie.

Je ne peux vous donner les détails de notre vie et de nos étapes pendant ces douze jours. Qu'il vous suffise de savoir qu'une quarantaine d'artilleurs rejoignirent dans les bois, au sud de Laon, deux compagnies du 148ᵉ d'infanterie commandées, l'une par le capitaine Renou, l'autre par le lieutenant de Jacquelot. Cette colonne comprenait 1 capitaine, 2 lieutenants, 4 sous-lieutenants du 148ᵉ et 350 hommes et sous-officiers du 148ᵉ et du 42ᵉ d'artillerie, plus quelques isolés.

Sans vouloir en quoi que ce soit diminuer le mérite et le courage du capitaine Renou, lui, hélas ! fut pour ainsi dire tué sous nos yeux, je n'hésite pas à déclarer que l'attitude du lieutenant de Jacquelot fut au-dessus de tout éloge. Toujours maître de lui, en dépit des circonstances critiques, ayant même parfois à lutter contre des avis de ses collègues, il guida la colonne, parfois en plein jour, en utilisant d'une façon remarquable tous les accidents du terrain pour la dissimuler, mais le plus souvent en pleine nuit ; et c'est là qu'il se dépensa sans limites. Toujours en tête quand il s'agissait de reconnaître le terrain ou qu'un danger menaçait, à certains passages douteux il veillait encore sur le flanc lorsque la colonne était engagée. C'est ainsi que souvent moi qui étais en serre-file, je le retrouvais nous rattrapant et remontant, pour la doubler, toute cette théorie d'hommes, et pour recommencer son rôle d'éclaireur.

En dehors de la fatigue résultant de ces longues marches si pénibles et de l'absence de nourriture convenable, le lieutenant de Jacquelot était sérieusement blessé au talon ; mais jamais il n'interrompit son rôle d'éclaireur qui l'obligeait à de plus longues marches.

Partis le 2 septembre sous Laon, pour échapper à la capture, nous échouâmes après bien des péripéties, après avoir tant de fois cru toucher au port et dû rebrousser chemin, dans la ferme de la Chapelle-Servon (Marne) au petit jour. Hélas ! Ce fut le tombeau de beaucoup des nôtres parmi lesquels le capitaine Renou et monsieur votre frère.

Dès l'entrée dans la ferme les dispositions furent prises pour cacher les hommes : il était absolument interdit de sortir, même dans la cour. Les officiers se couchèrent dans la maison d'habitation et, jusque dans le courant de l'après-midi, ce fut le calme absolu. Mais alors des jeunes soldats, en dépit des ordres donnés, sortirent dans la cour au moment où des soldats allemands, faisant partie d'un convoi, y pénétraient eux-mêmes pour venir y chercher de l'eau. A la vue des pantalons rouges, les Allemands lancèrent l'alarme. Des coups de feu partirent de chaque côté. En un instant tout le monde fut dehors. Je vois encore le lieutenant de Jacquelot descendant en boitant les marches du perron, bouclant la ceinture de son étui revolver et s'élançant avec le capitaine Renou vers les soldats rassemblés. Il ordonnèrent quelques dispositions de combat fort judicieuses en utilisant les bâtiments de la ferme. Le convoi fut mis à mal et momentanément dispersé. Malheureusement, au bruit de la fusillade, des renforts survinrent aux Allemands et la lutte devint chaude. Se voyant cernés, le capitaine Renou et le lieutenant de Jacquelot essayèrent de tourner par le moulin (séparé de la ferme par une petite rivière) pour surprendre l'ennemi. C'est en faisant la reconnaissance de ce côté qu'ils furent hélas ! frappés tous deux. Ils furent transportés immédiatement dans la maison d'habitation et pansés. Le capitaine Renou blessé aux reins dans la colonne vertébrale délirait au bout de quelques instants, tandis que le lieutenant de Jacquelot s'appuyait au mur de l'habitation de son bras valide, l'autre labouré par une balle, et, se raidissant contre la souffrance, donnait encore des indications pour la retraite et la direction à suivre. Les forces humaines ont des limites, même chez les plus énergiques : le lieutenant, malgré sa vaillance et son courage, déjà exténué par les fatigues de la randonnée, marchant difficilement à cause de sa blessure au talon, souffrant horriblement de la plaie qu'il avait au bras, ne voulut pas être une gêne pour ceux des siens qui pouvaient encore essayer une retraite.

Il ordonna au sous-lieutenant Numérat, qui refusait de l'abandonner, de le laisser avec les morts et les blessés, de ne pas s'inquiéter de lui, et lui indiqua brièvement la marche à suivre.

Le sous-lieutenant obéit les larmes aux yeux, mais avant de se quitter, les deux officiers s'embrassèrent et ce fut un moment de poignante émotion pour les rares spectateurs de ce trait d'abnégation.

Je précédais de quelques pas le lieutenant Numérat qui me dit en arrivant à moi : « C'était pour moi un cas de conscience que d'abandonner dans un tel état mon commandant de compagnie. » Quant à moi, je n'oublierai jamais le serrement de cœur qui s'empara de moi à la vue de cet officier que j'avais tant admiré pendant nos marches épuisantes, qui s'était dévoué et dépensé sans compter, et qui, grièvement blessé, incapable de marcher, se sacrifiait volontairement pour ne pas exposer les siens, et ordonnait de l'abandonner à la merci de l'ennemi pour ne pas créer un danger à ceux qui, il l'espérait, pourraient encore rentrer dans les lignes françaises.

Enfin nous parvinmes à un petit bois. Beaucoup de camarades tombèrent avant de l'atteindre. Mais le lendemain, suivis, cernés, pressés de tous côtés, nous dûmes subir le sort que nous voulions éviter à tout prix. Je ne puis vous décrire notre chagrin lorsque la chose fut faite. Le soir nous fûmes conduits à Autry. Là nous stationnâmes quelques instants devant un état-major allemand. Un officier posa quelques questions aux nôtres, puis présenta un de ses collègues en disant que c'était lui qui commandait le détachement contre lequel nous nous étions battus à la ferme. Immédiatement et sans s'être consultés, tous demandèrent ce qu'était devenu le lieutenant de Jacquelot laissé blessé dans la ferme. Alors l'officier allemand, en posant deux doigts en travers sur sa manche, dit : « Lieutenant deux.... » — « Oui, oui, » dîmes-nous. — « Oh ! il est mort, il avait sept ou huit balles dans la tête et dans le corps. »

Les lâches l'avaient évidemment assassiné en entrant dans la ferme, probablement lorsqu'il s'avançait au devant d'eux pour leur faire ménager les blessés ou pour les défendre.

Ce fut un moment d'émotion poignante ; nous fûmes atterrés, et, la rage au cœur, nous les vaincus, nous dûmes nous taire cependant ne pouvant leur jeter notre mépris à la face.

Voilà, mon capitaine, ce que je sais, ce que j'ai vu et ressenti concernant le lieutenant de Jacquelot. J'aurais voulu pouvoir ajouter aux siens quelques paroles d'espoir sur le sort de celui qu'ils pleurent. Je ne puis que vous répéter ce qui a été dit par les Allemands eux-mêmes. »

L'acte de décès communiqué à la famille du lieutenant de Jacquelot par la Mairie de Quimper porte :

« Resté seul, le 13 septembre 1914, avec 40 blessés, dans la ferme de la Chapelle-Servon, grièvement blessé lui-même, se soutenant à peine lorsque les Allemands y ont pénétré, il a été lâchement fusillé, ainsi que les autres, sous prétexte d'avoir combattu dans les lignes allemandes. »

Citation :

Officier de tout premier ordre comme valeur morale et militaire. Faisant partie d'un détachement du 148ᵉ encerclé par l'ennemi, a essayé pendant 12 jours de le ramener dans les lignes françaises. Blessé une première fois, a continué de se défendre héroïquement, ne voulant pas abandonner son capitaine grièvement blessé. Est glorieusement tombé pour la France transpercé de 10 autres balles.

(Décret du 19 mai 1920).

JACQUET, René-Augustin-Marie

Soldat au 311ᵉ régiment d'infanterie.

Né à Vannes, le 11 décembre 1886, passa au collège Saint-François-Xavier cinq années, de 1894 à 1899. Il y a laissé le meilleur souvenir.

Il fut incorporé à la mobilisation au 311ᵉ régiment d'infanterie. D'un caractère gai et enjoué, nous écrit sa mère, il était très aimé de ses camarades et estimé de ses chefs.

Envoyé sur le front serbe, il ne tarda pas à tomber victime de l'implacable climat d'Orient.

Atteint d'une grippe infectieuse, il vit la mort venir sans crainte et mourut courageusement et chrétiennement, âgé de 31 ans, à l'ambulance alpine de Lin (Serbie).

Nous offrons à sa famille nos plus sympathiques et respectueuses condoléances.

JAFFRÉ (l'abbé), François-Marie

Caporal au 264ᵉ régiment d'infanterie.

Né le 4 février 1894, à Languidic (Morbihan), où son père était entrepreneur, il passa trois années à Saint-François-Xavier. La guerre le trouva au Grand-Séminaire de Vannes. La *Semaine religieuse* du 26 août 1916 publie sur lui les détails suivants.

« M. l'abbé Jaffré est tombé à Estrées, dans la Somme, au cours d'une attaque, le 24 juillet dernier. Ce nouveau deuil sera particulièrement ressenti au Séminaire de Vannes, car l'abbé Jaffré alliait à une très belle intelligence et à des dons variés une modestie et une piété qui autorisaient les plus belles espérances. »

Un mois à peine avant sa mort il écrivait :

« Nous sommes dans les lignes attendant l'attaque. Le bombardement dure depuis plusieurs jours. Nous devions dimanche dernier célébrer la Fête-Dieu. Brusquement il a fallut mettre sac au dos. Nous avons pu cependant faire du dimanche une sorte de veillée d'armes. Beaucoup de confessions et de communions. Sermon très écouté et très impressionnant de l'abbé X... C'était dans une prairie, l'église était trop petite. Lorsque j'ai entonné le *Tantum ergo* après le sermon, les voix pour reprendre ne sortaient pas. Puis Dieu a béni toutes ces têtes baissées parmi lesquelles il faisait son choix. Si je suis au nombre des choisis, ce ne sera pas sans avoir remercié Dieu de m'avoir trouvé digne. Sinon, que vos bonnes prières m'aident à faire tout mon devoir. »

L'abbé Jaffré fut trouvé digne, ayant fait tout son devoir comme le prouvent les citations et décorations qu'il obtint.

Ordre du régiment n° 192, du 7 juillet 1916.

Caporal dévoué et énergique, a montré le plus bel exemple au cours de l'assaut du 15 juillet, a su maintenir l'ordre et le calme dans son escouade pendant le violent bombardement de combat.

Ordre du corps d'armée n° 271, du 24 août 1916.

Excellent caporal grenadier ; comme chef de groupe ou nettoyeur de tranchées, a fait preuve du plus beau sang-froid et de la plus grande énergie, a puissamment contribué aux résultats obtenus à l'attaque du 24 juillet 1916. A été tué sur la position conquise, près d'Estrées. Croix de guerre avec étoiles, vermeil et bronze. Médaille militaire.

JEANSON, François-Edme-Marie-Gabriel
Aspirant au 77ᵉ régiment d'infanterie.

Né à Angers, le 3 avril 1896, suivait les cours de Saint-Cyr à Saint-François-Xavier, à la déclaration de guerre. Engagé volontaire, il manifeste, dans les premières lettres adressées aux siens, son impatience de prendre part à la lutte ; il enrage, dit-il, de rester inactif.

Bientôt ses vœux sont exaucés et il entre dans la fournaise. Sa confiance reste entière malgré les vicissitudes et les dangers du combat ; il fait preuve de la plus grande énergie.

Blessé en mai 1916 et cité à l'ordre du régiment, il reprend sa place au front, à peine sa guérison achevée.

Aspirant quelques temps après, il tombe en brave à l'attaque de Sailly-Saillisel le 18 octobre 1916.

Sa brillante conduite lui a valu une citation à l'ordre de l'armée.

François Jeanson, chef de section d'élite, très aimé de ses hommes qu'il entraînait d'un élan superbe lors de l'attaque du 18 octobre. Blessé tout d'abord d'un éclat d'obus, a conservé son commandement jusqu'au moment où il fut atteint à nouveau au contact de la tranchée ennemie.

FAYOLLE.

JÉGAT (l'abbé), FRÉDÉRIC

Caporal au 52ᵉ régiment d'infanterie coloniale.

Sa jeunesse et sa modestie sans doute ont fait que nous avons peu de détails sur sa vie. Elle n'en est pas moins belle dans sa simplicité.

Frédéric Jégat naquit à Arradon, le 14 septembre 1895. Il fit à Saint-François-Xavier ses classes de quatrième et de troisième, d'octobre 1909 à juillet 1911. Se destinant au sacerdoce, il acheva ses études secondaires au Petit Séminaire de Calmont-Haut. La guerre le surprit bien jeune, à 19 ans, et il mourrait à 22 ans, le 22 septembre 1917.

La *Semaine Religieuse* de Vannes du 13 octobre 1917 lui consacre cette courte notice :

« Clerc tonsuré du Grand Séminaire de Vannes. Caporal au 52ᵉ d'infanterie coloniale, mort au Champ d'honneur le 25 septembre 1917. Aussi brave soldat qu'il était pieux séminariste, l'abbé Jégat avait été plusieurs fois cité à l'ordre du jour. »

Nous avons pu recueillir au moins une de ces citations :

Caporal au 52ᵉ régiment d'infanterie coloniale, a conduit avec un courage remarquable son escouade à l'attaque d'un centre de résistance fortement organisé, s'est emparé d'une mitrailleuse. A reçu deux blessures au cours du combat.

Au C. S. A., le 12 mai 1917.

Frédéric Jégat écrivait à sa sœur ces belles paroles qui révèlent mieux que bien des détails ses sentiments généreux et chrétiens :

« Ce matin j'ai reçu le Dieu fort dans mon cœur : avec Lui je ne crains rien ; j'accepte avec joie tout ce qui lui plaira de m'envoyer. Si je dois mourir, je suis prêt, et si je dois vivre, qu'il me donne la grâce de faire toujours sa volonté. »

Et ailleurs : « Veille du grand départ. Au rapport, le général nous fait espérer la fourragère ; c'est donc la course à l'honneur ou à la mort. Qu'importe, puisque c'est pour la France ! »

Donner sa vie pour Dieu et pour la France, peut-on trouver un idéal plus élevé et une fin plus belle ?

JOLLY, René-Henry
Adjudant au 62ᵉ régiment d'infanterie.

Né à Vannes, le 23 novembre 1892, étudia au collège Saint-François-Xavier, de 1899 à 1907.

Il accomplissait son service militaire au 62ᵉ régiment d'infanterie à Lorient, lors de la déclaration de guerre. Au front dès le début, sa vaillante conduite lui valut quatre citations ; la dernière est ainsi libellée :

Le général commandant le XIᵉ corps d'armée cite à l'ordre du corps d'armée l'adjudant Jolly René, de la 6ᵉ compagnie du 62ᵉ régiment d'infanterie :

Au cours du combat du 4 octobre 1916 a, avec sa section, enlevé un blockhaus ennemi et fait 25 prisonniers.

Il contractait, quelque temps après sa dernière citation, une grippe pernicieuse. Il y succombait le 11 octobre 1918, à l'hôpital de Bourgouin où il était entré trois jours auparavant.

« Sa vie a été courte et belle, — « nous écrit sa mère, » Il se faisait aimer de tous ceux qui l'entouraient. »

Quel plus bel éloge pourrait-on en faire ?

JOUANGUY, Louis
Caporal au 118ᵉ régiment d'infanterie.

Né à Vannes, le 3 décembre 1890, il fit ses premières études au Petit Séminaire de Sainte-Anne ; il les continua en seconde au Collège Saint-François-Xavier, après la fermeture du Petit Séminaire. Il accomplissait son service militaire au 118ᵉ régiment d'infanterie à Quimper, lorsque la guerre éclata. Caporal à la mobilisation, il partit dès les premiers jours et fut une des premières victimes, ayant été porté disparu après la première bataille de la Marne, au début de septembre 1914.

Nous offrons nos plus sincères condoléances à sa famille qui n'aura pas eu la suprême consolation de pleurer sur son cercueil.

JOUANNIC, Eugène
Soldat au 116ᵉ régiment d'infanterie.

Né à Rohan, le 9 juin 1889, il commença ses études secondaires au Petit Séminaire de Notre-Dame des Carmes de Ploërmel. A la fermeture de cette maison, en décembre 1906, il vint avec la plupart de ses condisciples achever ses études secondaires au Collège Saint-François-Xavier, en janvier 1907. Il se trouvait alors en philosophie. Quand la guerre éclata, il faisait à Rennes des études de droit.

Comme beaucoup de soldats, au front, Eugène Jouannic écrivait son journal. Nous y trouvons quelques détails sur sa vie et l'expression des sentiments les plus élevés et les plus chrétiens.

En mars 1915, il était dans la Somme, au petit village de Franvillers ; puis en avril, à l'hôpital de Toutencourt, arrondissement de Doullens, où l'avaient conduit les fatigues des tranchées de première ligne.

Après quelques semaines de repos, il rejoint son régiment aux environs d'Hamel, et combat successivement à Autbuille, à Perthes-les-Hurlus, à Tahure.

« Comme les camarades, dit-il, je creuse des boyaux, j'organise des tranchées, je prends la garde le jour et la nuit, devant le créneau, attendant avec anxiété le moment où l'ennemi pourrait apparaître. Oh ! ces heures de garde la nuit, quelles sont longues et monotones !.. Si je ne revenais pas de cette campagne ? »

Ses pressentiments ne le trompaient pas. Il fut frappé à la poitrine d'un éclat d'obus qui lui déchira les poumons, le 2 octobre 1915. Il fut enterré dans le cimetière de Croix en Champagne.

Aux heures sombres de la tranchée, il pensait à son passé, à ses souvenirs d'enfance, à sa mère, au Ciel aussi.

« Avec exactitude, écrit-il, j'accomplis de mon mieux mes devoirs religieux. En toute sincérité je dois dire que je suis religieux par principe. Penser à la mort, considérer ma vie passée, demander à Dieu que la future soit meilleure et que la fin en soit douce et pieuse étaient mes préoccupations quotidiennes. »

Sa mort fut comme il le désirait, résignée et chrétienne.

JOUANNO, Albert-Jean-Louis-Marie
Sergent au 69ᵉ d'infanterie.

Né à Riantec (Morbihan), le 28 septembre 1890, élève à Saint-François-Xavier (1907-1910). Il était de ceux qui voulaient servir Dieu par leur vie et qui l'ont servi par leur mort au Champ d'honneur, par une soumission, on peut dire héroïque, à sa sainte volonté.

D'abord élève au Grand Séminaire de Vannes, la déclaration de guerre le trouvait novice dans la congrégation des Eudistes, faisant son service militaire à Nantes.

Rapidement il passe caporal, puis sergent, demande à partir au front et prend part aussitôt à la bataille de Verdun.

Il combat successivement à Verdun, à Beaumont, à Méry, à Amblémy, à Soissons, à Mouvron.

« Je suis toujours dans la grande mêlée, écrit-il, et dans pareil enfer, les souffrances physiques sont incalculables... Je demande à sainte Anne sa grande protection, du courage, une grande confiance en Dieu et une constante soumission à sa volonté. »

Il fut blessé mortellement, à l'attaque du 20 août 1918, aux environs de Bieuxy, au nord de Verdun, et transporté le lendemain à l'hôpital de Villers-Cotterets. Il avait de nombreuses blessures, mais surtout une plaie pénétrante à la tête. Se sentant en danger, il demanda et reçut l'extrême-onction, puis en toute connaissance, il offrit sa vie pour l'Eglise, pour sa famille et pour la France. Il mourait le lendemain, 22 août 1918, et fut enterré au cimetière militaire de Villers-Cotterets.

Après sa mort, une citation est venue consacrer ses mérites et son sacrifice : *Sous-officier d'une tenue et d'une bravoure exemplaires, s'est signalé à l'attention de ses chefs au cours de l'offensive du 18 juillet 1918, conduisant sa section avec ordre et entrain pendant une longue progression dans les lignes ennemies. Mort des suites de ses blessures, le 22 août 1918. Croix de guerre, étoile de vermeil.*

Dans toutes ses souffrances, il avait toujours en vue la volonté de Dieu. Ne doutons pas qu'il n'ait reçu de Lui dans son paradis, une récompense autrement belle.

JOÜON, Michel
Capitaine au 91ᵉ régiment d'infanterie.

Né à Nantes, le 29 septembre 1872, fils d'un notaire Mᵉ Eugène Joüon. Il fut interne à notre collège de 1883 à 1884. En 1893-1895, nous le retrouvons à Saint-Cyr d'où il sort comme sous-lieutenant au 114ᵉ d'infanterie. En 1913, il était capitaine au 91ᵉ, à Mézières.

A la déclaration de guerre, le capitaine Michel Joüon entre en campagne avec le 291ᵉ régiment de réserve, prend part aux combats de Belgique, des Ardennes. Il est grièvement blessé le 8 septembre, à la bataille de la Marne, devant Fère Champenoise. Une citation du 28 août 1914, à l'ordre de la brigade, mentionnait qu'il « a fait preuve de la plus grande énergie et de beaucoup de décision. »

Bien qu'incomplètement guéri, et ne pouvant faire usage de la main droite, Joüon, homme de devoir, trouva que sa place n'était pas dans un dépôt, et le 20 juin 1915, il rejoignait son régiment d'active, le 91ᵉ, en Argonne.

Dès le 12 juillet, après plusieurs jours de combats acharnés pour défendre la position qui lui a été confiée, il ramène de la 1ʳᵉ ligne les éléments de sa compagnie encore en état de combattre, et faisant avec eux une percée à travers les lignes allemandes, il vient défendre les ouvrages de 2ᵉ ligne. Sa belle conduite en cette action lui fait obtenir la Croix de la Légion d'honneur et il est proposé pour le grade de commandant.

Le 28 septembre 1915, au combat de la Fille Morte (Argonne), Joüon menait deux compagnies à l'assaut des tranchées allemandes lorsqu'il fut frappé en plein cœur d'une balle, au moment où il abordait les fils de fer.

Son corps enlevé la nuit suivante fut inhumé au cimetière des Islettes, près Sainte-Menehould.

Cette mort héroïque fut glorifiée par une seconde citation à l'ordre de l'armée :

Officier de valeur, d'une bravoure et d'une énergie exceptionnelles ; a été tué en conduisant brillamment deux compagnies à l'assaut des tranchées ennemies.

Le capitaine Joüon laissera le souvenir d'une belle conscience de soldat, tombé en breton et en chrétien, et son jeune fils gardera comme héritage d'honneur la Croix de guerre avec deux palmes et l'étoile qui lui a été remise à Caen, le 15 janvier 1916.

LALAU-KERALY, Gilles-Marie-Richard-Eugène
Brigadier au 8ᵉ régiment d'artillerie.

Né à Hennebont, le 18 août 1894, élève à Saint-François-Xavier (1908-1911), Gilles avait devancé l'appel pour prendre la place d'un père de famille et était allé sur le front en février 1915.

Gai, plein d'entrain, très brave, ne se souciant pas du danger, il a été frappé mortellement d'un éclat d'obus à la tempe, le 13 février 1916, en remplissant les fonctions d'agent de liaison au Trou Bricot (Marne).

Il lui fut accordé la médaille militaire et la Croix de guerre pour sa brillante conduite.

Gilles Keraly appartenait à une très nombreuse famille d'Hennebont.

L'aumônier de son régiment écrivit à son père qu'il pouvait être rassuré sur le sort éternel de son enfant. Le jeune brigadier, dit-il, avait bien profité de son éducation chrétienne, et des bons exemples trouvés dans sa famille.

Soldat, il avait conservé ses pratiques religieuses.

Dieu a dû ratifier le jugement des hommes : tout le monde à sa batterie, l'aimait et l'estimait. Ses chefs le considéraient comme un excellent soldat et les canonniers, comme un excellent camarade.

Il a bien mérité la citation à la brigade.

Mgr Gouraud et Mgr Duparc ont envoyé, dès la première heure, leurs sentiments de condoléances à M. et Mme Keraly.

« Vous trouverez dans votre foi chrétienne et française, dit Mgr Gouraud, les consolations dont vous avez besoin. »

« Notre-Dame du Vœu était là tout près de lui, dit Mgr Duparc, à l'heure du sacrifice, vous remplaçant tous les deux auprès du bon soldat, lui mettant au cœur votre pensée, en même temps que celle de Dieu. »

« Dans ses fonctions de téléphoniste, écrivait son capitaine à la mère du brigadier Gilles, fonctions pénibles et souvent dangereuses, il a été pour moi un très précieux auxiliaire, et pour toute la batterie un admirable et perpétuel exemple de courage, de sang-froid, d'entrain et, surtout, d'attachement passionné à son devoir dans les circonstances les plus pénibles et les plus difficiles. »

D'un autre officier M. et Mme Kéraly reçurent cette lettre :

« Je vous répéterai que quinze années de métier ne m'ont pas rendu mauvais juge, que la simplicité, l'allant, la droiture de votre fils et ses manières douces, l'ont fait aimer de tous, chefs et camarades.

« Le sacrifice de sa vie qu'il avait fait, la fermeté de ses sentiments religieux qui le rendaient si brave au feu, auront touché le bon Dieu, qui lui a épargné toute souffrance, tout près de lui ouvrir toutes grandes les portes du Paradis. »

Détail touchant, son capitaine a fait faire, dans la batterie, une collecte pour déposer une couronne sur sa tombe et faire dire des prières pour le repos de son âme : les plus pauvres soldats ont voulu y contribuer, puis comme toute la somme recueillie ne put être utilisée, le reliquat fut adressé par le capitaine à sa famille.

DE KERDUDAL (LE MAUFF), ERNEST-MARIE-ALPHONSE

Adjudant au 2ᵉ régiment de zouaves.

Né à Péaule (Morbihan), le 15 mars 1885, élevé à Saint-François-Xavier (1892-1902). Quand il eut atteint sa 7ᵉ année, ses parents se fixèrent à Vannes et confièrent leur enfant aux R. R. P. P. Jésuites, qui dirigeaient alors le collège Saint-François-Xavier.

Il montrait déjà une volonté ferme et juste. Le devoir lui était sacré ; il en fit sa ligne de conduite.

La piété était également ancrée dans l'âme de ce petit breton.

Il passa ses examens de baccalauréat avec succès.

En 1902, nous le trouvons à l'Ecole Sainte-Geneviève ; il voudrait entrer à Saint-Cyr. Il n'y réussit pas et dut faire au 1ᵉʳ zouaves son service militaire. A sa libération, il était adjudant.

En 1907, il retourne à Paris ; il y passe quatre ans dans les bureaux de la Cie d'assurance *La Nationale Vie*. Il trouva là d'excellents amis. En 1912, il était nommé inspecteur à Oran.

C'est à Oran que l'atteignit l'ordre de mobilisation.

« Ce matin, écrivait-il à sa mère, mes amis et moi, avons fait la petite lessive à l'Eglise paroissiale de façon à nous présenter propres devant Messieurs les Prussiens... Surtout pas d'émotion pour moi ! Le bataillon ne semble guère devoir s'éloigner d'Oran, à moins que des soulèvements se produisent dans le Sud-africain ou au Maroc. »

Son âme patriotique ne put résister au désir de voler au secours de la France envahie, il sentait que le devoir l'appelait en terre française. Il demanda à partir avec le 2ᵉ zouaves.

« Vous ignorez peut-être, Monsieur, écrivait un de ses amis d'Oran à son père, que votre fils est parti avant son tour, sur sa demande. Avant de prendre le paquebot, avec son nouveau bataillon, il ne se tenait plus d'impatience et son enthousiasme avait gagné tous ses hommes. »

Le 16 août, c'est à bord du *Timgad* de la Cⁱᵉ Transatlantique, qu'il écrit à ses parents :

« Enfin... ! c'est le chemin de France que je prends, celui-là même que je suivais il y a deux mois pour aller vous voir. Cette fois, Nantes ne sera pas le terme de mon voyage, mais un endroit que j'ignore ; puisse-t-il être situé en terre prussienne ! »

« Le *Timgad* lève l'ancre au son de la *Marche des Zouaves*, puis de la *Charge* ; c'était impressionnant même pour ceux qui, comme moi, quittent Oran sans regret, car on ne peut s'empêcher de songer que, nombreux seront sans doute ceux qui ne reviendront jamais ; mais personne n'y songe, la gaîté règne partout : Bateau de plaisir ! crie l'un d'eux... »

Dans quelques heures, les habitants de Cette les verront défiler, la tête haute et le sourire aux lèvres ; on se figurerait qu'ils partent en permission.

La compagnie d'Ernest fut dirigée sur les Lilas, près de Paris, d'où il trace cette simple carte « Bons baisers. » Quelques semaines après, ses parents apprenaient la nouvelle de sa mort.

« Permettez-moi, leur écrivait un camarade d'Ernest, le sergent A... de venir vous parler de votre pauvre fils.

« Ayant conservé de lui le meilleur souvenir, je serais véritablement désolé que sa conduite héroïque demeurât dans l'ombre. C'était un grand et noble cœur. Ses nombreuses et merveilleuses qualités le firent apprécier de tous, et tous, nous conserverons fidèlement sa mémoire.

« Il tomba à Barcy (Seine-et-Marne), le 7 septembre dernier, au combat de la Râperie ; les zouaves avaient reçu mission de défendre ce village par lequel les Allemands devaient passer pour marcher sur Paris.

« Au plus fort de l'action nous vint l'ordre de nous replier. La situation était terrible, tout homme qui relevait la tête était un homme mort. L'ordre fut exécuté ; nous nous repliâmes vers l'artillerie dont les zouaves devenaient le soutien. Ce fut durant ce mouvement que votre fils fut frappé très grièvement. Il tomba sur le coup. On s'empressa pour le relever, mais à ceux qui l'entouraient il murmura héroïquement : « Non, non, laissez-moi, j'ai fait mon devoir, continuez à faire le vôtre, la France a besoin de tous ses hommes. »

Cette héroïque parole fut confirmée dans une lettre du commandant.

« L'adjudant de Kerdudal est tombé à mes côtés, frappé d'une balle au front, alors qu'il conduisait sa section à l'ennemi. Ses dernières paroles furent les suivantes : « Non, non, laissez-moi.... »

Kerdudal demeurera l'exemple du courage, du véritable esprit d'abnégation, du mépris pour tout ce qui n'était pas le devoir.

Quelques jours avant son départ d'Oran, lui et quelques amis se rendirent à l'église du Saint-Esprit où ils reçurent la sainte Communion ; c'est là, sans nul doute, que ce brave enfant a trouvé la force et le courage qui l'ont si bien aidé à devenir un soldat sublime, un héros !

Dieu le réservait pour la plus sainte des causes : la délivrance de son Pays. Au soir du 7 septembre, il n'a pas répondu « Présent » à l'appel du 2ᵉ zouaves, mais on peut être certain qu'il a répondu « Présent » au grand appel où sont admis les héros et les âmes trempées comme la sienne.

Ernest de Kerdudal fut décoré de la Croix de guerre et de la Médaille militaire.

KERENFORS, Félix-Joseph
Enseigne de vaisseau auxiliaire.

Né le 11 août 1883 à Roscoff (Finistère), élève à Saint-François-Xavier où il se prépara à l'école navale.

Il échoua à l'examen et se fit alors recevoir capitaine au long cours de 1ʳᵉ classe.

Il entra à la Compagnie Générale Transatlantique où il servait depuis six ans, lorsque vint la mobilisation.

Il fut mobilisé dès les premiers jours d'août et fit tout l'hiver la campagne de surveillance sur la Manche. Pendant cette croisière, il captura le navire hollandais *New-Amsterdam* où il y avait 750 réservistes allemands et autrichiens ; c'était au tour de Félix Kerenfors de monter à bord le premier, aussi était-il tout fier de cette belle capture.

La Savoie sur lequel il était embarqué en qualité d'enseigne de vaisseau quitta la Manche fin février 1915, pour transporter des troupes aux Dardanelles.

Très fatigué après le départ de Bizerte, le 10 mars, il avait eu deux syncopes et parlait néanmoins de reprendre son service, lorsqu'il mourut subitement.

Son capitaine commandant écrivait de lui : « Le sourire sur les lèvres, car il était charmant, excellent officier, toujours sur la brèche. » Le général d'Amade prononça sur sa tombe un très beau discours dont voici quelques passages.

« Je viens au nom du corps expéditionnaire d'Orient, saluer la dépouille mortelle de l'enseigne de vaisseau auxiliaire Kerenfors, du croiseur auxiliaire *La Savoie*, tombé dans l'accomplissement de son devoir.

« Nous qui avons été témoins du dévouement montré par les états-majors et les équipages de la flotte de transport pour amener jusqu'aux Dardanelles les forces appelées à agir sur ce théâtre, nous sommes pleins d'admiration pour ces vaillants compagnons d'armes. Car nous savons avec quel zèle et quelle endurance, ils ont consacré à leur tâche, leurs journées de labeur et leurs nuits de veille.

« Nous associons l'enseigne de vaisseau Kerenfors, le premier inhumé en cette terre d'Orient, à nos vaillants marins qui, le 18 mars, ont trouvé dans les flots des Dardanelles, un glorieux linceul.

« Leurs compagnons d'armes honoreront leur mémoire, la Patrie gardera pieusement leur souvenir et Dieu les récompensera pour leur vaillance. »

Félix Kerenfors s'adressant à sa mère et à ses sœurs écrivait :

25 août 1914.

« J'espère que tous nous nous retrouverons après la guerre, mais si quelqu'un manque, (il faisait allusion à ses deux frères et beaux-frères) ce sera pour vous une consolation de savoir qu'il aura fini en bon chrétien et en bon français. »

Sa mort survenue par épuisement réalisa en tous points le pronostic qu'il formulait : il mourut en brave et en bon chrétien, ayant toujours présent à sa mémoire la devise inscrite sur le panneaux de nos vaisseaux : « Honneur et Patrie. »

KERGAL, Antoine-Jean-Marie
Soldat au 28ᵉ bataillon de chasseurs à pied.

Né au Tour-du-Parc, le 6 décembre 1895, élève à Saint-François de 1908 à 1911, passa au Petit Séminaire de Calmont-Haut. Il a laissé, dans ces deux établissements, le meilleur souvenir.

Incorporé le 15 décembre 1915, au 19ᵉ régiment d'infanterie, il est versé, quelques mois après, au 411ᵉ régiment d'infanterie, puis en mars 1916, au 2ᵉ zouaves. Le 11 juin 1916, au fort de Vaux, il est blessé grièvement.

Les suites de sa blessure ne lui permettant pas, pour l'instant, de retourner aux tranchées, il passe à la 14ᵉ section de C. O. A. et le 6 novembre 1917, il part avec le contingent français envoyé au secours de l'Italie. En 1918, il est versé au 28ᵉ bataillon de chasseurs à pied.

Malgré l'horreur des combats auxquels il est mêlé lors de la deuxième bataille de la Marne, il garde toujours un excellent moral. Peu de temps avant sa mort, il écrivait à son frère, professeur au Collège Saint-François-Xavier : « Prie bien pour moi ; j'ai fait le sacrifice de ma vie et je suis disposé à me battre bravement. Je me recommande au bon Dieu et à la Sainte Vierge et je m'en vais sans peur ».

Il tomba glorieusement à Vauxaillon (Aisne), le 15 septembre 1918, après avoir obtenu la citation suivante :

Chasseur brave et courageux. Très belle conduite pendant les attaques du 29 août au 6 septembre 1918.

L'aumônier du bataillon, annonçant son décès, écrivait : « C'était l'un de mes meilleurs paroissiens. »

La Médaille militaire lui fut conférée à titre posthume. Antoine Kergal était, en outre, décoré de l'Ordre de la valeur militaire de Sardaigne.

KERGALL, Yves-Marie-Joseph
Adjudant-mitrailleur au 93ᵉ de ligne.

Né à Saint-Cloud (Seine-et-Oise), le 9 juillet 1889, après de bonnes études faites à Saint-François-Xavier, suivit le cours de marine jusqu'en 1906.

Incorporé au 93ᵉ régiment d'infanterie, il devint, au cours de la guerre, adjudant-mitrailleur, et se révéla dans ce poste dangereux, un sous-officier des plus courageux et des plus intrépides.

Médaillé militaire, décoré de la Croix de guerre avec palmes, il est tombé glorieusement, au champ d'honneur, le 10 mai 1917, à l'âge de 27 ans.

Le JUMEAU DE KERGARADEC, Georges
Capitaine au 68ᵉ régiment d'infanterie.

Né le 29 août 1872, à Mantes (Seine-et-Oise), élève à Saint-François-Xavier (1885-1886).

Le capitaine Georges Le Jumeau de Kergaradec du 68ᵉ régiment d'infanterie fut nommé le 18 septembre 1914 Chevalier de la légion d'honneur par l'ordre du jour qui suit :

Atteint le 30 août de deux blessures graves au combat devant Burtoncourt (près Metz), a continué à garder le commandement de sa compagnie sous une pluie d'obus.

Encore incomplètement guéri, il rejoignait son régiment, et après de nombreux engagements, tombait héroïquement pour ne plus se relever, le 19 mai 1915, à Vermeille près de Béthune (Pas-de-Calais), à la tête de ses hommes, après s'être emparé de deux tranchées ennemies.

Le capitaine de Kergaradec était de ceux auxquels sont réservées les destinées glorieuses, parce que les traditions bretonnes étaient fortement ancrées dans son âme généreuse.

Voici du reste quelques lignes d'une lettre d'un gradé de son régiment qui dépeignent on ne peut mieux l'estime en laquelle on le tenait.

« Des honneurs ont été rendus au capitaine de Kergaradec. Une foule considérable de soldats ont assisté à ses obsèques. Les fleurs ne lui ont pas manqué, non plus que les prières ; car il était connu au régiment comme un chrétien fervent. »

Le capitaine de Kergaradec fut l'objet de cette citation à l'ordre de l'armée :

Officier d'un brillant courage, s'est particulièrement distingué le 19 mai, en résistant toute la journée à une contre attaque allemande, sous un feu très violent d'artillerie et d'infanterie.

Glorieusement tué d'une balle à la tête, au moment où il entraînait ses hommes en avant.

De KERNAFFLEN de KERGOS, Bernard
Enseigne de vaisseau de 1ʳᵉ classe (auxiliaire)
Chevalier de la Légion d'honneur, Croix de guerre.

Né à Penhars (Finistère), le 21 février 1888, étudia au Collège Saint-François-Xavier de 1897 à 1905.

Capitaine au long cours au moment de la déclaration de guerre, il est nommé enseigne de vaisseau auxiliaire et est affecté à une batterie d'artillerie lourde en Argonne. Puis il reçoit le commandement d'une batterie A. L. V. F. (artillerie lourde sur voie ferrée). Officier consciencieux et désireux d'obtenir de sa batterie les meilleurs résultats possibles, il tient à passer le brevet d'observateur en avion, afin de juger par lui-même des effets de sa batterie ; il obtient de cette façon des résultats qui le font remarquer. Les artilleurs ayant remplacé les marins à l'A. L. V. F. de Kergos passa à la défense du front de mer de Nieuport où il commanda la batterie Marseillaise. Les importants et nombreux services qu'il rendit dans ce poste, lui valurent la Croix de la Légion d'honneur. Marin dans l'âme, il était le père de ses matelots qui l'adoraient et dont il savait se faire obéir sans effort. Un de ses sous-officiers nous disait :

 « *Quand le commandant est là, il n'y a jamais de punitions, tant ses marins mettent d'empressement à faire ce qui est commandé par lui.* »

 Les fatigues et les efforts qu'il avaient eus à supporter en payant de sa personne dans une manœuvre de sauvetage nécessitèrent son entrée à l'hôpital de Rozendaël.

 Il y mourait le 17 septembre 1918, à l'âge de trente ans.

Citation du 20 mars 1917 :

Officier auxiliaire de valeur ; en service depuis 2 ans, aux batteries des canonniers marins, et depuis 6 mois au front de mer de Nieuport, comme commandant d'un ouvrage fréquemment soumis à de violents bombardements. A fait preuve de belles qualités de bravoure et d'énergie ; s'est distingué récemment en payant de sa personne dans une manœuvre de sauvetage d'un engin ennemi, intéressant pour la marine, et exécuté à proximité immédiate des lignes ennemies.

Citation du 6 décembre 1917 :

 « Est inscrit au tableau spécial, pour le grade de Chevalier de la Légion d'honneur, de Kernafflen de Kergos, Bernard :

Officier de haute valeur, énergique et brave ; a su obtenir de sa batterie des résultats très appréciés dans des engagements nombreux, a donné des preuves de son calme et de son sang-froid en toutes circonstances, et notamment le 3 mai et le 3 septembre 1917, sous des bombardements de gros calibre prolongés et extrêmement violents.

DE KERNAFFLEN DE KERGOS, Louis

Capitaine au 330ᵉ d'infanterie
Chevalier de la Légion d'honneur, décoré de la Croix de guerre.

 Né à Toulgoat en Penhars (Finistère), le 8 avril 1893, étudia au Collège Saint-François-Xavier de 1903 à 1907.

 Sorti de Saint-Cyr, promotion de Montmirail, le 2 août 1914, il part pour le front avec confiance et enthousiasme. Il écrit à sa famille : « Je pars plein de joie. Quelle plus belle façon pouvais-je avoir de commencer ma carrière et de la finir peut-être? J'espère bien revenir, mais s'il en était autrement, à la volonté de Dieu ! » Nommé sous-lieutenant au 164ᵉ d'infanterie, il rejoint le camp retranché de Verdun. Deux ou trois mois plus tard, toujours dans la même région, il passait au 330ᵉ.

c'est avec ce régiment qu'il fit tout le reste de la guerre. Capitaine et Chevalier de la Légion d'honneur à 23 ans, il quitta Verdun pour la Somme, revint à Verdun pour la seconde attaque et enfin se trouva dans l'Aisne pour l'offensive qui devait définitivement repousser l'ennemi. Mais après être sorti indemne de tant de combats, il ne devait pas connaître la joie de la victoire et tombait le 29 août 1918, à Pierremaude, après avoir tenté trois fois et enfin réussi à traverser le canal de l'Ailette dont son régiment avait reçu l'ordre de forcer le passage. Il était sur le point de passer chef de bataillon après le minimum de temps nécessaire. Sa dernière lettre annonçait cette bonne nouvelle.

Officier plein d'entrain et d'énergie, il savait, par sa foi profonde, s'élever au-dessus de la crainte du danger, et disait avec sa simplicité naturelle : « Au milieu de la mitraille, je prie le bon Dieu que ça passe à côté et je vais de l'avant. »

Ses qualités de chef lui avait mérité toute la confiance de ses hommes auxquels il avait le don de communiquer son ardeur. Ceux-ci lui donnèrent une preuve touchante de leur estime et de leur affection en lui offrant, au moment de sa nomination dans la Légion d'honneur, une superbe croix dont l'écrin porte la suscription : « Au capitaine de Kergos, les poilus de la 6ᵉ compagnie du 330ᵉ. »

Citations :

Officier plein d'allant, pendant trois journées d'intense bombardement, 26, 27 et 28 février 1916, s'est dépensé sans compter pour placer et visiter les éléments sous ses ordres, pour assurer l'exécution des travaux nécessaires, pour découvrir les mouvements de l'ennemi tout proche et enfin pour repousser ses attaques. Au combat du 20 février, a été un entraîneur d'hommes ; a exercé le commandement en fin de combat, le chef du bataillon ayant été blessé.

« Le 17 avril 1917, a été nommé au grade de Chevalier de la Légion d'honneur de Kergos, Louis-Guénolé-Marie, capitaine au 330ᵉ régiment d'infanterie :

Officier d'une bravoure exceptionnelle, remarquable d'énergie et d'entrain. Le 28 mars 1917, attaqué très violemment à l'aide de liquides enflammés, a regagné avec ses propres ressources, le terrain momentanément perdu ; l'a organisé sous le bombardement, et l'a maintenu inébranlable, en infligeant des pertes sérieuses à l'ennemi.

LE GALLIC DE KÉRIZOUËT, ALAIN-AUGUSTIN-GABRIEL

Lieutenant au 2ᵉ chasseurs.

Né au Ponceau en Ligné (Loire-Inférieure), le 28 août 1880, après avoir passé au Collège les années de 1889 à 1899, embrassa la carrière des armes.

Lieutenant au 2ᵉ chasseurs au moment de la mobilisation, il se distingua dès le début de la campagne par des actions d'éclat.

Très aimé de ses pairs, il ne l'était pas moins de ses hommes dont il remontait le moral par son entrain et sa bonne humeur. Durant toute la guerre, il se dépensa sans compter, toujours le premier au danger. Il eut la joie refusée à tant d'autres, de voir le succès couronner les efforts de nos armées. Mais il avait trop présumé de ses forces. De constitution assez délicate, les souffrances physiques et morales endurées pendant plus de quatre longues années avaient miné sa santé au point qu'il dut entrer, après l'armistice, à l'hôpital de Nantes, où, malgré les soins éclairés qui lui furent prodigués, il expira le 17 mars 1919.

Sa mort fut un véritable deuil pour le 2e chasseurs où il ne comptait que des amis ; les lettres de condoléances adressées à sa famille après sa mort ne tarissent pas d'éloges sur le brillant officier et le loyal camarade qu'il était pour tous. Puissent ces témoignages unanimes de sympathie adoucir un peu la douleur navrante des siens, d'autant plus cruellement frappés, que la guerre terminée, ils étaient en droit d'espérer pouvoir le conserver longtemps encore à leur affection.

Décoré de la Croix de guerre avec palme, le lieutenant de Kérizouët avait été l'objet des trois citations suivantes :

Ordre du Q. G. de la 151e D. I. n° 289.

Officier très dévoué, a exécuté plusieurs reconnaissances en première ligne dans un secteur très bombardé et a rempli avec beaucoup d'entrain pendant l'attaque du 31 août 1917 les fonctions d'observateur.

Le chef d'état-major de la 151e division d'infanterie,
BEAUJEAN.

Ordre de la 161e division, n° 241.

Le lieutenant Le Gallic de Kerisouët, Augustin-Alain-Gabriel, du 2e régiment de chasseurs, le 6 avril 1918, à la tête d'un détachement de 2e chasseurs a subi une attaque par surprise, de forces supérieures. A dirigé avec une grande énergie les replis successifs en infligeant des pertes à l'ennemi ; n'a quitté le terrain qu'après 24 heures de lutte sans repos ni ravitaillement et sur l'ordre du commandement.

Le général commandant la 161e division d'infanterie,
LEBOUC.

151e division d'infanterie, ordre général n° 597.

Dans la période du 5 au 9 novembre 1918 a donné de nouvelles preuves de son entrain et de son énergie ; le 6 novembre, à la tête d'une poignée de cavaliers a reconnu sous le feu des uhlans pied à terre le village de Chappe. Pénétrant dans ce village, y a fait un prisonnier. Contribuait quelques instants plus tard, par son esprit de décision à la capture d'un officier près du village de Donmely ; seul avec quelques cavaliers, dans la matinée du 9 novembre, est entré, derrière l'ennemi en fuite, dans le village de Grèves.

Le général commandant la 151e D. I.

DE **KERMEL**, Louis

Chef de bataillon au 109e régiment d'infanterie
Chevalier de la Légion d'honneur.

Né le 25 février 1870, à Saint-Brieuc (Côtes-du-Nord), élève de Saint-François-Xavier (1883-1887). Il partit dès le début de la guerre en qualité de chef de bataillon breveté d'État-Major, au 109e régiment d'infanterie.

Energique et brave, joignant les vertus chrétiennes aux vertus militaires, il se conduisit vaillamment en toutes circonstances ; malheureusement il n'eut pas le temps de produire longtemps les grands exemples qu'il avait à cœur de donner à tous ; la mort vint le frapper le 19 août 1914, à la tête de son bataillon.

Voici ses citations :

M. de Kermel, chef de bataillon au 109ᵉ régiment d'infanterie, a montré des qualités de vigueur et d'énergie remarquables dans la conduite de son bataillon dans des circonstances difficiles.

Ordre général au corps d'armée :

Le commandant Louis de Kermel, chef de bataillon au 109ᵉ régiment d'infanterie, Chevalier de la Légion d'honneur, tombé glorieusement le 19 août 1914, à Wisch (Haute-Alsace).

Le commandant Louis de Kermel laisse de son mariage cinq orphelins.

KERMELEUC, ALFRED-SOSTHÈNE-JOSEPH
Sergent au 265ᵉ d'infanterie.

Né à Nantes, le 1ᵉʳ février 1875, élève du Collège de 1885 à 1893, fut incorporé au 265ᵉ d'infanterie où sa bonne conduite lui valut rapidement les galons de sergent.

Envoyé au front dans les tranchées de première ligne, en 1915, il fit preuve du plus grand courage et de la plus grande abnégation.

Ses dernières lettres écrites quelques jours avant sa mort témoignent du moral excellent qu'il sut conserver jusqu'au bout, grâce à la foi profonde dont il était animé.

15 août 1916.

CHÈRE MAMAN,

« Bien qu'étant toujours en tranchées de deuxième ligne, nous avons eu ce matin, la messe dite dans un gourbi par un infirmier divisionnaire. Beaucoup de poilus disponibles y assistaient.

« Pendant l'office, j'ai prié pour toi, pour Marie et pour toute la famille, afin que Sainte Marie vous protège et vous accorde les grâces que vous lui demandez. A la fin de la cérémonie, il a été lu une amende honorable pour demander à la sainte Vierge le salut de la France et la fin de la guerre. »

29 août 1916.

CHÈRE MARIE,

« C'est par un temps sombre et pluvieux que je t'écris.

« Nous sommes continuellement dans l'humidité. Dans les abris, il fait plus humide que dehors. On est mangé par la vermine. Ce n'est pas une vie.

« Ce matin, je me réveille avec l'œil gauche enflé. J'ai dû être piqué par un moustique. Toutes ces souffrances morales et physiques, je les supporte en silence pour les âmes du purgatoire.

« Je connais, ma chère Marie, ton bon cœur ainsi que celui de tous les habitants de la Boissière ; aussi j'espère que vous ne m'oublierez pas dans vos prières. Je me suis voué à sainte Anne et à Notre-Dame de Miséricorde ; j'ai ferme espoir qu'elles ne m'abandonneront pas. Si j'ai le bonheur de revoir la Boissière, mes premiers pas seront pour aller à Sainte-Anne. J'espère que tu m'y accompagneras. Enfin courage et confiance ! »

1ᵉʳ septembre.

CHÈRE MAMAN,

« C'est le mois de saint Vincent Ferrier. Comme tu me le dis, je vais me mettre sous sa protection. Si tu vas à Vannes pour la fête de saint Vincent, j'espère que tu ne m'oublieras pas dans tes prières. Comme toi, je promets un nouveau pèlerinage à Sainte-Anne pour qu'elle me protège pendant mon nouveau séjour dans les tranchées. »

Au début de septembre 1916, l'artillerie n'ayant pu réduire quelques tranchées ennemies fortement établies, à la lisière du bois d'Estrées, dans la Somme, le commandement décida de les faire enlever à la baïonnette ; comme toujours un groupe de Bretons fut choisi et parmi eux, Alfred Kermeleuc. Le 4 septembre, à 2 heures, ces braves s'élançaient à l'assaut : au même instant, notre héroïque condisciple tombait mortellement frappé d'une balle en plein front.

Citation à l'ordre de l'armée.

Kermeleuc, Alfred-Sosthène-Joseph, sergent à la 4ᵉ compagnie du 265ᵉ régiment d'infanterie : Brave sous-officier d'un dévouement absolu dans l'exécution des missions qui lui étaient confiées comme agent de liaison. Tombé glorieusement pour la France, le 4 septembre 1916, devant Estrées (Somme).

Le maréchal commandant en chef des armées françaises de l'Est.

PÉTAIN.

Cité à l'ordre du jour et médaillé militaire à titre posthume, le 7 janvier 1920.

DE KERMENGUY, FRANÇOIS-MARIE-JOSEPH
Soldat au 219ᵉ régiment d'infanterie.

Né à Carantec (Finistère), le 14 novembre 1884, élève à Saint-François-Xavier (1896-1904). La guerre trouva François de Kermenguy, maire de Carantec. Il fit partie du 219ᵉ régiment d'infanterie et fut blessé dès le 15 septembre à Thé-sur-Aisne, vers cinq heures du soir.

Il survécut quarante-huit heures à ses blessures, et succomba au Bourget dans d'horribles souffrances, le 17 septembre.

Il avait offert, le 3 août, sa vie pour la France, heureux de combattre un ennemi détesté, ayant foi en une prochaine victoire. A la retraite de Bapaume, il était resté dans un village avec deux autres soldats pour protéger la retraite.

Ceux qui l'ont connu et le virent à l'œuvre, vantent son courage et sa bravoure.

DE KERSAUSON (DE PENNENDREFF), JEAN-MARIE-JOSEPH- ARMAND
Lieutenant-mitrailleur au 18ᵉ d'infanterie.

Né à Pau, le 22 mars 1878. Après de bonnes études, de 1886 à 1897, à Saint-François-Xavier, où il a laissé le meilleur souvenir, il se destina à la carrière militaire et entra à Saint-Cyr en 1899. Sorti de l'école dans l'infanterie, il était lieutenant au 18ᵉ d'infanterie, à Pau, lors de la déclaration de guerre.

Chargé d'une section de mitrailleuses, il se montra, dans ce poste délicat et périlleux, un chef aussi brave qu'expérimenté.

Grièvement blessé dès le début de la campagne, le 8 septembre 1914, à l'E-pine-au-Bois (Aisne), non loin de Montmirail, il mourut courageusement, quatre heures après, en pleine connaissance, après avoir reçu les secours de la religion.

La Croix de la Légion d'honneur, à titre posthume, et la Croix de guerre avec palmes sont venues reconnaître son généreux sacrifice, que Dieu sans doute avait magnifiquement rémunéré dans la gloire éternelle.

KERSAUZON (DE PENNENDREFF DE), PAUL-EDOUARD-MARIE-JOSEPH
Capitaine au 4ᵉ régiment de dragons
Chevalier de la Légion d'honneur. Croix de guerre avec palme.

Né à Lorient, le 15 octobre 1873, étudia à Saint-François-Xavier de 1882 à 1891, puis entra à l'école militaire de Saint-Cyr, promotion de 1894-1896.

Il sortit dans la cavalerie et était capitaine au 4ᵉ régiment de dragons, lorsque la guerre éclata. Sa belle conduite au front et son indiscutable bravoure lui valurent les plus élogieuses citations. Il mourut au Champ d'honneur, le 29 avril 1918, au Mont-Rouze, près Locres (Belgique), faisant comme son frère cadet, tombé en 1914, le sacrifice de sa vie pour le salut de son pays.

DE KERVENOAËL (JOUAN) (l'abbé), CHARLES-CYR-ADOLPHE
Soldat au 62ᵉ régiment d'infanterie.

Né à Stival (Morbihan), le 15 janvier 1869, d'une famille universellement connue, respectée et aimée dans le pays de Pontivy, pour tous les biens que chacun de ses membres n'a jamais cessé de faire à tous, principalement aux déshérités de la fortune.

Encore tout enfant, il montra les dispositions les plus heureures pour le travail, la piété solide, la régularité la plus scrupuleuse. C'était presque un sage dans l'enfance.

Au Collège Saint-François-Xavier où il entra en quatrième, en 1882, il se fit remarquer par son application et sa tenue irréprochables. Marchant toujours d'un pas égal dans ses études, il réussit tous ses examens sans la moindre difficulté.

Après avoir conquis son diplôme d'ingénieur agronome, se sentant appelé au sacerdoce, il entra au Grand Séminaire de Vannes où ses condisciples apprécièrent sa piété profonde et sa délicatesse.

Ordonné prêtre en 1896, il fut successivement économe au Petit-Séminaire de Sainte-Anne, vicaire à Auray, puis à Saint-Gérand, enfin à Plouay où durant plusieurs années, il dépensa sans mesurer, dans cette immense paroisse, son zèle et son activité.

Il fut mobilisé à deux reprises et dès les débuts, et c'est au service de la patrie qu'il contracta la douloureuse maladie qui devait l'emporter.

Rentré dans sa famille, au château de Talhouët, il succombait le 26 avril 1915, faisant le sacrifice de sa vie pour le triomphe de la France.

(Semaine Religieuse de Vannes).

DE KERVENOAËL, JOUAN-PAUL-MARIE-JOSEPH
Soldat au 116ᵉ régiment d'infanterie.

Né à Saint-Pol-de-Léon, le 21 septembre 1885, élève à Saint-François-Xavier (1895-1903), fut incorporé au 116ᵉ régiment d'infanterie, à la déclaration de guerre.

Il prit part avec son régiment aux durs combats du début de la campagne et fit tout son devoir. Mais d'un tempérament plutôt délicat, il eut vite fait d'être usé par les souffrances physiques et par le surmenage intense auquel furent astreints nos vaillants soldats.

Atteint d'une grave maladie, il dut être évacué sur l'hôpital de Vannes où il mourut pieusement, le 16 mars 1915.

DE KEYSER, JEAN-ALEXIS-OLIVIER-MARIE
Sous-lieutenant au 2ᵉ régiment mixte de zouaves et de sénégalais.

Né à Vannes, le 2 avril 1886, fit toutes ses études au Collège Saint-François-Xavier, (1893-1905), puis entra à la Société Générale, (succursale de Vannes).

Parti à la mobilisation comme sous-lieutenant au 2ᵉ régiment mixte de zouaves et de sénégalais, il fit la campagne avec cette unité. Il tomba glorieusement, à la tête de ses hommes, au cours de l'attaque du Mont Cornillet, le 20 mai 1917, et fut inhumé dans le cimetière de Septsaulx (Marne).

Adoré de ses camarades par son entrain, sa bonne humeur, sa gaité communicative qui relevait tous les courages, il allait tout droit où l'appelait le devoir, qui dès le début de la guerre avait été pour lui très rude.

Les visions affreuses dont il avait été témoin avaient un moment altéré son énergie ; bouleversé par tant de scènes d'horreur, il dut rester à l'arrière, pendant plusieurs semaines ; mais il surmonta vite sa trop grande impressionnabilité, et repartit pour le front avec une nouvelle ardeur.

La veille du jour où il fut frappé, il avait été nommé chef d'une section de mitrailleuses ; il aurait donc pu ne pas monter en ligne le 20 mai 1917 ; mais il ne voulut pas abandonner ses camarades.

Il avait communié le matin, et monta à l'assaut avec sérénité et confiance. Il tomba l'un des premiers ! Quand la nouvelle de sa mort se répandit, ce fut dans sa famille et dans son cercle d'amis, une douloureuse consternation. Cette nature exquise s'était fait profondément aimer.

Il avait conservé intacts cette foi, ce sentiment de religion et d'honneur dont il avait eu l'exemple dans sa famille, et qui avaient été développés à l'École Saint-François-Xavier ; la guerre aussi les avait accrus encore ; chaque fois qu'il en avait la possibilité, il s'approchait de la Sainte Table. Mieux que tout autre, ce consolant souvenir est fait pour apaiser la douleur de ceux qui le pleurent aujourd'hui et particulièrement le chagrin de celle qu'il aimait d'une si tendre et si filiale affection, ne l'ayant jamais contristée, de celle qui dès le berceau avait été pour lui la mère la plus vigilante et la plus dévouée.

Il était titulaire de la Croix de guerre, depuis juin 1916, avec l'élogieuse citation suivante :

De Keyser s'est affirmé comme excellent chef de section de mitrailleuses, au cours de reconnaissances dangereuses, et pendant l'occupation, sous un feu violent, d'emplacements très précieux.

La Croix de la Légion d'honneur, à titre posthume, avec une très belle citation, est venue récompenser son admirable dévouement.

Nous joignons nos regrets à ceux de son excellente famille et lui offrons nos plus respectueuses et sympathiques condoléances.

DE LA CASINIÈRE (Chiron), Pierre-Marie-Victor
Capitaine au 115ᵉ régiment d'infanterie.

Né à Clisson (Loire-Inférieure), en 1882, fit toutes ses études à Saint-François-Xavier (1892-1901). Elève studieux et intelligent, il fut également parmi les premiers pour les exercices physiques ; certains concours de gymnastique (1899) en la vaste salle près la cour de 3ᵉ division où il milita avec les Le Gouëvec, les de Malherbe, etc... sous la direction de M. Fily, resteront au souvenir de ceux de sa génération. Tout le prédisposait à la carrière de soldat : aussi après s'être préparé à la rue des Postes, il entrait à Saint-Cyr en 1903.

La guerre devait l'enlever dès le début. Le 20 février 1915, de la Casinière, capitaine au 115ᵉ d'infanterie, tombait à la tête de sa compagnie en l'entraînant à l'assaut d'une tranchée ennemie.

Sa belle conduite lui valut une citation à l'ordre de l'Armée ainsi conçue : « *A irrésistiblement entraîné sa troupe à l'assaut d'une position fortement défendue. Est tombé à sa tête en lui montrant le droit chemin.* »

Un service funèbre eut lieu à Nantes où Monseigneur l'Evêque qui présidait fit l'éloge du capitaine de la Casinière devant une foule d'amis, venus pour témoigner sa respectueuse sympathie à la famille du jeune et vaillant officier, tombé glorieusement pour la patrie.

LIBAULT DE LA CHEVASNERIE, JEAN-MARIE-CHARLES

Capitaine au long cours
Lieutenant au 139ᵉ régiment d'infanterie, Croix de la Légion d'honneur et de guerre avec palme.

Né le 26 juillet 1888, à Champtocé (Maine-et-Loire), élève à Saint-François-Xavier, (1901-1906). Après avoir fait de brillantes études, il choisit la carrière de marin et passa avec succès les examens qui lui conférèrent le diplôme de capitaine au long cours.

Obligé d'attendre un tour de départ plus ou moins éloigné, et voulant courir de suite sus à l'ennemi, de la Chevasnerie donna sa démission d'officier de la marine marchande pour s'engager comme simple soldat dans l'infanterie, après avoir refusé un grade de capitaine ou de lieutenant dans l'armée en formation à Paris. Il disait avec sa grande modestie qu'il ne se croyait pas capable, n'ayant jamais servi dans l'armée de terre, de commander, sans préparation, une unité de quelque importance.

Il fait donc bravement toute la campagne, comme simple soldat d'abord, puis comme mitrailleur, de novembre 1914 au 4 janvier 1916. Enfin il est promu aux grades de sous-lieutenant et de lieutenant.

Quelques jours avant sa mort, il écrivait : « Dans deux jours je remonte aux « tranchées. J'ai été bien protégé jusqu'ici, mais priez la très Sainte Vierge pour « moi. S'il m'arrive quelque chose, je vous aviserai ou vous ferai aviser. »

Le surlendemain, pendant un intense bombardement, il a le bras et l'épaule arrachés par un éclat de torpille ; il tombe, et ne tarde pas à expirer après avoir voulu retourner près de ses hommes et envoyer un dernier adieu à ceux qu'il aimait.

Les lettres de ses chefs, de son ordonnance, de ses hommes et du prêtre auquel il s'était confessé et qui lui avait donné la Sainte Communion ne tarissent pas sur son courage, son abnégation, son esprit de justice, de foi ardente et profonde, qu'il manifestait sans peur et sans respect humain.

Voici la citation bien méritée que valut au lieutenant de la Chevasnerie sa courageuse conduite :

« Libault de la Chevasnerie, Jean-Charles-Marie, lieutenant au 258ᵉ régiment d'infanterie :

Engagé volontaire dès le début de la campagne pour la durée de la guerre, succomba à une grave blessure (bras arraché) reçue à un poste d'observation, le 28 mars 1916, à Malancourt. N'a cessé de donner, comme soldat, puis comme officier, les preuves du plus brillant courage, de sang-froid et d'énergie.

Honneur fut sa devise ; Patrie et famille, ses affections.

LA FAY (Crozet de), Marie-Georges-Robert
Sous-lieutenant au 10ᵉ chasseurs à pied
Chevalier de la Légion d'honneur. Croix de guerre avec palme.

Né à Saint-Sorlin (Ain), le 9 mars 1890, élève à Saint-François-Xavier (1904-1906). Le sous-lieutenant Robert de la Fay écrivait au moment de la déclaration de la guerre, de Saint-Dié où il tenait garnison, au 10ᵉ chasseurs à pied : « Mobilisation !!! La voilà enfin, la tant désirée ! Quelles belles heures ! Je suis fou de joie. »

3 août 1914, aux avant-postes à la frontière d'Alsace :
« Moral splendide, entrain, crânerie. Les troupes actives sont partout admirables, les réservistes ont un cœur merveilleux. C'est la belle et grande Revanche. »

7 août 1914 : « Je me jette à corps perdu dans la mêlée, avec une splendide insouciance ! Nous avons une confiance absolue en nos chefs, en nos chasseurs. Quel atout, le Dieu des Armées est avec nous ! Soyez calmes et courageux. »

12 août, Bourg-Bouiche (Alsace) : « Hourrah ! nous y sommes cette fois, et pour de bon. Avons franchi la frontière la joie au cœur. Enthousiasme fou. Chaleur torride, mais que les nuits sont belles, aux avant-postes ! »

16 août (Alsace) après un combat très dur :
« Confiance absolue en la victoire ! »

Ce brave Robert de la Fay trouva la mort le 25 août 1914, à Sainte-Barbe (Vosges). Après avoir ramené par trois fois sa section au feu, il trouva une mort glorieuse, au moment où il donnait l'ordre d'assaut ; une balle le frappa en plein front et le tua raide. Son corps fut retrouvé par son père, quatre mois après, au pied d'un grand chêne, où ses chasseurs qui l'aimaient beaucoup, l'avait respectueusement déposé.

Il fut l'objet de la citation suivante :

Le 25 août 1914, le sous-lieutenant Robert de la Fay a ramené trois fois sa section au feu et a été tué au moment où il donnait l'assaut.

Deux mois plus tard, son aîné, lieutenant de dragons, fut blessé et fait prisonnier dans les combats de l'Yser.

Son plus jeune frère, Saint-Cyrien de la promotion 1914 et capitaine à l'âge de 22 ans, tomba sous Verdun, frappé d'une balle au front, comme Robert.

Que la mémoire de ces trois héros soit conservée, et honneur à une famille si éprouvée, qui a donné à la France trois de ses fils ; inclinons-nous devant leurs glorieuses dépouilles, et saluons avec reconnaissance les parents qui ont eu à supporter ces cruels sacrifices.

POUMEAU DE LAFFOREST, JEAN-MARIE-LOUIS-FRANÇOIS

Capitaine au 2ᵉ chasseurs.

Né à Tarbes, le 15 août 1873, fut élève à Saint-François-Xavier en 1887.

Ses études terminées, il contracta un engagement volontaire au 3ᵉ dragons à Nantes et parvint, par sa conduite exemplaire et ses capacités professionnelles, à devenir officier. Excellent soldat, aimé de ses camarades et de ses hommes, estimé de ses chefs, très militaire et très brave, il était l'homme du devoir avant tout.

Devenu capitaine, il fut appelé à commander le 3ᵉ escadron du 2ᵉ chasseurs. C'est à la tête de cette troupe d'élite qu'il fut blessé mortellement le 30 mai 1918, à la ferme de Martinpré (Aisne). Transporté à l'ambulance de Meaux, il expira le jour même.

Chevalier de la Légion d'honneur, décoré de la Croix de guerre, il fut l'objet de deux citations.

Ordre nº 173 de la 24ᵉ D. I.

Commande son escadron depuis deux ans de campagne et l'a maintenu dans le meilleur état moral et physique. Vient encore de tenir le contact de l'ennemi pendant huit jours avec beaucoup d'énergie et d'activité.

Ordre nº 582 de la Xᵉ armée, du 11 juin 1918.

A fait preuve de belles et solides qualités militaires. Chargé d'assurer en première ligne la liaison entre deux bataillons d'infanterie, a porté son détachement en avant avec beaucoup de hardiesse et d'à-propos ; a été mortellement blessé au moment où ayant envoyé des patrouilles, il organisait la défense d'une ferme.

DE LA FOYE, Eugène-Henri-Marie
Capitaine au 131ᵉ régiment d'infanterie.

Né le 2 juillet 1883, à Rennes, il fit successivement ses études au Collège Saint-Vincent de Rennes et au Collège Saint-François-Xavier de Vannes (1898-1900). Elève de l'école Sainte-Geneviève (1900-1904), il entra à Saint-Cyr d'où il sortit dans la cavalerie.

Il était lieutenant au 4ᵉ dragons, au moment de la déclaration de guerre.

Marié à Mᵉˡˡᵉ Germaine Durcot de Puitesson, il laisse deux jeunes enfants. — Il fit les débuts de la campagne avec le 4ᵉ dragons, dans l'Est. — Sur sa demande, il passa dans l'infanterie et fut nommé capitaine au 131ᵉ régiment.

Le 5 septembre 1915, il était blessé mortellement au Four de Paris (Argonne) d'une balle dans la tête, en faisant une reconnaissance. Il mourut le 15 septembre 1915, quelques jours après avoir subi l'opération du trépan. Une magnifique citation, la Légion d'honneur et la Croix de guerre avec palme furent la récompense terrestre de sa valeur et de son patriotisme.

Citation à l'Ordre de l'Armée.

Officier plein d'entrain, donnant depuis le début de la campagne le plus bel exemple de bravoure et de dévouement, a su prendre en peu de temps un grand ascendant sur sa troupe qu'il commande avec énergie ; vient d'être grièvement blessé en faisant dans un petit poste une observation sur les lignes ennemies.

Extrait du discours prononcé sur sa tombe par son colonel.

« D'un dévouement à toute épreuve, d'une modestie égale à ses mérites, d'une bravoure inébranlable, il s'était rapidement affirmé comme un commandant de compagnie de grande valeur. Mouvement et action, venant d'un cœur ouvert à tous les enthousiasmes : tel était le secret de son ascendant sur ses hommes qui l'avaient suivi partout. La droiture de son caractère, sa parfaite éducation, sa distinction naturelle, la délicatesse de ses sentiments lui avaient attiré la sympathie de ses camarades et de ses chefs.

« Homme de foi, il était en règle avec Dieu. Soldat de pure race, il était en règle avec sa conscience. Capitaine de la Foye, nous suivrons tous la voie que vous avez tracée dans une lumineuse clarté :

« Face en avant vers le devoir ! »

Extrait du discours prononcé à son service funèbre.

« Bien vite, ses soldats comprirent quel chef leur venait, et sans tarder, il les eut dans la main. C'était un meneur d'hommes... Tout en maintenant une discipline ferme, il fut pour ses hommes un père attentif à leurs besoins. Il sut verser dans leurs cœurs la flamme de bravoure qui dévorait le sien, et de sa compagnie faire une troupe d'élite.

« L'avant-veille du jour où la balle le frappa, il s'était confessé et parce que le servant de messe manquait, digne et simple, devant sa compagnie, il s'agenouilla près de l'autel et répondit la messe à laquelle il communia pieusement. »

DE LA FOYE, Henri-Eugène-Frédéric
Capitaine au 9ᵉ zouaves
Chevalier de la Légion d'honneur.

Né le 6 janvier 1875 à Rennes, élève à Saint-François-Xavier (1893-1902). Il était lieutenant au 1ᵉʳ étranger, il avait fait colonne au Sahara et au Tonkin et avait été cité à l'ordre de la brigade tonkinoise à la suite d'une campagne contre les réformistes. La Médaille coloniale avec agrafes Sahara, Tonkin, la croix du Dragon de l'Annam étaient venues reconnaître les services rendus. En décembre 1913, il donne sa démission pour rentrer dans ses foyers.

Le 2 août 1914 le ramène sous les drapeaux ; il part avec le 75ᵉ territorial, est nommé capitaine le 5 octobre 1914, passe au 78ᵉ territorial ; ces deux régiments forment brigade et gardent le front du côté de Berry-au-Bac. Homme d'action avant tout, plein d'entrain et de courage, le capitaine de la Foye se fatigue vite du rôle plus calme du territorial et demande à passer dans l'active, dans un régiment d'attaque de sa chère armée d'Afrique. Il est nommé au 9ᵉ zouaves. Il prend part aux combats de Sailly-Saillisel et reste l'hiver dans les boues de la Somme, puis va en Lorraine défendre Nancy. Enfin son régiment se prépare à la grande offensive du 16 avril 1917 sur le Chemin des Dames. Le 9ᵉ zouaves massé près de Vendresse (Aisne) était un des premiers à sortir des tranchées, à 6 h. 1/2 du matin. De la Foye escaladait le parapet quand une des mitrailleuses allemandes qui balayaient la plaine l'atteignit à la tempe. La mort fut instantanée. La vraie mort du soldat, face à l'ennemi, en pleine tête !

Le 15 décembre 1916, il avait eu la Croix de guerre avec cette citation : *Passé sur sa demande d'un régiment territorial dans un régiment de marche. A exécuté en première ligne plusieurs liaisons et reconnaissances délicates dans les circonstances les plus difficiles, faisant preuve de courage et d'intelligente activité.*

Le 29 décembre 1916, il était fait Chevalier de la Légion d'honneur avec cette citation : *Capitaine territorial au 9ᵉ régiment de marche de zouaves. Beaux états de service antérieurs. Venu sur sa demande dans un régiment actif, s'y distingue par son activité et son dévouement.*

Le 2 mai 1917, dernière citation : *Officier d'un courage et d'une valeur morale hors de pair. Venu sur sa demande de l'armée territoriale dans l'armée active. Est tombé au moment où il disposait sa compagnie pour la marche en avant !*

Sa foi en Dieu fut toujours à la hauteur de sa foi patriotique ; il avait gardé tous les pieux enseignements de son enfance et s'approchait souvent des sacrements ; c'est là, la source de son courage, de sa belle vaillance et de son ascendant sur ses hommes, ascendant qu'il eut toujours et partout à un haut degré.

Son entrain extraordinaire l'avait suivi dans les tranchées où il ragaillardissait tout le monde.

Il est mort huit jours après avoir fait ses Pâques qu'il n'avait pu faire que le lundi de Pâques par suite de son séjour durant une semaine dans les tranchées d'attaque.

Henri de la Foye était le frère d'Eugène de la Foye, capitaine au 131ᵉ d'infanterie, tombé, lui aussi, glorieusement, au Champ d'honneur, et tous deux étaient fils du général de la Foye.

DE JEAUFFREAU DE LAGÉRIE, MARIE-JOSEPH-CHARLES-BERTRAND

Capitaine observateur à l'escadrille A. R. S.
Chevalier de la Légion d'honneur. Croix de guerre.

Né le 2 août 1889, à la Posonnière (Maine-et-Loire) ; élève à Saint-François-Xavier — cours de marine — 1904-1906 ; à Saint-Cyr (1911-1913). Sorti de Saint-Cyr, il comptait, au moment de la mobilisation, au 137ᵉ d'infanterie avec lequel il fit les débuts de la campagne.

Blessé à la Fère-Champenoise, il retourna bientôt au front et prit part à toutes les attaques de l'Artois, de la Champagne et de Verdun, comme commandant une compagnie de mitrailleuses du 93ᵉ.

Il reçut la citation ci-après à l'ordre de la division :

Officier d'une intelligence et d'une valeur professionnelle très élevées, au front depuis le début de la campagne, a commandé et organisé une compagnie de mitrailleuses dont il a fait une excellente unité. Appelé par son chef de bataillon à remplir, pendant la période du 1ᵉʳ au 8 décembre 1916, en plus de son commandement de compagnie, des missions d'observation et de liaison particulièrement dangereuses et pénibles, s'en est acquitté avec une adresse, un dévouement et une énergie au-dessus de tout éloge.

Il devait trouver dans l'aviation la fin de sa glorieuse carrière. Il y occupa le poste d'observateur divisionnaire. Là encore il se distingua parmi les plus hardis et obtint deux belles citations.

Ordre de l'armée :

Brillant observateur, d'une bravoure exceptionnelle. A accompli avec beaucoup de succès pendant les attaques d'octobre 1917, de nombreuses reconnaissances photographiques difficiles.

Le 21 octobre, attaqué, au cours d'une mission, par cinq avions ennemis, a bravement accepté le combat, et a réussi à abattre un de ses adversaires devant nos lignes.

Ordre de l'armée :

Officier d'un très grand mérite, d'un dévouement et d'une bravoure extraordinaires, a trouvé, le 27 octobre, une mort glorieuse à la suite d'un âpre combat livré à plusieurs avions ennemis qu'il avait résolument attaqués.

Ce vaillant officier était fils du colonel de Jeauffreau de Lagérie, officier de la Légion d'honneur, commandant le 21ᵉ chasseurs.

Déjà, un de ses frères, l'aîné, Roland, sergent au 150ᵉ d'infanterie était tombé pour la France en août 1914, au combat de Sainte-Barbe en Lorraine ; deux autres étaient encore sur le front, Jean, maréchal-des-logis dans l'artillerie d'assaut, décoré de la Croix de guerre et François, pilote-aviateur, également décoré de la Croix de guerre.

Bertrand de Lagérie qui aimait beaucoup son frère Roland, disait à sa famille : « Pourquoi lui ? c'était à moi de payer pour la famille, puisque j'ai l'honneur d'être officier. »

Il avait perdu sa jeune femme quelques jours après la naissance d'une petite fille et s'était incliné, devant la volonté divine, avec une soumission admirable.

La France a lieu d'être fière d'avoir possédé de tels défenseurs. La génération qui les suit se devra de conserver toujours sous ses yeux d'aussi nobles exemples.

LAHAYE, Joseph
Caporal au 3ᵉ colonial.

Né à Mauves (Loire-Inférieure), le 3 juin 1886. Après avoir terminé ses études au Collège Saint-François-Xavier de 1902 à 1907, il s'installa au Canada. A la déclaration de guerre, il n'hésite pas, au mépris de ses intérêts, à abandonner une exploitation en pleine prospérité pour venir au secours de la patrie en danger.

Revenu en France et envoyé au dépôt de Rochefort, sa nature guerrière s'accomode mal de cette inaction ; il part comme volontaire à l'armée d'Orient. Tout de suite, sa brillante conduite attire sur lui l'attention de ses chefs. Il est cité une première fois à l'ordre de la brigade, le 8 septembre 1916.

Extrait de l'ordre nᵒ 35 de la 34ᵉ Brigade coloniale.

Energique, très dévoué, toujours volontaire pour les missions périlleuses. A pris part à de nombreuses reconnaissances au cours desquelles il a été un modèle d'entrain et d'audace.

Aux armées, le 8 septembre 1916.
BORDEAU.

Non moins élogieuse la citation à l'ordre du régiment dont il est l'objet un mois plus tard, le 8 octobre 1916.

Ordre du régiment nᵒ 60 A. O.

Gradé plein d'allant et de courage, toujours volontaire pour les missions les plus diffi-ciles. Blessé très grièvement le 18 septembre 1916 à son poste de combat.

Aux armées, le 8 octobre 1916.
Le lieutenant-colonel commandant le 3ᵉ régiment d'infanterie coloniale.
PINCHON.

Cette dernière citation venait à la suite des blessures reçues à Doiran, blessures qui, au premier abord, ne semblaient pas devoir mettre sa vie en danger, mais nécessitaient néanmoins son évacuation. Malheureusement l'espoir que l'on fondait sur sa guérison ne se réalisa pas et il mourut à l'hôpital de Toulon, le 6 novembre suivant.

Très aimé de ses camarades, il ne l'était pas moins de ses chefs. Que pourrait-on ajouter à ces lignes de son commandant répondant au colonel qui lui avait annoncé la fatale nouvelle : « J'ai été, ainsi que les officiers de la 1re compagnie, douloureusement ému en apprenant par vous la mort du caporal Lahaye. Sa grande bonté, son regard clair m'avaient conquis et je m'étais particulièrement attaché à lui. A son départ, le médecin du bataillon croyait à une guérison certaine ; la triste nouvelle m'a donc profondément affecté. Il était écrit que cette belle fin lui était due. Combien de fois ai-je dû tempérer son ardeur ! il s'était donné de tout cœur à la belle cause que nous défendons, et s'est fait remarquer dès le début des opérations, à Doiran, où il a reçu ses dernières et mortelles blessures.

Je puis vous assurer, mon colonel, que ceux qui l'ont connu conserveront de lui un impérissable souvenir. »

Son corps a été transporté à Sarzeau, sa ville natale et inhumé dans le cimetière, où M. le capitaine Henri de Branges de Bourcia prononça les belles paroles suivantes qui lui font la plus élogieuse oraison funèbre.

MESDAMES, MESSIEURS,

« C'est avec une douloureuse émotion que je viens pendant une courte permission rendre un dernier hommage au caporal Lahaye, frappé glorieusement au champ d'honneur.

« J'étais lié avec lui d'une sincère amitié contractée sur les bancs de ce vieux collège de Vannes où il a appris le culte de la Patrie. C'est là qu'il a puisé l'amour du sacrifice qui a fait le héros devant lequel nous nous inclinons.

« Celui que nous pleurons était un grand cœur ; il était animé du désir de faire le bien. Tout jeune, il était adoré de ses camarades et estimé de ses professeurs comme plus tard il fut apprécié de ses chefs. Nature ardente, il était à l'étroit dans notre vieux continent. Rêvant de la vie d'aventures, il se fit colon, mais au-delà des mers il n'oublia jamais la France. Et lorsque l'orage gronda, abandonnant tous ses intérêts, Joseph accourut en volontaire au secours de la Patrie. Envoyé dans un dépôt, son âme guerrière souffrit de l'inaction. Il demanda à partir à l'armée d'Orient, pensant que là il servirait mieux son pays.

« Pendant des mois il combattit sans relâche. Le premier à l'attaque, se proposant toujours pour les missions périlleuses, il se conduisit en héros. Il fut deux fois cité à l'ordre du jour.

« Le général épingla sur sa poitrine la croix des braves. Joseph la reçut avec émotion. Ce rude soldat pleura en songeant que son père n'était plus pour le féliciter. Modeste, il trouva la récompense trop grande, et voulant pour tant d'honneur mériter mieux, il se multiplia insoucieux du danger. Dans une reconnaissance il reçut des éclats d'obus et fut blessé à l'épaule, au poignet, au genou, à la tête.

« C'était fini pour la lutte glorieuse. Il revint en France. A Toulon, sur un lit d'hôpital, il connut des heures de souffrance sans jamais se plaindre. Quand la Un approcha, il vit venir la mort en Breton, en Chrétien, regrettant seulement de ne pas être là pour fêter la victoire.

« Cette victoire, Messieurs, les prières de Joseph Lahaye et de tous les héros tombés comme lui, nous l'obtiendront du Dieu des armées. C'est grâce à eux que nous irons un jour au-delà de la frontière, planter le drapeau national sur cette terre lorraine que nous avons foulée au début de la campagne et où j'ai vu nos soldats en délire déployer nos trois couleurs. C'est sur cette pensée de foi en l'avenir que je te dis au revoir, mon cher ami. Rendez-vous dans cette céleste Patrie où tu as déjà reçu la récompense éternelle! Puisse le souvenir de ce que tu fus donner à ta famille désolée la force de supporter 'épreuve. Au revoir Joseph..... au revoir! »

DE LA MAIRIE (JARRET), RENÉ-MARIE-ANATOLE

Sous-lieutenant au 26ᵉ régiment d'infanterie
Chevalier de la Légion d'honneur. Croix de guerre avec palme.

Né le 5 mars 1891, à Grez-en-Bouère (Mayenne), élève à Saint-François-Xavier (1902-1903), il faisait son service au 12ᵉ cuirassiers, lorsqu'en avril 1915, trouvant son rôle trop inactif, il fit une demande pour passer dans l'infanterie, sollicitant le 26ᵉ régiment qui faisait partie de la division de fer, de Nancy. La cavalerie, pensait-il, ne jouerait un rôle actif que dans un avenir bien incertain.

En juillet, il fut donc nommé sous-lieutenant au 26ᵉ d'infanterie. Lors de la présentation à son nouveau colonel qui lui demandait s'il connaissait quelqu'un au 26ᵉ qui l'eut déterminé à choisir ce régiment? — « Non, personne, mon colonel. » — « Alors pourquoi l'avez-vous demandé? » — « Parce que c'est un beau régiment, toujours à l'honneur et où il y a quelque chose d'intéressant. » Le colonel lui tendit la main, une larme lui monta à l'œil, « Merci ! » lui dit-il.

Le 26ᵉ régiment à l'époque, où René l'avait rejoint, avait déjà reçu du dépôt 12000 nouveaux depuis le début de la campagne, mais l'esprit y restait toujours le même, c'est-à-dire, merveilleux, qui mettait le jeune sous-lieutenant dans le plus grand enthousiasme.

Du reste ne disait-il pas, dans ses lettres, son affection pour ses petits poilus ! elle allait crescendo.

Le 23 septembre 1915, il avait communié. Le surlendemain, il arrivait avec sa section devant les fils de fer barbelés ou plutôt des câbles barbelés insoupçonnés, qui avaient échappé à notre préparation d'artillerie. Une balle le frappa à la poitrine. Il put encore ramener ses hommes à une tranchée proche, et s'affaissa, sans souffrance et sans agonie.

Sa famille a su depuis, que, en partant à l'attaque, et en voyant l'élan de ses hommes, il avait dit : « Je ne savais pas encore ce que c'était que l'infanterie, je suis fier d'être fantassin ! » Le 24, il lui avait écrit une lettre où il faisait ses adieux, comme s'il avait été sûr d'y rester. Sa lettre finissait ainsi :

« Mourir pour la Patrie, c'est le sort le plus beau, le plus digne d'envie. »

Combien la famille et les amis de ce vaillant officier doivent être fiers d'avoir eu un tel fils, un tel ami, doué de si hautes vertus chrétiennes et militaires !

Les parents de ce héros reçurent de la part de son colonel, de son capitaine, de ses camarades et de ses hommes, les témoignages les plus émouvants d'admiration et de regrets.

Voici la citation qui fut faite à l'honneur de René de la Mairie :

Officier d'une trempe et d'une audace peu communes. Avait su communiquer à ses hommes son ardeur et son enthousiasme. A été tué au moment où il prenait pied, à la tête de ses hommes, sur la position ennemie disant, au départ, à son capitaine : « Rien ne vaut un pareil moment.

L'aumônier de son régiment, écrivait à son père : « Je lui avais promis de vous prévenir. — Il est tombé le 25 septembre, en entraînant ses hommes à la victoire. Chrétien, il était prêt. Brave, il le fut jusqu'à l'héroïsme. »

FROTIER DE LA MESSELIÈRE, Gabriel-Marie-Pierre-Paul
Commandant au 8ᵉ régiment de tirailleurs algériens.

Gabriel Frotier de la Messelière, fils aîné de Paul, comte de la Messelière, capitaine aux zouaves pontificaux et aux volontaires de l'Ouest, chevalier de Pie IX, ancien élève lui-même de Saint-François-Xavier (1852-1854), naquit au manoir de Prémorel en Plesder (Ille-et-Vilaine). Élevé chez ses parents jusqu'à l'âge de 13 ans, il entra comme interne à Saint-François-Xavier en octobre 1886 et ne quitta cette école, après de brillants succès scolaires, que pour aller en 1890 à l'école Sainte-Geneviève.

Reçu dans un bon rang à l'école spéciale militaire de Saint-Cyr, il en sortit commé sous-lieutenant au 48ᵉ régiment d'infanterie en garnison à Guingamp ; deux ans après il était lieutenant. Il suivit les cours de l'école de gymnastique et d'escrime de Joinville-le-Pont, en 1903, et ceux de l'école de tir du camp du Ruchard, en 1905. Très entraîné aux exercices physiques, il s'occupa aussi beaucoup d'études militaires.

Nommé capitaine au 4ᵉ tirailleurs algériens, le 24 juin 1910, il servit d'abord en Tunisie, puis au Maroc occidental où il fit ses premières armes. De là il passa le 15 août 1913, avec son grade, au 8ᵉ tirailleurs indigènes en formation. Le 26 juillet 1914, il se distinguait à l'affaire de Bal-Bou-Hamra, ce qui lui valut une première proposition pour la Croix de la Légion d'honneur.

Quand la guerre éclata, le 8ᵉ tirailleurs fut appelé en France dès le 8 août 1914. Fort éprouvé à la retraite de Charleroi, ce régiment prit part aussi aux batailles de la Marne et de l'Yser.

Le capitaine de la Messelière avait déjà payé de sa personne dans une douzaine d'engagements, en particulier à la reprise de Ramscapelle, lorsqu'il fut atteint, à Dixmude, d'un coup de feu à la cuisse droite et de deux éclats d'obus à la jambe gauche. La Providence voulut qu'il fût dirigé sur un hôpital militaire provisoire de Dinard où il eut le bonheur de revoir une partie de sa famille.

En regagnant à Arles le dépôt de son régiment, il put passer quelques heures au Pré-Morel, près de ses sœurs qu'il ne devait plus revoir.

Après une très courte convalescence, de la Messelière retourna au front et fut promu Chevalier de la Légion d'honneur le 13 avril 1915, avec la belle citation suivante : *Officier vigoureux, énergique, d'un mordant extraordinaire, blessé, a rejoint à peine guéri; soldat de première valeur et entraîneur d'hommes.*

Le 16 août, il recevait la Croix de guerre avec palme et fut nommé le 15 octobre, commandant du 4° bataillon de son régiment. Le même mois, après quinze mois de campagne en France et en Belgique, il fut désigné avec son bataillon pour se rendre au Maroc oriental et s'embarqua le 2 novembre, à Marseille, sur le transport *Calvados* à destination d'Oran.

La navigation touchait à son terme, lorsque le 4 novembre, vers 15 heures, à environ 35 kilomètres de la côte Mostaganem, un sous-marin allemand surgit et canonna le navire qui était ni armé, ni escorté, aucun danger de ce genre n'étant alors prévu dans cette partie de la Méditerranée. Après vingt minutes de poursuite un obus atteignit la machine, obligeant le capitaine du bord à stopper ; l'ennemi se mettant alors en plongée, torpilla le *Calvados*.

Les derniers moments de la Messelière furent héroïques ; debout sur le pont du navire, tous ses soins furent pour assurer le sauvetage du plus grand nombre possible de ses hommes. Il vit venir à lui une mort certaine « souriant avec ce calme et cette impassibilité devant le danger qui étaient connus de tous au 8° tirailleurs. » — « Adieu, mes enfants, oubliez-moi, ne pensez qu'à vous sauver ! » — telles furent les dernières paroles qu'il adressa à ses soldats. L'explosion de la torpille se produisit sous ses pieds et le projeta dans la mer, où son corps inanimé fut aperçu quelques instants après sur une épave.

Le 6 décembre, sa dépouille mortelle recueillie en mer par des pêcheurs à près de 600 mètres de là sur les côtes de la province de Constantine, reçut à Philippeville une sépulture provisoire, en attendant que des jours meilleurs permettent de la rapporter à l'ombre du clocher de Plesder, dans le caveau de famille.

Ancien Préfet de la Congrégation de la Sainte Vierge à Saint-François-Xavier, Gabriel de la Messelière avait conservé, aussi régulièrement que possible dans sa vie militaire, la pratique de ses devoirs religieux ; quelques semaines avant sa mort glorieuse, il avait écrit à ses sœurs : « Pour ce qui est du spirituel je suis en règle ; si je meurs, ne vous inquiétez pas à ce sujet. » Sur son corps on a retrouvé divers objets de piété, pieusement conservés par sa famille, précieux gages de sa fidélité à ses convictions religieuses, secret de son admirable courage et de la sérénité de ses derniers moments.

DESPREZ DE LA MORLAIS, RAOUL

Capitaine au 70ᵉ d'infanterie
Chevalier de la Légion d'honneur, Croix de guerre avec palme.

———

Né à Saint-Léry (Morbihan), le 3 mai 1869, élève à Saint-François-Xavier (1879-1885). Il partit de Vitré avec le 270ᵉ régiment d'infanterie, le 9 août 1914.

Le 29, ce régiment arriva à la « Vallée aux Bleds », point situé au nord de Marles, pour relever le 136ᵉ qui venait de participer à de nombreux combats.

Au moment où le 270ᵉ s'avançait pour occuper les tranchées laissées par ce dernier régiment, il fut accueilli, à bout portant, par un feu d'enfer de l'artillerie et de l'infanterie allemande. L'ennemi avait pris possession avant nous des tranchées restées libres. Notre artillerie n'ayant pas répondu aussitôt, il en résulta une hécatombe.

Le capitaine de la Morlais qui faisait fonction de commandant donna à tous l'exemple du courage et du sang-froid, mais tomba des premiers, frappé gravement de plusieurs balles. Les deux premiers soldats qui se précipitèrent pour le relever, furent tués sur son corps. Son ordonnance n'hésita pas à venir à son secours. Le blessé put être évacué à l'hôpital Bézin, à Saint-Mandé (Paris).

Il reçut en pleine connaissance les derniers sacrements, et ses dernières paroles furent l'offrande de sa vie : « Pour l'Eglise, pour la France. » Il mourut le 2 septembre, regretté de tous ; sa bonté lui avait valu l'affection de tous ses hommes qui le considéraient plutôt comme un père que comme un chef.

Le 2 août, il écrivait à ses sœurs :

« On commence la mobilisation cette nuit. Et je pars. Amitiés. Que Dieu protège la France ! »

7 août.

« Au moment de partir, dimanche matin, pour la frontière, avec ma compagnie, je vous adresse un bien sincère A Dieu ! avec l'espoir de vous revenir « Victorieux. »

« J'ai pris mes précautions au point de vue religieux, et aussi au point de vue matériel... Que Dieu protège la France ! »

15 août 1914.

« Tout va bien, tout se passe en ordre, les vivres sont abondants, tout le monde est plein d'entrain. Nous sommes sûrs de la victoire, et les nouvelles jusqu'ici sont très bonnes. Partout les Français ont repoussé les Allemands.

« Soyez sans inquiétude sur mon sort. Je porte sur moi les deux médailles de scapulaire et de saint Michel, que vous m'avez données, et mes affaires spirituelles et temporelles sont en règle. »

1ᵉʳ septembre.

« Ai été blessé, samedi, à la Chapelle aux Bleds près de Vervins (Aisne). Blessure peu grave. Espère être évacué sur Vitré dans quelques jours. »

Le lendemain 2 septembre, le capitaine Raoul de la Morlais rendait le dernier soupir.

Il fut l'objet de la citation ci-après :

Officier d'une bravoure et d'un sang-froid remarquables. Est tombé glorieusement en s'élançant à l'assaut à la tête de sa compagnie.

Le capitaine Raoul de la Morlais avait deux frères dont il était l'aîné ; tous les deux servaient dans l'aviation comme chefs d'escadrille, l'un d'eux était également capitaine ; ils se distinguèrent et furent l'objet de citations nombreuses et glorieuses.

DE LANGLAIS, Olivier-Louis-Joseph

Capitaine au long-cours, lieutenant de vaisseau auxiliaire commandant la *Loire*
Chevalier de la Légion d'honneur, Croix de guerre avec palme.

Né à Sarzeau, le 7 mars 1874, élève à Saint-François-Xavier (1884-1892). A la sortie du collège, il entra à Saint-Cyr dont il sortit lieutenant en 1897.

Il était au 116ᵉ d'infanterie, à Vannes, lorsqu'il démissionna, pour passer ses examens de capitaine au long-cours. Cette nouvelle situation, qu'il occupait à l'ouverture des hostilités, lui permit de servir dans la marine. Il fut nommé lieutenant de vaisseau auxiliaire et fit presque toute la campagne sur le navire *La Loire*.

Il exécuta à bord de ce bateau de nombreuses traversées, transportant presque constamment des troupes ; il fit Salonique très longtemps, puis des voyages sur Arkangel ; peu après ce furent des traversées entre Port-Saïd et Saïgon où il allait chercher des ouvriers chinois.

Ce fut au retour d'un de ces voyages que *La Loire* fut torpillée, au large d'Aboukir.

Par son sang-froid, il sauva la vie de ses passagers et de son équipage. Il parvint même à échouer son navire sur la côte, malgré d'énormes déchirures.

Pour cette action, il reçut la croix de guerre avec palme, avec la citation que voici :

Lors du torpillage de son bâtiment, a montré des qualités remarquables de sang-froid et d'énergie, et a ordonné les manœuvres les plus judicieuses pour la conservation de son navire, et pour assurer le sauvetage de ses passagers et de son équipage.

A fait son devoir jusqu'au bout en refusant d'obéir à l'ordre qui lui enjoignait de quitter son navire en danger.

Peu après de Langlais alla commander un bâtiment neuf acheté par l'Etat français en Amérique, *Le Givenchy* et qu'il devait ramener en France ; mais il tomba malade par suite de surmenage et mourut à l'hôpital de San-Francisco, alors que rien ne faisait prévoir une telle fin.

Son chef mécanicien a fait savoir à sa famille que le capitaine avait pris toutes ses dispositions pour paraître devant Dieu. Il était du reste, bon catholique, chrétien fervent et pratiquant. La Légion d'honneur qu'il reçut après sa mort fut la juste reconnaissance de son héroïque fidélité au devoir professionnel.

LANGLOIS, Paul-Jean-Marie

Sous-lieutenant au 31ᵉ régiment d'infanterie.

Né à Carnac, le 18 octobre 1889, élève au collège Saint-François-Xavier (1897-1903). Après ses études il voulut, à l'exemple de son père, se consacrer à l'agriculture et améliorer dans la mesure du possible, le sort des ouvriers de nos campagnes bretonnes.

Ayant obtenu, tout jeune encore, le diplôme d'Ingénieur Agronome, il terminait son service militaire comme sergent lorsque la guerre éclata.

Parti dès les premiers jours avec son régiment, le 36ᵉ de ligne, il prit part à toutes les batailles d'août et de septembre. Remarqué et justement apprécié par ses chefs, il obtint bien vite le grade de sous-lieutenant. Il passa tout l'hiver dans les tranchées à la tête d'une section dont tous les hommes lui étaient profondément dévoués.

Au commencement de mai, il se trouva engagé dans un combat à la suite duquel il eut la joie de voir sa section tout entière portée à l'ordre du jour du régiment. Lui-même eut l'honneur d'être cité à l'ordre de la division comme *« ayant commandé sa section d'une façon remarquable depuis le début de la campagne. »*

Dans les premiers jours de juin 1915, Paul Langlois fut envoyé au nord d'Arras, et prit part dans cette région à divers combats où il se signala. Sa brillante conduite le fit nommer le 4 du même mois au commandement de la 9ᵉ compagnie et proposer pour lieutenant. Cette nomination fut signée quelques heures seulement avant sa mort.

Le 8, après avoir entraîné ses hommes à l'assaut du village de Neuville-Saint-Vaast, avec une bravoure qui lui valut une nouvelle citation, il s'aperçut qu'un sac de grenades prenait feu. N'écoutant que son courage et voulant sauver la vie de ses hommes, il saisit lui-même ce sac et voulut le jeter au loin. Il était trop tard, le sac tout entier explosa et un éclat de grenade l'atteignant à la tempe le tua net.

Paul Langlois était tombé victime de son dévouement.

De nombreux témoignages de ses camarades et de ses hommes montrent combien ce jeune et vaillant officier était aimé.

Son colonel écrivait à ses parents peu de temps après sa mort : « Nous avons perdu, dans le lieutenant Langlois, un officier de haute valeur que j'estimais et aimais beaucoup, et en qui j'avais une confiance absolue. »

L'aumônier de la division leur écrivait aussi : « J'ai partagé les repas et gourbis du lieutenant Langlois et je comprends quel fils vous perdez : il était un chrétien fervent ; je l'ai vu brisé de fatigue se relever, aux tranchées, pour aller faire son adoration nocturne... La pensée de Dieu était toujours présente à son esprit. »

Ses restes mortels reposent dans le cimetière d'Ecoivres (Pas-de-Calais).

Citations :

21 mai 1915.

Ordre général n° 85, 65ᵉ division infanterie.

Le Général commandant la 5ᵉ division cite à l'ordre de la division le sous-lieutenant Langlois Jean-Marie-Paul, du 36ᵉ régiment d'infanterie : Malgré un violent bombardement de grenades lancées par un ennemi solidement retranché derrière un barrage, a refoulé cet ennemi de 30 mètres ; bien qu'ayant perdu l'effectif de sa section, a conservé le terrain énergiquement conquis. Commande sa section d'une façon remarquable depuis le début de la campagne.

MANGIN.

LANGLOIS, Pierre-Joseph-Marie
Soldat au 37ᵉ régiment d'infanterie.

Né au château de Kermalvézin, en Carnac (Morbihan), le 27 janvier 1891, élève au Collège Saint-François-Xavier (1900-1903). Il était d'une santé très délicate. Après deux mois et demi passés presque entièrement à l'hôpital, il fut réformé.

Lorsque la guerre éclata, voyant qu'il ne pouvait, à l'exemple de ses trois frères, combattre dans les rangs de notre vaillante armée, il fit démarches sur démarches pour s'engager, démarches longtemps inutiles.

Il s'adressa à la bonne Mère sainte Anne, dont le sanctuaire vénéré est à dix-huit kilomètres du château de Kermalvézin qu'il habitait, la pria de vouloir bien le seconder, et fit à pieds et à jeun, un pèlerinage à cette intention.

Il obtint enfin, le 19 octobre 1914, d'être déclaré apte au service militaire.

Quelque temps après il quittait ses chers parents ; c'était hélas ! le dernier adieu.

Pierre fut versé dans la division de fer de Nancy, et fit partie du 37ᵉ d'infanterie dont le dépôt était à Deuze dans la Nièvre. De ce magnifique régiment où tant de soldats se sont distingués par leur héroïsme et la générosité de leur sacrifice, il fut parmi les plus braves.

Il quitta le dépôt en décembre. Le 22, dans une charge à la baïonnette, se trouvant à une dizaine de mètres en avant de ses camarades, il fut atteint d'une balle au front. C'était près de Bixschoote en Belgique. Sa mort dut être instantanée.

BAHEZRE DE LANLAY, RAYMOND-MARIE-CASIMIR

Lieutenant au 147ᵉ régiment d'infanterie.

Né à Plouzané (Finistère), le 27 février 1884, élève à Saint-François-Xavier (1900-1901).

Lorsque la guerre éclata, il se trouvait à Brest en convalescence dans sa famille. Il s'agite, il veut rejoindre son poste sans être surtout l'objet d'un rappel. De fait, il revient spontanément, sacrifiant sa convalescence à peine commencée, pâle encore et amaigri, mais si ardent, si enthousiaste ! Il fit l'admiration de tous ; lui trouvait cela tout naturel.

Sitôt arrivé à Sedan, le 31 juillet 1914, il écrit à une de ses sœurs avec son habituelle tendresse, s'excusant presque de son retour hâtif : « J'ai retrouvé ici tout mon calme qui m'avait abandonné à Brest... Allons, au revoir ; sois aussi calme que moi, je suis enchanté de partir, n'est-ce pas d'ailleurs mon métier ? »

Ce grand calme ne l'abandonne plus. Dans d'autres lettres, il donne ses instructions et déclare : « J'ai pris mes dispositions pour bien mourir. Advienne ce que Dieu voudra ! » Il répète volontiers ces derniers mots dans sa correspondance. Cet officier chrétien écrit le 15 août 1914, en campagne : « J'ai entendu les cloches sonner la messe, je l'ai suivie par la pensée ; je ne pouvais faire mieux. »

Mais voilà l'heure du combat. Son chef écrit : « Je l'ai vu à l'œuvre le 22 août. Il fut plus que brave, il fut magnifique. Je le vois encore se dressant de toute sa taille, l'épée haute, rassemblant, sous un feu intense, sa section déjà fortement éprouvée et la conduisant avec le même calme que s'il eût été sur le terrain de manœuvre. Il avait la figure joyeuse comme s'il eût été à la fête. »

Son capitaine étant tombé ce jour-là, Lanlay le remplaça.

Nous le retrouvons à Yoncq (Ardennes), le 28 août 1914. Un autre capitaine écrit : « Je l'ai vu au combat à mes côtés comme un lion, entraînant ses hommes, merveilleux de bravoure et de calme. »

Il tombe frappé d'un éclat d'obus à la cuisse et la poitrine traversée par une balle. Un de ses amis ordonne à deux soldats de le transporter à l'arrière. Il le défend, s'écriant, avec une étonnante énergie : « Je ne veux pas que deux hommes quittent pour moi la ligne de feu. »

Après la bataille, Lanlay fut relevé, évacué sur un hôpital de Montereau (Seine-et-Marne) tenu par les sœurs de Saint-Vincent-de-Paul, qui s'attachèrent tout de suite à cet officier blessé. Jamais il n'eut une plainte. « Ce n'est rien », écrivait-il à sa sœur en lui apprenant sa blessure. — « Ma compagnie m'attend, » disait-il à l'infirmière ; il faut me laisser repartir. Ce n'est pas cette petite blessure qui peut m'empêcher de me battre. »

Hélas ! la balle qu'il avait reçue avait fait, en sortant, une énorme plaie. La communauté fit une neuvaine à Notre-Dame de Lourdes pour sa guérison. De Lanlay goûtait un véritable bonheur à réciter son chapelet. Cependant le mal s'aggravait ; à la proposition qui lui fut faite des derniers sacrements: « Oh ! oui, répondit-il, je veux mourir en bon chrétien. »

Le matin de sa mort, le 20 septembre 1914, la sœur infirmière s'approcha de lui : « Lieutenant, lui dit-elle, vous avez été un brave sur le champ de bataille. Vos chefs ont parlé avec admiration de votre vaillance. Voulez-vous être brave et vaillant jusqu'à la fin ? Voulez-vous puisque Dieu vous le demande, faire le sacrifice de votre vie ? » — « Oh ! oui, ma sœur ». Ce furent ses dernières paroles.

Un de ses chefs a écrit : « J'ai vu mon brave ami de Lanlay au combat. Son exemple est de ceux qu'on cherche à imiter. » Sa mort édifiante en est un autre.

En souvenir de ce vaillant « que n'a jamais même effleuré le sentiment qu'on pût avoir peur, » le 147ᵉ a donné son nom à un baraquement du dépôt, à Saint-Nazaire.

DE LA POËZE, Olivier-Henri-Yves-Charles-Marie

Sous-lieutenant au 11ᵉ cuirassiers, Chevalier de la Légion d'honneur.

Né à Paris le 11 avril 1890, élève à Saint-François-Xavier, Cours de marine, (1904-1906). Il faisait partie du 11ᵉ cuirassiers. On le détacha au 18ᵉ groupe d'autos-canons, puis aux autos-mitrailleuses du 27ᵉ dragons. Sa conduite exemplaire faite de bravoure et d'abnégation fit l'admiration de tous ses chefs et camarades ; il se distingua dans toutes les actions où il fut engagé ; aussi mérita-t-il les citations élogieuses qui le dépeignent mieux que ne pourraient le faire tous autres commentaires.

Ordre du régiment (11ᵉ cuirassiers), 27 décembre 1916.

Commandant le peloton de 37 en l'absence de son chef, est allé en première ligne exécuter un tir particulièrement dangereux contre une mitrailleuse allemande, le 24 décembre 1916, et a ainsi facilité la tâche du groupe d'attaque.

Ordre de la division du 6 novembre 1917.

Le 4 novembre 1917, après avoir déclanché le tir de son canon de 37, est venu se mettre à la disposition du commandant, et malgré un violent bombardement, est allé porter des ordres aux différents échelons.

Ordre du corps d'armée. — Légion d'honneur.

Le sous-lieutenant de la Poëze Olivier a été promu dans l'ordre de la Légion d'honneur. Commandant une section d'auto-mitrailleuses et auto-canons, a conduit le 15 et 16 octobre 1918 avec un brio remarquable une reconnaissance offensive sur Abeel-Ingelmunster.

A traversé, à deux reprises, la ligne ennemie, a ramené des prisonniers. Grièvement blessé en portant secours, sa mission terminée, à des cavaliers de son peloton de soutien, blessés. Une blessure antérieure.

Le maréchal commandant des armées de l'Est.
PÉTAIN.

C'était un admirable officier que ce brave Olivier de la Poëze, et de plus, un véritable apôtre auprès de ses hommes qui l'adoraient.

N'écrivait-il pas à ses parents :

« Les jours où je n'ai pas communié, il me manque quelque chose, je ne suis pas dans mon assiette.

« Il faut se donner tout entier. J'offre le sacrifice de mon sang, tout indigne que j'en suis, en union de Celui du Cœur Sacré de Jésus, pour votre bonheur, et pour ceux qui sont près de vous.

« Que le Sacré-Cœur *bénisse notre Vendée et règne sur la France !* »

LARBOULETTE, François-Julien-Marie
Caporal au 142ᵉ régiment d'infanterie.

Né à Plouhinec, le 11 septembre 1892, élève à Saint-François-Xavier (1905-1910). La *Semaine Religieuse* du diocèse de Vannes du 13 novembre 1915 écrivait : « M. l'abbé François Larboulette a succombé le jeudi 4 novembre, à l'ambulance de Croix en Champagne, aux blessures mortelles qui l'avaient atteint à Tahure, le 31 octobre dernier.

Blessé déjà deux fois, à la Fère Champenoise en septembre 1914, et aux Eparges en avril 1915, il était reparti pour la troisième fois, en août dernier. Avec tant d'autres de chez nous, il a trouvé en Champagne une mort glorieuse.

Issu d'une famille qui a donné à l'Eglise bien des prêtres, l'abbé François Larboulette par sa belle intelligence, son amour du travail, son profond esprit de foi surtout, faisait espérer un ministère sacerdotal des plus féconds. Ses dons naturels l'avaient mis du premier coup à la tête de sa classe. Quand il s'agit pour lui d'entrer au Grand Séminaire en 1912, il ne dut avoir aucune hésitation. L'exemple de ses frères, son esprit juste et sa volonté droite marquèrent du premier coup le chemin à suivre.

Malheureusement comme beaucoup d'autres, la guerre vint le surprendre au milieu de ses rêves d'apostolat. N'étant encore que clerc tonsuré, il partit au front avec quatre de ses frères. Caporal au 142ᵉ d'infanterie, il fit courageusement son devoir. Il mérita une superbe citation : « *Gradé magnifique de volonté, d'énergie et de sang-froid, mort à son poste, le 4 novembre 1915, à la butte de Tahure (Champagne). Croix de guerre avec étoile de bronze.* »

Un si bel hommage rendu à sa mémoire ne consolera pas de sa perte ceux qui l'ont connu et qui fondaient sur lui de légitimes espérances.

LARÈRE, Raymond-Charles-Marie-Joseph
Lieutenant au 70ᵉ régiment d'infanterie.

Né à Dinan (Côtes-du-Nord), le 17 janvier 1885, élève à Saint-François-Xavier (1895-1902). Il partit, au début de la campagne, comme simple soldat au 47ᵉ d'infanterie. Il conquit tous ses grades sur le champ de bataille et fut décoré de la Croix de guerre comme sous-lieutenant au 70ᵉ régiment. La citation porte :

S'est audacieusement porté en avant de la tranchée pour faire prisonnier un allemand, donnant constamment à ses hommes, un superbe exemple de bonne humeur, de sang-froid et de courage. Ordre de la Brigade.

Le lieutenant Larère était à plus d'un kilomètre en avant de nos lignes quand il fut blessé mortellement.

Le 30 avril 1917, le 2ᵉ bataillon monta en première ligne pour soutenir les bataillons du régiment qui attaquaient ; cette attaque ayant échoué, les compagnies du 2ᵉ bataillon durent réoccuper les tranchées de départ pour permettre aux fractions du 1ᵉʳ bataillon qui étaient restées accrochées sur le terrain de regagner nos tranchées.

Le lieutenant Larère se signala, pendant tout le temps, par sa présence constante, soit aux travaux d'organisation, soit à la récupération des hommes restés sur le terrain, où il alla, lui-même, chercher un sergent blessé.

Le 4 mai, le bataillon, après douze jours d'occupation du secteur, reçut l'ordre d'attaquer. Larère, par son exemple et par la confiance qu'il sut inspirer à tous, entraîna sa compagnie, qui monta à l'assaut en bon ordre. On put voir le lieutenant, debout, au milieu du peleton qu'il commandait, sans souci du tir meurtrier des mitrailleuses, donner à tous le plus bel exemple de mépris absolu du danger.

Lorsque nous eûmes franchi la crête, le feu des mitrailleuses devint de plus en plus terrible ; les hommes tombaient par grappes ; ce fut à ce moment que le brave officier trouva une mort héroïque ; il fut frappé d'une balle en pleine poitrine. L'éloignement de nos lignes et l'ennemi qui pressait très vivement, en nous tournant, empêchèrent ses soldats, qui aimaient tous leur commandant de compagnie, de le ramener.

Il fut vivement regretté de ses supérieurs, de ses subalternes et de ses hommes, car il savait se faire respecter et aimer de tous ceux qui ont servi sous ses ordres. Ils déplorèrent la disparution d'un officier de valeur, adoré de tous, superbe de courage et d'un moral si élevé ; il avait, dit un des officiers de son régiment, toutes les qualités d'un excellent officier de carrière et il l'a montré. Il laisse une veuve et deux jeunes enfants qui auront eu l'honneur d'avoir donné à la Patrie un mari et un père qui fut un héros.

DE LA RIVIÈRE (COUSTIS), MARIE-NAPOLÉON-GAËTAN

Sous-lieutenant au 116ᵉ régiment d'infanterie
Chevalier de la Légion d'honneur, Croix de guerre avec palme.

———

Né le 6 juillet 1894, à Commercy (Meuse), il étudia au Collège Saint-François-Xavier en 1910 et 1911, et y a laissé d'excellents souvenirs. Il était fils du feu général Coustis de la Rivière, très estimé à Vannes où il commandait les subdivisions du Morbihan et la 43ᵉ brigade d'infanterie.

Engagé volontaire au 116ᵉ régiment d'infanterie, au début de la guerre, Gaëtan fut blessé le 25 septembre 1915. A trois reprises, il retourna au front, sur sa demande, avant son tour, n'ayant jamais séjourné au dépôt après ses convalescences. Son dévouement et sa grande bravoure lui valurent quatre magnifiques citations : 1° A l'ordre de la division, après l'attaque du 25 septembre 1915 ; 2° A l'ordre du corps d'armée, le 25 mai 1917 : « *A relevé, le 7 mai 1917, en cours de combat, des troupes engagées contre un ennemi des plus solides ; s'est maintenu cinq jours sur la ligne qu'il a organisée, repoussant de vigoureuses contre-attaques, et prenant l'initiative des opérations de détail destinées à consolider sa position ;* 3° A l'ordre de la brigade, après l'affaire du Fayet, le 11 août 1917 ; 4° A l'ordre de la VIᵉ armée, le 27 octobre 1917 : « *Officier d'une haute valeur morale, ayant acquis sur ses hommes un grand ascendant par son entrain et sa grande vaillance, en toutes les situations difficiles ; glorieusement tombé, au moment où il groupait ses hommes pour parer à une menace d'attaque.* »

Il fut tué au Chemin des Dames, le 29 septembre 1917. Un décret du 5 février 1920 le nomma, à titre posthume, Chevalier de la Légion d'honneur. Inhumé dans le cimetière de Vasseny, son corps a été ramené, en avril 1921, à Chauconin (Seine-et-Marne), où il repose dans la sépulture de famille.

Nous offrons nos plus respectueuses condoléances à son excellente et vaillante mère qui s'est tant dévouée, près de nos blessés, au cours de cette longue et terrible guerre.

———

DE LA ROCHEBROCHARD, ALFRED

Capitaine au 3ᵉ d'infanterie coloniale
Chevalier de la Légion d'honneur, Croix de guerre avec palme
Officier du Ouissam-Alouite (chérifien) Médailles de Chine et du Maroc.

———

Né le 4 août 1878, à La Pouëze (Maine-et-Loire), élève à Saint-François-Xavier (1884-1895), il sortit de Saint-Cyr dans l'infanterie coloniale.

Il débuta par la campagne de Chine en 1900 où il fut, pendant longtemps, l'hôte de Monseigneur Favier. Il fit sa seconde campagne en Indo-Chine, puis retourna encore en Chine, pays où il s'était créé de solides amitiés, et qu'il affectionnait tout particulièrement.

Se trouvant en France au moment de la campagne du Maroc, il demanda et obtint d'y aller. Cité à l'ordre du jour, il gagna la Croix de chevalier de la Légion d'honneur, et celle d'officier du Ouissam-Alouite sur la proposition du général Lyautey.

Au début de la guerre européenne, il ne cessa de solliciter son retour en France ; satisfaction lui fut donnée et il fut rappelé du Maroc pour être envoyé sur le front français.

A la prise du fortin de Beauséjour, en février 1915, il eut la poitrine traversée d'une balle.

Il obtint la citation suivante, à l'ordre de l'armée :

A fait preuve d'un brillant courage au cours de l'attaque du 27 février. Blessé grièvement à la poitrine et à la tête, en conduisant sa compagnie à l'assaut, n'a cessé d'exciter les hommes du bataillon passant devant lui, et a donné aux nombreux blessés qui l'entouraient le plus bel exemple de résistance à la souffrance, en restant sans soins pendant plus d'une journée, sans faire entendre une seule plainte.

A peine rétabli de ses cruelles blessures, Alfred de la Rochebrochard fut envoyé en Afrique occidentale pour y faire l'instruction des noirs ; il revint avec eux, les conduisit sur le front, et tomba à la tête de sa compagnie, le 4 septembre 1916, à l'attaque des Carrières, près de Verdun.

Le capitaine de la Rochebrochard dont l'idéal était la gloire de son pays est tombé en soldat et en héros.

C'était, de plus, un solide chrétien, ne partant jamais à l'assaut sans avoir mis sa conscience en règle avec Dieu ; sa cantine qui fut retournée à sa famille contenait, à côté de ses décorations, des scapulaires, son chapelet de première communion, ainsi qu'une Imitation de Jésus-Christ.

DE LA RUE DU CAN, René-Marie-Octave-Louis

Brigadier au 3ᵉ régiment de dragons.

Né à Nantes, le 21 janvier 1885, élève de Saint-François-Xavier (1894-1902), suit le cours préparatoire à Saint-Cyr au collège Saint-Vincent de Rennes, 1902-1903.

En 1903, avant de passer ses examens de Saint-Cyr, il quitte la France pour se rendre au Canada avec son père, officier supérieur de cavalerie du service d'Etat-Major.

Ils se fixent à Sainte-Rose-du-Lac où ils retrouvent plusieurs anciens élèves de Saint-François-Xavier.

Membre du Conseil municipal, de la société d'agriculture, Président du commissariat des écoles, il se distingue par son activité et sa régularité à remplir ses devoirs religieux. Sa bonté, sa droiture lui gagnent tous les cœurs. Dès le premier jour où la mobilisation lui fut connue, il quitte l'Amérique pour accourir s'engager au 3ᵉ dragons, prenant pour devise: « Dieu et Patrie ! »

En passant à Winnipeg, il va présenter ses hommages à son archevêque, Mᵍʳ Langevin. Sa Grandeur enthousiasmée du réveil de la France, lui dit que ceux qui tomberaient pour une telle cause, se relèveraient martyrs, pensée qui n'a pas été étrangère à son ardent désir de se battre et de payer de sa personne.

« Monseigneur a été si bon que c'était à pleurer » — écrivait-il le soir, de Winnipeg, à ses parents.

Au 3ᵉ dragons, il est désigné comme interprète au régiment de Leicester Yeomanry. Cette fonction ne lui permettait pas d'aller sur la ligne de feu ; et ce n'est qu'après des demandes réitérées que son colonel consentit à l'envoyer au front.

Dans les lettres qu'il écrivait chaque semaine aux siens, on trouve des pensées comme celles-ci :

« Je sais, bon papa chéri et ma bonne petite maman, que vous trouverez courage dans le bon Dieu... Moi, je vous l'ai dit, ce n'est pas par emballement que je suis parti, c'est pour Dieu et pour la France que je suis prêt à faire tout mon devoir de chrétien... C'est sur ce mot *Sursum Corda!* que je vous quitte en vous répétant que je vous aime de tout mon cœur. »

René parlait souvent de la volonté de faire son devoir envers Dieu et la Patrie, souvent il demandait à ses parents d'avoir courage et confiance ; il leur disait ses communions, sa joie d'avoir été cantonné huit jours chez un bon curé des Flandres. Jamais il ne se plaignait des vicissitudes du métier de soldat, ni du danger ; il ne voulait connaître qu'une souffrance, celle de la séparation de ceux qu'il aimait.

Le 5 mars 1915, il était nommé brigadier pour sa belle conduite aux tranchées de Zillebeke.

Le 13 mai, en avant d'Ypres, il tomba mortellement frappé à côté de son colonel, tué lui aussi en chargeant à la baïonnette avec ses hommes.

Ce fut un deuil pour le régiment: « De la Rue du Can, écrivait son capitaine, avait gagné l'estime de tous les officiers qui avaient su apprécier sa bonne humeur, son entrain et son mépris du danger. Ils firent célébrer un service solennel à son intention, dans une paroisse voisine. »

Le brigadier de la Rue du Can a été honoré de la citation suivante :

Établi au Canada, rentré en France au moment de la déclaration de guerre et affecté comme interprète à l'Armée Britannique, a constamment recherché les occasions de se distinguer sur le champ de bataille où il montrait une résolution et un courage dignes d'éloges.

Tué le 13 mai 1915, auprès d'Ypres, dans une violente contre-attaque, aux côtés de son colonel mortellement blessé.

Ses parents ont reçu du Ministre la Croix de guerre.

Il nous reste une consolation, c'est de penser, comme l'avait dit Mᵍʳ Langevin, « qu'après avoir mené une vie si pure et avoir eu une si belle mort, » il a été tout droit au ciel.

———————

DE LA SOURCE (Hoarau), Paul-Marie-André

Capitaine d'infanterie aux 95ᵉ et 176ᵉ de marche
Chevalier de la Légion d'honneur.

———

Né à Rouquette-Verney (Dordogne), le 1ᵉʳ septembre 1874, élève à Saint-François-Xavier (1890-1891) ; à Saint-Cyr (1895-1897) ; à sa sortie de l'École, prit ses grades dans divers régiments de la Métropole.

A la déclaration de guerre, il était capitaine au 95ᵉ régiment d'infanterie avec lequel il entra à Sarrebourg le 18 août 1914 ; son courage lui valut la citation ci-après, datée du 12 septembre :

Belle conduite au feu.

Le 1ᵉʳ octobre suivant il fut l'objet d'une seconde citation, à l'ordre de l'armée :

A largement contribué par sa bravoure, sa belle attitude et son intelligente activité à obtenir de son bataillon un superbe acte d'héroïsme qui lui a valu d'être cité à l'ordre de l'armée.

Le 8 octobre 1914, il fut nommé Chevalier de la Légion d'honneur, avec le motif suivant :

A donné au combat une nouvelle preuve de son activité intelligente et de son sens tactique ; peut tout demander à sa compagnie qu'il a brillamment commandée au cours de faits d'armes qui ont valu à tout son bataillon d'être cité à l'ordre de l'armée.

Il fut cité une troisième fois, le 15 décembre 1914, en ces termes :

Au cours d'une série d'actions offensives, exécutées du 25 au 26 novembre par le bataillon qu'il commandait, a montré la plus grande bravoure et une rare énergie, en se portant sous le feu le plus violent auprès de toutes les unités sous ses ordres, pour les animer de son ardeur ; se fait remarquer en toutes circonstances par sa belle humeur et son esprit d'entreprise. Déjà cité deux fois à l'ordre de l'armée.

Le capitaine de la Source fut blessé par un éclat d'obus dans la forêt d'Apremont, le 9 janvier 1915. Remis de cette blessure, il fut affecté au 176ᵉ régiment d'infanterie, régiment faisant partie de la 2ᵉ division du corps expéditionnaire d'Orient.

Débarqué à Seddul-Bahr, le 16 mai 1915, il fut tué le 20 mai, et cité à l'ordre de l'armée, avec le motif suivant :

Tué glorieusement, à la tête de sa compagnie qu'il avait résolument portée en avant pour établir une tranchée marquant un sensible progrès de l'aile droite de la division.

Ses chefs et ses hommes l'eurent toujours en profonde estime et admiration. Il captivait tous ceux qui l'approchaient par sa belle humeur et son entrain. Aux vertus d'un chrétien solide il unissait les qualités, qu'il avait innées, d'un soldat dont la bravoure était sans égale.

Il fut l'honneur de l'armée et celui de sa sympathique famille. Le capitaine de la Source était le beau-frère du vaillant capitaine de Kergaradec, tué à l'ennemi, en faisant également noblement son devoir.

———

DE LA TEYSONNIÈRE, MARIE-JOSEPH-HENRY
Lieutenant au 22ᵉ régiment d'infanterie
Chevalier de la Légion d'honneur, Croix de guerre avec palme.

———

Né à Bourges, le 1ᵉʳ mai 1885, élève à Saint-François-Xavier (Cours de marine 1901, à Saint-Cyr (1905-1907), était lieutenant au 22ᵉ régiment d'infanterie lorsqu'il fut blessé une première fois le 4 septembre, et dut aller se rétablir au milieu des siens.

Mais, homme de devoir, son inaction lui pesait et, dès que cela lui fut possible, alors qu'il boitait encore, il obtint de repartir pour le front.

Le 28 novembre 1914, il reçut l'ordre d'aller sous le feu intense de l'ennemi, couper les fils de fer défendant l'entrée d'un village, afin de permettre aux deux bataillons de son régiment de donner l'assaut.

C'est en remplissant cette mission de sacrifice qu'il reçut en pleine poitrine vingt-six balles de mitrailleuses.

La citation suivante conservera le souvenir de cet héroïsme :

De la Teysonnière, lieutenant au 22ᵉ régiment d'infanterie :

Le 28 novembre, à l'attaque d'un village, a, sous un feu violent, brillamment enlevé sa section à la baïonnette, se jetant en avant, A été tué.

C'était un vaillant et brave officier et qui avait devant lui une carrière toute tracée, car il joignait aux aptitudes militaires, les vertus qui font des hommes d'action, de probité et de devoir.

Ses camarades perdent en lui un ami fidèle, et la France compte un héros de plus,

———

DU LAURENS DE LA BARRE, HENRI-MARIE-ERNEST
Sous-lieutenant au 236ᵉ régiment d'infanterie
Chevalier de la Légion d'honneur.

———

Né à Quimper, le 4 août 1868. Après avoir fait des études brillantes au collège Saint-François-Xavier (1898-1905), il opta pour la Magistrature et fut inscrit au « Grand Tableau » en février 1914. Déjà il avait fait comprendre qu'il tiendrait une place importante au barreau, quand la guerre éclata.

Il contractait immédiatement un engagement volontaire, car n'étant pas de forte santé, il avait été maintenu par les conseils dans l'auxiliaire.

Il put donc, sur ses instantes réclamations, partir au front.

Là il se distingua, gagna tous ses grades, obtint deux citations et fut nommé sous-lieutenant.

Citation à l'ordre du régiment :

A conduit avec beaucoup de calme et de sang-froid, en septembre 1917, une série de reconnaissances avancées et périlleuses, en vue d'un coup de main qu'il avait demandé à diriger.

Citation à l'ordre de la division :

Adjoint au chef de bataillon ; est un précieux auxiliaire. Le 30 mars 1918, a assuré la liaison entre les diverses unités du bataillon sous un bombardement intense.

Citation à l'ordre de l'armée :

Engagé volontaire pour la durée de la guerre. A toujours été un exemple pour ses subordonnés, par son courage et sa conception du devoir. Mortellement blessé le 2 mai 1918, en procédant sous un bombardement violent à une reconnaissance en première ligne.

Tous ceux qui ont connu et apprécié le sous-lieutenant Henri du Laurens de la Barre, au Palais et sur le champ de bataille, ainsi que précédemment dans les milieux ouvriers, se souviendront longtemps de cet homme jeune encore — il n'avait pas atteint la trentaine — qui était surtout et avant tout un « caractère », une volonté ferme, servie par une claire et prompte intelligence.

Il est mort comme il l'entendait bien, en soldat, pour Dieu et la France.

DU LAURENS DE LA BARRE, René-Jean-Ernest

Aide-major de première classe au 130ᵉ régiment d'infanterie
Chevalier de la Légion d'honneur.

Né à Paris, le 17 octobre 1885, élève à Saint-François-Xavier (1894-1903). A sa sortie du Collège, et après d'excellentes études, René du Laurens de la Barre prépara sa médecine et obtint son brevet.

Il partit comme médecin aide-major de première classe et fut affecté au 130ᵉ régiment d'infanterie où il fit simplement, mais noblement son devoir, se portant partout où il prévoyait un danger, pour pouvoir accomplir plus promptement sa mission près des blessés.

Ce fut dans une de ces circonstances qu'il fut frappé, le 27 septembre 1914, par une balle qui lui atteignit l'œil et le foudroya, au moment où il se levait dans la tranchée pour aller parler à son chef de bataillon.

Comme on le conduisait à sa dernière demeure, le colonel, l'aumônier, le major, les infirmiers et brancardiers furent mis en miettes par des obus. Les Allemands, sachant que l'on enterrait un officier, tirèrent sur le convoi.

L'aide-major René du Laurens de la Barre était aimé de ses chefs et de ses camarades sans exception, de même que de tous ses hommes, qui, l'appréciaient, l'admiraient.

Il était connu pour sa bravoure ; souvent il se déplaçait, bien que sa présence ne fut pas indispensable et sans en avoir reçu l'ordre, pour porter secours au cas où il y aurait eu des blessés, pour les ramasser et les soulager.

René du Laurens, a écrit son capitaine, était le modèle du médecin dévoué et de l'officier accompli.

Citation à l'ordre de l'armée :

Médecin des plus dévoués et des plus braves ; depuis le début de la campagne, dans tous les engagements, a accompagné les premières lignes, méprisant tout danger, pour porter secours le plus vite possible aux blessés.

S'est particulièrement distingué à Maugiennes-Virton et Andrechy. Tempérament militaire au point d'avoir donné sa démission pour combattre le fusil à la main.

Par une lettre qu'il écrivait avant son départ, il informait sa famille qu'il avait pris ses dispositions au point de vue religieux.

DE LA VILLARMOIS, GABRIEL

Sergent au 293ᵉ régiment d'infanterie, Croix de guerre.

Né le 17 mai 1896, à Saint-Jean-de-Luz (Basses-Pyrénées), élève à Saint-François-Xavier en 1914. Engagé volontaire le 4 janvier 1915, fut incorporé au 293ᵉ régiment d'infanterie.

Il se conduisit valeureusement, fut nommé sergent et fut porté comme disparu aux combats de l'Argonne, le 25 septembre 1915.

Plus tard on apprit par l'Allemagne la nouvelle de son décès et de son inhumation dans le cimetière de du Bois du Ville ; il était tombé à Ville-sur-Tourbe.

Parlant de la mort sur le champ de bataille, il écrivait : « Si ce n'était la peine que ma mort causerait à mes parents, je souhaiterais de mourir à la guerre, et sur la brèche, en faisant mon devoir : c'est pour moi l'occasion d'avoir une belle mort. Je suis toujours prêt. »

Deux jours avant le dernier combat il écrivait :

« Priez pour moi, la journée sera terrible. Je marcherai légèrement, car ma conscience est en paix. »

Deux heures avant l'attaque, il communiait des mains de l'aumônier du 17ᵉ régiment d'infanterie.

Il reçut la Croix de guerre.

C'est à la flamme de ses convictions religieuses que s'était allumé chez Gabriel de la Villarmois le désir de faire à son pays le sacrifice sanglant de sa vie.

DE LA **VILLARMOIS** (ARTHUR), JACQUES-MARIE-XAVIER
Soldat automobiliste au 2ᵉ corps d'armée.

Né à Trans (Ille-et-Vilaine), le 24 avril 1891, élève à Saint-François-Xavier (1902-1903). Il servit dans l'artillerie et faisait partie des automobilistes attachés à l'état-major. Atteint de la fièvre typhoïde, il fut évacué sur l'hôpital de Grenoble. La fièvre avait disparu et l'on pensait pouvoir le remettre, lorsque, contre toute attente, il succomba, le même jour que son frère Michel, le 18 juin 1915.

« J'aimais beaucoup votre fils, écrivait aux parents de Jacques son colonel, pour sa belle vaillance, son intelligente initiative et son admirable énergie, qu'il masquait sous des dehors de grand enfant insouciant.

« Il m'avait témoigné beaucoup de dévouement lorsque j'ai été blessé, et je crois qu'il avait une réelle affection pour moi. C'est au nom de cette affection que je viens vous demander de prendre part à votre douleur.

« N'est-ce pas d'ailleurs un des miens que je viens de perdre, un de ceux qui, par la noblesse de son caractère et l'élévation de ses sentiments, faisait le plus honneur à mon régiment ? »

DE LA **VILLARMOIS** (ARTHUR), MICHEL-MARIE-JOSEPH
Maréchal-des-logis au 24ᵉ dragons.

Né à Trans (Ille-et-Vilaine), le 10 avril 1889, élève à Saint-François-Xavier (1902-1904). Engagé volontaire, il ne tarda pas à recevoir les galons de sous-officier au 24ᵉ dragons.

C'était un charmant garçon, très courageux, qui avait refusé de se faire évacuer par le docteur, refusé également de passer estafette près du général, disant qu'il voulait rester à son poste à l'escadron et aller dans les tranchées, même en dehors de son tour.

Il fut tué le 18 juin 1915, à la Cheppe, près de Suippes, d'une balle au front, le même jour que mourait son frère Jacques, à Grenoble. Ayant survécu deux heures à sa blessure, il put recevoir l'absolution ; on crut remarquer, à un signe qu'il fit avec la main, qu'il avait à ce moment sa connaissance.

Les soldats et officiers du régiment de Michel avaient arrangé une petite chapelle dans le presbytère, avec des sapins et des fleurs. Il le veillèrent le jour et la nuit. L'enterrement eut lieu le 20 juin 1915, à 4 heures de l'après-midi. L'abbé Conasnon fit une allocution si chaude, si vibrante devant sa tombe, que tous en étaient très émus.

DE LA VILLEHUCHET (MAGON), RENÉ-MARIE-CAMILLE-ALFRED

Chef d'escadron au 60ᵉ d'artillerie, Chevalier de la Légion d'honneur.

———

Né à Porcaro (Morbihan), le 9 janvier 1870, élève à Saint-François-Xavier (1878-1886). C'était un entraîneur d'hommes. D'après une lettre qu'il écrivait à sa femme, voici comment il comprenait sa mission :

« Vous me dites que mes hommes ont de l'affection pour moi, c'est bien réciproque, je vous assure, et c'est tellement simple !

« Il faut naturellement exiger d'eux qu'ils fassent leur métier, mais cela fait songer à leur bien-être. Être prévoyant, leur épargner toute fatigue inutile, causer avec eux, les mettre au courant de ce que l'on fait, élever leurs pensées, les rendre accessibles aux idées de sacrifice, d'héroïsme, être sévère quand il le faut, mais toujours scrupuleusement juste, jamais personnel, leur montrer qu'on ne craint pas sa peine. Alors tout devient facile. Ils ont confiance et cherchent à deviner votre pensée, s'ingénient pour faire plaisir à leur chef. Ils savent que j'aime les fruits, tous les jours ils m'en apportent ; quand ils font le café, toujours il y a un quart ou deux pour le capitaine. Mes deux lieutenants sont complètement dans mes idées et la batterie est vraiment une grande famille... Comprenez-vous ma joie de travailler avec cet outil bien trempé que depuis cinq ans je forge ? il me semble que militairement il ne peut pas exister de jouissance comparable, car vraiment nous ne faisons qu'un. »

Le 29 juillet 1914, avant d'entrer en campagne, il écrivait : « Vous dites vrai, le sacrifice fait librement, joyeusement consenti, loin de nous déprimer nous donne au contraire une force nouvelle. Au milieu des plus grands dangers, il faut continuer à faire minutieusement son devoir et se dire qu'après tout les balles et les obus ne sont pas aveugles et qu'ils ne sauraient échapper à la main invisible qui les guide. Certes ce ne sera pas sans émotion que je partirai pour la guerre, mais j'ai grande confiance. Ma vie ne m'appartient pas, elle appartient à Dieu et à la France avant de vous appartenir, et je saurai faire mon devoir, comme vous saurez faire le vôtre. »

Guidé par de tels principes, le capitaine de la Villehuchet secondé admirablement par des hommes qu'il avait si bien formés, accomplit de nombreuses actions d'éclat qui lui valurent le grade de chef d'escadron ; il l'a malheureusement occupé peu de temps.

Lettre du colonel Berge à Mᵐᵉ de la Villehuchet.

« Il tomba le 3 octobre 1914, à Beaurains près Arras, à la tête de son groupe, alors qu'il arrêtait l'infanterie reculant devant une attaque allemande très fortement dirigée sur le flanc gauche. Il était parvenu à remettre le calme dans cette troupe affolée et à replacer les hommes dans les mains de leurs officiers, quand il a été frappé, face à l'ennemi, d'une balle en pleine poitrine, par un obus de leurs gros obusiers de 105 qui l'a écrasé sur le sol.

« Tout le régiment a été profondément affecté par cette nouvelle, car de la Villehuchet était très aimé pour son bon cœur, tout de dévouement, son entrain joyeux et sa belle confiance.

« De plus, depuis le début de la campagne, l'amitié que l'on avait déjà pour lui s'était renforcée de l'estime que provoquait sa conduite au feu et sa bravoure inébranlable.

« Jamais il n'a daigné faire usage d'un abri, jamais sa tête énergique ne s'est inclinée sous le sifflement des balles.

« Votre mari était aussi un saint ; la mort ne l'a pas surpris et s'il l'affrontait avec tant de courage, c'est qu'il était toujours prêt à la recevoir.

« Puisse cette pensée consolante, Madame, vous apporter du réconfort lorsque vous serez un peu remise de cette épouvantable secousse. »

Citation à l'ordre de l'armée :

A donné en toutes circonstances les preuves de la plus brillante valeur. Tué en conduisant énergiquement ses hommes au feu.

(*Officiel*, 20 novembre 1914).

DE LA VILLEMARQUÉ (HERSART) FRANÇOIS D'ASSISE-ALEXANDRE-MARIE-TH.-FÉLIX

Capitaine au 124ᵉ d'infanterie.

Né à Quimperlé (Finistère), le 30 mai 1884, élève à Saint-François-Xavier (1893-1901).

Blessé dès le mois de septembre 1914, à la poitrine et au poignet, il goûte une dernière fois les joies du foyer qu'il s'était créé très jeune et bénit le petit enfant qui venait d'y prendre place.

Il retourne au feu en décembre 1914. Le 19 février 1915, il assiste à la bataille de Perthes les Hurlus. A 9 heures du matin, son bataillon reçoit l'ordre de charger sous une pluie de mitraille ; il entraîne sa compagnie et tombe face à l'ennemi atteint d'une balle en pleine poitrine. A son commandant qu'il aperçoit, il a encore la force de dire : « Au revoir, c'est pour la France ! »

Citation à l'ordre du jour de l'armée.

Le général commandant le 4ᵉ corps d'armée cite à l'ordre du jour de l'armée M. le capitaine Hersart de la Villemarqué, du 124ᵉ : A entraîné sa compagnie de flanc. Blessé mortellement, a appelé son chef de bataillon pour lui dire au revoir et a ajouté : Je sais que je vais mourir, mais c'est pour la France !

De la Villemarqué était le type du héros chrétien, ses soldats l'avaient surnommé : « Le brave des braves. » Dans chacune de ses lettres, depuis le début des hostilités, ses proches pouvaient suivre l'ascension de cette âme déjà si parfaite, montant de plus en plus vers Dieu, au contact des douleurs et des gloires de la Patrie et d'une mort qu'il pressentait peut-être.

C'était aussi un fervent de l'Eucharistie et c'est à cette source qu'il puisait avec cette aimable simplicité qui lui gagnait tous les cœurs, ce courage modeste et calme, signe distinctif de son caractère.

C'était le propriétaire chrétien, l'homme d'œuvres, si nécessaire au temps où nous sommes, qui huit jours avant sa mort, léguait par testament sa part de propriété de l'école paroissiale à son fils âgé de trois ans, pour qu'elle restât toujours dans sa famille.

DE LA VILLEMARQUÉ (HERSART), PAUL-MARIE-PIERRE
Soldat au 106ᵉ régiment d'infanterie.

Né le 31 janvier 1893, à Vannes, élève à Saint-François-Xavier (1903-1910). Il se destinait aux Beaux-Arts. Il partit en qualité de simple soldat au 106ᵉ régiment d'infanterie et fut blessé grièvement au combat des Eparges (Meuse), le 19 février 1915.

Après bien des souffrances, il mourut à l'hôpital militaire de Verdun-sur-Meuse, le 28 février 1915. Il n'avait que vingt-deux ans.

Plus heureux que son frère, il lui fut permis de recevoir les secours de la religion à ses derniers moments.

Sa vaillante conduite lui valut la Médaille militaire, avec la croix de guerre et cette citation :

Hersart de la Villemarqué, Paul-Marie-Pierre, soldat brave et dévoué. Blessé grièvement en faisant vaillamment son devoir. Mort des suites de ses blessures, le 28 février 1915.

DE LA VILLEMARQUÉ (HERSART), THÉODORE-MARIE-ERNEST
Elève-aspirant à l'école de Joinville.

Né le 27 octobre 1894, à Vannes, élève à Saint-François-Xavier (1904-1912). Il fit vaillamment son devoir, et fut blessé aux Eparges, le 18 février 1915.

Il entra à sa guérison à l'école de Joinville en qualité d'élève-aspirant. C'est là qu'il fut tué, en service commandé, pendant qu'il expérimentait des grenades, le 8 avril 1916.

Il n'avait que 20 ans. A l'égal de ses frères, Théodore avait au plus haut point le sentiment du devoir qu'ils avaient puisé dans une famille essentiellement chrétienne et près de maîtres qui leur avaient inculqué, avec l'amour de Dieu, celui de la Patrie.

Il était frère de Paul Hersart de la Villemarqué, tué aux Eparges en 1915.

DE LA VILLEMARQUÉ (HERSART), XAVIER-MARIE-PIERRE
Sergent-fourrier au 116ᵉ régiment d'infanterie.

Né à Nevez (Finistère), le 19 décembre 1893, élève au Collège Saint-François-Xavier (1903-1912). Etudiant en droit à Rennes.

S'engage en 1913 au 116ᵉ, à Vannes, avec l'intention de faire sa carrière dans l'armée.

Au jour de la mobilisation, il était caporal.

Ce fut un bon soldat, plein de sang-froid devant le danger ; il résista avec une belle énergie physique et morale à la rude épreuve de la retraite de Belgique. Le 14 septembre il écrivait :

« J'ai vu le feu plus de dix fois et je commence à ne plus y faire attention ; une petite prière avant chaque action et en avant ! Nous avançons et les Boches reculent au galop. J'ai grand espoir dans le succès final. »

Près de Mireaumont le 3 octobre 1914, entre Beaucourt et Hamel (Somme), il reçut un éclat d'obus qui lui brisa la cuisse ; tombé à trois heures du matin, il fut relevé à neuf heures et transporté à Bapaume, puis à Bruxelles, dans un hôpital allemand. Il y resta quatre mois. Grâce à des personnes amies de la France, il fut transporté à l'ambulance du Palais Royal. Là, malgré tous les soins qui lui furent prodigués, on dut lui amputer la jambe le 20 mars 1915, et il rendait sa belle âme à Dieu le 24.

Xavier se fit remarquer pendant ses longs mois de captivité par sa piété, sa foi vive et son amour pour la Très Sainte Vierge ; il communiait souvent. A l'hôpital allemand, sa nature bretonne, plus sensible que celle de ses compagnons d'armes, lui rendait plus pénible qu'à d'autres l'absence de soins affectueux. Au Palais Royal il fut entouré de nombreux témoignages de sympathie ; on ne l'appelait que « Le petit Breton », le « petit Français ». Avant sa mort, il fait une neuvaine à Notre-Dame de Lourdes. L'aumônier lui ayant parlé des derniers sacrements, il accueillit cette nouvelle avec joie, fit le sacrifice de sa vie et ne cessa de prier pendant la cérémonie.

Ses funérailles furent très solennelles. On ne disait point de messe aux obsèques des prisonniers. Un ami de sa famille obtint cette faveur non seulement pour Xavier, mais pour tous les prisonniers catholiques français et anglais qui moururent dans la suite à Bruxelles.

Citation à l'ordre du corps d'armée.

Le général commandant le XIᵉ corps d'armée cite à l'ordre du corps d'armée :

Le sergent-fourrier Hersart de la Villemarqué du 116ᵉ régiment d'infanterie, 8ᵉ compagnie.

A fait preuve d'une bravoure et d'une endurance remarquables ; blessé grièvement dans la nuit du 3 au 4 octobre 1914, est resté aux mains des Allemands ; amputé à Bruxelles, est mort des suites de ses blessures.

BAUGMARTEN.

LE BOBINNEC, Pierre-Félix-Adrien-Marie
Sous-lieutenant au 262ᵉ régiment d'infanterie.

Né à Pluvigner (Morbihan), le 19 juillet 1890, étudia au Collège Saint-François-Xavier (1897-1905).

A la déclaration de guerre, il était sous-lieutenant au 62ᵉ régiment d'infanterie, à Lorient, et partit immédiatement pour le front avec le 262ᵉ régiment, formation prise dans le 62ᵉ. Il tomba mortellement frappé, à Sailly-Saillisel, le 27 août 1914, et fut porté comme disparu.

Nous n'avons d'autre renseignement sur sa fin glorieuse que la lettre suivante que nous écrivait son excellent père, le 14 juin 1919 :

« Mon pauvre Pierre n'a pas eu le temps de nous écrire souvent : nous n'avons reçu de lui que deux cartes postales écrites du Bourget. Dans l'une il nous disait : « Je vais, ce matin, communier avec mon capitaine, car demain nous partons pour la frontière. » Sa compagnie a été décimée à Sailly-Saillisel, quelques jours après. Avant son départ de Lorient, il m'avait dit : « Si Dieu doit appeler à lui l'un de nous, je désire que ce soit moi (mes quatre fils étaient alors à l'armée). Il avait le pressentiment de sa mort prochaine et avait fait le sacrifice de sa vie. C'est en souriant qu'il me disait : « On ne meurt qu'une fois, le tout est d'être prêt, quand il faudra dire : Présent ! » Son corps n'a pas encore été retrouvé ; nous savons cependant, par le vieux curé de Sailly, que Pierre est sur la liste des officiers enterrés près de son église. »

LE BRAS, Joachim-Marie
Sergent observateur au 62ᵉ régiment d'infanterie
Croix de guerre avec palme et Médaille militaire.

Né à Moréac (Morbihan), le 5 mai 1888, étudia au Collège Saint-François-Xavier (1902-1906), où il se fit remarquer surtout par sa foi vive et sa grande piété. Fils de cultivateurs, il exploitait lui-même avec son père la propriété familiale, lorsque la guerre le surprit ; il partit aussitôt pour le front avec le 62ᵉ régiment d'infanterie auquel il avait été incorporé.

Les extraits suivants de lettres qu'il écrivait à ses parents nous font voir que toutes ses pensées étaient tournées vers Dieu et que les choses de la terre ne venaient pour lui qu'au second rang.

5 mai 1915. — Ma 28ᵉ année vient de commencer, que Dieu me protège pendant cette nouvelle année ! A cette intention priez bien, chère tante. Voici le mois de Marie et de Jeanne d'Arc ! Il se produira, à mon point de vue, du nouveau pendant le courant du mois. Les Boches ont à plusieurs reprises insulté la Sainte Vierge. Celle-ci prouvera un jour à venir, sa puissance ; attendons et prions.

19 mai 1915. — Les Boches reculent, c'est le mois de Marie et de Jeanne d'Arc ! Puissent-elles venir, encore une fois, sauver la France !

(Parlant de son cousin qui se mourait) : Pauvre Jean ! il n'est pas venu à la guerre. Chacun a son voyage tracé sur cette terre, long ou court, peu importe.

Authuile, 5 juin 1915. — Les fêtes du Saint-Sacrement sont passées, hélas ! Ici, les processions ne sont pas sorties. A Moréac, c'était avec plaisir que je suivais le dais sous lequel se trouvait Jésus-Hostie. Quel bonheur pour moi de chanter gloire et louange à Notre-Seigneur ! Il faut espérer que nous reverrons ces belles fêtes.

4 avril 1916. — (Annonçant la mort de son cousin en même temps que sa blessure) : Dieu appelle à lui celui qu'il veut.

26 avril 1917. — (Au sortir de l'hôpital) : Il faut retourner au front, c'est le devoir.

17 juin 1916. — Pendant mes rondes, je prendrai mon chapelet et je le réciterai à vos intentions.

2 juillet 1916. — Nous voici au dimanche, octave de la Fête-Dieu, je suis aux tranchées et, de service en ce moment, je n'ai pu assister à la messe. Que voulez-vous, le service prime tout. J'espère que le bon Dieu ne m'en voudra pas. Dans la journée, je penserai à lui. Un chrétien ne peut pas oublier son créateur.

10 juillet 1916. — Fière Bretagne ! Si tu es à l'épreuve par les temps qui courent, espérons que bientôt tu seras à l'honneur.

24 novembre 1916. — Nous devons monter aux tranchées demain soir, c'est le devoir.

17 janvier 1917. — En Bretagne, on prie. Hélas ! Malgré le danger de mort qui menace quotidiennement les combattants, beaucoup restent encore sans prier ; à l'arrière, il en est de même, j'en suis certain. Tous devraient recourir à la protection de la Sainte Vierge. Il n'en est pas ainsi. Qu'elle vienne au plus vite au secours de la France !

3 janvier 1917. — L'obéissance, c'est tout.

10 mars 1917. — (Pendant un stage d'école) : Nous assistons à la prière et au salut presque tous les soirs. Quel bonheur pour moi de prier pour mes camarades combattants !

Dimanche des Rameaux 1917 (1er avril). — Mes parents prient de tout cœur. Je m'unirai à eux.

18 avril 1917. — J'aurais voulu faire mes Pâques à Paris, à la basilique du Sacré-Cœur.

18 septembre 1917. — (Avant veille de sa mort, dans sa dernière lettre) : Que Dieu, par l'intercession de sainte Anne et de Notre-Dame de Lourdes, me protège !

Voici en quels termes son père nous annonçait la mort de son cher enfant :

« Je vous remercie très sincèrement, tant du bon jugement que vous portez sur mon Joachim, que des condoléances que vous nous offrez, à sa mère et à moi, à l'occasion de sa perte. Nous nous efforcerons l'un et l'autre de porter chrétiennement notre lourde croix. Notre enfant, croyons-nous, est au Ciel, car M. l'aumônier nous écrit : « Je ne crois pas me tromper en affirmant qu'il était prêt. »

« Le 8 septembre, il faisait son pèlerinage à Montmartre. Il a alors donné à quelques-uns de ses camarades la preuve qu'il avait le pressentiment de sa mort. C'est le 20 septembre 1917, qu'il est tombé au Chemin des Dames et sa mort a été, l'on peut dire, héroïque : sergent observateur au 62ᵉ de ligne, il a quitté son gourbi, sous un terrible bombardement, pour porter secours à un de ses hommes qui venait d'être blessé ; c'est là qu'un obus de 150 l'a écrasé. Il a donné sa vie pour la France. Heureusement son frère était là et a pu le faire inhumer au cimetière de Chassemy où il repose en attendant que nous puissions le ramener en Bretagne. Blessé déjà une fois, et titulaire de la Croix de guerre avec palme, il est l'objet d'une citation à l'ordre de l'armée, et reçoit la Médaille militaire, à titre posthume. Voici le texte de ses deux citations, dont la seconde surtout est très élogieuse et fait ressortir la bonté, le courage et les sentiments élevés de ce digne enfant de notre chère et vaillante Bretagne :

Ordre du régiment n° 202.

Le lieutenant-colonel commandant le 62ᵉ régiment d'infanterie, cite à l'ordre du régiment :

Le Bras, Joachim, sergent. Sous-officier énergique, dévoué, toujours au premier rang. A l'attaque du 25 septembre 1915, a donné à ses hommes le plus bel exemple de bravoure.

Le lieutenant-colonel : COURCY.

Citation à l'ordre de l'armée :

Sous-officier d'élite, de grande valeur morale, de sentiments très élevés. Au front depuis le début, a toujours donné à ses hommes l'exemple du courage, de fidélité au devoir, de respect de la consigne. Le 20 septembre 1917, observateur dans un poste très bombardé, a assuré sa mission avec le plus grand sang-froid. A été tué en soignant, sans souci du bombardement, un de ses hommes blessé.

MAISTRE.

LE BRETON, JOSEPH-PIERRE-MARIE
Téléphoniste au 116ᵉ régiment d'infanterie.

Né à Vannes, le 31 décembre 1882, il passa 10 ans au Collège (1892-1902). Huissier à Sarzeau au moment de la déclaration de guerre, il part aux armées avec le 116ᵉ d'infanterie, en qualité de téléphoniste. Il fait montre, dès le début, dans ce poste délicat et périlleux, du plus grand dévouement et de la plus grande bravoure.

Cité à l'ordre du jour de la brigade le 15 mai 1917, il reçoit en outre, la Croix de guerre avec palme.

Citation à l'ordre de la brigade :

Soldat très courageux. D'un calme et d'un sang-froid admirables. Pendant les combats du 25 avril au 2 mai 1917, a fait preuve de beaucoup de bravoure et de mépris du danger en réparant les lignes téléphoniques sous de violents bombardements (Croix de guerre avec étoile et palme).

FERRU.

Citation à l'ordre de la division :

Soldat très courageux et très dévoué. Dans la nuit du 19 au 20 octobre 1917, a assuré son service d'une façon parfaite malgré un violent bombardement par obus toxiques.
S'était déjà signalé par sa belle conduite sous le feu dans les secteurs d'Hurtebise, de Fayet et du Panthéon. (Croix de guerre avec étoile).

RONDEAU.

Animé d'une foi profonde, Le Breton vit courageusement venir la mort dans la nuit de Noël 1917, à l'hôpital de Lespinoy-Moreuil (Somme), où il avait été transporté à la suite d'une intoxication par les gaz. A l'attaque de la Malmaison, il avait voulu assurer jusqu'au bout la transmission des messages dont il était chargé.

Fragments de lettres de Joseph Le Breton à sa sœur.

« Espérons que Dieu me gardera, mais, tu le sais, il faut voir la main de la Providence en tout ce qui nous arrive. Je prends l'habitude de me soumettre à la volonté de Dieu, de m'abandonner à la Providence. Nous risquons à chaque instant d'être tués pour la Patrie. Si le désir de revoir mes enfants ne me rattachait à la vie, je la quitterais sans regret. »

A sa dernière permission, il disait : « Je ne sais pourquoi, mais je crois que je ne reviendrai plus. » Il choisit pour partir le vendredi, parce que, dit-il, je penserai à la Passion du Christ et cela me donnera du courage.

« J'ai tant de fois chanté *Minuit, Chrétiens*, au Collège autrefois; où le chanterai-je ce soir? » Puis quelques instants après : « Où fêterai-je Noël, ce soir ? » Il mourait quelques instants après, au moment où les cloches sonnaient la messe de minuit.

Sur sa tombe, devant la bière à peine descendue, le médecin-chef tint à déclarer et à affirmer que si Le Breton avait toujours été un brave et héroïque soldat, comme en témoignent ses citations, il avait montré pendant sa maladie et à sa mort qu'il était surtout un croyant.

LECAM, Louis-Eugène-Anatole

Médecin aide-major de 2ᵉ classe au 264ᵉ d'infanterie.

Né à Port-Louis (Morbihan), le 13 juillet 1884. Après avoir passé au Collège les années 1899-1902, il prépara sa médecine, et, reçu docteur, entra au service de la Compagnie Transatlantique. Il se trouvait à bord de la *Floride*, au moment de la déclaration de guerre. Sur le point d'être capturé par un pirate allemand, son navire réussit à échapper à la poursuite ennemie et après un voyage des plus mouvementés, put atteindre la France. A peine débarqué, Lecam obtint d'aller sur le front, où l'attirait son patriotisme et son humeur guerrière. Toujours sur la brèche, il se dépense sans compter, prodiguant à tous les soins les plus éclairés et les accompagnant de bonnes paroles. Mais les forces humaines ont des limites et dès mars 1915, il tombe victime de son devoir professionnel. Il contracte la diphtérie au camp de Mailly et manque de succomber sous l'étreinte de cette terrible maladie.

Sa robuste constitution reprend, néanmoins, le dessus et il rejoint son poste. Ce ne fut malheureusement qu'une accalmie : un retour offensif de la maladie le terrasse à nouveau, à un an d'intervalle, alors qu'il se trouvait à Ollencourt, commune de Tracy-le-Mont (Oise). Il mourut courageusement le 18 mars 1916, à peine âgé de 32 ans.

Très aimé de tous ceux qui l'approchaient, le docteur Lecam joignait à un grand savoir et à une grande habileté professionnelle le plus mâle courage et la plus complète abnégation. Ces quelques lignes écrites par lui, à bord de son navire sur le point d'être capturé, témoignent de ce qu'était l'homme et de son caractère.

« En admettant même que l'on soit tué, la mort est belle, puisque c'est pour la Patrie ; s'il y a un de nous qui doive être la victime des balles allemandes, je demande que ce soit moi ; de tout cœur, je fais le sacrifice de ma vie pour que celle de mes frères soit épargnée. »

LE CLAINCHE, Emile-Eugène
Caporal au 62ᵉ régiment d'infanterie.

Né à Naizin (Morbihan), le 23 janvier 1889, étudia au Collège Saint-François-Xavier (1907-1910).

A la mobilisation, il était instituteur-adjoint à l'école libre des garçons, de Groix (Morbihan). Il fut incorporé au 62ᵉ régiment d'infanterie à Lorient, et partit pour le front, dès le début de la guerre, avec ce régiment. Il fut tué, le 8 septembre 1914, au combat de la Marne, sans avoir obtenu ni décoration ni citation, le désarroi qui régnait partout, à ce moment néfaste, ne permettant pas de rendre aux services individuels les récompenses qui leur étaient légitimement dues.

Sa correspondance avec sa famille fut naturellement très courte : on ne reçut que deux cartes de lui. Dans la première, il recommande à son frère de consoler sa mère ; dans la seconde, il dit : « Nous avons pris contact avec l'ennemi depuis quelques jours. C'est très dur ; mais le courage ne manque pas. Priez pour moi. »

« A la déclaration de guerre, nous écrit son frère, les instituteurs libres se trouvaient réunis à Saint-François-Xavier, pour une retraite. Mon frère rentrait dans la famille au moment même où l'on sonnait le tocsin de la mobilisation. Le visage radieux, il ne cessait de répéter : « Je suis content d'avoir fait ma retraite. Quoi qu'il m'arrive, je suis prêt. » Ce furent les dernières paroles que j'entendis de sa bouche, lorsque nous nous séparâmes pour la dernière fois, sur cette terre. »

Heureusement qu'il reste à son frère M. l'abbé Le Clainche, vicaire à Pluméliau, le suprême et ferme espoir qu'il retrouvera un jour le cher disparu, dans le sein du Dieu juste et bon qui a déjà, sans aucun doute, récompensé depuis longtemps ses loyaux services et son généreux sacrifice.

LECLERC, Henri-Eugène-Frédéric
Chef d'escadron au 5ᵉ groupe d'artillerie de campagne.

Né à la Rochelle, le 2 avril 1872, élève au Collège Saint-François-Xavier (1881-1884). Il fut reçu à Polytechnique en 1893 et en sortit sous-lieutenant élève d'artillerie le 1ᵉʳ octobre 1895.

Il était père de quatre enfants. Il avait fait auparavant la campagne de Chine, et avait été capitaine à la direction d'artillerie, à Bizerte (Tunisie).

La guerre le trouva en congé, s'occupant en Tunisie d'une propriété dont son père, le général Leclerc, lui avait confié la gestion.

Avant même le 1ᵉʳ août 1914, il s'était remis à la disposition du général commandant le corps d'occupation et partait avec le commandement d'une batterie, à la tête de laquelle il se distinguait tout particulièrement en Belgique, en août 1914.

Sa grande bravoure et sa compétence lui valurent l'attribution de la Military Cross. Il était déjà chevalier de la Légion d'honneur.

Comme commandant le 5ᵉ groupe d'artillerie d'Afrique, il prit part à la défense de Verdun, tenant jusqu'aux limites assignées, sous un feu terrible et avec des pertes cruelles. Son groupe fut cité à l'ordre de l'Armée dans les termes les plus élogieux.

Arrivé sur le front de la Somme, ses lettres débordent d'enthousiasme et de confiance dans la victoire. Il ne cessait de répéter : « Tant qu'on est en vie et debout, on est de service. » Il avait tout prévu, recommandé les siens à ses frères, fait ses adieux à tout le groupe, officiers et canonniers, les remerciant du concours qu'ils lui avaient prêté et déclarant que « le sacrifice de sa vie était peu de chose pour la cause qui le réclamait. »

Le 12 septembre 1916, il se portait, accompagné de l'un de ses adjoints, le lieutenant Lartigue, auprès du chef de bataillon Martinaggi, avec lequel il suivit les premières vagues d'assaut. Entraînant tout le monde par son exemple, il obtenait de ses batteries les services les plus utiles et les plus précis. Arrivés ainsi près des lignes allemandes, ils tombèrent tous trois sous le feu d'une mitrailleuse, à la ferme de l'hôpital, près de Rencourt, en marche sur Bouchavesne.

La belle conduite et la mort héroïque du chef d'escadron Leclerc lui valurent une citation à l'ordre de l'armée.

LECLERC, Marie-Joseph-Paul
Lieutenant-colonel du 27ᵉ régiment d'artillerie,
Officier de la Légion d'honneur et Croix de guerre,

Né à Bourges, en 1870, fit de brillantes études au Collège Saint-François-Xavier (1881-1885). Se destinant à la carrière militaire, il alla les continuer à Sainte-Geneviève (rue des Postes), puis entra à l'Ecole Polytechnique. Il en sortit sous-lieutenant d'artillerie et avait atteint le grade de lieutenant-colonel lorsque la guerre éclata. Il fit vaillamment son devoir en toutes circonstances et mérita six élogieuses citations.

Il fut tué à l'ennemi, le 25 juin 1918, en commandant son régiment, le 27ᵉ d'artillerie, et fut fait officier de la Légion d'honneur, à titre posthume.

Il était fils du général Leclerc, décédé, et frère du chef d'escadron Henri Leclerc, tombé aussi glorieusement à l'ennemi, le 12 septembre 1916.

Honneur à cette famille de braves ! inclinons-nous respectueusement devant les tombes de ces deux vaillants camarades qui sont une gloire pour notre vieux Collège, et un exemple à suivre pour les jeunes de Saint-François-Xavier.

LE CORRE, Joseph-Louis-Marie
Médecin-major de 1ʳᵉ classe des troupes coloniales,
Chevalier de la Légion d'honneur.

Né à Baud (Morbihan), le 23 juillet 1872, étudia au Collège Saint-François-Xavier (1887-1891) ; on y a conservé de lui le meilleur souvenir.

Ancien élève de l'Ecole de Médecine navale, il fut affecté aux troupes coloniales, et fit presque toute sa carrière aux colonies. C'est là qu'il contracta l'implacable maladie, la dyssenterie, qui l'a usé et qui a déterminé sa mort.

Malgré son mauvais état de santé, il n'en fit pas moins toute la campagne contre l'Allemagne, avec les troupes auxquelles il appartenait, ce qui était peut-être au-dessus de ses forces. Il est mort à Lorient, où il habitait avec sa famille, le 12 janvier 1918, des suites de sa terrible maladie et aussi des fatigues endurées pendant la guerre. Nous honorons sa mémoire au même titre que celle de ses camarades et anciens condisciples tombés au champ d'honneur.

LE CORVEC (l'Abbé), Emmanuel
Sergent-mitrailleur au 62ᵉ régiment d'infanterie
Croix de guerre avec deux étoiles et Médaille militaire.

Né à Riantec (Morbihan), le 18 janvier 1890, vint achever ses études au Collège Saint-François-Xavier (1907-1908), puis entra au Grand-Séminaire. Il était clerc minoré lorsqu'il partit pour le front avec le 62ᵉ régiment d'infanterie de Lorient. Blessé gravement le 29 mars 1916, il tomba mortellement frappé, au fort de Vaux, le 14 novembre 1916. Les deux belles citations suivantes et les distinctions obtenues par lui, sont des preuves indiscutables de sa grande bravoure et du pur patriotisme dont il était animé.

Citations à l'ordre de la brigade :

Sous-officier d'une grande bravoure et d'un moral très élevé. Le 29 mars 1916, blessé au cours d'une reconnaissance est néanmoins resté à son poste jusqu'à l'achèvement de sa mission, ne s'est fait évacuer que sur l'ordre de ses chefs.

Ordre de la 22ᵉ division :

Sous-officier d'une bravoure et d'une énergie exceptionnelles. Par son exemple a réussi, sous de violents bombardements, à maintenir sa section en position et en ordre sur des emplacements sans cesse bouleversés.
Tué à son poste de combat le 14 novembre 1916.

Distinctions :

Croix de guerre avec étoiles de bronze et d'argent.
Médaille militaire, à titre posthume, par arrêté ministériel du 17 mai 1920, publié au *Journal officiel* du 13 octobre 1920.

Les extraits ci-dessous de quelques-unes de ses lettres à sa famille dévoilent la belle âme de ce vaillant jeune homme et montrent quel idéal élevé il avait de son devoir.

« Je suis fier d'aller combattre pour la France, et, s'il faut, verser mon sang. »

« Haut les cœurs et confiance ! Dieu aime celui qui fait son devoir ; il faut que je le fasse coûte que coûte.

« Si je tombe, c'est que le Bon Dieu le voudra, l'essentiel c'est que je fasse toujours mon devoir.

« Ce que Dieu veut est ce qu'il y a de bon, aussi suis-je content de tout ce qui m'arrive.

« Il faut accepter tout ce que Dieu voudra. « *Fiat voluntas tua* », tel doit être le mot d'ordre de tout vrai chrétien.

« Puisse Dieu m'accorder la grâce d'être toujours un bon et vaillant soldat !

« La vie n'est qu'un passage, le but c'est le ciel ; peu importe quand, pourvu que le but soit atteint. »

LE CROM, Mathurin
Profès de l'ordre de Saint-François, adjudant au 116ᵉ régiment d'infanterie.

Né à Saint-Samson (Morbihan), le 6 février 1889, élève du Petit Séminaire de Ploërmel, de l'Ecole Saint-François-Xavier où il fit en 1907 sa Philosophie, du Grand Séminaire de Vannes ; entré dans l'ordre franciscain au couvent de Breust le 8 octobre 1911, profès le 8 octobre de l'année suivante, tombé glorieusement à Tahure le 25 septembre 1915. Tel est le *curriculum vitæ* de notre camarade franciscain.

Du fond de sa tranchée, sa pensée va d'abord à « Dame Pauvreté » absente. « Hélas ! note-t-il mélancoliquement, je constate que je ne suis pas un véritable enfant de saint François ; je n'use pas que de choses mendiées. J'en achète le moins possible, c'est vrai ; mais je n'aime pas à les partager. Saint François me fait voir mon défaut. Je demande par lui la grâce de m'en corriger. » Rassuré par son supérieur, il répond : « … J'achète ce qui m'est utile, mais jamais rien de superflu. Je m'y sens obligé par l'exemple de notre séraphique Père. » Un autre jour, après inventaire de son sac, et de sa musette, il observe avec inquiétude : « Jamais je n'ai eu autant d'effets à mon usage… » ; et il éprouve le besoin de s'excuser dans cet aveu d'une délicieuse simplicité : « Jusqu'à présent je n'en ai porté aucun ; je trouve que la tunicelle religieuse me suffit. » Aussi voyez l'accueil qu'il fait aux envois que tout de même ses supérieurs persistent à lui faire : « Je viens de recevoir mes étrennes de Noël. Quelle surprise ! Vous nous gâtez ! Il est vrai que nous sommes vos enfants, mais les enfants en temps de guerre ne songent pas aux étrennes. »

Ne croyez pas pourtant que cette âme austère soit insensible. C'est avec joie qu'il salue le retour du printemps. « La nature revit, écrit-il le 21 avril, les feuilles sortent des bourgeons, les oiseaux commencent à chanter, et, dès trois heures du matin, l'on se lève pour aller les écouter. Mais un psautier ferait mieux mon affaire, car moi aussi, je sens l'envie de chanter les divines louanges. »

Le psautier, remarque la Revue franciscaine, lui a été envoyé : nul doute que, dans les longues heures d'attente, il n'ait essayé, comme saint François, d'unir sa voix à celles de nos sœurs les alouettes qui s'élèvent vers le ciel en chantant.

Contemplatif ! Oui certes ; mais homme d'action tout autant. On le nomme sergent, puis adjudant : « Je n'ai pas l'habitude d'être indépendant, écrit-il à ce sujet, mais à la grâce de Dieu !… Priez-le que je fasse mon nouveau devoir suivant sa sainte volonté. »

On peut être sûr qu'il l'accomplira jusqu'au bout. « Quelle belle âme surnaturelle et forte ! dit-il d'un de ses frères en religion. Quand on lit les lettres de ces chers morts, on désirerait faire partie des tombés au Champ d'honneur. »

Son héroïque désir ne tardera pas à être réalisé. Le soir du 24 septembre, communique un de ses confrères et compagnons d'armes, il était gai et confiant : « A la volonté de Dieu, disait-il, je ne désire rien, je suis prêt à tout. »

Le lendemain il tombait à la tête de sa section. Et nous qui relisons ses lettres, nous trouvons qu'il en était digne.

(Extrait du *Livre d'Or du Petit Séminaire de Ploermel*).

LE DOUARIN (l'Abbé), JOSEPH-YVES
Infirmier au 7ᵉ territorial d'infanterie.

Né à Naizin, le 4 juillet 1893. Après de bonnes études au Collège Saint-François-Xavier (1908-1910), il se destina à la prêtrise. Au moment de la déclaration de guerre, il était clerc tonsuré.

Incorporé au 7ᵉ territorial en qualité d'infirmier, il fit preuve, dans ces modestes fonctions, du plus grand dévouement. Pendant plus de deux ans, il ne cessa de prodiguer les soins les plus éclairés à ses malheureux compagnons d'armes.

Blessé grièvement le 1ᵉʳ juin 1916, il est mort courageusement deux jours après.

Dans une lettre écrite par lui, de Fontenay, à ses tantes, le 25 novembre 1914, il laisse voir sa pleine résignation à la volonté de Dieu et l'esprit de sacrifice qui l'anime : « Soyez tranquilles, mes chères tantes, il n'arrivera que ce que le bon Dieu voudra, aussi je vous demande de le prier beaucoup pour moi. »

LEDOUX (l'Abbé), LOUIS-EUGÈNE
Soldat au 294ᵉ d'infanterie.

Né à Palais (Belle-Ile), le 21 octobre 1897, ne passa qu'une année au Collège où il a laissé le meilleur souvenir. Il alla ensuite au Séminaire, se destinant à la prêtrise.

Il était clerc tonsuré lors de son incorporation au 294ᵉ d'infanterie.

Parti au front à la fin de juillet 1917, il fut tué le 1ᵉʳ août à Lesseux (Vosges) trois jours après son arrivée dans les tranchées de première ligne. Il n'avait que 19 ans.

Il fut décoré de la Croix de guerre, à titre posthume avec la citation suivante : *Très bon soldat, brave et courageux, tué glorieusement à son poste de combat le 1ᵉʳ août 1917.*

Peu de jours avant sa mort, il écrivait à sa mère :

« Me voici dans la fournaise. Mon régiment est au repos pour le moment; bientôt j'irai voir de bien près ce que c'est qu'une tranchée ! J'entendrai les obus éclater, les balles siffler, en un mot, je serai témoin, ou plutôt acteur, *peut-être même victime* du grand drame qui se déroule à la frontière depuis bientôt 3 ans. A la grâce de Dieu ! »

Et l'aumônier nous écrit :

« Il s'était préparé à recevoir le baptême du feu avec une piété exquise. Quelques jours seulement avant de monter en ligne, il s'était approché des sacrements de l'Eglise. »

LE FOL, Patern-Marie
Maréchal-des-logis au 7ᵉ d'artillerie.

Né à Vannes, le 14 novembre 1893, élève à Saint-François-Xavier (1907-1909). Il partit au front comme maréchal-des-logis au 7ᵉ d'artillerie.

Plusieurs fois cité pour sa brillante conduite, il fit la campagne presqu'entière, jusqu'au jour où il tomba glorieusement au Champ d'honneur, à Vic-sur-Aisne (Aisne), 4 juin 1918, à l'âge de 24 ans.

LE FRANC, Edouard
Capitaine au 58ᵉ colonial.

Né à Fontainebleau, le 6 janvier 1878, élève à Saint-François (1891-1893), entra à l'Ecole militaire de Saint-Cyr en 1897, et fut versé à sa sortie, dans l'infanterie coloniale.

Dès le début de la guerre, il fut envoyé au front où il se fit, tout de suite, remarquer pour son entrain, son courage, et ses grandes qualités professionnelles. Cité cinq fois à l'ordre de l'armée, il fut blessé sept fois. A peine rétabli, il reprenait sa place au danger. Plusieurs fois proposé pour le grade de commandant et pour la Croix d'officier de la Légion d'honneur, un brillant avenir s'ouvrait devant lui.

Il tomba mortellement blessé d'une balle au ventre le 16 avril 1917, à l'assaut d'Ailles (Chemin des Dames), alors qu'il entraînait avec sa bravoure habituelle un bataillon de Sénégalais qu'il avait lui-même formé.

Voici sa dernière citation :

Le général Maistre, commandant la VIᵉ armée, cite à l'ordre de l'armée Le Franc Edouard, capitaine au 58ᵉ régiment colonial.

Officier d'une rare énergie, d'un courage et d'un allant incomparables, commandant d'un bataillon d'assaut le 16 avril 1917, l'a conduit sous un feu violent d'artillerie et de mitrailleuses à travers les positions allemandes. Plusieurs fois blessé, plusieurs fois cité, tombé glorieusement au cours de l'attaque.

                                                    Général MAISTRE.

L'extrait suivant d'une lettre adressée à M. le Supérieur, nous fait connaître avec plus de détails les circonstances de sa mort :

30 janvier 1918.

Notre cher Edouard a été tué le 16 avril 1917 en conduisant à l'assaut d'Ailles, au Chemin des Dames, le bataillon de Sénégalais qu'il commandait avec un entrain et une bravoure qui faisaient l'admiration de tous, dans une arme où la bravoure n'est cependant pas rare. Le colonel venait de le quitter, après l'avoir félicité de l'ardeur avec laquelle il entraînait ses hommes, quand une balle l'atteignit dans le ventre. On courut prévenir le colonel qui arriva et lui dit : « Ce n'est rien. » — « Si, c'est grave », répondit Edouard en se laissant placer sur un brancard. Il a désigné son successeur au colonel pour prendre le commandement du bataillon. Le colonel lui promit ce bataillon qu'il avait formé et préparé depuis plusieurs mois avec tant d'énergie et qu'il commandait avec tant d'autorité et de prestige. Cette journée au feu devait être l'enjeu de son 4ᵉ galon et de la rosette ! elle se termina dans l'éternité.

Le colonel après avoir essayé de rassurer Edouard, l'embrassa, puis le fit conduire au poste de secours de Paissy, à 2 ou 300 mètres. Il mourut en y arrivant ! Nous n'avons pas pu savoir si un prêtre s'est trouvé sur son passage ou à son arrivée à la tour de Paissy où il a été inhumé. Il était impossible même à Pierre d'aller jusque là ; ce n'est qu'au mois d'octobre qu'on aurait pu aller dans ces parages ; mais que de ruines depuis l'attaque du 16 avril !... Cette journée fut très meurtrière ; le régiment d'Edouard a été anéanti, 27 officiers sur 35, 2000 Sénégalais sur 3000 y trouvèrent la mort.

Dans ce court transport au poste de secours, Edouard a-t-il eu le temps de se tourner vers Dieu, de se repentir ? c'est le secret que nous ne connaîtrons que dans l'Eternité.

Edouard était venu me dire adieu ici le 1ᵉʳ mars, mais vous savez combien il se confiait difficilement. Il ne pensait qu'à sa préparation militaire ; il avait été cinq fois blessé, sept fois cité à l'ordre de l'armée, plusieurs fois proposé pour le grade et la rosette. Il ne voulait jamais qu'on parlât de tout cela, trouvant sa conduite toute naturelle. Avant son départ pour l'offensive d'avril, il avait été fin mars voir Henri à l'hôpital de Toulon où on l'avait ramené de Salonique, la jambe cassée, après une chute d'hydravion. Edouard avait été plein de délicates attentions pour Henri, il avait fait l'admiration des médecins et des malades qui entouraient Henri par son affection touchante pour son frère et par sa belle allure militaire. Pierre qui y est allé huit jours après, entendait faire par tous l'éloge d'Edouard. »

LE FUR, Armand

Soldat au 14ᵉ d'Infanterie.

Né au Gangnais, en Kervignac, le 7 février 1896, après avoir achevé ses études à Saint-François-Xavier, de 1908 à 1910, il s'adonna à l'agriculture.

Incorporé au 65ᵉ d'infanterie à la mobilisation, il resta quelque temps à Nantes et fut envoyé au front en avril 1915. Plein d'entrain et de bravoure, il prit part aux plus durs combats livrés dans les plaines de Champagne, et notamment aux attaques entre Reims et Soissons.

Blessé une première fois, le 8 mars 1917 à Maison de Champagne, il reprend, aussitôt rétabli, sa place à l'avant.

Intoxiqué aux environs de Reims, 22 août 1918, il est évacué sur Epernay, puis à l'hôpital de Romilly-sur-Seine, où il meurt le 11 septembre, des suites de cet empoisonnement.

Médaillé militaire et décoré de la Croix de guerre avec palme, il mérite la citation suivante :

La Médaille militaire a été conférée au soldat de réserve Le Fur, Armand, matricule 299, de la 9ᵉ compagnie du 14ᵉ régiment d'infanterie.

Très bon soldat, d'une très belle conduite au feu, a été gravement intoxiqué le 21 août 1918. Une blessure antérieure. Pour prendre rang du 11 septembre 1918.

La présente nomination comporte l'attribution de la Croix de guerre avec palme.

PÉTAIN.

LE GALLAIS, Pierre
Sergent au 56ᵉ régiment d'infanterie coloniale.

Né à Sarzeau le 31 juillet 1892, étudia au Collège Saint-François-Xavier (1909-1912.) Très apprécié de ses maîtres et aimé de ses condisciples, il s'y fit remarquer par sa piété éclairée, sa belle intelligence et son application au travail. Il faisait partie de l'armée d'Orient et était désigné pour revenir sur le front français, lorsqu'il fut blessé très grièvement à Monastir, le 20 septembre 1917, et mourut à l'ambulance du front le 13 novembre suivant. Il avait la Médaille du Maroc, avec agrafe de guerre.

Les différentes lettres que nous insérons ci-dessous, apprendront au lecteur, bien plus éloquemment que nous ne saurions le faire, les circonstances de sa mort, et dévoileront les nobles sentiments dont son âme vaillante était constamment animée.

Lettre du sergent Yves Le Gallais du 58ᵉ d'infanterie (Armée d'Orient) sur la mort de son frère.

Près de Monastir..... 14 décembre 1917.

«.... Quelle terrible nouvelle ! Ce pauvre Pierre a été rappelé à Dieu ! Quelle consolation cependant de savoir qu'il est mort en excellent chrétien !

Voici comment j'ai appris sa mort. J'avais demandé une permission pour aller l'embrasser à l'ambulance. Je pars le 12 décembre. Je me faisais une grande joie de le revoir. Le voyage était long, pénible, près de cinquante kilomètres à pied dans la montagne, en pays désert, par la neige, avec 20° de froid. J'arrive le 14. D'une hauteur j'aperçois l'ambulance, mon cœur se met à battre, que se passait-il en moi ? J'ai eu un moment d'hésitation. Devant l'ambulance je distinguai un cimetière. Que de croix ! Que de croix ! J'active la marche, j'arrive. Au lieu d'entrer tout d'abord à l'ambulance, je m'arrête à l'entrée du cimetière. Première croix, capitaine Rob, la deuxième après celle du capitaine, n° 100, je lis..... Oh ! mon Dieu ! Je n'en puis croire mes yeux, j'ai senti mes jambes se dérober sous moi, je me suis affaissé sur cette tombe, la tombe de notre Pierre ! Quelle douleur, pauvres parents bien-aimés, quel coup pour vous ! Pierre n'est plus ! Ce Pierre que tout le monde estimait et aimait. Il est mort en brave, donnant à ses camarades le plus bel exemple du devoir.

Je ne pouvais m'arracher de cette tombe, j'aurais voulu revoir mon frère, l'embrasser une dernière fois ! Je ne pouvais me rendre à la réalité. Je me dirige vers l'ambulance les larmes aux yeux. J'entre au bureau. Je demande : « C'est bien ici qu'est hospitalisé le sergent Le Gallais? » L'infirmier me regarde : « Vous êtes son frère ? » L'air seul de l'infirmier me confirme la terrible réalité.

Notre pauvre Pierre est mort le 13 novembre dans la nuit, à 1 h. moins 20 ; quinze jours après la dernière opération. Il a gardé sa connaissance jusqu'à la fin ; après avoir rempli tous ses devoirs religieux, il s'est entretenu de la famille avec l'aumônier, c'était son sujet habituel de conversation. Deux jours avant de mourir, il s'est vu perdu, il disait à l'infirmier : « Je sais que je vais mourir, je suis perdu, mais je suis heureux d'être en règle avec le Bon Dieu ! »

Il a beaucoup souffert pendant son long martyre de deux mois : on ne le soulageait un peu qu'avec des piqûres. Ce qui m'a été particulièrement doux au cœur, c'est de voir combien Pierre était estimé de ses camarades ; tout le monde s'était attaché à lui. J'ai eu l'occasion de causer avec des hommes de sa compagnie ; il était aimé de tous.

Je vous adresse la relation de l'aumônier.

Que Dieu vous garde ! »
YVES.

Relation de la mort du sergent Pierre Le Gallais par le R. P. Chabot, des Pères Blancs.

Ambulance du front...... 14 décembre 1917.

..... « Je vous adresse cette relation d'autant plus volontiers que nous étions devenus *deux amis.*

Le 20 septembre, votre cher enfant arrivait à l'ambulance dans un état de grande faiblesse, avec deux blessures.

L'une au niveau de la clavicule gauche avec éclat intra-pulmonaire, l'autre située en avant de la poitrine et le projectile avait pénétré derrière le sternum. L'immobilisation la plus complète étant recommandée, on l'installa dans un lit de la salle des grands blessés.

Les premiers jours tout marcha à souhait ; tous les moyens dont disposait l'ambulance pour fortifier notre blessé furent employés et semblèrent donner de bons résultats, si bien que le chirurgien décida d'intervenir le 11 octobre pour enlever l'éclat retro-sternal. Le blessé vit venir l'opération avec plaisir, la supporta très bien et se trouva transformé. La fièvre tomba pendant quelques jours, le blessé se sentit revivre. Mais un nouvel accès survint qui ne s'éloigna plus. Des ponctions furent faites. Toutes ces ponctions si douloureuses furent supportées avec un *courage héroïque.* Jamais une plainte ne vint sur ses lèvres ; l'intervention terminée, c'étaient de chaleureux remerciements à l'adresse du chirurgien. Le 30 octobre un examen radioscopique obligea à une nouvelle intervention.

Cette opération fut bien supportée, tout alla bien pendant quelques jours, mais la faiblesse était trop grande, la fièvre réapparut et dura jusqu'au 13 novembre. Le 12 « notre petit sergent » comme nous l'appelions, *reçut les derniers sacrements avec un grand esprit de foi,* et dans la nuit il partit pour le Ciel chercher la récompense de ses souffrances et de ses sacrifices.

Le sergent Le Gallais eut sa connaissance pleine et entière jusqu'au dernier moment. Il vit la mort s'approcher. Tout d'abord le sacrifice lui pesa, mais son âme de chrétien se reprit, il se soumit à la volonté du Bon Dieu et s'apprêta à mourir en bon chrétien.

Pendant son séjour ici, il *fit la sainte Communion plusieurs fois.* Chaque dimanche, pendant que l'on célébrait la sainte messe, votre enfant *suivait les prières sur son petit livre de soldat chrétien* ; souvent pendant la semaine il *revenait à son petit livre et priait.*

C'est là qu'il puisait la force pour supporter ses souffrances. Il avait aussi une photographie d'une personne qui devait lui être bien chère, car il l'avait toujours sur sa table de nuit et la regardait souvent. C'était sans doute vous, Madame sa mère, qui étiez là et qui lui donniez du courage.

Excusez-moi de raviver votre douleur. Votre fils ne vit plus pour nous, mais il vit éternellement au Ciel pour la gloire du Bon Dieu, pour le bien de toute sa famille, et de ses frères soldats. Il intercédera près du Bon Dieu pour vous, chers parents qui avez sacrifié votre fils à Dieu et à la Patrie.

Je vais m'occuper avec un prêtre de l'ambulance de la tombe de votre fils. Le sergent infirmier prendra une photographie et nous vous l'enverrons.

Ce sera un souvenir pour votre cœur meurtri.

Que le Bon Dieu vous aide et verse sur vous et votre famille toutes ses bénédictions ! »

Ecole
SAINT-FRANÇOIS-XAVIER   *Témoignage de ses anciens maîtres.*
Vannes.

« A deux reprises déjà le nom de votre cher Pierre a été prononcé aux offices religieux du Collège, il le sera encore, nous l'imprimerons parmi les braves tombés au service du pays ; nous le graverons en lettres d'or sur le monument qui sera plus tard érigé à la gloire de nos héros. Nous continuerons à prier pour lui, à nous souvenir de lui et à le proposer comme exemple aux jeunes élèves qui se succéderont sur ces mêmes bancs du collège où il s'est assis.

Je vous exprime avec mes sentiments de condoléances ceux de mon admiration pour la conduite si admirable, l'abnégation si chrétienne dans le courage et la mort si consolante de ce brave enfant.

La famille qui compte un homme de cette trempe, le père qui a l'honneur de posséder un tel fils peut être légitimement fier. Il peut aussi sécher ses larmes, surtout s'il est chrétien comme vous l'êtes, cher Monsieur, car il a l'assurance de le savoir heureux là-Haut ! et la certitude de le voir un jour couronné de la gloire qui ne se ternit pas.

Nous prierons pourtant pour celui qui est tombé dans la beauté de son sacrifice et pour ceux qui, en se résignant, pleurent l'enfant tendrement chéri et si digne de l'être. »

Condoléances du Curé de la Cathédrale de Vannes.

... « Ce sont les élites qui sont, dans la catastrophe actuelle, les victimes expiatrices de la France coupable ; et, c'est à ce titre, j'en suis sûr, que Dieu vous a demandé à vous même le chef de file de votre nombreuse famille, un lettré et un brave, dont vous étiez doublement fier et que vous regrettez doublement. Dieu vous l'arrache en pleine jeunesse. Il est perdu pour vous sans retour, croirait-on ; et peut-être êtes-vous tenté de dire que son souvenir, dans quelques années, ne vivra que dans votre propre cœur. Détrompez-vous : ces grandes victimes *qui meurent pour la France* (Oh ! la belle expression, c'est-à-dire dont la mort elle-même sera utile à la France), outre qu'elles expient les fautes du pays pour lequel elles ont donné leur sang, laisseront dans leur propre famille, à leurs frères et à leurs sœurs, à leurs neveux et petits-neveux, *un souvenir d'héroïsme,* une *tradition de fierté familiale* qui aidera puissamment à leur éducation personnelle... »

CORRESPONDANCE DU MAROC.

(Casablanca, mai 1916).

Extrait d'une lettre de Pierre. Il apprend que son bataillon va venir se battre en France.

« .... Je n'ai jamais été aussi heureux. Quel plus beau sort que le nôtre ! Je n'ai plus le souci de l'avenir ! Si nous devons *mourir,* notre mort marquera le commencement de l'apothéose de la France. On mourra en beauté. Nous sommes tous condamnés à mort en naissant ; autant mourir ainsi, c'est beaucoup plus beau : mourir pour la Patrie.

Vive la France ! »

Extrait du journal *Le Morbihannais*.

Nous nous inclinons profondément devant les tombes si nombreuses de nos héroïques compatriotes morbihannais dont la vaillance a couvert de gloire les drapeaux de leurs régiments décorés de la Croix de guerre.

Parmi tant d'autres, nous avons eu à regretter, ces temps derniers, la mort glorieuse de Pierre Le Gallais, affecté à un contingent marocain, décédé des suites de ses blessures à l'ambulance de la 17e division, (colonne mobile sur le front de Monastir).

C'était un brave entre les braves, particulièrement distingué, d'un cœur d'or, d'une imagination très vive éprise d'idéal, plein de sève, curieux de vie aventureuse, ne craignant rien, allant au danger comme le papillon à la lumière.

Poète, écrivain, observateur, que de pages exquises il a laissées de ses voyages en Angleterre, au pays de Galles, en Ecosse, en Irlande ! Ses campagnes au Maroc pendant trois ans l'avaient enthousiasmé. Toujours en colonne, toujours prêt quand on demandait des volontaires pour se battre n'importe où, tout l'avait séduit en Afrique : les séjours dans l'Atlas, les courses dans le bled sur les nerveux petits chevaux qui dévoraient l'espace, l'étude du sol, les mœurs des habitants, les paysages, il peignait tout avec la féerie d'une plume magique.

Il venait de rentrer en France pour prendre un repos bien gagné quand il apprit qu'on demandait des volontaires pour l'armée d'Orient. Il répondit : présent ! C'était son adieu à sa famille, à sa Bretagne, à la France.

Il est tombé en soldat, là-bas, en chrétien aussi, muni des derniers sacrements de l'Eglise par un de ces prêtres brancardiers qui rendent tant de services et transforment les héros, les martyrs tombés pour la Patrie, en élus du ciel.

Pierre Le Gallais était un des fils de l'ancien maire et ancien conseiller général de Sarzeau, et neveu de M. G. de Larmarzelle, notre éminent sénateur.

Nous les prions d'agréer l'expression de notre admiration patriotique et de nos douloureuses sympathies.

GEORGES LOIRE.

Ajoutons que M. Le Gallais a fourni, dans la personne de ses fils, six défenseurs de la Patrie, pendant cette longue et terrible guerre. Honneur à cette belle famille, aussi chrétienne que vaillante, et qui a si largement fait son devoir.

Extrait du *Journal officiel* du 13 mai 1922.

« Est inscrit au tableau spécial pour la Médaille militaire, à titre posthume : Le Gallais, Pierre-Elie-Alexandre, sergent au 56e régiment d'infanterie coloniale. »

Motif de la citation :

Excellent sous-officier, instruit, ayant toujours donné l'exemple des plus belles qualités militaires. Blessé grièvement à son poste de combat, en Orient. Mort des suites de ses glorieuses blessures, le 14 novembre 1917, à Salonique. Croix de guerre avec palme.

LE GALLO (l'Abbé), PIERRE
Sergent infirmier à l'Armée d'Orient.

———

Né à Meslan (Morbihan), le 31 août 1891, élève au Collège Saint-François-Xavier (1907-1910). Il entra ensuite au Grand Séminaire et était clerc minoré, lorsque le devoir patriotique l'appela à la défense de son pays. « La fin des hostilités, nous dit le « *Bulletin* » du Séminaire de Vannes, n'a pas clos, hélas ! la série de nos deuils. La nouvelle du décès de l'abbé Pierre Le Gallo, clerc minoré, survenu à l'hôpital « Exarque Joseph », à Sofia, le 19 novembre 1918, nous est arrivée en janvier seulement. Nous ne pouvons rendre un plus juste hommage à votre excellent condisciple qu'en reproduisant cette lettre de l'aumônier qui l'assistait à ses derniers moments : « Il y avait une journée à peine que nous étions arrivés à Sofia, accablés de fatigue et de froid, lorsque le sergent Le Gallo se sentit, dans la soirée du 14 novembre, pris d'un violent mal de gorge. Il venait justement de soigner des malades atteints de broncho-pneumonie grippale. Son mal empira très rapidement ; les poumons furent pris et, dès le 18, l'issue de la maladie ne faisait plus de doute. J'ai soigné l'abbé Le Gallo pendant toute sa maladie ; je l'ai confessé sur sa demande et extrémisé le 19. Il est resté toujours calme et résigné. Vers 2 heures, il sentit la mort approcher. Il me prit la main et me dit : « J'ai essayé de faire mon devoir pour Dieu, ma Patrie et ma famille. Ce qui m'attriste le plus, c'est de mourir si jeune, sans avoir pu faire davantage. Oh ! cette ordination que j'entrevoyais déjà ! je ne puis plus y penser ! » Quelques minutes après, il rendait sa belle âme à Dieu, pendant qu'autour de lui, tout le monde pleurait. C'est la plus belle mort que j'aie jamais vue ! Il repose dans le cimetière de Sofia, le visage tourné vers la France qu'il aimait tant. Le sergent Le Gallo laisse au G. B. D. le souvenir d'un sous-officier modèle autant dans l'obéissance que dans le commandement. Il a été cité à l'ordre du jour et décoré de la Croix de guerre. Il est mort victime de son dévouement, au milieu d'une épidémie qui, hélas ! a fait tant de victimes. »

———

LEGEAY, JEAN
Sous-lieutenant au 91ᵉ régiment d'infanterie.

———

Né à Saint-Etienne de Montluc (Loire-Inférieure), le 17 septembre 1893, fit, comme son père, ses études au Collège Saint-François-Xavier (1909-1911). Sorti de Saint-Cyr dans la promotion de « la Croix du Drapeau », il fut nommé sous-lieutenant au 91ᵉ régiment d'infanterie, le 2 août 1914. Il arrive à Mézières après le départ de son régiment qui n'y a laissé que son dépôt, et écrit le 5 août à sa mère :

« J'espère ne pas moisir ici et partir promptement pour la ligne de feu : c'est là qu'est ma place. » En effet, peu de jours après, il part rejoindre le 91°, et tombe devant Servon, à la bataille de la Marne, la poitrine traversée par une balle. Son ordonnance, après lui avoir fait un pansement sommaire, est obligé de l'abandonner sur le terrain resté aux mains des Allemands. Il est porté comme disparu ; mais, plus tard, sa famille a acquis la triste certitude de sa mort glorieuse. Pendant cette pénible période de l'affreuse campagne, les citations et les distinctions étaient fort rares, et nous n'avons rien reçu le concernant ; mais, aux termes d'une loi promulguée postérieurement, la Croix de la Légion d'honneur est attribuée, de droit, à titre posthume, à tous les officiers tombés au Champ d'honneur ; nous pouvons donc le considérer, à juste titre, comme faisant partie de la glorieuse phalange.

Quant à son état d'âme, sa mère nous écrit que, dans ses lettres, il manifestait son impatience de prendre rang dans le combat, sa confiance dans une prompte victoire et son profond mépris du danger. « Jean, ajoute-t-elle, n'était pas pour les grands mots, ni les manifestations extérieures ; mais, bien qu'il n'en ait rien dit, je suis absolument persuadée que ses précautions avaient été prises, au point de vue religieux, et que le bon Dieu lui a fait la grâce de se rendre compte qu'il allait paraître devant Lui. Le cri d'amour, d'espoir, de repentir qu'il lui aura adressé, lui a sûrement ouvert les bras de sa divine Miséricorde. »

LE GOFF (l'Abbé), EMILE-JEAN-LOUIS-MARIE
Caporal au 47° d'Infanterie.

Né à Vannes, le 1ᵉʳ octobre 1896, élève à Saint-François (1909-1912), entra au Petit Séminaire de Calmont-Haut en 1912.

Séminariste au moment de la déclaration de guerre, il fut incorporé au 47° régiment d'infanterie d'abord, versé ensuite au 410° où il gagna ses premiers galons.

Très brave et très courageux, l'abbé Le Goff acquit bien vite l'estime de ses chefs et la sympathie de ses compagnons d'armes.

Tombé héroïquement à Thiaumont, près Verdun, le 14 juin 1916, il a été décoré à titre posthume de la Médaille militaire et de la Croix de guerre avec étoile de bronze. La citation qui accompagne l'octroi de ces deux distinctions est ainsi libellée : *Bon et brave caporal. A été tué à son poste de combat devant Verdun, le 14 juin 1916.*

LE GOFF, Lucien
Aide-major de 1re classe.

Né à Plumelec, le 29 janvier 1889, après de bonnes études à Ploërmel et à Saint-François-Xavier (1907-1908), suivit les cours de la Faculté catholique de Lille et passa brillamment tous ses examens. Il lui restait sa thèse à soutenir lorsque la mobilisation fut décrétée.

Incorporé dans le service de santé, il fut bien vite nommé médecin auxiliaire au 81e territorial et, dès 1915, son inlassable dévouement lui valait d'être décoré de la Croix de guerre.

Durant toute la campagne, Le Goff se dépensa sans compter, prodiguant à ses infortunés frères d'armes les soins les plus éclairés, prenant à peine quelques instants de repos. Ce surmenage devait avoir des conséquences fatales ; le 8 octobre 1918, il se sentit indisposé ; il continua son service, mais le 12, le mal allait en augmentant ; il dut se laisser évacuer sur l'hôpital Février à Châlons-sur-Marne. Il y mourut courageusement le 17 octobre, moins d'un mois avant l'armistice.

Le colonel du 239e R. A. C. écrivait à son frère, l'abbé Le Goff, vicaire à Loches, pour lui annoncer son décès.

MONSIEUR L'ABBÉ,

... « Le major Le Goff, notre bon camarade et ami à tous, s'est trouvé indisposé le 8 octobre dernier, après avoir donné ses soins à un capitaine du régiment évacué le même our pour grippe. Le 12 octobre seulement sur l'avis du médecin d'un autre groupe du 239e, le Dr Le Goff se trouvant plus malade consentit à se faire évacuer. Pendant toute son indisposition, Le Goff, si courageux et si dévoué, avait voulu à tout prix continuer son service.

Croyez bien que nous associons nos profonds et sincères regrets à votre douleur et à celle de votre famille. »

Lettre du Médecin.   *Le 5 novembre 1918.*

MONSIEUR L'ABBÉ,

« J'ai reçu votre lettre du 25 octobre. Elle était adressée au médecin auxiliaire du 2e groupe, mais comme il n'existe plus de médecins auxiliaires dans les groupes d'artillerie, j'ai cru à une erreur et ai pris la liberté de l'ouvrir. Je suis depuis peu de jours au groupe pour remplacer votre regretté frère ; j'ai appris par mes camarades, officiers, ses amis, que votre frère, tombé malade le 8 octobre, pendant que la division était engagée, n'a pas voulu quitter le groupe au moment où il était dans la lutte. Il pensait pouvoir être remis en quelques jours et rester à son poste pendant le combat. Quatre jours après, se sentant plus malade, il a consenti sur les instances de notre confrère du 3e groupe à être évacué et nous espérions le voir revenir bientôt guéri.

« La nouvelle de sa mort nous a surpris et profondément affligés. Le commandant et les officiers ont dû vous dire tous leurs regrets qu'ils ont eus de perdre un camarade si bon, si dévoué. Je me joins à eux pour vous dire toutes mes condoléances sincères.

Veuillez agréer, Monsieur l'Abbé, l'expression de mes sentiments dévoués. »

Dr CORRE.

Quatre fois cité à l'ordre du jour, Le Goff, modeste autant que brave, n'avisait même pas sa famille des citations dont il était l'objet et c'est seulement dans ses papiers, après sa mort, que son frère découvrit les deux suivantes.

13ᵉ Division d'artillerie.

Médecin aide-major très courageux et dévoué, n'hésite jamais à se porter aux points les plus bombardés pour donner ses soins aux blessés. S'est distingué, pendant la nuit du 9 au 10 juin, en se rendant, sous le tir de harcèlement ennemi sur deux positions de batterie pour panser des canonniers.

Médecin aide-major. A fait preuve pendant tous les combats du 15 juillet au 2 août 1918 du plus grand dévouement en se portant toujours immédiatement au secours des blessés sur les positions de batteries, aux avants trains et à la colonne de ravitaillement.

LE GOHÉBEL (l'Abbé), JEAN-MARIE
Caporal au 4ᵉ régiment de zouaves.

Né à Mendon (Morbihan), le 4 octobre 1895, étudia au Collège Saint-François-Xavier (1908-1912), puis entra au Grand Séminaire.

Voici ce que nous apprend, à son sujet le *Bulletin* du Séminaire de Vannes :

« L'abbé J. M. Le Gohébel, de Mendon, est mort au champ d'honneur, un des premier jours d'octobre 1918, dans les Ardennes. Quelle existence mouvementée fut la sienne, au cours de ses trois années de guerre ! Aux Dardanelles, dans l'Extrême-Sud Tunisien, sur le front français, il a promené un peu partout son courage souriant que récompensèrent la Croix de guerre et la Médaille coloniale. Dans ses yeux si clairs d'enfant, dans toute sa physionomie très jeune, transparaissait une âme bien belle et rayonnante de piété. Quatre ou cinq jours avant de tomber, il nous écrivait : « Quand vous aurez reçu ces lignes, j'aurai vécu des heures terribles. Renouvelant à Dieu le sacrifice de ma vie pour la France, pour la rédemption de notre pays, pour le Séminaire de Vannes, je marche au combat sur les pas de Jésus : Pour Dieu et pour la France ! » Comment ces immolations si généreusement offertes ne seraient-elles pas fécondes ! Le sang de nos victimes sera pour le Séminaire de Vannes, la rosée qui y fera fleurir les vertus sacerdotales. »

LE GOUELLEC, Pierre-Marie-Léon
Docteur en médecine, détaché au 116ᵉ d'infanterie.

———

Né à Lorient, le 2 janvier 1887, après de bonnes études à Saint-François-Xavier (1900-1902) se fit recevoir docteur. Très aimé de tous ceux qui l'entourèrent, le Dᵣ Le Gouellec a laissé d'unanimes regrets ; nous n'en voulons comme preuve que ces deux articles nécrologiques parus dans le *Bulletin paroissial* de Saint-Louis de Lorient et dans le *Nouvelliste*. Ils montrent en quelle haute estime il était tenu par ses concitoyens.

Nous apprenons avec la plus grande tristesse la mort inopinée de M. le docteur Pierre Le Gouellec, survenue le 26 novembre dernier, à Yaoundé (Cameroun).

Ancien élève de Saint-Louis, de Saint-François-Xavier et de l'Institut Catholique d'Angers, où il commença ses études anatomiques sous le célèbre professeur Monprofit, ancien externe des hôpitaux de Paris, notre jeune compatriote venait de couronner ses études médicales par une thèse remarquée, lorsque la guerre éclata, l'enlevant au repos de quelques mois qu'il se proposait de prendre à Belle-Ile, et au soin de la nombreuse clientèle que sa science lui avait valu déjà.

Il partit dès le premier jour avec le 116ᵉ régiment d'infanterie de Vannes, comme médecin aide-major, et fit d'un cœur héroïque et gai toute la campagne depuis la Belgique jusqu'à Verdun, prodiguant à tous, toujours en première ligne dans les tranchées, ses soins et ses paroles réconfortantes.

Il conquérait bientôt la Croix de guerre (Ordre de la division) à Tahure, en s'élançant à la suite des vagues d'assaut et en soignant les blessés pendant toute la nuit sur les positions conquises.

Un stage à l'Ecole supérieure de chirurgie de guerre lui assurait le grade d'aide-major de 1ʳᵉ classe ; mais déjà le canon tonnait sous Verdun ; avec son régiment, il prenait part à ces luttes épiques et sa vie était mise en danger par une intoxication de gaz allemands, en sauvant 12 hommes enfouis par un obus.

A peine sorti des Hôpitaux, il acceptait d'aller remplir un vide à la colonne expéditionnaire du Cameroun, dans cette colonie meurtrière conquise par nos troupes sur les Allemands.

Il devait, hélas ! y trouver la mort, à 34 ans, en accomplissant jusqu'au bout sa mission de dévouement sur ce champ de bataille qu'est pour le médecin l'épidémie et l'hôpital.

Chrétien convaincu et courageux, il savait défendre ses convictions avec une énergie aimable et des arguments saisissants. Sa science, son intelligence ouverte et la dignité de sa vie lui ouvraient une carrière brillante. Dieu en a décidé autrement...

Victime du devoir, il laisse un père et une mère inconsolables... et tous ceux qui l'on connu le pleureront.

Bulletin paroissial.

Extrait du *Nouvelliste*.

Ce matin à 8 h. 30 a été célébré à l'église Saint-Louis, au milieu d'une nombreuse assistance, venue témoigner sa sympathie à Mᵉ Henri Le Gouellec, bâtonnier de l'ordre des avocats et à sa famille, un service funèbre à la mémoire du Dᵣ Le Gouellec, mort pour la France, à Yaoundé (Cameroun).

La mort du Dᵣ Pierre Le Gouellec sera douloureusement ressentie par ses anciens camarades.

Parmi hélas ! tant de jeunes Lorientais morts pour la Patrie, c'est une des physionomies les plus attachantes et les plus belles de promesses qui disparaît.

Intelligence d'élite, d'une originalité ardente, il cachait sous une apparente réserve, une âme pleine de délicatesse, d'une droiture et d'une élévation chrétienne rares.

Ancien externe des hôpitaux de Paris, il terminait, quelques mois avant la guerre, de brillantes études médicales, par une thèse remarquée sur un nouveau diagnostic de la scarlatine.

Passionné des choses de la mer et cédant à son goût de la solitude, il revenait dans sa chère Bretagne et s'installait provisoirement à Belle-Ile où son trop court séjour laisse d'unanimes et profonds regrets.

Ceux surtout qui l'ont connu dans la bataille ne pourront l'oublier.

Médecin du 2ᵉ bataillon du 116ᵉ d'infanterie, il fut un modèle de bravoure lucide et froide prodiguant à tous les trésors de son dévouement et de sa science pendant la dure retraite de Belgique, à la Marne, comme dans la Somme, en Champagne ou à Verdun. C'est à Verdun qu'intoxiqué grièvement par les gaz, nous le vîmes s'éloigner, épuisé après trente mois de campagne.

Un tour de relève l'exilait quelques mois plus tard au corps expéditionnaire du Cameroun où il est tombé victime de son devoir.

Dans ce deuil si cruel, nous adressons à sa famille, l'hommage de la douloureuse et profonde sympathie de ses anciens camarades du 116ᵉ.

Un poilu du 116ᵉ R. I.

Décoré de la Croix de guerre après l'affaire de Tahure (en Champagne), il fut l'objet de deux citations, en 1915 puis en 1919.

Ordre de la division.

Médecin de réserve, présent au front depuis le début de la campagne ; a refusé de retourner à l'arrière ; très brave au feu ; a toujours donné, principalement à l'attaque de ces jours derniers (Tahure), l'exemple du dévouement, se prodiguant sur le champ de bataille, où il s'est élancé à la suite des dernières vagues du régiment ; a rejoint les premiers éléments engagés dès le soir du 25 septembre et s'est prodigué toute la nuit auprès des nombreux blessés.

Le général commandant la 22ᵉ division : Bouissou.

Ordre du corps d'occupation du Cameroun.

Maintenu dans un poste où il était de passage au moment où sévissait une épidémie très meurtrière, s'est prodigué sans compter en donnant ses soins à tous, Européens et indigènes.

A contracté au chevet de ses malades leur maladie, et a continué à donner des instructions et des conseils de son lit, jusqu'au moment où la mort l'emporta.

Modèle de courage, de dévouement, et de conscience professionnelle.

Le commandant du corps d'occupation du Cameroun :
Colonel Viala.

Ses chefs militaires ne furent pas les seuls à reconnaître et à proclamer son inlassable et indéfectible dévouement. Le gouverneur des colonies, commissaire du gouvernement au Cameroun, s'exprime ainsi dans une lettre adressée à sa famille pour lui annoncer la fatale nouvelle :

« Je tiens à vous dire combien a été ressentie au Cameroun, sur cette terre où nous nous efforçons de faire aimer la France, la perte cruelle qui vous frappe. Le Dʳ Le Gouëllec ne donnait pas en effet ses soins aux seuls Européens, mais aussi et surtout aux indi-gènes, qui venaient, de plus en plus nombreux, les solliciter.

L'assistance médicale indigène perd en lui un de ses plus dévoués et de ses plus utiles collaborateurs, la France un de ses meilleurs ouvriers. »

Le Gouverneur : L. FOURNEAU.

M. le Ministre de l'Intérieur a accordé au D^r Le Gouellec, à titre posthume, la grande Médaille de vermeil des épidémies.

LE GOUËVEC, FÉLIX
Lieutenant au 230ᵉ régiment d'infanterie.

Né à Naizin (Morbihan), le 28 janvier 1881, fit toutes ses études au Collège Saint-François-Xavier, de la classe de 6ᵉ à la philosophie, (1893-1900). Ceux qui l'ont connu se rappellent encore le Breton « taillé dans le chêne », solide et bien pris dans sa veste blanche aux revers noirs du pays pontyvien. Il était un des bril-lants élèves de la « Pension », comme on l'appelait, de cette pension où sous l'égide d'un prêtre dévoué et bien connu, l'élite de nos campagnes bretonnes se préparait à l'Apostolat du Bien, pour Dieu et le Pays. Sa nature ardente le portait vers la carrière des armes, aussi s'engagea-t-il en 1900 : il fut versé au 93ᵉ régiment d'infanterie à la Roche-sur-Yon, où il débuta sous la sage direction de son oncle, le capitaine Le Texier. Il passa ensuite au 19ᵉ d'infanterie à Brest, et s'y trouvait encore lorsque la guerre éclata. Blessé dès les premiers jours, il fut évacué sur Rennes, avec le premier convoi, aussi ne prit-il point part aux rudes combats en Belgique. En revanche, pendant les quatre années de guerre, il a passé la plupart du temps aux lignes de feu. A La Boisselle, il a échappé maintes fois à la mort, d'une façon toute providentielle. A Verdun encore, ce n'est que par un nouveau miracle qu'il est sorti de la fournaise. Toujours plein d'entrain avec ses soldats, il avait le talent de les captiver et d'en obtenir ce qu'il voulait, témoin la lettre sui-vante que lui adressait un jeune soldat versé dans un autre régiment : « Si j'ai aimé quelque officier, c'est bien vous. C'est pourquoi je voudrais bien retourner dans votre compagnie, pour monter en ligne. Je serais content de combattre à vos côtés ; alors je crois que je ne craindrais rien. » Un commandant en retraite qui l'estimait et l'aimait beaucoup, lui proposa différentes fois d'user de son influence pour lui obtenir d'être maintenu à l'abri du danger, eu égard à son intéressante famille : il était père de quatre jeunes enfants. Félix repoussa toujours généreusement cette offre si charitable du bon commandant. « Ma famille, disait-il, est à la garde de Dieu, comme je le suis moi-même. »

Dans toutes ses lettres, la même pensée se retrouve toujours. Il écrivait à un jeune soldat : « Mon ami, un Français, à plus forte raison, un chrétien, ne doit jamais se décourager ; qu'il persiste envers et contre tout, surtout contre le

« Boche ». Pour moi, j'ai le n° 1 pour le front et j'attends avec patience et résignation. A la grâce de Dieu toujours ! »

Le 30 septembre 1918, au soir, le lieutenant Le Gouëvec prit le commandement de sa compagnie, en remplacement du lieutenant Duval qui venait d'être fait prisonnier avec un certain nombre d'hommes. C'était en pleine bataille et l'attaque avait lieu dans un bois. Il fut blessé grièvement, au moment où, ralliant ce qui lui restait d'hommes, il voulait aller au secours de ceux qui venaient d'être contournés et pris. Ce beau geste lui coûta la vie. Transporté dans une ambulance où il reçut les premiers soins, il arrivait, le 2 octobre au soir, à l'hôpital de Vitry-le-François, où il fallut l'opérer immédiatement. L'opération semblait très bien réussie, lorsque subitement son état s'aggrava, et il succomba, le 7 octobre, assisté de l'aumônier et des religieuses de l'hôpital. Il mourut aussi courageusement qu'il avait vécu. Il était, d'ailleurs, en état de grâce pour paraître devant ce Dieu dont il avait toujours été le loyal et fidèle serviteur.

Sa grande bravoure et son beau dévouement à sa Patrie lui ont valu les deux élogieuses citations suivantes.

Ordre du régiment :

Très bon officier, plein d'ardeur et d'entrain, d'une bonne humeur constante. Blessé le 4 avril 1917, à Verdun, alors qu'il dirigeait la défense d'une position violemment attaquée.

Ordre de la division :

Caractère généreux ; splendide exemple de courage. Appelé à remplacer un commandant de compagnie, pendant un violent combat, a magnifiquement entraîné son unité en avant, et a été grièvement blessé au cours de l'attaque. Chevalier de la Légion d'honneur et Croix de guerre.

Il était le neveu du R. P. Le Texier, S. J., aumônier militaire, mort aussi au cours de la guerre, dont la poitrine couverte de décorations attestait les longs et glorieux services rendus à son pays.

LE GUENNEC, Joseph
Soldat au 65ᵉ régiment d'infanterie.

Né au Pellerin (Loire-Inférieure), le 10 octobre 1894, d'abord élève au Petit Séminaire de Sainte-Anne, termine ses études au Collège Saint-François-Xavier et s'engage en juillet 1911, au 65ᵉ régiment d'infanterie à Nantes, où il gagne vite l'estime de ses chefs et la sympathie de ses compagnons d'armes.

Il part, joyeux, à la mobilisation, et reçoit le baptême du feu aux environs de Rethel. Il est mêlé ensuite à de rudes combats, la Fère-Champenoise, (bataille horrible. dit-il dans le journal où il notait ses impressions de campagne, 14 de ses camarades sont tués à ses côtés par un seul obus), Saint-Hilaire (où le reste de son régiment foudroyé par l'artillerie ennemie, campe le soir, au milieu des morts), Reims (où les nôtres arrivent, mourants de faim et assistent impuissants et la rage au cœur à l'incendie de la merveilleuse cathédrale).

Puis, c'est Soissons, Albert, le Nord, le course à la mer. Il sort indemne de la fournaise et pour se défatiguer, continue à recueillir ses impressions sur les vicissitudes de la guerre. Poète à ses heures, il pense, devant nos belles provinces dévastées par la mitraille, aux fleurs de France qu'il serait si doux de contempler : « O fleurs de France, vous qui êtes un peu nos parentes, à nos malheurs ne demeurez pas indifférentes. Pleurez nos morts en refermant vos corolles. »

Continuant à suivre son régiment, il se conduit en brave, sans une défaillance, malgré les fatigues et l'horreur des combas auxquels il prend part presque journellement.

Après une permission de quelques jours en juillet 1915, il reprend sa place au danger et tombe glorieusement, en Champagne, le 25 septembre, frappé d'une balle en plein front. Il n'avait pas 21 ans.

LE GUENNEC (Abbé), JOSEPH
Soldat au 30° d'artillerie.

Né à Carnac (Morbihan), le 5 avril 1896, passa au Collège les années scolaires (1909-1913). Ses études terminées, il entra au Séminaire.

Versé, à la conscription, au 65° régiment d'infanterie, à Nantes, c'est avec ce régiment qu'il se rendit au front et prit part à de rudes combats, d'où il sortit indemne. Mais, par une déplorable fatalité, il fut grièvement blessé, au repos, en juillet 1917, par suite de l'imprudence d'un de ses compagnons d'armes.

Après plusieurs mois d'hôpital, au cours desquels il dut subir deux opérations, il fut versé dans l'artillerie et retourna au front. C'est dans cette nouvelle situation qu'il contracta les germes d'une violente attaque de grippe dont il mourut à l'hôpital d'Auxerre, le 20 octobre 1918.

LE JARIEL, OLIVIER
Capitaine au 1er régiment d'infanterie coloniale,
Chevalier de la Légion d'honneur, Médaille militaire, Médaille coloniale,
Chevalier de l'Etoile noire de Porto-Novo.

Né le 12 avril 1874, à Saint-Hilaire (Mayenne), élève à Saint-François-Xavier (1889-1894). Devint sous-officier d'infanterie coloniale au Soudan d'où il revint en France et entra à l'Ecole de Saint-Maixent. Il en sortit sous-lieutenant.

Il avait obtenu au Soudan la citation suivante :

A rendu les plus grands services au cours de la mission du Mossi ; s'est particulièrement distingué dans plusieurs combats, notamment à l'attaque de Tata-d'Ouellé, où il a été grièvement blessé, et où, malgré sa blessure, il est resté à la tête de sa troupe.

Malheureusement son rôle actif à la guerre n'a pu être bien long ; du 2 novembre au 18 décembre 1914, il combattit en France.

Il était revenu, sur sa demande, du Tonkin où il était en service, pour prendre sa part à la grande guerre.

Il s'y distingua toujours. Il était très actif et énergique ; aussi fut-il l'objet de la citation ci-après :

Est tombé frappé mortellement, au milieu du combat, après avoir rassemblé un groupe d'hommes qu'il avait entraînés en avant, par son exemple.

Le capitaine Olivier Le Jariel écrivait le 3 novembre 1914 : « Je suis très heureux et pars en très bonne forme, car avec l'aide de Dieu, j'espère entrer rapidement en pleine action. »

Le 28 novembre 1914, seconde lettre :

« Nous avons vécu dans les tranchées à 80 ou 200 mètres des Boches et bien que j'aie entendu beaucoup de balles siffler à mes oreilles, je n'ai jamais eu comme émotion que le sentiment de pitié pour nos braves marsouins qui ont été tués ou blessés, sans pouvoir se défendre. » Un mot parvint à sa femme, le 3 décembre : « Soyez calme et tranquille, car Dieu est avec nous et il nous protègera. »

Le 17 décembre, la veille de l'attaque où il est tombé :

« Vivez à présent dans l'espérance ! »

Le brave capitaine Olivier Le Jariel ne se faisait pas illusion et savait bien qu'il ne reviendrait pas.

Le JOUBIOUX, Armel-Henri-Marie
Caporal au 262ᵉ régiment d'infanterie.

Né à Saint-Armel, le 14 juillet 1889, élève à Saint-François-Xavier (1903-1906), était caporal au 262ᵉ régiment d'infanterie, lors de la mobilisation.

Il se conduisit vaillamment au front. Blessé à Tahure, il est cité à l'ordre du régiment et décoré de la Croix de guerre.

Remis de sa blessure, il reprend courageusement sa place au danger et continue à faire tout son devoir, patient et résigné, malgré les terribles épreuves auxquelles ses compagnons d'armes et lui sont journellement soumis.

Il tomba en brave, le 3 novembre 1916, au plateau de Vaux, devant Verdun. Toutes les démarches faites par sa famille pour retrouver ses restes sont restées infructueuses. Il a dû être enterré, sur le champ de bataille, dans la fosse commune, avec les infortunés camarades tombés côte à côte avec lui.

LE LARGE, Louis-Philippe-Marie
Caporal au 153ᵉ régiment d'infanterie.

Né à Pleugriffet (Morbihan), le 12 octobre 1893, élève à Saint-François-Xavier (1907-1914), fut convoqué le 8 décembre 1914 et affecté au 93ᵉ régiment d'infanterie à la Roche-sur-Yon.

Après cinq mois de préparation, il quitte le dépôt avec le grade de caporal, pour aller rejoindre, en Artois, le 153ᵉ régiment qui appartenait à un corps d'armée qui s'est couvert de gloire sur tous les fronts français, le 20ᵉ corps.

Dès son arrivée au front, le pauvre Louis se voit par trois fois enseveli par les obus : « Je vous avoue, écrit-il à sa famille, que je dois une grande reconnaissance à la sainte Vierge ; c'est elle qui m'a gardé dans cette tourmente. »

Quelques mois plus tard, Louis Le Large est en Champagne, en octobre 1915.

Le 27 octobre, il montait à l'assaut, lorsqu'une grenade éclate à ses pieds et le blesse assez grièvement aux jambes.

Après quelques semaines passées dans une ambulance voisine (Meigneux), il retourne bravement au front. C'est à Verdun qu'il doit combattre cette fois. Comme il n'est pas tombé à la cote 304 qui vit couler tant de sang : « J'attribue ma conservation, écrit-il à ses parents, à la bonté de Dieu qui, grâce à vos prières, s'est intéressé à mon sort. »

Hélas ! ce n'était que partie remise. Le 26 juillet 1916, son père et sa mère reçoivent de leur fils une lettre particulièrement émue : « Quand vous recevrez ma lettre, je vous demande de penser à moi dans vos prières, car soyez certains qu'à ce moment, la danse sera commencée..... A la grâce de Dieu ! » C'était avant l'offensive de la Somme, où son régiment venait d'être envoyé, l'attaque contre Verdun étant terminée.

Quatre jours après, Louis Le Large tombe frappé à mort ; un éclat d'obus lui avait traversé le côté droit.

Il fut inhumé au cimetière militaire de la cote 80, à Etinchem (Somme). Son corps, placé dans un cercueil, repose à côté des camarades dont il avait partagé les combats et la mort glorieuse.

LE MAUFF (l'Abbé), Félix-Jean
Soldat au 48ᵉ régiment d'infanterie.

Né à Lauzach, le 28 mai 1896, fut élève à Saint-François-Xavier (1910-1912). Il entra ensuite au Grand Séminaire de Vannes.

Incorporé au 48ᵉ d'infanterie, il se conduisit vaillamment au feu et supporta avec courage et résignation les dures épreuyes qu'il eut à traverser, au cours de la campagne.

Atteint d'une grave maladie, il dut être évacué sur l'hôpital de Saint-Dizier (Haute-Marne), où il est mort le 28 décembre 1916, après trois mois de souffrances.

Nul doute que les épreuves et la mort de ce brave et pieux séminariste ne lui aient été aussi méritoires que la fin glorieuse de ses camarades tombés à leur poste de combat, et que son âme ne soit entrée directement dans la vie éternelle, promise à ceux qui font généreusement le sacrifice de leur vie pour une aussi noble cause.

LE MENTEC (l'Abbé), Jean-Louis.

Sous-lieutenant au 116ᵉ régiment d'infanterie.
Chevalier de la Légion d'honneur, Croix de guerre.

Né à Caudan (Morbihan), le 10 décembre 1891, élève à Saint-François-Xavier (1908-1910), clerc tonsuré, sous-lieutenant au 116ᵉ d'infanterie, tué à l'ennemi le 25 septembre 1915, devant Perthes-les-Hurlus (Marne).

Tous ceux qui l'ont connu ont pu remarquer en lui une intelligence pratique au service d'une volonté tenace. Il parlait peu, mais agissait beaucoup. Maître de lui en toutes circonstances, il étonnait tout le monde par son calme et son égalité d'humeur.

Au Collège Saint-François-Xavier, où il n'entra qu'assez tard (il avait seize ans), il se fit remarquer par son ardeur au travail, ce qui lui valut, malgré le peu de préparation qu'il avait eue, de se classer, à la fin de cette première année, parmi les meilleurs élèves de troisième. Ce rang, il sut le garder jusqu'en philosophie. Ses études terminées, il fut admis au Grand Séminaire : une partie de son rêve venait de se réaliser.

L'année qu'il passa au Grand Séminaire acheva de le préparer à l'épreuve de la caserne qui l'attendait. Elle le trouva fort. Incorporé au 116ᵉ d'infanterie, il fut le type du séminariste soldat. Là, comme partout ailleurs, il sut s'imposer par son attachement au devoir qu'il remplissait toujours allègrement. Sorti le premier du peloton des élèves caporaux, les galons de caporal furent bien vite remplacés par ceux de sergent. S'il fut toujours bon soldat, il n'oublia jamais les obligations auxquelles le soumettait son état de clerc tonsuré. Rien n'aurait pu l'empêcher de se rendre chaque soir au Séminaire, dont l'atmosphère lui paraissait indispensable pour la conservation de la vocation. Bien plus, pour entretenir en ses confrères les habitudes pieuses du Séminaire, il les réunissait dans sa chambre de sous-officier, chaque fois que le service les retenait à la caserne, offrant ainsi à tous un moyen facile de réciter en commun le chapelet et de faire la lecture spirituelle. Dans cette intimité, il donnait volontiers des conseils aux jeunes, allant même parfois jusqu'à d'amicales réprimandes, que lui permettaient son grade et son ancienneté.

La guerre ne le trouva pas exalté. Se sentant né pour faire autre chose, il ne partit pas débordant d'enthousiasme ; mais, quelle crânerie au feu ! A Maissin, debout derrière sa section couchée, il rectifiait froidement, sous la mitraille, le tir de ses hommes.

Pendant la longue et pénible retraite, pas une plainte ne lui échappa. Après la victoire de la Marne, son capitaine le fit nommer adjudant, puis sous-lieutenant au mois de février.

Au moment où il recevait l'épaulette en récompense de tant de bravoure, une épreuve allait le frapper : un de ses frères venait de disparaître aux Dardanelles avec le *Bouvet*.

Il fit treize mois de campagne sans une égratignure, malgré son courage audacieux frisant souvent la témérité. Un officier de son régiment, peu prodigue d'éloges, disait de lui : « J'ai rarement admiré quelqu'un comme le sous-lieutenant Le Mentec. » Tout cela, on l'a su par d'autres ; car, lorsqu'il vint en permission, au mois de juillet, jamais il ne consentit à parler de lui.

Jamais il ne perdit de vue sa sainte vocation, et son plus cher désir était de retourner au Séminaire pour y reprendre avec une nouvelle ardeur le cours de ses chères études. Lorsqu'il fut nommé sous-lieutenant en récompense de sa bravoure et de ses magnifiques états de services, il écrivait : « Je suis fier d'être officier, de faire partie de cette phalange d'hommes valeureux qui n'ont d'autre souci que le salut de la Patrie. J'en suis fier pour mes bien aimés parents et mes amis sur qui rejaillit l'honneur de ma promotion. Mais rassurez-vous, les galons, quelque glorieux qu'ils soient, ne me feront jamais oublier que je suis séminariste, et *je veux rester séminariste !* Il n'a tenu qu'à moi d'être nommé sous-lieutenant dans l'armée active et d'y poursuivre une honorable carrière, mais pour ne pas céder à la tentation, j'ai refusé, et je n'ai accepté que d'être lieutenant de réserve afin de pouvoir, la guerre terminée, retourner *naturellement* à mon cher Séminaire. »

La mort, survenue à l'aurore de la victoire, au moment où il lançait sa section à l'assaut, ne le surprit pas : le matin même du 25 septembre, il avait communié dans la tranchée, de la main de M. l'abbé Moisan. Il était prêt à paraître devant Dieu. Il le fut tous les jours, depuis le début de la campagne ; c'est ainsi que s'explique la réponse qu'il fit un jour à son capitaine, qui s'étonnait presque de sa bravoure : « Mon capitaine, la mort ne me fait pas peur, parce que j'y suis toujours préparé. »

(Semaine Religieuse de Vannes, 16 octobre 1915).

Citation :

Le général commandant la 2e armée cite à l'ordre de l'armée le sous-lieutenant Le Mentec Jean-Louis, du 116e d'infanterie :

D'une bravoure admirable, a été tué en entraînant ses hommes à l'assaut des tranchées allemandes, le 25 septembre 1915.

Le général commandant la 2e armée : PÉTAIN.

LE MERLE, Jules-Georges-Paul-Marie
Soldat au 2ᵉ régiment d'infanterie coloniale.

Né à Vannes, le 11 mars 1879, passa au Collège Saint-François-Xavier les années de 1898 à 1905. Il y a laissé le meilleur souvenir.

Incorporé, avant la guerre, aux chasseurs à pied, à Troyes, il est versé, à la mobilisation, au 2ᵉ régiment d'infanterie coloniale, à Brest. Dès le début, il se signale par sa vaillance et sa bravoure. Très grièvement blessé, le 14 juillet 1915, d'une balle qui lui traverse la poitrine, il est fait prisonnier.

Parvenu à s'échapper, et désigné comme téléphoniste à Brest, son ardent patriotisme et ses instincts guerriers s'accommodent mal d'un poste à l'arrière. Il demande à partir au front, au milieu de ses anciens compagnons d'armes.

Atteint d'une blessure au crâne le 29 mars 1916, il est évacué sur l'hôpital de Cherbourg et doit subir une première fois l'opération du trépan. Malgré tous les soins qui lui furent prodigués, il expirait le 10 juin suivant, à la suite d'une seconde opération.

Médaillé militaire et décoré de la Croix de guerre, il méritait la citation suivante :

Ordre :

Excellent soldat, très dévoué et d'une grande bravoure au feu. S'est brillamment conduit au cours de l'attaque du 14 juillet 1915, durant laquelle il a reçu une blessure très grave ; a été blessé de nouveau le 29 mars 1916.

LE PAVEC, Joseph-Marie-Vincent
Brigadier au 35ᵉ régiment d'artillerie.

Né à Vannes, le 21 mars 1889, élève à Saint-François-Xavier (1900-1902). Quitta Vannes avec son régiment, le 35ᵉ d'artillerie, où il servit avec bravoure en qualité de brigadier.

Il nous reste de lui la belle citation qui lui valut la Médaille militaire et la Croix de guerre :

A toujours servi en brave et excellent gradé, donnant en toutes circonstances la valeur de son dévouement. Mort glorieusement pour la France, le 10 octobre 1914, à Saint-Pierre-le-Bietry (Orne).

LE PENRU, Marcel
Aspirant au 137ᵉ régiment d'infanterie.

Né à Ergué-Armel (Finistère), le 7 novembre 1897, fut élève au Collège Saint-François-Xavier, en 1914.

Affecté au 137ᵉ régiment d'infanterie à Fontenay-le-Comte, il partit au front avec ce régiment. Arrivé sous les murs de Verdun en juin 1916, il ne devait pas revenir de la première attaque à laquelle il participa, à Thiaumont, le 11 de ce mois. Porté disparu depuis cette date, sa famille n'a jamais eu de lui qu'une lettre écrite la veille de la bataille, et dans laquelle, pressentant sa fin prochaine, Marcel Le Penru demandait instamment à son frère de prier pour lui. Sa famille a fait des démarches pour retrouver sa dépouille mortelle, mais sans aucun résultat, et n'a pu nous fournir sur sa mort glorieuse de plus amples renseignements. Au ciel il aura reçu la récompense de son dévouement, que sa fin obscure ne lui a pas permis de recevoir sur cette terre. Obéissant à ses dernières recommandations, nous joignons nos prières à celles de son frère, pour l'âme de ce vaillant camarade.

LE QUEN d'ENTREMEUSE, Etienne-Jean-Baptiste-Pierre-Joseph
Sous-lieutenant au 31ᵉ régiment d'infanterie.

Né à Nantes, le 31 mars 1879, élève à Saint-François-Xavier (1890-1894), partit avec son régiment dès le début de la campagne.

Il se fit remarquer par son courage et sa présence d'esprit, en maintes occasions.

Le général de division l'avait nommé sous-lieutenant et lui avait confié la formation et la direction d'un cours de grenadiers. Il s'en acquitta pendant plus d'un an avec beaucoup de dévouement.

Le 23 juin 1916, il fut blessé à mort et ramené à l'hôpital de Neuves-Maisons (Meurthe-et-Moselle). C'est là qu'il mourut à l'âge de 37 ans.

« Tout bas, écrit l'aumônier, il se préparait à la mort par des actes intérieurs dont la noblesse se laissait deviner dans ses confidences et ses recommandations. »

Il accepta le sacrifice de sa vie avec un stoïcisme vraiment chrétien.

Sa nomination au grade de chevalier dans l'ordre de la Légion d'honneur fut accompagnée de la citation suivante :

Le Quen d'Entremeuse, Etienne, sous-lieutenant à titre temporaire au 84ᵉ régiment territorial d'infanterie :

A fait preuve en toutes circonstances, de bravoure et de mépris du danger ; très grièvement blessé dans l'accomplissement de son devoir.

LE RAY, Alexandre-Eugène-Joachim
Caporal au 116ᵉ régiment d'infanterie.

Né à Carnac, le 25 juillet 1891, d'abord élève à Sainte-Anne, vint au Collège Saint-François-Xavier en 1907 et y resta jusqu'en 1910. Il fit sa philosophie au Petit-Séminaire de Calmont-Haut.

Incorporé au 116ᵉ d'infanterie, à Vannes, il était caporal d'habillement lors de la déclaration de guerre. Parti avec son régiment le 7 août 1914, il participe aux rudes et sanglants combats qui marquèrent le début de la guerre, en Champagne, puis en Belgique. Son régiment est réduit à 500 hommes.

Une des premières victimes de la campagne, il disparaît à l'affaire de Lennar-rhée (bataille de la Marne) le 8 septembre 1914, un mois après son arrivée au front. Ses restes n'ont pu être retrouvés.

Il avait une grande confiance dans Sainte-Anne, la grande patronne de notre Bretagne, et attribuait à sa protection la faveur d'être sorti indemne des premiers et terribles combats auxquels il avait pris part. Sa protectrice vénérée ne l'a certainement pas abandonné au moment où son âme allait paraître devant Dieu, et recevoir sans doute la récompense éternelle.

LE ROHELLEC, Yvonnick-Paul
Lieutenant au 41ᵉ régiment d'infanterie.

Né le 25 janvier 1889 à Tours (Indre-et-Loire), élève à Saint-François-Xavier (1901-1908). A sa sortie du Collège, fut employé au Crédit Lyonnais à Lorient où la guerre le trouve, Chef des Titres. Il rejoignit son régiment à Rennes, le 41ᵉ d'infanterie, où il était sergent.

Nommé sous-lieutenant le 27 septembre 1914, à la bataille de la Marne, la citation suivante lui fut attribuée.

Le sous-lieutenant Le Rohellec Yvonnick, du 41ᵉ régiment d'infanterie : Le 3 octobre 1914, sous les ordres de son commandant de compagnie, a contribué à entraîner 150 hommes isolés, dans une charge à la baïonnette qui nous a rendu un village, rétablissant ainsi une situation fort compromise.

Le 9 août 1914, il écrivait à ses parents :

« Surtout ne pleurez pas trop longtemps si je ne reviens pas. Songez que je suis mort pour la France, pour le bonheur de nos cadets. Il faut écraser l'Allemagne, si nous voulons que la France soit tranquille. Le 10ᵉ bataillon de chasseurs à pied nous a donné un bel exemple d'abnégation, en soutenant la lutte jusqu'au bout.

« Donc, haut les cœurs et si j'y reste, pas de faiblesse !

« Priez sainte Anne pour moi. »

Le 15 novembre, il écrivait ces lignes :

« Si les trois officiers qui me sont supérieurs en grade succombent, ce sera à mon tour de prendre le commandement du 41ᵉ régiment et de conduire à la gloire ses débris, car l'effectif est réduit à 443 hommes. Que me réserve l'avenir ? Dieu seul le sait. Que sa volonté soit faite !

« Si je dois disparaître dans la mêlée, vous pouvez être sûrs, chers parents, que j'aurai fait mon devoir jusqu'au bout. Retenez vos larmes jusqu'au jour où les barbares qui souillent notre pays, l'auront évacué. »

La nuit de Noël le trouva en pleine campagne ; il avait quitté les tranchées le matin même. « Aussi, disait-il, le silence n'est troublé que par le grondement sourd du canon et le crépitement intermittent de la fusillade, car les cloches se sont tues. Le jour n'est peut-être pas éloigné, ajoutait-il, où elles pourront carillonner à toute volée. Et cependant qu'à Vannes, vous pouvez, si vous ne dormez pas encore, entendre tinter la cloche de Saint-François-Xavier, à laquelle j'ai longuement pensé cette nuit, nous, nous veillons l'arme au pied.

Pour la mort, je ne la désire pas, elle ne me fait pas peur, d'autant que j'ai conscience d'avoir fait mon devoir toujours et espère bien le faire jusqu'au bout, avec l'aide de Dieu. »

Yvonnick Le Rohellec fut nommé lieutenant aux journées des 8 et 9 mai près d'Arras, après des combats terribles où vingt fois il faillit être tué.

En avril 1916, il était en Argonne. Dans l'après-midi du 1ᵉʳ mai, après avoir mis ses hommes en sûreté, il s'installa avec quelques soldats dans un abri de mitrailleuses. Les Allemands tentèrent bientôt de les en déloger. Pendant trois heures, dit son capitaine, il ne cessa d'encourager ses compagnons, leur donnant l'exemple, les soutenant, lorsque à 19 heures, un officier allemand faisant irruption, un corps à corps s'engagea entre eux deux. Après avoir utilisé tout son chargeur, il tomba enfin, frappé d'une balle au front, son revolver dans sa main crispée et toutes les douilles près de lui, témoins de la défense héroïque qui nous avait gagné et conservé quelques mètres de cette terre de France, au prix du sacrifice de sa vie.

Cité à l'ordre du jour de l'armée :

Le lieutenant Le Rohellec, Yvonnick-Paul, du 41ᵉ régiment d'infanterie : Tombé glorieusement au moment où, avec quelques hommes qui lui restaient, il se portait résolument en première ligne, après un violent bombardement, pour arrêter les groupes ennemis qui allaient pénétrer dans notre tranchée. Chevalier de la Légion d'honneur. Croix de guerre étoile de vermeil.

LE ROUX, Albert-Guillaume
Soldat au 116ᵉ régiment d'infanterie.

Né le 21 août 1888, à Bowden (Manchester-Angleterre), élève à Saint-François-Xavier (1905-1906). Il faisait partie du 116ᵉ régiment d'infanterie de Vannes, avec lequel il combattit à Verdun.

Avant son départ, le 19 février 1916, il avait demandé à sa mère de faire, à son intention, un pèlerinage à Notre-Dame de Lourdes.

Sa mère et sa sœur partirent donc pour accomplir ce vœu et passèrent trois semaines en prières aux pieds de la Vierge de la Grotte, suppliant Marie de le protéger.

« Mais le si bon Dieu en juge autrement, disait sa mère, je m'incline devant sa sainte volonté. »

Ce fut à Lourdes que leur parvint la triste nouvelle : Albert Le Roux avait été tué à Verdun, le 17 avril 1916, d'une balle au front.

Nul doute qu'il ait trouvé la récompense due à ses vertus, car il fut soldat modèle et chrétien pratiquant.

Ses camarades disaient de lui que, dans la tranchée, il occupait son temps à prier, à méditer et à lire l'*Imitation*.

Il fut admiré et regretté de tous. Depuis le début de la guerre il disait souvent à sa famille : « Si la France devait être vaincue, le catholicisme en souffrirait beaucoup, les Allemands voudraient imposer le protestantisme. C'est pour le triomphe de la Religion catholique, que je voudrais être une victime de la guerre. »

Cette noble pensée lui servit de ligne de conduite ; il se battit bravement, et ce cœur d'élite donna courageusement sa vie pour la France et pour la Religion qu'il aimait tant.

LE ROY (l'Abbé), François
Sergent au 70ᵉ régiment d'infanterie.

Né à Kerfourn, le 31 janvier 1890, élève à Saint-François-Xavier (1907-1909). Il fit son temps de service militaire au 70ᵉ régiment d'infanterie, à Laval.

C'est avec ce régiment qu'il partit en campagne contre l'Allemagne, en qualité de sergent cycliste.

Ses jours étaient comptés ; l'abbé Le Roy fut blessé aux environs de Sézanne, puis achevé par les Allemands.

Il était parti pour transmettre un ordre au convoi régimentaire ; pendant qu'il remplissait cette mission, le régiment fut obligé de se replier ; à son retour, François Le Roy ne le trouva plus. C'est alors qu'il fut blessé. On ne savait ce qu'il était devenu ; ce n'est que deux jours après qu'on retrouva son corps, lorsque les Prussiens eurent été repoussés, et que nos troupes eurent repris possession du champ de bataille.

Il avait fait part à un de ses camarades des dangers qu'il avait courus comme cyliste du colonel, dans les trois combats auxquels le régiment avait pris part. Il devait s'attendre à ce qui lui est arrivé et la mort ne l'a pas surpris ; il a dû l'accepter en bon séminariste.

Le 11 août 1914 il écrivait :

« Je fais le sacrifice de ma vie ; puisse-t-elle servir au bien de quelques âmes ou au salut de la France ! »

« J'ai rencontré parmi mes collègues, les sous-officiers, un réserviste parisien, plein d'amabilité et d'égards pour moi, mais socialiste ardent et convaincu. Il recherche ma compagnie et aime beaucoup à parler de questions religieuses. On sent qu'il cherche la vérité. Ah ! si Dieu daignait se servir de moi pour lui faire quelque bien ! »

24 août 1914.

« Je pars content et tranquille. Le bon Dieu, je l'espère, tiendra compte de ma bonne volonté et de mon sacrifice. Je me remets chaque jour entre ses mains ; je lui fais le sacrifice de ma vie chaque jour, et je me confie absolument en sa sainte volonté.

« Je crois que si je meurs, je mourrai tranquille, et dans la paix de Dieu ; le reste ne m'effraye point. A Dieu vat ! »

La mort de l'abbé Le Roy fut pour ses hommes un grand chagrin ; tous l'admiraient et tous le respectaient ; il laissa parmi eux l'exemple de la vraie vertu sacerdotale dont la devise sera toujours « Dieu et Patrie. »

DE LÉSÉLEUC DE KEROUARD, DIDIER-ROBERT
Sergent au 48ᵉ régiment d'infanterie.

Né à Vannes, le 1ᵉʳ octobre 1896, fut élevé comme l'avaient été avant lui son père et ses frères, à Saint-François-Xavier : comme eux, il avait gardé à sa sortie des sentiments profondément chrétiens.

Sergent au 48ᵉ d'infanterie, il écrivait le 22 juillet 1918 à sa mère : « Je viens de recevoir votre lettre écrite à votre retour de Lourdes ; votre tendresse me fait beaucoup de bien ; j'ai confiance en la Sainte Vierge, remerciez-la ; grâce à sa protection, je viens d'échapper à une attaque terrible ce matin. » Le 29 juillet 1918, nouveau billet : « Cà chauffe dur ; quand ça barde trop fort, je prends mon chapelet dans ma main et cela me fait du bien. »

Le 4 août, de Léséleuc avec son bataillon passe la Vesle derrière laquelle l'ennemi s'était fortifié. Après une âpre lutte, nos troupes enlevèrent la ferme Lagrange et s'établirent aux alentours. Comme les Allemands arrosaient d'obus de tous calibres les positions conquises, Didier et sa section se trouvant dans la cour de la ferme, sorte d'ancien manoir aux murs épais, se préparaient à une énergique défense. Mais les Boches avaient miné le terrain ; quand ils s'aperçurent que la ferme était solidement occupée, ils la firent sauter. Un grand nombre des nôtres, parmi lesquels de Léséleuc, restèrent ensevelis sous les décombres.

Aimé et apprécié à son régiment, il fut particulièrement regretté par ses chefs et ses amis.

« Le sergent de Léséleuc, notait son commandant, depuis commandant au 22ᵉ bataillon alpins, était un charmant petit soldat, très brave au feu, animé des plus beaux sentiments et d'une élévation morale sensationnelle. J'ai eu maintes fois l'occasion de lui parler et j'ai senti dans ses paroles une flamme patriotique d'une ardeur sans pareille. Il me confia avec la sérénité d'un héros que le sacrifice de sa vie était fait et qu'aucune satisfaction ne serait plus grande pour lui que celle du devoir pur et simple, accompli sans bruit. J'ajouterai enfin que j'ai su, en interrogeant ses camarades mitrailleurs, qu'il était porté par eux en très haute estime, et qu'ils avaient une confiance entière en lui quand il avait le commandement sur eux. »

« C'était, écrivait un de ses amis, un modeste, un timide, mais lorsqu'on causait avec lui, ses qualités d'âme se révélaient à son insu ; esprit sérieux, épris d'idéal, cœur délicat et chaud, c'était une nature d'élite ; c'est la figure la plus pure et la plus noble que j'aie rencontré. »

Le 16 juin 1920, la Médaille était conférée à titre posthume au petit sergent mitrailleur du 48ᵉ, enseveli sous les ruines de la ferme Lagrange.

Brave sous-officier, d'un dévouement absolu, donnant à ses hommes le plus bel exemple en toutes circonstances. Tombé glorieusement pour la France, le 4 août 1918.

LESNÉ, Jean
Sergent au 410ᵉ régiment de marche.

Né à Lamballe, le 18 mars 1892, fit sa seconde et sa rhétorique à Saint-François-Xavier en 1908 et 1909 ; il y a laissé le meilleur souvenir.

Incorporé au 71ᵉ régiment d'infanterie à Saint-Brieuc, lors de la mobilisation, il prend part avec ce régiment à la première partie de la guerre.

Blessé une première fois, il est versé, après sa guérison, au 410ᵉ régiment de marche où sa bonne conduite lui vaut rapidement les galons de sergent.

Tombé au champ d'honneur, à Fricourt près d'Albert, le 30 avril 1915, à l'âge de 22 ans, il a dû être l'objet d'une citation posthume, dont nous regrettons de n'avoir pas le texte, avec attribution de la Médaille militaire et, peut-être aussi de la Croix de guerre, récompenses certes bien méritées par son entrain et sa bravoure.

LE SOUFACHÉ, Charles-Vincent-Marie

Capitaine au 35ᵉ régiment d'artillerie.

———

Né à Grand-champ (Morbihan), le 11 novembre 1874, élève à Saint-François-Xavier (1882-1888) ; à l'Ecole Saint-Ignace (rue de Madrid) (1888-1894) ; à l'Ecole Sainte-Geneviève (rue des Postes) de (1891-1894) ; à l'Ecole Centrale des Arts et Manufactures (1894-1897). Après avoir obtenu le diplôme d'ingénieur en 1897, et servi dans l'artillerie comme sous-lieutenant, il entra aux Beaux-Arts. Il y étudia de 1899 à 1904. Il excerçait la profession d'architecte lorsqu'éclata la guerre. Il fut tué au Bois-des-Pies, commune de Gernicourt, près Berry-au-Bac, le 23 avril 1917.

Deux fois cité :

Ordre de la brigade, le 21 avril 1917.

Très bon commandant de batterie. Commandant sa batterie depuis un an avec calme et sang-froid. A assuré d'une façon parfaite toutes les missions qui lui ont été confiées, en particulier depuis huit jours que le groupe est soumis à un bombardement intense.

Ordre du corps d'armée, le 20 mai 1917.

Très belle conduite au feu, en particulier du 5 au 23 avril 1917, sous un bombardement journalier et intense. Frappé mortellement à son poste de combat, le 23 avril 1917. Déjà cité à l'ordre de la brigade.

Marié depuis quatre ans et père de trois enfants, architecte d'avenir, la vie était pour lui pleine de promesses. La guerre sembla d'abord devoir lui être clémente ; mais son patriotisme et sa fierté le poussaient à mettre au service de la France toutes ses forces et toute son intelligence ; il se jeta volontairement dans la mêlée. Mobilisé le 2 août 1914 à l'état-major d'artillerie de Vannes, il avait tout de suite désiré partir au front et après plusieurs demandes, il obtint le commandement d'une section de munitions d'infanterie. Il fit avec sa section l'attaque de Champagne de 1915. Cette place lui paraissant encore trop douce, il sollicita le commandement d'une batterie ; c'est au milieu de cette batterie qu'il devait trouver la mort un an après.

Il était estimé de ses chefs, respecté de ses hommes, aimé de tous.

C'était un cœur loyal, un homme de devoir ; sa vie dirigée tout entière par un profond sentiment religieux, une foi ardente et noble, fut une vie de travail également probe et droite. Il avait le caractère réfléchi de ceux qui comprennent la beauté et la gravité de la vie, et la gaieté de ceux dont la conscience est pure.

L'aumônier de son groupe écrivait à sa veuve :

« Il était fait pour procurer le bonheur à ceux qui lui étaient confiés. Pourquoi Dieu en a-t-il jugé autrement dans ses mystérieux desseins ? Il est vrai que pour lui la journée du 23 n'a été que le passage de cette misérable vie dans la vie éternellement heureuse. »

———

LE SOUFACHÉ, Vincent-Marie
Caporal au 306ᵉ régiment d'infanterie.

———

Né le 5 août 1894, à Saint-Brieuc, élève à Saint-François-Xavier (1902-1912). Il étudiait le droit lorsque survint la déclaration de guerre.

Il était caporal au 306ᵉ régiment d'infanterie et se distingua dans les différentes actions où son régiment se trouva engagé ; c'est ainsi qu'il obtint pour la journée du 16 août 1915, la citation suivante, à l'ordre de la division :

Le 16 août 1915, malgré les pertes causées autour de lui par un bombarde-ment intense, a réussi à assurer la résistance d'un poste très avancé. Blessé lui-même aux deux mains, a rejoint son poste après un pansement sommaire, mais a dû être évacué le lendemain.

Vincent Le Soufaché était toujours prêt à tous les sacrifices et son abnégation n'avait pas d'égale. Le 31 mai 1916, il trouva la mort à Chatancourt, près du Mort-Homme.

Voici ce qu'il écrivait, avant son départ, à sa mère :

« J'ai 20 ans, je voudrais partir demain. Moi aussi, je veux être un artisan de la victoire ; je veux participer effectivement à la défense nationale. Prie Dieu qu'il me conduise dans le droit chemin et qu'il me soutienne en toutes choses.

« Il faut se rappeler que nous avons à défendre le patrimoine sacré de nos ancêtres, patrimoine composé de toutes les idées et de tous les sentiments qu'ils nous ont légués, de tous les efforts qu'ils ont faits pour rehausser la grandeur et la dignité de la France.

« Les exemples abondent dans la famille, et il faut tâcher d'arriver à la même hauteur que ses parents, en accomplissant son devoir dans n'importe quel poste, si humble soit-il. »

———

LESTROHAN, Armand-Pierre-Joseph-Marie
Caporal au 8ᵉ colonial d'infanterie.

———

Né à Erdeven, le 27 octobre 1896, élève de Saint-François-Xavier (1909-1913 Il était soldat au 2ᵉ colonial, à Brest, au moment de la déclaration de guerre.

Versé ensuite au 8ᵉ colonial, il prend part aux durs combats livrés dans la Somme, au cours de juillet et août 1916, et est l'objet d'une première citation qui lui vaut la Croix de guerre :

Gradé d'un courage et d'une bravoure peu communes, par son attitude au cours des combats de juillet 1916, a fait l'admiration de tous.

Désigné pour l'armée d'Orient, il se conduit aussi vaillamment sur le sol étran-

ger que sur le sol natal et tombe, glorieusement, le 11 mai 1917, à l'assaut de la
boucle de la Cerna, près Monastir. Il avait 20 ans.

Son héroïque attitude lui valut une deuxième citation.

*Brave et énergique. Au combat du 11 mai s'est porté courageusement à
l'assaut des positions ennemies fortement organisées, malgré un violent feu de barrage ennemi; tombé glorieusement pendant l'assaut.*

Jusqu'au bout, il avait montré la plus grande confiance. Ses lettres à sa famille
attestent combien son moral était resté intact, soutenu qu'il était par une foi
ardente et une vénération profonde envers la patronne de son pays natal. Sainte
Anne aura conduit sa belle âme jusque dans les bras du Dieu de clémence qu'il
avait, nous dit-il lui-même, reçu dans la Sainte Eucharistie, avant de monter aux
tranchées.

LE TALLEC, Raphaël-Marie
Lieutenant au 62ᵉ régiment d'infanterie,
Chevalier de la Légion d'honneur, Croix de guerre avec palme.

Né le 22 novembre 1874, à Baden (Morbihan), élève à Saint-François-Xavier
(1888-1890). Après avoir terminé ses études, il se destinait à la marine du commerce, passa l'examen du long cours et obtint le diplôme de capitaine.

Tout jeune, il eut le commandement d'un voilier faisant les voyages de la
Nouvelle-Orléans et gagna le record des traversées d'Australie.

En 1914, lorsque l'on demanda des volontaires pour l'aviation, le capitaine
Le Tallec, bien qu'âgé de 40 ans, marié et père de famille, signa un engagement
pour la durée de la guerre et comme l'infanterie manquait de cadres, il fut affecté,
dans cette arme, au 148ᵉ régiment, en qualité de lieutenant.

« Je ne veux pas, disait-il à sa femme avant son départ, que, plus tard, ma
femme et mes enfants aient à rougir de moi, et rien ne me serait plus pénible que
d'être traité d'embusqué. Je vais faire mon devoir. »

Il était resté fidèle à ses devoirs religieux.

« Je me suis levé de très bonne heure pour assister à la messe, avant de me
rendre aux tranchées. »

La veille de l'attaque il se confessa et, le jour même, avec la plupart des officiers et des hommes de son régiment, il communia. « Pour beaucoup d'entre nous,
écrivait-il, ce sera sans doute la dernière fois. »

Il disparut ce jour même, après avoir été blessé. C'était à Tahure.

Il était très aimé de ses hommes, ce qui faisait dire à son ordonnance, avant
l'attaque : « Quoiqu'il arrive à notre lieutenant, nous ne l'abandonnerons pas ; il
est si bon ! »

Le lieutenant Raphaël Le Tallec était également très estimé de ses chefs. « Le
régiment vient de perdre un officier de valeur », dit le colonel, au moment où on lui
apprit sa disparition.

Raphaël Le Tallec était excessivement charitable et dès qu'il connaissait une infortune à soulager, il était toujours prêt à aider de ses conseils, de son cœur, et de sa bourse ; aussi fut-il unanimement regretté. Il prêchait d'exemple, par sa vie privée et ses sentiments religieux.

Voici la citation qui lui fut donnée.

A entraîné sa section à l'assaut des tranchées allemandes avec une admirable bravoure. Est arrivé un des premiers devant la position ennemie. Quoique blessé, a conservé le commandement de sa section sous un violent bombardement et une fusillade nourrie ; n'a consenti à se laisser évacuer que lorsque les forces lui ont manqué.

Le lieutenant avait écrit à sa femme, le 18 septembre 1915 :

« Je prierai mon oncle de vouloir bien célébrer la sainte Messe dans la chapelle de Saint-Michel le 22 ou 23 courant, pour les quatre régiments bretons : 62e-116e-19e-118e, qui vont être ces jours-ci à l'honneur, mais aussi au danger. »

20 septembre. — « Avant de quitter Paris, je suis retourné à Montmartre ; j'en ai rapporté un souvenir à chaque officier. »

23 septembre. — « Ce matin, à 5 heures, je me suis confessé, j'ai espoir dans la bonté divine. Le grand jour approche, et nous avons tous le ferme espoir du succès. »

24 septembre. — « Nous approchons du grand jour. Ce matin, beaucoup d'officiers, et j'étais du nombre, ainsi que mon ordonnance, ont communié, notre colonel et les chefs de bataillon, en tête. »

Ce furent les derniers mots écrits par le valeureux lieutenant, paroles bien consolantes et qui témoignent du grand cœur de ce brave qui sut si bien faire le sacrifice de tout ce qui lui était cher, même celui de sa vie, pour la défense de sa chère France.

LE TEXIER (l'Abbé), JEAN-MARIE

Soldat téléphoniste au 87e régiment d'infanterie, une citation à l'ordre de la division, Croix de guerre avec palme et étoile d'argent.

Né à Neuillac, le 29 août 1895, élève à Saint-François-Xavier (1910-1912). Il partit au front le 18 janvier 1916, avec le 87e régiment d'infanterie où il servit en qualité de soldat téléphoniste ; il était aimé et apprécié par tous, de ses chefs et des hommes de sa compagnie.

D'une nature timide, mais affectueuse, il était d'une piété remarquable, généreux et compatissant. Sa dévotion à la Très Sainte Vierge était particulièrement touchante, et sa confiance en Elle, sans limites ; c'était un véritable modèle, comme soldat et comme prêtre, car il avait l'âme apostolique et aimait à rendre service, humblement et sans bruit.

Ce fut le 1er août 1916, vers 6 heures que l'abbé Jean-Marie Le Texier fut atteint dans son trou-abri, d'un obus qui vint éclater juste devant l'abri, tuant le sergent téléphoniste ainsi que l'abbé Thiollais, et le blessant grièvement lui-même.

Un lieutenant-prêtre prévenu, accourut, mais ne put reconnaître ce cher Jean-Marie Le Texier, dont la figure était pleine de sang et de poussière. Le blessé inclina la tête, ouvrit les yeux et fixa le lieutenant, qui lui donna la sainte absolution, ce dont il parut se rendre compte. Puis il poussa un soupir et mourut.

La citation suivante lui a été décernée.

L'abbé Jean-Marie Le Texier, soldat téléphoniste, a toujours fait preuve de la plus grande valeur morale. Le 1er août 1916, son poste se trouvant établi en un point très dangereux, est tombé au champ d'honneur, au cours d'un violent bombardement. Avait refusé de s'abriter, afin de pouvoir continuer son service.

L'abbé Le Texier avait toujours édifié son entourage par le bien qu'il faisait, aussi sa mort a-t-elle laissé de profonds regrets chez tous ceux qui étaient ses camarades ou ses chefs. Ils sont assurés qu'il a reçu de son Dieu la récompense de ses grandes vertus.

LE THEIS (l'Abbé), Jean-François

Soldat au 116e régiment d'infanterie.

Né à Pluméliau (Morbihan), le 23 juillet 1884, il étudia au Collège Saint-François-Xavier (1898-1904) ; il y a laissé le meilleur souvenir, tant au point de vue de son caractère très sérieux qu'à celui de sa foi profonde et de sa piété éclairée.

Entré dans les ordres, il quitta la France et fit partie du clergé d'Haïti. Il était professeur au Cap-Haïtien lorsque la guerre éclata. Il revint en France et fit bravement toute la campagne.

La *Semaine Religieuse* de Vannes, du 12 mars 1920, annonçait sa mort en ces termes :

« De Pluméliau, on annonce à Monseigneur la mort de M. l'abbé Jean-François Le Theis, décédé la semaine dernière à l'évêché du Cap-Haïtien. M. Le Theis était natif de Pluméliau. Jeune encore (il n'avait pas 35 ans) il avait bravement fait toute guerre, en qualité de combattant, et, à ce titre, mérité plusieurs citations. Sa mort a suivi de bien près son retour en Haïti. »

D'autre part, M. l'abbé Aubin, administrateur du Limbé (Haïti) écrivait, le 12 février 1920, à M. le Supérieur de Saint-François-Xavier : « Un de ceux que vous avez le plus aimé, vient encore de nous quitter : Le Père Jean-François Le Theis vient de mourir, ce jour même, à l'hospice du Cap-Haïtien. Le 2 février, il commençait une retraite ecclésiastique, et voilà qu'en quinze jours, il a été emporté.

« Sa mort résulte des suites de la guerre : le froid des tranchées, les gaz asphyxiants, et aussi les fatigues d'un voyage de plus de trois mois qu'il eut à faire dans de mauvaises conditions et dans la mauvaise saison, pour rejoindre son poste en Haïti. Il avait repris son professorat des sciences au Collège du Cap : c'est une très grande perte pour le diocèse. J'ai voulu vous annoncer la nouvelle, le plus tôt possible, afin qu'il ait une part dans vos prières, et que ses anciens condisciples prient aussi pour lui. »

Nous remercions M. l'abbé Aubin de son affectueuse lettre et lui donnons l'assurance que notre regretté camarade, l'abbé Jean-François Le Theis, aura la plus large part dans les prières de ses anciens condisciples.

LE TOHIC (l'Abbé), Pierre-Guillaume-Marie

Sergent au 116ᵉ régiment d'infanterie.

Né à Neuillac, le 4 août 1890, élève au Collège Saint-François-Xavier (1907-1910). Il partit avec le 116ᵉ régiment d'infanterie où il servait en qualité de sergent et se distingua toujours par sa bravoure et ses qualités apostoliques. Au premier abord, son extérieur inspirait plutôt la crainte, car il avait ancré chez lui le sentiment du devoir poussé à l'extrême, mais son aménité lui conciliait tous les cœurs.

Il eut le bonheur de faire faire leurs Pâques, étant à Nantes, à une trentaine de soldats qui l'avaient pris en affection.

Il était dans un poste d'observation, lorsqu'il fut blessé à la jambe, et achevé par un ennemi déloyal, le 22 août 1914, à Messain (Belgique).

Ce fut donc peu de jours après son arrivée, que Dieu le rappela à lui d'une façon si tragique ; il finit martyr ; parti le 15 août, il fut tué le 22.

Ses grandes qualités faisaient de lui un séminariste sur lequel on était en droit de fonder les plus grands espoirs.

LIBMAN, Jacques-Marie-Valentin

Lieutenant-aviateur.

Elève à l'école Saint-François-Xavier (1899-1901).

A la mobilisation, l'aspirant Libman, qui terminait sa première année d'Ecole Polytechnique, était classé comme sous-lieutenant au 53ᵉ d'artillerie, où son père était lieutenant-colonel. Il prenait part aux opérations de Lorraine, puis, après la victoire de la Marne, à celles du Soissonnais, notamment aux combats devant Lassigny et Ganny.

Lorsque les fronts se fixèrent, le sous-lieutenant Libman entra, sur sa demande, dans l'aviation, en qualité d'observateur (janvier 1915) ; bientôt il se spécialisait dans la photographie aérienne, survolant les lignes allemandes pour prendre des clichés à l'aplomb même des tranchées et batteries, chaque fois soumis au feu des canons spéciaux contre avions.

C'est à la suite de ces reconnaissances périlleuses qu'il était cité à l'ordre du XIII° corps d'armée, le 2 octobre 1915, puis à l'ordre de l'Armée, le 27 février 1916, dans les termes suivants :

Ordre du corps d'armée :

Depuis le mois de janvier, s'est fait remarquer par son audace, son sang-froid et son mépris du danger, en prenant de nombreuses photographies aériennes au-dessus des tranchées, notamment le 25 août où son appareil étant gravement endommagé par la canonnade, il n'en a pas moins réussi à continuer sa mission jusqu'au bout.

Ordre de l'armée :

Officier plein de dévouement et d'entrain, observateur consciencieux et intelligent. Sollicite comme une faveur les missions les plus dangereuses. S'est spécialisé dans les opérations de photographie aérienne, souvent accomplies dans des circonstances très périlleuses. A eu son avion treize fois atteint par les projectiles. Est rentré le 24 février 1916 avec un mât brisé, le fuselage atteint par dix éclats d'obus et trois balles d'infanterie.

Le 19 mars 1916, au cours d'un combat aérien qu'il livrait à un albatros, il était attaqué par derrière par un Fokker et trouvait une mort glorieuse.

Le 30 mars, il était cité à nouveau à l'ordre de l'armée :

Observateur de premier ordre, a toujours donné à tous l'exemple de la bravoure et du sacrifice. Tombé au Champ d'honneur au cours d'un combat aérien.

Le lieutenant Libman, resté fidèle aux habitudes religieuses de son enfance, communiait chaque dimanche.

Le jour de sa mort, il s'était pieusement approché des sacrements dans la matinée.

LICHTLEN, Marcel
Soldat au 120° régiment d'infanterie.

Né le 17 septembre 1894, à Lorient, élève à Saint-François-Xavier (1910-1911), était entré au Grand Séminaire de Vannes le 5 octobre 1914 ; il l'avait quitté pour la caserne le 1ᵉʳ décembre.

Incorporé tout d'abord au 64° d'infanterie à Ancenis, il avait été ensuite versé au 120°, et était parti, dès la fin de janvier 1915, pour le front.

Le 5 février, il écrivait au Supérieur du Séminaire : « Nous sommes exposés, mais avons Dieu avec nous ; aussi cette pensée nous inspire confiance. Je ne suis pas encore dans les tranchées ; je suis en arrière pour suivre le peloton des élèves-caporaux. Bientôt je vais descendre dans les tranchées. Aussi je me recommande à vos prières et à celles de mes confrères, pour que Dieu me donne la force d'accomplir et d'accepter avec joie tous les sacrifices que sa sainte volonté voudra bien m'imposer. »

C'était la mort pour la France qui lui était réservée. Dieu aura eu pour agréable son sacrifice, et l'aura inscrit au livre des héros qui tombèrent pour le salut du Pays.

DE LIVONNIÈRE (Poquet), Scévole-Claude-Louis-Marie-Joseph

Capitaine au 313ᵉ régiment d'infanterie de réserve.
Chevalier de la Légion d'honneur et Croix de guerre.

Né à Orléans, le 22 septembre 1876, élève à Saint-François-Xavier (1892-1894) ; à Sainte-Geneviève (1894-1896) ; à Saint-Cyr (1896-1898).

A sa sortie de l'école, il est affecté au 77ᵉ régiment d'infanterie à Cholet, comme sous-lieutenant.

Il se marie. Un deuil cruel le porte à demander un congé de trois ans. Il se consacre alors tout entier à ses obligations de famille et à ses devoirs sociaux. Sur ces entrefaites, la guerre est déclarée. Scévole qui a tenu à conserver son grade de lieutenant de réserve, est nommé capitaine, et le 3 août, il a rejoint son régiment, le 113ᵉ, à Blois. Il prend aussitôt le commandement de sa compagnie, au 313ᵉ régiment de réserve.

Son patriotisme l'appelait au premier rang pour défendre notre chère France.

Il quitte Blois dans les premiers jours d'août et rejoint la région de Verdun où il prend part à plusieurs combats fort meurtriers. Le 10 septembre 1914, le capitaine Scévole de Livonnière est blessé mortellement, à la tête de sa compagnie.

Il venait de recevoir l'ordre de quitter la tranchée et de se porter plus en arrière pour permettre à l'artillerie de tirer sur un bois où se trouvaient des ennemis, lorsqu'une batterie allemande dirigea sur son groupe un feu violent ; c'est à ce moment que le vaillant capitaine tomba. Ses hommes qui l'adoraient se précipitèrent pour le relever, organisèrent un brancard de fortune, et sous un feu meurtrier, emportèrent leur capitaine.

Son adjudant et son lieutenant furent blessés en même temps, et voici ce qu'écrivit ce dernier au père du brave de Livonnière :

« Je n'ai pas eu beaucoup de mérite lorsque j'ai pris soin de mon capitaine, c'était mon devoir de soldat ; et puis, M. de Livonnière était si bon, si bon, qu'il était impossible de ne pas s'attacher à lui. C'était un ami, bien plus qu'un chef ; d'ailleurs tout le monde l'adorait à la compagnie, et la consternation a été grande quand on l'a su si durement atteint.

« La compagnie, grâce aux habiles dispositions prises par son capitaine, avait fait en maintes circonstances, bien du mal aux Allemands et M. de Livonnière avait reçu plusieurs fois les félicitations du colonel. »

Lettre d'un capitaine du même régiment.

« Le capitaine de Livonnière est mort comme un saint, ne songeant qu'à éviter de la peine aux siens, en suppliant qu'on leur cachât la vérité.

« Il était connu de tous les officiers du 113° qui l'aimaient et l'estimaient ; sa mort nous cause un grand chagrin. Personnellement j'avais pour lui une réelle affection, sa compagnie était souvent voisine de la mienne.

« Il est tombé bravement au combat ; aucun de ses hommes n'a hésité à s'arrêter sous le feu intense, pour l'emporter ; c'est dire combien il avait su se faire aimer et estimer d'eux. »

Lettre du colonel du 313° à M. de Livonnière.

« Je ne peux encore croire la triste nouvelle que je viens d'apprendre ; j'avais un si grand espoir que votre cher fils se remettrait de sa blessure ! Le médecin du régiment m'avait presque rassuré à son endroit.

« Si vous le pleurez comme père, je le pleure et le regrette comme chef.

« Il était de ceux qui ont le sentiment du sacrifice et du devoir, placé si haut dans le cœur, qu'avec eux, il est permis de tout oser. Votre pauvre fils était un modèle d'officier ; il s'ignorait pour ne penser qu'aux siens et à ses hommes. »

L'aumônier nous parle en ces termes :

« M. de Livonnière a conservé sa connaissance entière priant jusqu'au dernier souffle, après avoir offert sa vie pour la France. Je crois qu'il n'a pas beaucoup souffert, d'ailleurs il n'a jamais fait entendre la moindre plainte, semblant toujours très heureux. Il a été blessé aux environs de Bar-le-Duc, dans un village appelé Lisle-en-Barrois, le 10 septembre, d'un shrapnell aux reins ; la moelle épinière ayant été atteinte, il s'en suivit une paralysie du bassin et des jambes ; son état était désespéré ; il ne se fit pas illusion et vit venir la mort avec le plus grand calme. »

LODÉHO (l'Abbé). Pierre-François-Marie

Soldat au 34° régiment d'infanterie.

Né à l'Ile-aux-Moines, le 31 juillet 1899, élève à Saint-François-Xavier (1910-1913). Clerc minoré du Grand Séminaire de Vannes. Parti en renfort le 17 avril, il faisait partie de la classe 1918. A peine arrivé dans les plaines de l'Oise, il est tombé près de Courcelles (Oise), le 19 avril 1918, tué par un obus allemand, à son poste de combat, en faisant vaillamment son devoir de guetteur dans la tranchée de 1re ligne.

Sa conduite lui valut la Médaille militaire et la citation suivante :

Jeune soldat de la classe 18, a trouvé une mort glorieuse en accomplissant courageusement son devoir de guetteur, sous un violent bombardement.

Son aumônier a enveloppé le corps du jeune clerc Pierre Lodého dans des nappes d'autel trouvées parmi les ruines de l'Eglise de Tronquay, et mis sur sa tombe, près de la croix, deux bouquets de lis.

A l'heure même où il montait en ligne, l'excellent jeune homme écrivait à un de ses confrères :

« Quoiqu'il advienne, que la Sainte volonté de Dieu soit faite ! Priez pour moi dans ces moments critiques. Si la France a encore besoin du sang de ses enfants, je suis prêt. »

Pauvre Pierre, voué dès la première heure à la sanglante hécatombe, lui, d'une nature si paisible, si délicate, il est mort pour son Dieu et pour la France, face à l'ennemi.

LOONEN, Robert-Adrien-Marie
Lieutenant au 13ᵉ d'artillerie.

Né le 4 décembre 1880, à Paris, élève à Saint-François-Xavier (1890-1894). Sa bravoure proverbiale lui valut toujours l'admiration de ses camarades et de ses chefs, aussi fut-il promu sous-lieutenant sur le champ de bataille, avec la citation ci-après :

S'est fait remarquer par son courage et sa bravoure sans bornes.

Le 9 janvier 1915, il fut frappé d'une balle au cœur.

Sa perte fut déplorée de tout le régiment, car il prêchait d'exemple et savait maintenir dans les rangs cet esprit de sacrifice qui fait des héros.

LUCAS, Adolphe-François-Marie
Lieutenant de vaisseau proposé pour capitaine de frégate
Officier de la Légion d'honneur.

Né le 13 octobre 1876, à Port-Louis (Morbihan), élève à Saint-François-Xavier (1886-1889), élève de l'Ecole Navale. Ce fut dans les marais de Dixmude que le lieutenant de vaisseau Adolphe Lucas vint au secours de la Belgique envahie, ce fut là qu'il souffrit pour la cause de la liberté de son pays, ce fut là aussi que la mort impitoyable vint le trouver, le 10 novembre 1914.

Quand il tomba, la brume était si épaisse que ses hommes, qui l'aimaient cependant beaucoup, furent dans l'impossibilité de savoir ce qu'il était devenu. Toutes les recherches demeurèrent infructueuses.

Il mérita la citation suivante :

Officier dont la science militaire prudente, bien qu'énergique, nous a toujours donné le maximum de résultats avec le minimum de pertes.

Il était d'une grande douceur, très zélé pour les œuvres, et faisait des conférences aux marins-pêcheurs. Il communiait tous les jours et sa piété était profonde.

Sa grande âme fut toujours à la hauteur des circonstances ; il fut jusqu'au dernier souffle le serviteur intelligent et dévoué de sa chère France.

LUNVEN, Henri

Sous-Lieutenant au 35ᵉ d'artillerie,
Chevalier de la Légion d'honneur.

Né à Vannes, le 23 juin 1895, élève à Saint-François-Xavier (1904-1912). Il quitta l'Ecole Centrale à la déclaration de guerre, pour être affecté au 35ᵉ régiment d'artillerie en qualité de sous-lieutenant.

Il se conduisit toujours avec la bravoure la plus grande, soutenu qu'il était par des principes religieux qu'il avait puisés dès sa plus tendre enfance, dans sa famille et dans son cher Collège.

Voici la citation qui lui fut donnée :

Brave et dévoué, a rendu les meilleurs services, comme aspirant, puis comme officier. S'est distingué notamment au combat de Laffaux, en avril 1917, en assurant en première ligne la liaison avec l'infanterie.

La citation qu'il obtint comme Chevalier de la Légion d'honneur, porte :

Excellent officier, très attaché à son devoir, a fait preuve de calme et de sang-froid au combat du « Chemin des Dames », le 27 mai 1918. Grièvement blessé, est mort en Allemagne le 5 juillet 1918, des suites de ses blessures.

Le sous-lieutenant Henri Lunven après avoir été blessé, fut fait prisonnier et envoyé à Rastadt, le 6 juillet 1918.

MABIT, Joseph-Alexandre

Caporal au 1ᵉʳ régiment colonial.

Né à Vannes, le 6 août 1885, élève à Saint-François-Xavier (1896 à 1897). Caporal au 1ᵉʳ régiment de marche colonial, ce fut avec ce régiment qu'il partit pour gagner la Belgique où il assista à la bataille d'Ypres.

De là, il écrivait à son parrain, le 26 avril 1915 :

« Ayant un moment ce matin et la journée devant être assez mouvementée, j'en profite. Je suis arrivé en Belgique depuis hier matin, en face d'Ypres. Cela est dur, paraît-il, par ici. Je te demanderais une chose, au cas où un malheur m'arriverait… avec leurs gaz asphyxiants, on doit s'attendre au pire ! aie l'obligeance d'écrire à l'adresse que je t'envoie, pour que les parents de ma fiancée soient avertis.

« Si tu ne reçois rien d'ici quelques jours, c'est que je serais blessé ou disparu.

« J'aurais bien voulu vous voir tous à ma rentrée en France, avant de partir pour le front, mais hélas ! c'était impossible. Espérons qu'avec l'aide de Dieu, on en sortira encore cette fois. »

Hélas ! Joseph Mabit ne devait plus revenir ! Le lendemain, 27 avril, il trouva dans les plaines d'Ypres la mort glorieuse à laquelle il fit face bravement.

MAGRÉ, Auguste-Jean-Marie
Soldat au 316ᵉ d'infanterie.

Né le 26 juin 1884, à la Rouarderie en Saint-Dolay (Morbihan), élève à Saint-François-Xavier (1897-1898). Réserviste, il fut arraché à ses champs pour suivre son régiment, le 316ᵉ d'infanterie.

Il ne put faire montre longtemps de ses qualités de courage et d'abnégation.

Blessé grièvement à Villers-Saint-Genest, près de Senlis, le 9 septembre 1914, il mourut, ainsi que le fit savoir l'aumônier militaire, en pleine connaissance, à la porte d'une ambulance, le 11 septembre 1914.

Il a donné sa vie pour la défense de son pays, et il laisse des regrets parmi tous ceux qui furent ses condisciples au Collège ou ses amis. Il est mort en parfait chrétien.

MAHÉ, Joseph-Marie
Soldat au 91ᵉ régiment d'infanterie.

Né à Pluherlin (Morbihan), le 26 juillet 1895, fut élève du Collège Saint-François-Xavier (1909-1912). Incorporé au 91ᵉ régiment d'infanterie, il prend part au sanglants combats qui marquèrent le début de la guerre et se conduisit vaillamment au feu.

Grièvement blessé à l'abdomen et à la cuisse gauche, par des éclats d'obus, lors de l'affaire des Éparges, il fut évacué sur l'hôpital de Verdun, où il mourut quelques jours plus tard, le 27 avril 1915, à l'âge de 19 ans.

DE MALHERBE, François
Lieutenant d'état-major.

Né le 28 novembre 1867, à Orbec (Calvados), élève à Saint-François-Xavier (1883-1885). Au moment de la déclaration de guerre, François de Malherbe, qui était sorti de l'École de Saint-Cyr, était à l'École de Saumur en qualité de sous-écuyer.

A la mobilisation, il fut attaché à l'état-major de la 53ᵉ division d'infanterie comme lieutenant.

Le 1ᵉʳ août, il écrivait à ses parents :

« Je serais tout à la joie de partir, si je n'avais pour la troubler la pensée des tourments que vous allez avoir... Je pars heureux, l'âme en paix. Je communierai demain matin, et me mettrai sous la protection de Notre-Dame de Lourdes. »

Le 15 août :

« J'ai passé une triste journée de l'Assomption. Parti à 5 h. 1/2, je fus jusqu'à midi et demi en reconnaissance avec le général. Je n'ai pu avoir aucune messe, ce que j'aurais tant désiré pour un jour comme celui-là. J'ai tenté d'avoir le salut, mais j'ai été retardé au bureau de l'état-major. J'ai dit alors mon chapelet à l'église et j'ai prié pour la France et pour vous. »

Lettre d'un de ses anciens maîtres :

« Ce cher François n'était pas seulement un brillant officier, il était avant tout un trésor de cœur et de foi.

« J'étais profondément attaché à cet enfant. Chaque fois que je l'ai revu ces dernières années, j'admirais, intérieurement, la profondeur de ses sentiments religieux.

« Chaque soir, me racontait-il encore récemment, il lisait un chapitre de l'*Imitation* et il s'était remis à la lecture du catéchisme. Il ne passait pas un jour, sans réciter, outre ses prières, son chapelet. »

Le lieutenant François de Malherbe fut blessé en portant un ordre ; il mourut à Coucy-le-Château, le 2 septembre 1914.

Dieu l'a appelé, c'était un élu. Il était resté un chrétien admirable et faisant tant de bien par son exemple ! Il a vu venir la mort comme un soldat, sans peur, car il était sans reproche. Son souvenir restera impérissable dans le cœur de ceux qui ont eu le bonheur de l'approcher.

MARGUERITE, Ferdinand-Louis-Marie
Sergent-major au 53ᵉ régiment d'infanterie colonial.

Né à Vannes, le 30 septembre 1886, élève au Collège Saint-François-Xavier (1898-1900). Il accomplissait son service militaire, aux colonies, à la déclaration de guerre.

Venu en France, avec les troupes coloniales pour renforcer les armées métropolitaines, il prend part à tous les durs combats auxquels sont mêlées ces troupes d'élite dont les Allemands redoutaient tant les attaques à la baïonnette. Au cours d'une de ces attaques, il tomba, au champ d'honneur, à Souain (Marne), le 25 septembre 1915.

MARION (l'Abbé), Paul

Du Séminaire d'Haïti, caporal au 102ᵉ d'infanterie.

Né à Campénéac, le 18 février 1892, élève au Collège Saint-François-Xavier (1907-1910). Cet enfant appartenait à l'une des meilleures familles du pays. Elle a donné à Dieu et à l'Eglise un prêtre et quatre religieuses encore vivants. De bonne heure Paul entendit l'appel de Dieu, et suivant l'exemple de son aîné, entra au Petit Séminaire de Ploërmel. Chassé de cette maison à la fin de 1906, à la suite de la loi de séparation, notre camarade suivit ses condisciples et vint finir ses études au Collège Saint-François-Xavier, où Mᵍʳ Gouraud put réunir les débris de ses séminaires.

En 1909, Paul Marion entra au Grand Séminaire de Vannes, et, en octobre 1911, au Séminaire de la Mission d'Haïti. Il terminait à Paris sa première année de service militaire lorsqu'éclata la guerre. Comme il était affecté à la sous-intendance, il fut à son grand regret, maintenu dans les bureaux de la 22ᵉ section des commis et ouvriers.

Cette vie lui pesait, alors que tant de compatriotes donnaient leur vie pour défendre la France. Aussi, quand lui parvint l'ordre du départ, il en fut tout joyeux. « Je vous avoue franchement que cet ordre est loin de me déplaire. A la grâce de Dieu ! Il fera de moi ce qu'il voudra. » Le 20 avril 1915, il était versé au 102ᵉ régiment de ligne, à Chartres. « Je ne me tracasse nullement. Il n'arrivera que ce que Dieu voudra. Je pars joyeux et content. » C'était une vie toute nouvelle pour lui, car jusque-là, il n'avait guère manié le fusil. Mais il s'y fit vite. « Tout va bien. Les jours se passent tranquillement, en faisant l'exercice avec de bons vieux territoriaux et réservistes. » Au bout d'un mois, son instruction militaire était suffisante. « Je suis prêt à aller voir les Boches. Avec la grâce de Dieu, je partirai content. » A la fin de juin, il était affecté en qualité de caporal au 68ᵉ d'infanterie, et partait pour le front : « Pas un moment de crainte ; je me confie entièrement à la divine Providence. Que la volonté de Dieu soit faite, quoi qu'il m'arrive ! » Et quelque temps après : « Bientôt ce sera mon tour de me diriger vers les tranchées. J'irai gaîment, sous la protection de la divine Providence. J'ai fait d'ailleurs de plein cœur le sacrifice de ma vie. » Cette soumission complète à la divine Providence est le sentiment qui se manifeste dans toutes ses lettres, avec son amour pour le Séminaire. « J'ai appris que vous avez des blessés à Saint-Jacques. Que je serais heureux de pouvoir faire un tour par là en ce moment ! Hélas ! la guerre menace d'être bien longue, et Dieu seul sait si je reverrai jamais ce cher Séminaire. »

Le 15 juillet 1915, il écrivait : « Je pense en ce moment à l'ordination qui doit avoir lieu demain. Quel beau jour ! Quand le reverrai-je ? » Et un mois plus tard : « Je pense toujours au cher Séminaire et je demande à Dieu qu'il daigne m'y ramener. » Le 24 septembre 1915 : « Je pense au beau jour de l'ordination, si nous avions été en temps de paix. Revoir le Séminaire ! »

La vie des tranchées a remplacé pour lui le calme et la solitude de Saint-

Jacques. Mais sa gaîté est toujours la même : « Jusqu'à présent Dieu m'a protégé, et j'ai confiance qu'il continuera à le faire. Mais enfin, il est le Maître, et sait mieux que nous ce qui nous est nécessaire. Je me soumets donc entièrement à sa divine volonté, et fais d'avance le sacrifice de ma vie, s'il lui plaît que je tombe au champ d'honneur. Je ferai mon devoir comme tout bon soldat. »

Hélas ! ce jour ne devait pas tarder pour lui. Le 12 avril, il écrivait — c'est la dernière lettre reçue de lui au Séminaire : « Nous nous attendons à partir d'un jour à l'autre. Pour quelle direction ? Nous n'en savons absolument rien. Les Boches recommencent leurs fortes attaques contre Verdun, et il pourrait bien se faire que nous allions de ce côté. A la grâce de Dieu ! Je suis toujours en bonne santé, et je garde bon espoir que les Boches ne m'auront pas. »

C'est bien à Verdun que son régiment se rendait. C'est là aussi que l'abbé Marion est tombé au champ d'honneur, le 4 mai 1916, en défendant la fameuse cote 304. Dieu s'est contenté de son désir d'être prêtre. Qu'il veuille lui donner en retour la récompense promise aux bons serviteurs.

Voici la belle citation qu'a méritée l'abbé Paul Marion :

Marion Paul, caporal à la 1re compagnie du 68e d'infanterie, aussi brave que dévoué ; sous un bombardement d'obus de gros calibre, n'a cessé d'encourager ses hommes. Mortellement frappé dans la tranchée, alors qu'il déterrait ses camarades enfouis par l'éclatement des obus.

(Extrait du Livre d'Or du Petit Séminaire de Ploërmel).

MARTIN DE KERGURIONÉ, ROBERT-ANNE-MARIE-VICTOR

Lieutenant au 151ᵉ régiment d'infanterie,
Chevalier de la Légion d'honneur, Croix de guerre avec palme.

Né au château de Kergurioné, en Crach près Auray, le 7 août 1882. Il était le quatrième fils vivant d'Alphonse Martin de Kergurioné, un des plus anciens élèves du Collège Saint-François-Xavier, et le petit-neveu des RR. PP. Arthur et Félix Martin.

D'une nature vive et ardente, il menait à la campagne la vie qui convenait à son tempérament. Très pieux et très charitable, il se privait souvent d'une partie de son goûter pour en faire don aux enfants des ouvriers voisins de sa résidence. Entré à Saint-François-Xavier en 1892 pour en sortir en 1897, il se fit aussitôt aimer et estimer de ses maîtres et de ses condisciples pour ses belles et solides qualités. Sa piété était surtout remarquable, et le R. P. Bouvier qui lui fit faire sa première communion, témoin de sa ferveur, pouvait dire à sa mère, bien des années après : « Robert m'est resté dans la mémoire, car il m'avait frappé. Jamais encore je n'avais rencontré un enfant aussi instruit de sa religion, et comprenant si bien l'importance de ce grand acte. »

Sa vocation pour la marine était irrésistible. Ses parents ne l'ayant pas encouragé dans son désir d'entrer à l'Ecole Navale, il entra dans la marine marchande et devint capitaine au long-cours. Dès le début de sa carrière, il fit montre de ses connaissances nautiques et d'une bravoure peu commune, en ramenant de la Martinique à Nantes, son navire dont le commandant était resté malade ; seul pour faire le point et assurer la route, seul pour commander la manœuvre, malgré dix jours d'affreuse tempête, et il n'avait que 17 ans !

Se trouvant à Paris, lors des *Inventaires*, il fut des premiers à venir protester, à Sainte-Clotilde, au Gros-Caillou, où il fut blessé et même arrêté, mais relâché immédiatement. Il fait allusion à ces prouesses dans une lettre de février 1915, à M. le chanoine Fonssagrives, son oncle : « En pensant à moi, rappelle-toi les « *Inventaires*, et dis-toi que je pars pour l'Argonne défendre mon pays avec l'ar- « deur que tu m'as vu mettre à défendre ma foi. »

Après avoir navigué quelque temps comme lieutenant, il se décida à renoncer à la carrière qu'il aimait, pour rester près de sa mère, que son frère en mourant lui avait confiée. Il épousait, en 1911, la fille du colonel Courtemanche. Il vint se fixer à Vannes, décidé, comme son père, à faire autour de lui tout le bien qu'il lui serait possible, et bien pénétré de la mission sociale qu'il avait à remplir. Un enfant lui était né, et il avait tout pour être heureux, lorsqu'éclata l'horrible tourmente. Il pouvait ne pas partir, puisqu'on n'appelait pas encore les capitaines au long-cours ; mais il souffrait atrocement de rester inactif, quand parents et amis partaient autour de lui. Se sentant pris entre deux devoirs, il fit un pèlerinage à Sainte-Anne, et, à son retour, s'engagea immédiatement au 65° régiment d'infanterie. Ses débuts lui furent très pénibles, mais il ne songea jamais à s'en plaindre. Un décret vint lui rendre son grade de lieutenant, et après un stage, il partait pour l'Argonne, le 16 février 1915. Le 1er mars, il disparaissait ; sa tranchée, au bois de la Grurie, avait été minée et prise par les Allemands. On le vit alors, la figure ensanglantée et ralliant, le fusil à la main, ses hommes ébranlés par la commotion. Quand on eut réussi, par une contre-attaque, à reprendre la tranchée, on ne trouva plus trace du brave lieutenant. Il a dû être entraîné dans les lignes allemandes, massacré et enfoui dans un coin, sans que rien marque sa tombe.

MARTY, Xavier

Sergent au 208° régiment d'infanterie.

Né à Paris, le 19 septembre 1893, élève à Saint-François-Xavier (1910-1911). Il partit en qualité de sergent au 208° d'infanterie où il se distingua dans toutes les affaires où fut engagé son régiment.

Un officier supérieur, sous les ordres duquel il avait servi au 208° nous le présente comme un garçon charmant, plein de cœur et de modestie, aussi brave que simple. Il était aimé et estimé de tous, particulièrement de ses hommes, ce qui est la plus grande satisfaction qui puisse être donnée à une âme de soldat.

Il avait été cité deux fois à l'ordre de la division.

Jeune caporal qui a fait preuve, au cours de l'attaque du 16 avril 1917, de belles qualités de courage et d'entrain, exécutant sous le feu des tireurs ennemis, des missions particulièrement délicates. Chargé de ramener enfin dans nos lignes un groupe d'officiers prisonniers, a été blessé en cours de route, mais a eu néanmoins l'énergie de conduire son détachement jusqu'au bout.

Nous transcrivons ici la dernière lettre qu'il écrivit. Elle est datée du *28 juin 1918*, veille de sa mort.

« Nous attaquons demain soir, par surprise, et dès ce soir nous allons installer nos positions de départ. Je me mets sous la protection de la petite sœur Thérèse qui a su si bien me protéger jusqu'à présent.

« L'attaque, quoique locale, est de la plus haute importance, et il est probable que les Boches ne se laisseront pas prendre le terrain facilement. N'importe, chacun fera son devoir, et j'espère que ma demi-section ne se plaindra pas de son chef.

« Pour la France, maman chérie, je fais le sacrifice de ma vie.

« Si Dieu me rappelle à Lui, que sa volonté soit faite !

« Tu seras assez courageuse pour supporter cette séparation, puisque nous nous retrouverons dans un monde meilleur. »

Xavier trouva une mort glorieuse, le 29 juin 1918, au combat du Plateau de Passy-en-Valois (Aisne), en faisant noblement son devoir.

MAUDUIT, Urbain-Adrien

Brigadier au 28ᵉ régiment d'artillerie.

Né le 25 octobre 1894, à Muzillac (Morbihan), élève à Saint-François-Xavier (1906-1914). Il partit pour les opérations de guerre au 28ᵉ d'artillerie, à Vannes, où il servit en qualité de brigadier.

Le 2 juillet 1916, il écrivait à ses parents :

« D'après les journaux d'aujourd'hui, tu as pu voir quel beau travail nous avons fait hier, et j'ai eu l'honneur d'y participer activement. J'étais immédiatement derrière la troisième vague de fantassins ; nous avons ainsi avancé jusqu'à leur deuxième ligne, au bois du Satyre. J'étais comme brigadier signaleur, agent de liaison. Maintenant je puis dire que j'ai vu la guerre. Vive la France ! »

Dans une lettre où il lui était dit de penser à dire son chapelet, il répondit :

« J'emploie déjà depuis longtemps, la prière que tu m'indiques et j'ai été souvent préservé. »

Le 6 juillet 1916, il était chargé de l'entretien d'une ligne téléphonique très exposée, lorsqu'il fut blessé très grièvement à la tête. Il est mort des suites de cette blessure, à l'hôpital de Moreuil (Somme).

Il a reçu la Croix de guerre avec étoile d'argent, à la suite de la citation suivante :

Le 6 juillet 1916, Mauduit Urbain brigadier à la 27ᵉ batterie du 28ᵉ d'artillerie, chargé de l'entretien et de la réparation d'une ligne téléphonique très exposée au feu de l'ennemi, a rempli sa mission, avec le plus grand courage et le mépris du danger le plus complet, jusqu'au moment où il est tombé très grièvement blessé par un obus allemand.

Urbain Mauduit emportait avec lui l'estime de ses chefs et la sympathie de ceux qui l'ont connu ; il fut bon chrétien, bon soldat, bon camarade.

MEAUZÉ, Aimé-Maurice-Alexis

Lieutenant-colonel au 110ᵉ régiment d'infanterie.

Né le 31 août 1855, à Angers (Maine-et-Loire), élève à Saint-François-Xavier (1867-1870), fit de solides études au Lycée d'Angers et au Collège Saint-François-Xavier à Vannes. Reçu bachelier ès lettres et bachelier ès sciences, il se prépara à la rue des Postes, à Saint-Cyr, où il fut admis en 1874, le 33ᵉ sur 400.

A sa sortie de Saint-Cyr, il fut promu sous-lieutenant, en 1876, au 11ᵉ bataillon de chasseurs à pied. En 1877, il fut envoyé à Batna (Algérie), d'où il fut détaché à l'Ecole de gymnastique de Joinville-le-Pont, puis à l'Ecole régionale de tir du camp du Ruchard. Il en sortit en juillet 1880, avec le n° 4 sur 67.

Puis il travailla à la carte de France. Nommé lieutenant en juillet 1882, au 118ᵉ régiment d'infanterie, à Quimper, il fut envoyé de nouveau en Algérie, pour lever la carte d'état-major du sud de Jemmapes, et à la fin de 1883, la carte du massif de la Petite Kabylie (Portes de Fer).

Le 26 décembre 1894, il est nommé chevalier de la Légion d'honneur, et, le 27 mai 1897, promu major au 64ᵉ régiment d'infanterie, à Ancenis où il est maintenu comme chef de bataillon, le 25 mai 1897.

Le 9 mai 1906, nommé lieutenant-colonel au 110ᵉ régiment d'infanterie à Dunkerque, il fut admis à la retraite, le 31 août 1908, et vint se fixer à Angers.

Quand éclata la guerre, il fut rappelé à l'activité et exerça jusqu'à sa mort les fonctions de major de la garnison, usant le reste de ses forces sans ménagement, dans un travail sans trève.

Ses chefs et ses camarades appréciaient et aimaient en lui l'officier de haute valeur dont la modestie rehaussait encore le mérite.

Chrétien fervent jusqu'à son dernier souffle, il vit venir la mort, sans crainte, en soldat sans peur et sans reproche. L'homme privé réunissait les qualités les plus sérieuses et les plus attachantes. Il était droit, il était bon, adoré des siens, aimé de tous.

DE MECQUENEM, Jacques

Sous-lieutenant au 236ᵉ régiment d'infanterie
Chevalier de la Légion d'honneur.

Né à Bourges, le 28 février 1881, élève à Saint-François-Xavier (1893-1895), à Vannes, où son père était colonel au 28ᵉ régiment d'artillerie, enfin au Lycée Louis-le-Grand. Il entra à l'école des langues orientales, section du chinois, mais il interrompit en 1902 ses études, pour se rendre en Chine comme interprète de la société de construction des chemins de fer du Yun-nan.

Il revint en France, en congé, obtint le diplôme de l'école en juillet 1906, et retourna en Chine où il fut demandé par la compagnie des chemins de fer du Chan-Si, au moment des hostilités.

Mobilisé en Chine, il demanda à revenir en France et partit en qualité de sergent au 28ᵉ régiment d'infanterie, en novembre 1914, date à laquelle il lui fut permis de rejoindre son régiment.

Presque immédiatement envoyé sur le front où il resta jusqu'au 22 mai 1915 ; blessé de 4 balles de mitrailleuses, il fut dirigé sur l'hôpital de Jonzac (Charente).

Il fut cité à l'ordre de la 43ᵉ division, le 28 juin, en ces termes :

Le sergent de Mecquenem, Jacques, du 28ᵉ régiment d'infanterie. Est sorti de la tranchée à la tête de ses hommes pour attaquer une tranchée ennemie. Blessé trois fois, a fait preuve du plus beau courage.

A peine guéri, il partit de nouveau prendre part à la lutte et fut nommé sous-lieutenant au 236ᵉ régiment d'infanterie et y fut de nouveau, le 9 janvier 1916, l'objet d'une citation à l'ordre de la brigade.

Le sous-lieutenant de Mecquenem, Jacques, blessé légèrement par des éclats de bombes, mais affaibli par une abondante perte de sang, n'a pas quitté la tranchée, n'a rien laissé paraître de sa blessure à ses hommes, et a continué à exercer le commandement de sa section avec la plus intelligente activité, jusqu'à la relève qui s'est effectuée huit heures après.

Le 20 juillet 1916, il tombait, dans l'attaque des positions ennemies près de Soyecourt, en avant de Foucaucourt (Somme).

L'attaque menée par sa compagnie avait atteint ses objectifs à la section de droite qu'il commandait, ainsi qu'à celle du centre, mais la section de gauche rencontrait des difficultés ; l'adjudant qui la commandait venait d'être blessé mortellement. De Mecquenem se porta de lui-même à cette section et prit la direction du combat.

Malheureusement, il tomba sur un petit poste encore occupé et commandé par un officier. Les deux officiers se tuèrent réciproquement.

Voici sa dernière citation au corps d'armée.

Officier plein de bravoure, qui a toujours fait l'admiration de ses chefs et de ses subordonnés, par son calme et son sang-froid dans les circonstances les plus difficiles. A été mortellement blessé, le 20 juillet 1916, en entraînant sa section à l'attaque des positions ennemies.

Il eut l'extrême satisfaction d'avoir, en faisant noblement son devoir, conduit sa troupe à la victoire, car l'opération qu'il dirigeait était d'une grande importance et avait pleinement réussi.

MÉNAIS, Louis-Charles-Auguste

Capitaine au 5ᵉ régiment de marche de tirailleurs

Né à Vannes, le 4 octobre 1882. Après de bonnes études à Saint-François-Xavier (1891-1901), il embrassa la carrière des armes. Entré à Saint-Maixent en 1908, il en sortit sous-lieutenant en 1909 et fut affecté au 64ᵉ régiment d'infanterie.

A la mobilisation, il part au front plein d'entrain et de confiance.

« Dans quelques jours, écrit-il aux siens, je partirai tranquillement au combat. Si Dieu considère mon sacrifice comme utile à la Patrie, j'y consens de grand cœur. Il nous faut une France plus grande et plus libre. »

Animé de pareilles intentions, le lieutenant Ménais se signala, dès le début, par sa brillante conduite au feu.

Légèrement blessé à la tête au commencement de la campagne, au cours d'un violent combat où il accomplit des prodiges de valeur, il est promu capitaine, décoré de la Croix de guerre et cité à l'ordre du 32ᵉ corps d'armée dans les termes suivants :

Extrait de l'ordre du 32ᵉ corps d'armée, nᵒ 302, du 19 mars 1915 :

Le général Duchesne, commandant le 32ᵉ corps d'armée cite à l'ordre du corps d'armée le lieutenant Ménais, du 5ᵉ régiment de marche de tirailleurs :

Le 12 décembre 1914, ayant pris le commandement de sa compagnie à la place de son capitaine qui venait d'être tué a, par son énergie et son sang-froid, repoussé pendant toute la journée une attaque allemande.

Décoré de la Croix de guerre et nommé capitaine à la suite de cette citation.

À la fin de 1915, il est désigné pour aller dans le Sud-Oranais former une nouvelle compagnie de tirailleurs. En vue des côtes d'Afrique, le transport *Calvados* sur lequel il était, fut attaqué et torpillé par un pirate allemand.

Le capitaine Ménais fut héroïque. Il ordonna à ses hommes de se sauver avant lui et le dernier, il se jeta à la mer.

Chevalier de la Légion d'honneur à titre posthume. Sa dernière citation porte :

Menais (Louis-Charles-Auguste) n° matricule 22, capitaine au 5° régiment de tirailleurs indigènes :

Officier d'un courage et d'un dévouement remarquables, d'une belle tenue au feu. Est tombé glorieusement pour la France, le 5 novembre 1915, au cours du torpillage du Calvados. Mort héroïquement à son poste, admirable de sang-froid ; a refusé de quitter le bord.

Légion d'honneur, Croix de guerre, 4 citations.

Extrait de l'Echo d'Oran du 7 novembre 1915, sur les funérailles des victimes du Calvados.

Monsieur le Préfet à son tour a pris la parole et évoqué, dans les termes d'une saisissante éloquence, la mort sans combat des officiers et soldats français, anglais, et indigènes, victimes de ce que l'odieuse Allemagne appelle la guerre, en plaçant son orgueil, sans doute, à tuer sans risque, à utiliser les dernières inventions de la science pour vaincre sans courage, les ennemis que des circonstances particulières et momentanées peuvent placer dans l'impossibilité de se défendre...

Dans la nuit tombante, quand se referment les caveaux provisoires réservés aux dépouilles des officiers et que la chute des pelletées de terre résonne sur les cercueils alignés dans le carré militaire, seul le bruit de sanglots étouffés rompt le silence impressionnant dans lequel ont été écoutées les dernières prières dites par le vicaire général, assisté de l'aumônier militaire anglais.

Nous prions la famille du jeune et vaillant officier qui s'est si noblement sacrifié pour son pays, d'agréer nos respectueuses et bien cordiales condoléances.

DE MONDONVILLE (Paris), Joseph-Émile-Martin-Léon-Marie

Sous-lieutenant au 8° régiment d'infanterie.

Né à Saint-Brice-sous-Forêt (Seine-et-Oise), le 9 décembre 1892. Après de bonnes études à Saint-François-Xavier où il a laissé le meilleur souvenir, se destina au métier militaire.

Sorti de Saint-Cyr, en 1913 (promotion de la Croix du Drapeau), il fut affecté, comme sous-lieutenant, au 8° régiment d'infanterie ; c'est en cette qualité qu'il est mobilisé.

Parti plein de confiance, soutenu par son ardent patriotisme et animé d'une foi profonde, le lieutenant de Mondonville tint à cœur de se montrer le digne fils du valeureux commandant de Mondonville.

« Si vous pouviez, écrivait-il à sa mère, venir me donner votre bénédiction avant mon départ pour la frontière, je serais bien heureux...

« Mon âme est en règle avec Dieu, et si je tombe, ce sera en bon chrétien et en bon Français... Il faut prier, surtout pour que notre victoire soit complète... »

Une des premières victimes de la guerre, il tombe héroïquement, au champ d'honneur, frappé d'une balle en plein front, en menant sa section à l'assaut de Craonne, le 23 septembre 1914, Il n'avait que 21 ans.

MONGERMON, Georges-Yves-Marie-Placide

Aide-major de 1ʳᵉ classe au 96ᵉ bataillon de tirailleurs sénégalais.

Né à Guilliers, le 16 février 1889. D'abord élève à Ploërmel, il vint faire sa philosophie à Saint-François-Xavier en 1907, puis se destina à la médecine.

Nommé, à la mobilisation, aide-major de 2ᵉ classe, le Dʳ Mongermon se dépensa sans compter, prodiguant à tous les soins les plus éclairés et les plus dévoués, ne ménageant rien pour adoucir les souffrances des malheureux blessés, les réconfortant de son mieux, les assistant au milieu des plus graves périls.

Victime d'un déplorable accident, il est mort en Macédoine, noyé dans la Cerna, au cours d'une baignade, le 12 juin 1918. Il fut inhumé dans le cimetière de l'ambulance de Slivicà.

Ses brillants états de service lui avaient valu d'être promu aide-major de 1ʳᵉ classe et décoré de la Croix de guerre, après avoir été l'objet de trois citations, avec les motifs suivants.

Ordre de la division :

Vient de se distinguer d'une manière toute particulière dans les dernières offensives par un grand esprit d'initiative et un magnifique sang-froid, en venant panser sur le terrain de nombreux blessés, dans des conditions très périlleuses.

Citation à l'ordre du régiment :

A pendant plusieurs jours donné des soins aux blessés du 3ᵉ bataillon, sous un violent bombardement et assuré leur évacuation, faisant preuve de bravoure et du plus grand dévouement.

Citation à l'ordre de la brigade :

A dépensé la plus grande énergie pour organiser un poste de secours et l'évacuation des blessés. A fait assurer lui-même, malgré un bombardement d'une grande violence, l'ensevelissement de nombreux cadavres qui encombraient les abords du poste.

Sa mort fut une grosse perte pour son régiment dont il soignait les blessés et les nombreux malades avec un dévouement admirable, et aussi pour sa commune natale où il comptait s'établir après la guerre et où il eut rendu à la population de très grands services.

DE MONLÉON (CARRÉ-KÉRIGOUET), GUY

Lieutenant au 23ᵉ régiment de chasseurs alpins.

———

Né à Plestin, Côtes-du-Nord, le 11 août 1879. Pendant son séjour au collège Saint-François-Xavier, de 1896 à 1898, il fut toujours, en même temps qu'un brillant élève, un des premiers jouteurs aux exercices physiques, gymnastique, escrime, échasses. Ceux de sa génération se rappellent aussi avec quel brio il interprétait les rôles qui lui étaient confiés lors des grandes séances, aux fêtes du Carnaval et du Père Recteur.

Après avoir enlevé sans difficulté ses deux baccalauréats (Rhétorique et Philosophie 1896-1898), de Monléon ne pouvait choisir d'autre carrière que celle des armes. Il entra à Saint-Cyr.

A la déclaration de guerre, on le trouve lieutenant au 25ᵉ bataillon des chasseurs alpins. Dès les premiers engagements, il s'affirme chef et entraîneur d'hommes, comme son tempérament le laissait prévoir.

Le 20 août 1914, Guy de Monléon tombait pour la France, cité à l'ordre du jour de l'armée en les termes suivants : « *Tué en s'efforçant, sous un feu intense, de placer sa section de mitrailleuses à proximité immédiate de la ligne ennemie. Avait déjà donné en toutes occasions l'exemple d'une bravoure et d'un sang-froid à toute épreuve.* »

———

O'NEIL, GABRIEL-MARIE

Sous-lieutenant au 250ᵉ d'artillerie
Chevalier de la Légion d'honneur.

———

Né le 29 avril 1898, à Brest, élève à Saint-François-Xavier (1911-1913). Reçu bachelier tout jeune, il s'engagea aussitôt pour entrer à Fontainebleau, d'où il sortit avec le grade d'aspirant.

Il partit alors pour le front, l'enthousiasme au cœur, avec l'idée bien arrêtée de se jeter à corps perdu dans le devoir. Là-bas, il donna tellement l'exemple du courage et de l'abnégation de lui-même, qu'il reçut la Croix de guerre et fut élevé très vite au grade de sous-lieutenant. Ainsi se trouva-t-il être un des plus jeunes officiers de ce grade dans l'artillerie.

Il avait depuis huit jours sa permission, rien ne l'empêchait donc de partir et d'éviter les affreux combats de juin 1918. Mais lorsque son commandant lui demanda un jour, s'il partait ? « Mon commandant répliqua-t-il, serait-ce l'heure de partir lorsque l'on se bat ainsi ? » Et il tombait deux jours après, le dimanche dans l'octave du Sacré-Cœur.

Il écrivait à sa mère quelques heures avant sa mort :

« Quel bonheur ! j'ai eu la messe ce matin, il y a si longtemps que cela ne m'était arrivé. »

En tête de son *Memento* on pouvait lire cette phrase qu'il avait écrite pour la mort d'un ami : « Il faut plaindre les siens. Car pour celui qui tombe, c'est si beau de mourir pour la France ! Il répétait du reste sans cesse : « Mon âme est à Dieu, mon cœur est à la France. »

Quand il fut mort, ses chefs et ses soldats, malgré la bataille qui faisait rage, voulurent que quelques fleurs blanches fussent placées sur la dépouille du sous-lieutenant de 20 ans.

Si je meurs, disait-il, il ne faudra pas murmurer, ce sera pour Dieu et pour la France.

Il avait été broyé par un obus à Valsery, à son poste d'observation à 9 heures du soir, le 9 juin 1918 et son corps fut déposé au petit cimetière de Vivières, (Villers-Cotterets).

Gabriel O'Neil avait puisé près des siens les grandes traditions de piété et d'honneur qui avaient fait son âme forte et son cœur haut placé. D'une intelligence supérieure, il fit de brillantes études, tant à Saint-François-Xavier de Vannes qu'à Rennes et à Saint-Stanislas de Nantes.

Issu d'une illustre race, fils du colonel Henri O'Neil, éminent officier supérieur d'artillerie, petit-fils de l'amiral O'Neil, il faisait toujours preuve de la plus grande modestie, ce qui ajoutait encore au charme de son exquise distinction.

C'est en plein accomplissement de son devoir que fut frappé le sous-lieutenant Gabriel O'Neil, alors qu'il inspectait la ligne téléphonique de sa batterie.

Voici les citations qui lui ont été données :

12 septembre 1917.

Débutant sur le front en plein secteur d'attaque, a fait preuve immédiatement, malgré son jeune âge, de réelles qualités d'autorité et de commandement, se dépensant sans compter, avec entrain et crânerie, pour remplacer partout son commandant de batterie gravement indisposé par les obus toxiques, pendant la préparation d'attaque du 7 septembre.

Le général commandant la 69ᵉ D. I.
MONROE.

10 avril 1918.

Chargé par son commandant de groupe de faire avec une patrouille des reconnaissances en avant du front, a fait preuve d'intelligence et d'initiative. A rapporté des renseignements précieux et s'est acquitté de sa mission avec bravoure et sang-froid.

Le colonel commandant l'A. D.
SCHNEIDER.

12 juillet 1918.

Officier d'élite dont la carrière trop courte était déjà pleine des plus beaux exemples de bravoure, d'abnégation, d'ardent enthousiasme et d'attachement passionné au devoir. Toujours en première ligne et souriant au danger, avait rendu les plus signalés services comme agent de

*liaison pendant la période critique du 27 mai au 9 juin 1918. Tombé glorieusement à 20 ans,
le 9 juin 1918.*

Le général de division commandant le 20e corps d'armée.
BERDOULAT.

NICOL (l'Abbé), MATHURIN
Aumônier militaire.

La guerre a non seulement frappé les jeunes générations, comme dans l'antiquité où l'on proclamait qu'Athènes avait perdu sa jeunesse, qu'Athènes avait perdu son printemps, mais elle a atteint, dans toutes les classes sociales, ceux qui en pleine maturité pouvaient demeurer attachés à leur labeur. Dans les rangs du clergé morbihannais, une des grandes âmes d'élite du diocèse disparues dans le cataclysme mondial fut, au premier chef, l'abbé Nicol.

Mathurin Nicol naquit le 10 juin 1870, en la commune de Plougoumelen, dans *une de ces maisonnettes échelonnées le long de la voie ferrée* ; son père était modeste employé des chemins de fer. A 11 ans, il arrivait à Vannes et suivait comme externe les cours de Saint-François-Xavier, logeant à la *pension de « la mère Prud'homme »*, rue de l'Unité, une de ces dernières pensions qui appartiennent à l'histoire du vieux Vannes, décrite par Rio et Jules Simon. Dès ses premières classes, le jeune « *cloërec* » tint toujours le premier rang qu'il ne devait pas quitter. C'est à Sainte-Anne d'Auray, au Petit Séminaire, qu'il fit sa philosophie ; en ce temps là, c'était la règle obligatoire.

Entré au Grand Séminaire, il était promu au sous-diaconat en juillet 1893. En 1894, il recevait à Rome, à la basilique de Saint-Jean de Latran, l'ordination sacerdotale des mains de S. E. le cardinal Parrochi, vicaire de S. S. Léon XIII pour le diocèse de Rome. Cette même année, il obtenait le diplôme de la licence en théologie, puis celui de docteur.

A son retour de Rome, l'abbé Nicol eut un poste de choix : il alla suppléer le respecté et vénérable M. Schliebusch dans l'apostolat de la paroisse Saint-Christophe, faubourg de Lorient. A cette population ouvrière, il apporta tout ce que son âme généreuse contenait de charité et de dévouement. A Kerentrec'h, on conserva longtemps le souvenir du « *bon Monsieur Nicol* ».

Après six ans de vicariat, il fut appelé à enseigner la philosophie à Saint-François-Xavier, « *son vieux collège.* » C'était en 1904, à la veille de l'application de la loi sur les congrégations ; il remplaçait le R. P. Corbillé qui avait occupé la chaire avec l'éclat d'une individualité brillante, succession particulièrement lourde. L'abbé Nicol fit un cours de philosophie remarquable par l'érudition et par la forme.

Beaucoup de ses élèves se rappelleront toujours avec quelle autorité d'argumentation, avec quelle force irrésistible il détruisait les sophismes des philosophes allemands, Hegel et Strauss, s'attaquant aux Évangiles.

En 1906, il est nommé professeur d'histoire ecclésiastique au Grand Séminaire de Vannes. Il exerça cet emploi jusqu'à sa nomination d'aumônier aux hôpitaux de Lorient (mixte et Bodélio), en janvier 1912.

Au 2 août 1914, l'abbé Nicol est mobilisé dès les premiers jours ; malgré son âge (classe 1890), il sollicite un poste de volontaire dans une formation sanitaire, pour se porter à l'avant. Cet homme presque timide, tout de labeur paisible et continu, d'étude et de réflexion, se transforme devant les événements en un homme d' « allant » et d' « action ».

Le 21 février 1916, jour même de la gigantesque attaque allemande, il se trouve sous Verdun et y reste avec ses camarades « une semaine, exposé aux obus allemands qui tombaient sur une localité où nous avions été cantonnés. J'espère que les fatigues de toutes ces marches auront un peu compté devant Dieu pour le rachat de la France. » (Lettre du Fort de la Chaume, 22 août 1916).

Devenu aumônier en titre, il fut attaché à un régiment de marche et obtint une citation méritée par sa bravoure et son dévoûment.

Aumônier volontaire catholique d'une très haute valeur, modèle de courage, de sang-froid et de modestie. Parcourant sans cesse les tranchées dans les secteurs calmes pour apporter aux soldats des paroles de réconfort et d'encouragement, cet aumônier a voulu rester dans les postes de secours de l'avant pendant les dures journées des 15 au 21 juillet 1918, pour apporter aux blessés les secours de son ministère, donnant à tous l'exemple d'un dévouement inlassable et d'un mépris absolu du danger (Citation à la division).

Mais l'heure avait sonné où Dieu avait voulu rappeler à lui son bon serviteur et récompenser dans l'au-delà cette âme toute de paix et d'humilité.

Le 2 août 1918, l'abbé Nicol s'était rendu aux tranchées de première ligne malgré un violent bombardement, pour soutenir le moral de ses soldats dans l'épreuve. « Comme me disait un médecin-major de son régiment, écrivait le R. P. de Forceville, aumônier titulaire : « Dès que cela bardait, il fallait qu'il y allât. » Il n'écoutait pas les conseils de prudence : on sentait que dans son estime, la vie était peu de chose en face de la gravité du ministère..... » (Lettre du 3 août 1918, à Monseigneur l'Evêque de Vannes). Après avoir passé toute la journée de tranchées en tranchées, il regagnait le poste central à travers bois, sans s'inquiéter des projectiles qui éclataient, lorsqu'un éclat d'obus l'atteignit, brisant la clavicule droite et coupant l'artère sous clavière. Lorsque son corps fut relevé sur le sentier du bois peu de temps après, sa figure avait gardé tout son calme et sa sérénité.

NIO, JOSEPH-JEAN-MARIE
Sous-lieutenant au 115ᵉ d'infanterie.

Né à Surzur, le 1ᵉʳ octobre 1888. Après de bonnes études à Saint-François-Xavier (1902-1907), il se destina à la carrière des armes.

Elève à Saint-Maixent au moment de la mobilisation, il est nommé sous-lieutenant et affecté au 115ᵉ régiment d'infanterie, à Mamers. Il rejoint son poste, plein de confiance, avec seulement l'amertume de ne pouvoir aller embrasser les siens qu'il exhorte au courage, en leur disant dans une lettre de se souvenir qu'ils sont Français et Bretons.

Blessé une première fois d'une balle à la tête, fin d'août 1914, il refuse de se laisser évacuer : « Avec une tête de Breton, écrit-il, il n'y a rien à faire ; la balle n'a pu entrer ni faire beaucoup de dégâts ; la preuve c'est que j'ai continué, comme si de rien n'était. » Peu de temps après la dyssenterie le contraint de retourner à l'arrière.

A peine rétabli, il rejoint son poste, toujours plein d'ardeur et de bravoure et, après des prodiges de valeur, il tombe glorieusement près de Liancourt (Somme), le 24 septembre 1914.

Chevalier de la Légion d'honneur à titre posthume, décoré de la Croix de guerre avec palme, il a été l'objet de la citation suivante : « *Officier d'une bravoure légendaire au régiment. Chargé avec son bataillon d'occuper le village de Liancourt (Somme), s'est trouvé cerné par l'ennemi. Sommé de se rendre, a tué de sa main un officier allemand. Est tombé glorieusement après un combat acharné.* »

DU NODAY (ROLLAND), MICHEL-CYRILLE-JEAN-HENRI
Soldat au 65ᵉ régiment d'infanterie.

Né à Saint-Servan (Morbihan), le 7 juillet 1897, passa à Saint-François-Xavier les années 1909 à 1911. Il y a laissé le meilleur souvenir.

A la mobilisation, quoique son jeune âge le dispensât de prendre les armes, il ne put rester impassible devant l'envahissement du sol sacré de la Patrie. Poussé par son ardent désir de se joindre aux héros qui tentaient d'arrêter en Belgique le flot des armées ennemies, il contracta un engagement volontaire au 65ᵉ d'infanterie. Il n'avait que 17 ans.

Tout de suite envoyé au front, il sollicite et obtient le poste délicat, et combien dangereux, d'agent de liaison.

Ses rares qualités de courage, de sang-froid et d'initiative le servirent merveilleusement dans l'accomplissement de sa tâche.

Il tomba glorieusement en assurant son service, le 24 octobre 1915, au combat de la Courtine.

Citation à l'ordre du corps d'armée.

Jeune engagé volontaire de 17 ans, d'une grande bravoure ; étant volontaire pour une mission périlleuse, est tombé mortellement blessé en donnant à son commandant de compagnie les renseignements les plus précieux sur l'ennemi.

Citation à l'ordre du régiment.

Jeune engagé de 17 ans, a fait preuve du plus grand courage et d'un mépris absolu de la mort, traversant plusieurs fois en terrain découvert une zone violemment battue par le feu de l'ennemi.

NOURY, Louis-Marie-Alphonse

Soldat au 65ᵉ régiment d'infanterie.

Né à Vannes, le 11 janvier 1892, avait comme tous ses frères, fait ses études au Collège Saint-François-Xavier (1899-1906).

De la classe 1912, Louis était parti avec le 65ᵉ d'infanterie, 8ᵉ compagnie, dès le début des hostilités, plein d'enthousiasme et de confiance, heureux de se dévouer pour le salut de la France comme ses frères, dont la belle conduite a été signalée bien des fois.

Sa dernière lettre à sa famille fut datée du 20 août 1914, et on n'eut plus de nouvelles de lui jusqu'à l'avis officiel reçu d'Allemagne, qu'il était tombé à la bataille de Chaumont-Saint-Quentin, à l'époque de sa disparition.

Son père qui avait écrit au commandant de sa compagnie pour en avoir des nouvelles, avait reçu du capitaine Mabilais la lettre suivante :

« Encore que nouvellement affecté au 65ᵉ au début des hostilités, j'ai gardé souvenir précis de votre fils, un soldat de bonne race qui me fut, comme agent de liaison, étroitement associé à Messin, durant la retraite de Belgique et sur la Meuse.

« Le 25 août, je le vis de très près ; il vint seul avec moi reconnaître le front de combat de la compagnie. La reconnaissance terminée, calme sous le canon comme à la manœuvre à blanc, il m'accompagna au centre du dispositif, sur le chemin de la Marfée à Wadlincourt. Là, assis au coude à coude, nous pouvions découvrir le demi-cercle de la forêt des Ardennes, de la Falizethe à Francheval, et les mouvements bien réglés de l'infanterie prussienne, descendant rapide, d'abri en abri, vers la vallée, et Sedan déjà en flammes, sous nos pieds.

« Empoigné par le tragique du spectacle, votre fils me parut, à cette heure critique, plein de fermeté et d'enthousiasme. L'artillerie allemande ouvrant irrésistiblement la marche de ses fantassins, je lui dis : « Pour voir, il est inutile de rester deux ici : va-t-en à l'abri, à cent pas en arrière, avec la section réservée. » Pour la première fois, il se fit tirer l'oreille avant d'obéir. Je dus insister et il répliqua, oh ! mais, sans rechercher l'effet, tout à fait simplement : « Je n'ai personne à ma charge. »

« Je ne l'ai pas revu depuis, ayant été moi-même mis hors de combat dans la soirée, mais je veux croire qu'il est vivant en Allemagne, après guérison. »

Hélas ! le vœu de son capitaine ne s'est pas réalisé ; Louis Noury, mort à 22 ans, a été de ceux qui, par le sacrifice de leur vie, ont contribué à la victoire française.

Citation à l'ordre du 34ᵉ corps d'armée :

Tombé glorieusement face à l'ennemi, en chargeant à la tête de ses camarades, au milieu de son bataillon, à l'attaque du bois de Chaumont Saint-Quentin, le 27 août 1914.

NADANT.

OLIVAUX, Firmin

Caporal au 411ᵉ régiment d'infanterie.

Né à Ploërmel, le 19 novembre 1895, élève à Saint-François-Xavier en 1913, Appelé sous les drapeaux avec les jeunes gens de sa classe, le 15 décembre 1914, Firmin est envoyé au 118ᵉ d'infanterie, à Quimper. Il allait donc goûter à cette vie militaire qu'il avait ambitionnée. Il n'en semble pas enthousiasmé ; il n'y trouve rien de trop intéressant, rien d'ennuyeux non plus. Cependant il n'oublie pas ses résolutions de retraite, il reste fidèle à Dieu, et à son service ; si les règlements militaires ne lui permettent pas de communier, ils ne l'empêchent pas de se confesser, ni d'aller au cercle catholique.

Son instruction militaire terminée, Firmin est incorporé au 411ᵉ de marche. et, après un court séjour à Etel, est envoyé dans la zone des armées.

Ce qu'il fut dans les camps, dans la tranchée, dans les cantonnements de repos, nous pouvons le résumer d'un mot : un vrai soldat chrétien. Ses lettres parlent souvent des messes, des offices religieux auxquels il a le bonheur d'assister ; il ne laisse passer aucun repos sans s'approcher des sacrements de Pénitence et d'Eucharistie. Ces pratiques religieuses le rendent joyeux et optimiste, lui font supporter patiemment les privations, les souffrances inhérentes à sa situation, et, à l'heure de l'attaque, lui donnent du courage pour remplir son devoir. Il s'essaie au rôle d'apôtre qu'il rêvait de remplir, et ne craint pas de discuter avec les camarades libres-penseurs qu'il rencontre ; quand il reçoit les galons de caporal, il se promet bien de ne jamais permettre de mauvaises conversations dans son escouade. Pour entretenir en lui la vie chrétienne, il lit l'*Imitation de Jésus-Christ*; ce livre est avec son chapelet son compagnon fidèle.

Dans la tranchée, en face de la mort qui frappe autour de lui et le menace sans cesse, la pensée du sacerdoce lui revient et, à l'un de ses anciens maîtres qui lui en parle, il répond le 25 novembre 1915 : « M. l'abbé X... me dit : si après la guerre tu devenais mon confrère ? — Vous avez donc tous la même pensée ? Mais que dire, que promettre ? L'homme n'est-il pas merveilleusement ondoyant et divers ? N'est-il pas bon aujourd'hui, misérable demain ? Ne se croit-il pas digne de grandes choses un jour, et le lendemain ne doute-t-il pas de lui ? C'est difficile de se décider. Mais il le faut un jour... » C'est toujours la même hésitation, la même difficulté à se décider pour un état dont la beauté le tente, mais dont la grandeur semble l'effrayer.

Peut-être à la fin de la guerre, se fut-il prononcé ; Dieu ne lui en laissa pas le temps.

Au mois de juillet 1916, après deux séjours dans les tranchées en avant de Verdun, son régiment est envoyé au repos dans un petit village aux environs de Bar-le-Duc. Firmin se réjouit à la pensée d'être sorti indemne de la fournaise et de pouvoir bientôt venir à Ploërmel se reposer au milieu des siens. Le 24 juillet, il faisait avec sa compagnie un exercice à la grenade, lorsqu'un de ces engins, mal préparé ou mal lancé, éclate auprès de lui et le blesse au bas-ventre. Firmin veut continuer, mais, vaincu par la douleur, il doit bientôt se laisser évacuer sur l'hôpital de Bar-le-Duc.

Le médecin voit qu'il est perdu, et le dit à voix basse à l'infirmier. Firmin entend et répond : « Vous pouvez le dire tout haut, monsieur le major, je suis prêt. » Prêt, il l'était en effet, cet excellent jeune homme dont nous avons vu la vie innocente et l'ardeur généreuse au service de Dieu ; il l'était, car, depuis longtemps déjà, il avait fait à Dieu le sacrifice de sa vie pour la France ; il l'était enfin, parce qu'il venait de recevoir le sacrement d'Extrême-Onction qui donne à l'âme le courage d'envisager sans effroi le terrible passage de ce monde à l'autre.

Firmin Olivaux expira le soir même. Cette mort inattendue plongeait dans le deuil ses parents, ses maîtres, ses amis, ses condisciples, tous ceux qui avaient pu l'apprécier, et qui savaient à quel point on pouvait compter sur lui.

Extrait du *Livre d'Or du Petit Séminaire de Ploërmel*.

D'ORNANT, Henri-Marie-Charles
Brigadier au 28ᵉ régiment d'artillerie.

Né à Vannes, le 31 mars 1893, élève à Saint-François-Xavier (1902-1904). Il était le petit fils du général d'Ornant et d'Albert Caradec, avocat, ancien député du Morbihan, président de la Commission départementale qui avait défendu avec éloquence et courage la cause catholique, lors de l'application des lois sectaires de 1901 et 1903.

A la fin de ses études dont il avait fait une partie au Collège Saint-François-Xavier, d'Ornant fut appelé par le service militaire et entra au 28ᵉ régiment d'artillerie. A la déclaration de guerre, il partit avec cette unité confiant et joyeux.

Au spectacle de cette lutte formidable et sans merci, le jeune homme se transforma rapidement en homme. Il écrivait à sa sœur : « Comme la guerre mûrit les caractères ! d'un enfant elle fait un homme. En face de la mort qui nous menace à chaque instant, on n'a d'autres idées, d'autre préoccupation que de faire son devoir. Tomber en chrétien, face à l'ennemi, est-il un sort plus beau ! Oui, je m'en irais sans regret, à la pensée que mon nom serait suivi de ces mots : « Mort au Champ d'honneur ! »

Hélas ! cela devait être bientôt une réalité. Henri d'Ornant, le 1ᵉʳ décembre 1915, tombait victime de son allant et de son courage, près de Mesnil-les-Hurlus, en Champagne.

Sa belle conduite lui valut la citation suivante avec la Médaille militaire et la Croix de guerre :

A donné de nombreuses marques de courage. Atteint mortellement le 1ᵉʳ décembre 1915, en traversant une zone battue de projectiles pour l'accomplissement de sa mission. A été cité.

PACHEU, Guy-François-Marie-Louis-Emile
Maréchal-des-logis au 50ᵉ régiment d'artillerie.

Né à Bruz (Ille-et-Vilaine), le 25 avril 1890, élève au Collège Saint-François-Xavier (1902-1909). Il était maréchal-des-logis au 50ᵉ d'artillerie, à Rennes au moment de la déclaration de guerre avec l'Allemagne.

Pendant toute sa carrière militaire, sa conduite fut d'une régularité exemplaire ; il remplissait très exactement et très simplement ses devoirs religieux. Prêchant d'exemple, il avait su aussi par sa droiture, la dignité de sa vie, l'amabilité de son caractère, sa bonté, gagner l'estime des ses chefs et l'affection de ses hommes. Si parfois il avait à reprendre un de ses canonniers, c'était d'un mot dit à propos, mais toujours avec bonté et avec calme. « Jamais il ne s'est mis en colère », disait plus tard l'un d'eux. Quelques instants avant d'être frappé, il disait à un soldat qui prenait le nom de Dieu à témoin d'une façon inconvenante : « Ne dis pas « Bon Dieu », cela ne sert à rien. »

Tous ceux qui l'ont approché pendant ses quelques semaines de campagne, ont rendu hommage à son courage, à sa bravoure, à sa bonté : « Il était très brave sur le champ de bataille, il allait au feu comme à la promenade. » — « Il s'oubliait toujours pour les autres ; même blessé, il ne s'occupait pas de lui et demandait si d'autres n'avaient pas été atteints. »

Ceux qui l'ont connu conserveront le souvenir de cette physionomie si franche, de ce large et clair sourire qu'il a conservé jusque dans la mort.

Le 15 septembre 1914, vers 2 h. 30, au combat livré à l'ouest-nord-ouest du village de Puisieulx (Marne), sa batterie, en position depuis deux jours, est repérée, du fait d'un berger traître à son pays, et des rafales de projectiles commencent à tomber. Pacheu qui se trouvait à la lisière d'un petit bois, un peu en arrière, se porte bravement auprès de ses avant-trains de pièces en danger, « donnant, écrivait son colonel, le meilleur exemple de courage à ses canonniers. » A peine a-t-il fait quelques pas qu'un obus de 105 éclate à deux mètres de lui. Il tombe gravement atteint au poumon. Ses hommes le relèvent et le transportent dans le petit bois où le lieutenant de réserve d'artillerie Jousse, prêtre de la Compagnie de Jésus, appelé par le maréchal des logis Herbert du Bouexic, son ancien condisciple, lui apporte les secours de son ministère. Guy le remercie avec effusion et cause quelques instants avec lui. Au médecin qui examine sa blessure, il dit : « Si mon état est grave, dites-le moi franchement, je ne crains pas de mourir. » Deux heures après, il meurt au poste de secours où on l'avait transporté.

Ordre du jour.

Excellent sous-officier, énergique et courageux, mortellement blessé le 15 septembre 1914. Au moment où sous un violent bombardement de 105, il se rendait de sa propre initiative, auprès de ses avant-trains de pièces en danger pour les faire abriter. A fait l'admiration de tous ceux qui l'entouraient par son attitude énergique et calme devant la mort.

DE PADIRAC DE FOULHIAC, RAYMOND-MARIE-ÉDOUARD-HENRI
Lieutenant au 21ᵉ régiment colonial d'infanterie.

Né le 12 novembre 1881 à Locminé, fut 11 ans élevé sous le toit de Saint-François-Xavier (1890-1899). Ame généreuse, âme de « paladin » en notre monde moderne, il eut dès sa sortie du Collège la volonté de lutter pour Dieu et son pays. Engagé au 2ᵉ régiment d'infanterie coloniale, il fait six campagnes successives en nos différentes colonies. (Sénégal 1902-1904. — Côte d'Ivoire 1904. — Cochinchine 1905-1907. — Maroc 1908-1911. — Sénégal 1912-1914). Se trouvant aux premiers combats autour de Casablanca, de Padirac est cité à l'ordre du jour du corps de débarquement, le 25 juillet 1910, en ces termes : *Belle attitude au cours des engagements soutenus par la colonne du Taïda et, en particulier, au combat de Sidi Salah, le 23 juin 1910.*

Resté profondément attaché à son cher Collège, il écrivait le 9 avril 1913, alors qu'il était sous-lieutenant de « Sénégalais » à Saint-Louis :

« C'est toujours avec le plus grand des plaisirs que je reçois chaque année votre aimable lettre d'invitation aux fêtes de ce cher Collège. Malgré mon plus vif désir d'être des vôtres, le devoir me retient sur cette Afrique pour l'instruction de la fameuse armée noire, si dévouée pour sa Patrie d'adoption, la France. » En cette même lettre, il plaide en termes éloquents pour l'érection d'un monument à Dakar, « escale de l'Amérique du Sud et point de pénétration vers le centre africain, pour commémorer le souvenir de tous ceux qui sont tombés sous ce ciel tropical, pour la plus belle des causes. » Il rappelle que Saint-François-Xavier peut se glorifier « que plusieurs de ses membres reposent du sommeil du Juste sur ce sol sablonneux. » De Padirac avec beaucoup d'émotion glorifie ses aînés d'Afrique : les Oberdoff, les Alexandre, les Fonssagrives, les Buléon, les Labordette, « et tant d'autres connus de Dieu seul. »

A la déclaration de guerre, Raymond quitte l'Afrique et son œuvre colonisatrice pour défendre le sol national : lieutenant au 20ᵉ d'infanterie coloniale, il entre en Belgique.

Voici la lettre d'adieu qu'il adressait à ses parents, au crayon, le 22 août 1914 :

« La France a besoin de mon épée... je suis bien en règle... s'il m'arrive malheur, dites vous bien que votre petit Raymond mourra en chrétien et en soldat. *Potius Mori quam Fœdari.* »

Ce jour même, il se trouve engagé avec son régiment à Neufchâteau, à la grande bataille des frontières. Blessé à deux reprises différentes, il refuse d'évacuer la ligne de feu pour soutenir ses hommes et, à 9 heures du soir, il reçoit en pleine poitrine une troisième balle qui met un arrêt instantané à une vie pleine d'espérances.

PASCAL, CHARLES-MARIE
Sous-lieutenant au 416e régiment d'infanterie.

Né à Baud (Morbihan), le 18 février 1897, élève à Saint-François-Xavier (1910-1914). Il faisait partie de la classe 1917, lorsqu'il entra au 118e de ligne à Quimper le 7 janvier 1916 ; il sortit de Saint-Maixent en octobre de la même année, comme aspirant.

Il fut alors versé au 151e, puis au 416e régiment d'infanterie. Sa courageuse conduite devant l'ennemi lui valut la citation ci-après, à l'ordre de la brigade :

Pascal Charles, aspirant à la 3e compagnie du 416e, s'est signalé à l'attention d'un chef de bataillon étranger au régiment, et sous les ordres duquel il était momentanément placé, par la façon brillante dont il a fait assurer par sa section, dans des circonstances tragiques, l'occupation de notre ligne avancée.

Il fut promu sous-lieutenant le 23 octobre 1917. Le sous-lieutenant Charles trouva une fin héroïque au moment où l'on escomptait sa valeur et son courage. Il fut tué le 24 avril 1918, au Mont-Kemmel.

En parcourant les lettres qu'il écrivait à son père, nous remarquons les nobles sentiments qu'il sut toujours exprimer, sentiments bien chrétiens, mais aussi bien français.

« Priez en ces jours de la Semaine Sainte, priez beaucoup pour la France et ses soldats. Je ne sais quand je pourrai faire mes Pâques. J'aurais cependant bien désiré les faire ; espérons que cela me sera possible.....

« J'espère que vous avez confiance en nos armes. Espérez, espérez beaucoup, *l'ennemi ne passera pas.* »

« Je consens à me faire casser la tête, à condition que cela coûte cher aux Boches. »

Toutes ses lettres du reste étaient imprégnées de patriotisme, aussi gagna-t-il l'estime de ses chefs et fit-il l'admiration de ses hommes pour qui il avait une réelle affection.

***

PESCHART, YVES-FÉLIX-LÉON-ALEXIS-MARIE
Capitaine au 2e bataillon de chasseurs à pied.
Croix de guerre; Chevalier de la Légion d'honneur.

Né le 6 mai 1889, à Ploërmel, élève à Saint-François-Xavier (1897-1906). Sous-lieutenant au 42e bataillon de chasseurs à pied où sa valeur et son courage firent l'admiration de tous, il fut grièvement blessé en se précipitant à l'assaut d'une tranchée, et fut cité à l'ordre de l'armée, le 1er juin 1915.

Puis il passa au 2ᵉ bataillon de chasseurs où il se montra encore commandant de compagnie hors ligne et mérita une seconde citation à l'ordre de la brigade, le 18 décembre 1916.

Son courage exemplaire le fit admirer en toutes circonstances, et sa bonne humeur ne se démentit jamais. Il possédait toutes les qualités de chrétien d'abord, et aussi de soldat.

Sa tenue au feu, sa clairvoyance et son activité intelligente firent de lui le chef le plus accompli, lui procurant toujours l'affection de ses hommes, sur lesquels il était en droit de compter.

Le capitaine Yves Peschart, mortellement frappé le 16 juillet 1918, au cours d'une relève dans le ravin de Courtançon, mourut à l'ambulance de Trosly-Breuil (Oise), deux heures après avoir été blessé par un éclat d'obus.

Voici les citations que lui valut sa brillante conduite.

Première citation.

Le général commandant la Xᵉ armée, cite à l'ordre de l'armée le sous-lieutenant Peschart Yves, du 42ᵉ bataillon de chasseurs :

A été blessé grièvement en enlevant brillamment sa section à l'assaut des tranchées ennemies (Mai 1915).

Deuxième citation.

Le chef de bataillon Defrie, commandant le 2ᵉ bataillon de chasseurs à pied, cite à l'ordre du bataillon le sous-lieutenant Peschart Yves :

Officier très énergique et très brave. Du 6 au 20 août 1916, a commandé sa compagnie avec le plus bel entrain, obtenu d'elle les plus beaux efforts, et contribué ainsi, pour une large part, au succès des opérations du bataillon.

Troisième citation.

Le général commandant la 36ᵉ brigade, cite à l'ordre de la brigade le sous-lieutenant Peschart Yves, du 2ᵉ bataillon de chasseurs à pied :

Commandant de compagnie hors ligne ; privé de ses cadres, s'est dépensé sans compter pour organiser son secteur pendant la période du 16 au 24 novembre 1916. Malgré un violent bombardement, a réussi à avancer ses lignes au contact immédiat de celles de l'ennemi. A été pour ses hommes un modèle de bravoure et d'énergie.

Quatrième citation.

Le colonel Doreau, commandant l'infanterie de la 11ᵉ division, cite à l'ordre de la brigade le lieutenant Peschart Yves, du 2ᵉ bataillon de chasseurs à pied :

Jeune commandant de compagnie qui peut tout demander à ses chasseurs, en raison de l'affection réciproque qui l'unit à eux. Par son calme, sa bonne humeur, son activité intelligente, sa clairvoyance résultant d'une longue expérience de la guerre qu'il fait depuis le début, est un modèle de chef, qui a su tirer de sa compagnie un rendement maximum.

Cinquième citation.

Le général commandant la 11ᵉ division d'infanterie cite à l'ordre de la division le lieutenant Peschart Yves, du 2ᵉ bataillon de chasseurs à pied :

Excellent commandant de compagnie, d'une bravoure et d'un sang-froid rares. Est en toutes circonstances un exemple pour ses hommes par ses qualités militaires et sa belle tenue au feu. S'est distingué au cours des combats des 9, 10 et 11 juin 1918 où sa compagnie, chargée de tenir une position très importante, a repoussé plusieurs attaques ennemies, réussissant à se maintenir sur place et causant à l'adversaire des pertes élevées.

Sixième citation.

Le chef de bataillon G. Mellier, commandant le 2ᵉ bataillon de chasseurs, cite à l'ordre du bataillon la 2ᵉ compagnie du 2ᵉ bataillon de chasseurs à pied :

Compagnie d'élite, d'une belle valeur combative et d'une haute valeur morale, qui les 9, 10 et 11 juin 1918, sous le commandement vigoureux et clairvoyant de son chef, le lieutenant Peschart, a réussi à force de ténacité à arrêter la vigoureuse poussée de l'ennemi, l'empêchant de tourner l'aile droite de notre dispositif, momentanément à découvert.

PICARD, Stanislas-Joseph
Soldat au 7ᵉ génie.

Né à Bréhan-Loudéac (Morbihan), le 10 septembre 1877, élève à Saint-François-Xavier (1891-1893). Il était employé de commerce lorsqu'à la mobilisation, il fut incorporé au 7ᵉ génie.

Parti au front avec ce régiment, il fut affecté à la garde d'un magasin d'explosifs à Tracy-le-Mont, poste modeste, mais qui ne laissait pas d'être singulièrement dangereux, étant donnés les bombardements aériens auxquels les avions ennemis le soumettaient, quand les nôtres ne réussissaient pas à leur barrer la route.

C'est au cours d'une de ces attaques que Joseph Picard trouva la mort, le 21 juin 1915, au milieu d'une violente explosion provoquée par la chute d'un projectile, tombé sur le dépôt de munitions dont il avait la garde.

Son obscur sacrifice est certes aussi méritoire que celui de ses camarades tombés face à l'ennemi, aussi nous inclinons-nous respectueusement devant sa tombe.

DE PICHON-LONGUEVILLE, Bernard
Soldat au 8ᵉ bataillon de chasseurs à pied.

Né le 17 février 1900, à Nantes, élève à Saint-François-Xavier, en 1917. N'écoutant que son immense désir d'être utile à la défense de son pays, il bouillait d'impatience en attendant l'heure où il aurait atteint l'âge de voler au secours de la Patrie menacée.

Ce moment heureux arriva enfin ; aussi le vit-on contracter un engagement volontaire, à l'âge de 17 ans, au 65ᵉ régiment d'infanterie.

Il passa ensuite, sur sa demande, au 8ᵉ bataillon de chasseurs à pied ; bataillon d'élite, qui portait la fourragère aux couleurs de la Médaille militaire.

Il écrivait, au moment de son départ, à son frère : « Je suis arrivé au bataillon où je suis grenadier, et bien heureux de ce poste. On part demain pour Amiens, en camions. Sans doute serons-nous fixés dans 15 jours : *Croix rouge, Croix de guerre, ou Croix de bois ?* Il pleut ; on est couvert de boue, du béret jusqu'aux godillots. Prie un peu pour ton frère, bûche et rigole bien ; quant à nous, on y va le rire sur les lèvres. »

Bernard fit noblement son devoir jusqu'au 31 mai 1918, date à laquelle il tomba mortellement frappé.

Il laisse à tous le souvenir d'un bon camarade qui sut se sacrifier pour l'amour de son pays. N'avait-il pas, du reste, le bel exemple de son père, le commandant de Pichon-Longueville, dont le bataillon tout entier avait obtenu une superbe citation ?

PIN, Emile-Georges
Engagé volontaire, artillerie d'assaut.

Né à Paris, le 9 février 1887, élève à Saint-François-Xavier (1899-1901). Il était un de ceux qui pouvaient se soustraire au dur service du front, mais il jugea qu'il était de son devoir de contribuer, dans la mesure de ses moyens, à la défense de son pays.

Auxiliaire en raison de sa mauvaise vue, il a, dès le mois de septembre 1914, demandé le service armé. Versé tout d'abord, de l'artillerie où il comptait comme réserviste du service auxiliaire, dans le service armé, au 39ᵉ d'infanterie, à Rouen, il servit en qualité d'automobiliste à Verdun ; puis il passa dans l'aviation comme élève-pilote.

Mais sa vue défectueuse le fit verser dans les autos du service d'aviation, au front. Enfin, toujours plus ardent à combattre que jamais, il obtint d'être placé dans l'artillerie d'assaut.

Là, il fut toujours exposé aux plus rudes fatigues, n'ayant jamais voulu concourir pour être gradé. Sa santé fut gravement compromise en 1917.

En décembre de cette même année, il s'alita pour ne plus se relever. Il avait été transporté dans un Sanatorium du Loir-et-Cher et était proposé pour la réforme, lorsqu'il mourut le 12 octobre 1918.

Deux autres de ses frères étaient dans l'armée, l'un comme sergent au 37ᵉ régiment d'infanterie, l'autre, aide-major ; le sergent mourut, dès sa sortie de Saint-Maixent ; le médecin, fut réformé temporaire ; tous trois étaient fils du colonel de gendarmerie, actuellement en retraite.

Ce pauvre et digne père a largement payé son tribut à notre chère Patrie. Dans ces dures épreuves, sa foi religieuse lui fut d'un grand secours ; il y puisa la force et la résignation nécessaire.

PINAT, RAYMOND

Aspirant au 22ᵉ bataillon de chasseurs alpins.

Né à Valence, le 15 février 1897, élève à Saint-François-Xavier (1908-1912). Il s'engagea dès le début de la guerre dans le 30ᵉ bataillon de chasseurs alpins ; il avait à ce moment 17 ans.

A peine instruit, il demanda à partir. Il est envoyé en renfort au 62ᵉ bataillon de chasseurs et prend une part active à la rude campagne d'Ypres et Saint-Éloi, du 10 novembre au 15 décembre.

Le soir de la bataille de Saint-Éloi, il a le bonheur de sauver et de porter à l'ambulance, sous un feu très vif, et dans des conditions très périlleuses, un de ses camarades, engagé comme lui et grièvement blessé.

Le 15 décembre, il est évacué par suite d'une violente commotion cérébrale, causée par l'éclatement d'un obus.

En février et mars 1915, Raymond Pinat suit un peloton d'élèves officiers ; nommé aspirant, il repart pour le front le 25 juin, pour rejoindre le 22ᵉ bataillon de chasseurs.

Il arrive au front, le 2 juillet, au matin, et reçoit le même jour, en première ligne, le commandement d'une section. A 8 heures du soir, il tombait à Metzeral (Vosges) à la tête de cette section.

Il a été l'objet d'une citation à l'ordre du bataillon ; elle lui valut la Croix de guerre.

« *Glorieusement tué en donnant à ses chasseurs l'exemple du devoir.* »

Il reçut la Médaille militaire pour sa brillante conduite.

Son commandant de compagnie écrivit à sa famille qu'il eut à subir avec sa section, pendant la journée du 2 juillet, date de sa mort, un bombardement intense qui dura six heures, et aussitôt après, une violente attaque allemande ; il sut maintenir ses hommes avec une grande énergie, en leur donnant l'exemple du courage et du sang-froid. Il fut tué au moment où il déchargeait son revolver sur un soldat allemand qui cherchait, à la faveur de l'obscurité, à se glisser vers la tranchée.

En quittant sa mère, le 24 juin, Raymond Pinat lui recommanda de ne pas manquer de mettre tous les premiers vendredis du mois, un cierge au Sacré-Cœur.

Pour se conformer à ce pieux désir, le 2 juillet, premier vendredi du mois, elle était allée prier au pied du Sacré-Cœur ; par une coïncidence touchante, au moment même où le cierge béni se consumait, Raymond tombait frappé d'une balle à la tête.

Son âme chrétienne et pieuse s'envolait, éclairée par la dernière lueur de cierge, offert par lui au Sacré-Cœur.

DU PLESSIS (Le Bas), JEAN
Maréchal-des-logis au 3ᵉ dragons.

Né à Salbris (Loir-et-Cher), le 5 mai 1880, il fit toutes ses études au Collège Saint-François-Xavier (1889-1899). Ayant gardé les sentiments profondément chrétiens qu'il avait puisés au Collège et dans sa famille, il n'hésita pas, homme de devoir, à quitter les siens qu'il aimait tant pour servir son pays.

Parti le second jour de la mobilisation comme maréchal-de-logis au 3ᵉ dragons, il était victime d'un terrible accident, le 11 janvier 1915, à Aboncourt (Somme).

Du Plessis était parti avec un brigadier et 18 hommes pour chercher des chevaux à Neufchâtel-en-Brie ; arrivé à Abancourt, il descendit avec son détachement pour changer de train. Ayant aperçu un espace libre entre les deux wagons d'un train qui fermait le passage, il voulut traverser la voie ; au même moment, le train se mettant en manœuvre, le serra entre deux tampons. Cette mort instantanée produisit une profonde émotion sur ses compagnons.

Voici la lettre qu'écrivait son lieutenant à Mᵐᵉ du Plessis :

« Avant toute chose, je tiens à vous exprimer ma bien respectueuse sympathie pour la perte immense que vous venez de faire. Elle m'a fait à moi-même un vrai chagrin sous tous les rapports. Jean était mon sous-officier de peloton depuis la mobilisation : il était adoré de ses supérieurs comme de ses hommes. Aussi sa mort si imprévue a été pour tout l'escadron aussi pénible que celle d'un de nos parents à tous... Accompagné par un de mes camarades, nous sommes partis pour Aboncourt. En arrivant, je le trouvai dans le bureau du chef de gare étendu sur un brancard, pas changé, avec sa bonne figure. Je ne vous dépeindrai pas l'émotion de tous — j'en ai encore les larmes aux yeux. »

« Le peu de temps que je l'ai eu sous mes ordres, écrivait également à sa femme, son chef d'escadron, M. Jourdan de Mayot, m'a permis d'apprécier ses nombreuses qualités. C'était un homme de cœur, aimé de ses subordonnés, de ses camarades, de ses chefs. Ceci résume tout l'éloge que je peux en faire. Je le regrette d'autant plus qu'il était un modèle pour mon escadron dans tous ses actes militaires et je puis ajouter que sa bonne figure reflétait bien son état d'âme. »

« Je le remarquai dimanche encore à la messe où il priait ; il était prêt à tous les sacrifices. »

Quels commentaires pourraient mieux montrer l'homme de foi et de dévouement que fut notre cher camarade ? Jean du Plessis est tombé dans l'accomplissement de son devoir comme il serait tombé à la bataille, fidèle à ses principes, c'est-à-dire en soldat et en chrétien.

DE PLUVIÉ, Hubert-Auguste-Paul-Marie

Sous-lieutenant au 48ᵉ régiment d'infanterie.
Chevalier de la Légion d'honneur. Croix de guerre avec palme.

Né à Plouay, le 1ᵉʳ septembre 1891, élève à Saint-François-Xavier (1902-1907). Après avoir terminé ses études, Hubert de Pluvié entra à l'école de Saint-Cyr, puis fut incorporé à un régiment de ligne à Verdun.

Lorsque la guerre éclata, il choisit le 48ᵉ de ligne, à Guingamp.

Quelques jours avant son départ pour le front, il écrivait à sa famille : « Si vous voulez m'embrasser avant le départ, arrivez vite. » Son père, retenu par ses fonctions de Maire, ne put se joindre à Mᵐᵉ de Pluvié pour lui donner sa bénédiction.

« J'ai le regret, écrivit Hubert, de n'avoir pu, avant mon départ, recevoir votre bénédiction ; priez bien pour que je sois brave et vaillant. »

Le 21 août 1914, il écrivait de Fossés :

« Nous sommes à la veille de nous battre. L'autre brigade est engagée depuis ce matin. Notre artillerie tire à 3 kilom. en avant de nous, qui sommes en renfort, mais prêts à entrer en ligne.
« Puisse le ciel nous protéger et nous faire vaincre !
« Surtout que cela ne vous affole pas, et priez bien pour moi. »

Ses deux dernières pensées furent donc d'éviter une inquiétude à ses parents et d'obtenir la protection du ciel.

Pendant trois mois, aucune nouvelle ne parvint à sa famille. C'est en juillet 1915, qu'une Belge, écrivant à un réfugié de France, donna la liste de Français inhumés à Auvelais avant le 27 décembre 1914.

Cette liste fut adressée au maire de Plouay, père d'Hubert. Mais le secrétaire, en raison de l'état de santé de M. de Pluvié, lui cacha la fatale nouvelle, ne le jugeant pas assez fort pour la supporter.

Enfin un soldat du 48ᵉ, qui se trouvait aux côtés d'Hubert, dit que celui-ci il lui avait fait un premier pansement avec les objets dont il était muni, mais que pendant le pansement, il avait été blessé mortellement d'une balle au front ; c'était à Charleroi, le 22 août 1914. — Il fut évacué sur Auvelais où il rendit le dernier soupir.

Hubert de Pluvié était un parfait chrétien, et un vaillant Français dont les sentiments se reflétaient dans toutes ses lettres ; l'on pouvait en conclure qu'il faisait le sacrifice de sa vie pour la France.

« L'ordre de mobilisation a paru ce soir, écrivait-il à sa mère, je rejoins mon corps demain, comme sous-lieutenant. J'espère pouvoir vous embrasser avant de partir et vous expédier quelques photos en souvenir de moi. Je vais prendre mes dispositions immédiatement, pour m'approcher des sacrements ; c'est la condition nécessaire pour avoir le cœur fort. Et vous, ma sainte mère, priez bien le bon Dieu pour que votre petit enfant ait *un courage inébranlable jusqu'au bout*. Priez bien la bonne Sainte Vierge pour qu'elle le protège, et le fasse grand dans l'épreuve. Mais on ne meurt pas toujours à la guerre. Quoiqu'il en soit, nous sommes tous persuadés que nous marchons à la victoire, et que, secondés par de fidèles alliés, nous écraserons ces cruels Allemands. »

Voici sa citation :

Hubert-Auguste-Paul-Marie de Pluvié, sous-lieutenant :
Jeune Saint-Cyrien ayant donné l'exemple de la plus grande bravoure en chargeant en tête de sa section, en gants blancs et en casoar, à Fossés, le 22 août 1914.
Mortellement frappé au cours de l'action.
Croix de guerre avec palme, et promotion de chevalier dans l'ordre de la Légion d'honneur.

POISSON, Jacques
Religieux de la Compagnie de Jésus. Sergent au 34ᵉ d'infanterie.

Né le 3 octobre 1887, à Rion (Landes), élève à Saint-François-Xavier (1901-1906). Entré au noviciat de la Compagnie de Jésus le 14 août 1907 ; mobilisé en mars 1915. Ils étaient six frères, donnés par cette belle famille française à notre pays qu'envahissaient les hordes teutonnes, six frères qui partirent sans regret, n'ayant au cœur que le sentiment de défendre la terre de France souillée par les barbares. Quatre d'entre eux payèrent de leur vie ce noble dévouement.

Le premier fut Bernard, capitaine du génie, tué en accompagnant les vagues d'assaut, à l'offensive d'Artois, le 9 mai 1915.

Un an plus tard, mai 1916, Jacques tombait à la première reprise du fort de Douaumont. Il avait dit, en apprenant la mort de son frère Bernard : « Sa décoration est la seule que j'envie, celle du sang versé pour la France catholique ».

Il fut suivi dans la mort par Antoine, lui aussi religieux de la Compagnie de Jésus, brancardier à l'armée coloniale, qu'emporta un éclat d'obus, en octobre 1916, à la bataille de la Somme.

Enfin André, enseigne de vaisseau, observateur dans l'aviation maritime, tombera comme ses frères, au champ d'honneur, à Sousse, le 18 août 1918.

De tous les sacrifices que la guerre aura imposés au patriotisme des familles françaises, nous n'en connaissons pas beaucoup de plus douloureux, ni en même temps, de plus glorieux, que celui demandé par le pays à ce vaillant père, M. Albert Poisson, ancien conseiller général, ancien président de la Chambre de Commerce de Mont-de-Marsan, maire de Rion-des-Landes.

DE PONTBRIAND DU BREIL, ALAIN
Capitaine au 130° régiment d'infanterie.

Né le 20 juin 1872, à Miniac, élève à Saint-François-Xavier en 1899, à Saint-Cyr en 1902-1904. Il partit avec le 130° régiment d'infanterie dont il devint capitaine et se distingua dans toutes les actions dans lesquelles ce régiment fut engagé.

Blessé une première fois à Maugiennes le 10 août, cité à l'ordre du jour et proposé pour la Légion d'honneur, il ne tardait pas, à peine remis, à reprendre le commandement de sa section de mitrailleuses.

Malheureusement, il tombait mortellement blessé, le 23 août 1914, à Virton.

Ceux qui l'ont approché ne peuvent oublier ce caractère chevaleresque ; ils garderont un souvenir ému du héros de 22 ans que fut Alain de Pontbriand.

DE PONTBRIAND DU BREIL (BERNARD-FRANÇOIS-ALPHONSE-MARIE-JOSEPH)
Lieutenant au 3° régiment de cuirassiers
Chevalier de la Légion d'honneur.

Né au château de la Motte-Olivet (Côtes-du-Nord), le 26 avril 1882, élève à Saint-François-Xavier (1899-1900), il était fier d'appartenir à la Bretagne et garda toujours un culte pour son pays natal. « *Breton* » était pour lui synonyme de bravoure et de fidélité. Sa vie comme sa mort ont montré à quel degré il possédait ces qualités.

Il était lieutenant au 3° régiment de cuirassiers quand arriva l'ordre de se rapprocher de la frontière. « Avant de partir, écrit-il, j'ai mis tout en ordre ; priez Dieu pour que je fasse mon devoir et me montre toujours digne de ma famille et de mes ancêtres. Si je n'en reviens pas, ne me pleurez pas, mais, au contraire, soyez heureux et fiers de ma conduite. »

Le lieutenant de Pontbriand va une première fois en Belgique ; il revient en France, pour repartir avec nos troupes enfin victorieuses et atteindre encore la Belgique qui devait cette fois être son tombeau. Exposé jusqu'à ce moment aux dangers les plus grands, il avait échappé vingt fois à la mort, sans avoir même une égratignure. Ses lettres étaient remplies d'une confiance et d'une ardeur toujours plus grandes, quand, le 15 novembre, il fut blessé mortellement sur le canal de l'Yser, à 19 kilomètres d'Ypres. Il n'a pu être relevé et on ne l'a retrouvé mort que le 10 décembre. Seul, abandonné sur le champ de bataille, il a eu le temps pendant cette horrible agonie de mesurer toute l'étendue de son sacrifice et d'offrir à Dieu ses souffrances, que personne ne venait soulager, pour la victoire de nos armes et le triomphe de la France.

Un de ses amis donné sur la fin héroïque du lieutenant de Pontbriand les détails suivants :

« Pontbriand se trouvait dans une tranchée de deuxième ligne, derrière le ...ᵉ d'infanterie épuisé et résistant à peine. Il avait pour mission de tenir coûte que coûte. C'était en face de la fameuse maison du Passeur, sur la rive gauche de l'Yser, à un endroit où les Allemands avaient quelques tranchées. A un moment, les territoriaux du ...ᵉ quelque peu désemparés par la mort de leur chef, quittèrent leur tranchée. Pontbriand, n'écoutant que son courage, s'élance pour rétablir l'ordre ; malheureusement il néglige de prévenir ses hommes et personne ne le voit sortir. A partir de ce moment, on n'eut pas de nouvelles de lui, quand hier une lettre d'un officier du ...ᵉ d'infanterie vint me prévenir que lors de la reprise de l'offensive, il avait retrouvé le pauvre lieutenant et lui avait fait rendre les derniers honneurs. »

Le capitaine Hesse, du 3ᵉ cuirassiers, en confirmant ces tristes renseignements, fait en ces termes l'éloge de Pontbriand :

« Il était un excellent officier sous tous les rapports, que j'aimais particulièrement pour ses sentiments élevés et religieux. Il était d'une bravoure à toute épreuve ; c'est en sortant de sa tranchée, à dix heures et demie du matin, pour faire rentrer dans l'ordre quelques territoriaux, qu'il a été fauché par le feu des tranchées allemandes situées à 150 mètres de là. »

Le lieutenant du Breil de Pontbriand a été fait chevalier de la Légion d'honneur.

Citation.

Grand quartier général des armées de l'Est, 24 novembre 1914.

M. de Pontbriand Bernard, lieutenant au 3ᵉ régiment de cuirassiers, a été nommé dans l'Ordre de la Légion d'honneur, au grade de chevalier : blessé grièvement au combat du 15 novembre 1914, dans lequel il s'était particulièrement distingué.

JOFFRE.

QUESTEL (l'Abbé), JOSEPH-MARIE
Caporal-brancardier au 62ᵉ régiment d'infanterie.

Né à Sulniac (Morbihan), le 24 avril 1891, commença ses études au Petit Séminaire de Sainte-Anne et vint les terminer au Collège Saint-François-Xavier (1907-1910). Il entra ensuite au Grand Séminaire de Vannes, et lorsque la guerre éclata, il fut incorporé au 62ᵉ régiment d'infanterie comme brancardier.

Le 6 octobre 1915, au soir d'une attaque dans les environs de Tahure, il allait reconnaître un nouveau poste de secours, à proximité du bataillon de 1ʳᵉ ligne, lorsqu'il fut pris par un feu de barrage très violent et tué par un éclat d'obus. Il fut inhumé au cimetière où se trouvaient déjà de nombreuses victimes, près d'un petit bois, à gauche en allant de Perthes à Tahure.

L'aumônier militaire qui annonça la triste nouvelle à sa famille, terminait ainsi sa lettre : « Pendant toute la campagne, l'abbé Questel a été un modèle de piété. Il emporte l'estime de tous. »

Dans son petit bagage militaire, entre autres objets, on a trouvé un opuscule : *Le secret du curé d'Ars* et un petit office de la Sainte Vierge, qui témoignent des habitudes de piété de notre cher camarade.

QUESTEL, Louis-Pierre-Marie
Soldat au 62ᵉ régiment d'infanterie.

Né à Locqueltas, en Sulniac (Morbihan), le 1ᵉʳ septembre 1894, il commença ses études au Petit Séminaire de Sainte-Anne, comme son frère Joseph, et les continua avec lui au Collège Saint-François-Xavier, de 1907 à 1911. Après ses humanités, il resta dans sa famille, pour se livrer à l'agriculture avec ses parents.

Incorporé, comme son frère, au 62ᵉ régiment d'infanterie à Lorient, il alla rejoindre au front ce régiment et fut tué près de Douaumont, à la côte du Poivre, en tranchée de 1ʳᵉ ligne, d'un éclat d'obus à la tête, le 18 avril 1916. Il a été enterré dans la tranchée, à l'endroit même où il est tombé.

D'un tempérament très doux et foncièrement bon, il se montra d'une ardeur incroyable dans les tranchées, au dire de tous ses camarades. Six jours avant sa mort, il écrivait, sous un bombardement effroyable : « ... Je m'estime heureux, et je le suis plus que vous certainement, en ce moment. »

Preuve que le danger ne l'effrayait pas et qu'il avait fait d'avance le sacrifice de sa vie à son pays.

QUILLIEN, Louis-Joseph-Marie
Capitaine aviateur. Commandant d'escadrille
Chevalier de la Légion d'honneur.

Né à Guidel (Morbihan), le 29 mars 1884, élève à Saint-François-Xavier (1900-1901), il se destina à la carrière des armes et se voua entièrement à l'aviation lorsque cette arme d'élite commença à être organisée, quelques années avant la guerre.

Il ne tarda pas à se distinguer dans ce périlleux métier et dès juillet 1914, quelques jours seulement avant la mobilisation, il fut l'objet d'un témoignage de satisfaction du Ministre de la guerre pour avoir accompli le voyage d'Epinal à Cherbourg dans des circonstances atmosphériques difficiles, avec une endurance et une énergie dignes d'éloges.

La guerre déclarée, le lieutenant Quillien ne devait pas tarder à se couvrir de gloire en effectuant toute une série de raids audacieux qui lui valurent rapidement d'être promu capitaine et nommé Chevalier de la Légion d'honneur. Croix de guerre avec palme.

Cinq fois cité à l'ordre du jour avec de magnifiques motifs.

Première citation.

Lieutenant d'infanterie H. C., pilote de la 9ᵉ escadrille, a été nommé dans la Légion d'honneur au grade de chevalier.

A effectué des reconnaissances à longue portée dès les premiers jours de la mobilisation. A fait la plupart de ces reconnaissances, étant seul à bord, et a fourni des renseignements précis et fructueux. A, à l'heure actuelle, parcouru plus de 4000 kil. dont la moitié au moins au-dessus du territoire ennemi et sous le feu de l'artillerie ennemie.

JOFFRE.

Deuxième citation : Ordre général n° 141.

Ne cesse de donner des preuves de valeur et de dévouement, se réservant les plus difficiles et les plus périlleuses des missions données à son escadrille. Toujours le premier à partir à la poursuite des aéroplanes ennemis signalés.

SARRAIL.

Troisième citation : Ordre général n° 145.

Par l'habileté et l'audace de ses manœuvres, a mis son passager à même de soutenir à bonne portée, pendant plusieurs minutes, un combat aérien qui s'est terminé par la chute de l'ennemi.

SARRAIL.

Quatrième citation : Extrait de l'ordre général n° 195.

Chef d'escadrille remarquable et pilote hors de pair, vainqueur dans de nombreux combats aériens, notamment dans la journée du 21 février 1916 pendant laquelle il abattit un avion ennemi et força deux autres avions à atterrir. Cité 3 fois à l'ordre de l'armée.

HUMBERT.

Cinquième citation : Ordre n° 2702 D I.

Officier aviateur, d'une bravoure exceptionnelle. S'est signalé en abattant, depuis le début de la campagne 4 avions ennemis dans nos lignes. Commandant un groupe d'avions de combat dont il avait su faire une unité de premier ordre, a tenu, bien que souffrant encore des suites d'un accident d'aviation, à donner l'exemple à ses pilotes en les conduisant au combat. A trouvé une mort glorieuse au cours de la lutte.

JOFFRE.

RALLIER du BATY, Félix-Joseph-Marie

Médecin-major au 29ᵉ bataillon de chasseurs à pied.

Né à Lorient, le 4 décembre 1875, élève à Saint-François-Xavier (1885-1890), le Dʳ du Baty partit au front dès le début des hostilités et se dépensa sans compter, prodiguant à tous ses soins les plus éclairés et les plus dévoués. Sans cesse sur la brèche, il eut à cœur d'exercer ses délicates fonctions même aux moments les plus critiques.

Blessé grièvement le 5 avril 1918, il mourut courageusement le 6 du même mois, à l'hôpital de Beauvais où il avait été évacué.

Chevalier de la Légion d'honneur à titre posthume.

RALLIER DU BATY, HENRI-JULES-MARIE

Capitaine au 101ᵉ régiment d'infanterie, Chevalier de la Légion d'honneur.

Né à Lorient, le 8 novembre 1879, élève au Collège Saint-François-Xavier (1888-1890). Capitaine au long-cours, il navigua pendant 14 ans, et fit avec son frère Raymond, l'expédition aux îles Kerguelen longuement relatée par l'*Illustration*, dans son n° du 13 août 1910. Comme organisateurs et chefs, les deux frères y donnèrent une nouvelle preuve de l'énergie française. Sur un vieux bateau pêcheur de harengs, ils appareillèrent le 13 octobre 1907 et, le 6 mars 1908, ils mouillèrent à l'île de Kerguelen. Ils y séjournèrent quinze mois. Cette expédition des plus aventureuses, témoigne hautement de la rare énergie et de l'endurance déployées par les deux vaillants frères.

Ces belles qualités, Henri Rallier du Baty devait les mettre au service de la Patrie en armes. A son appel suprême, il s'engagea volontairement dans l'infanterie comme lieutenant. Après un stage d'un mois à Orléans, il partit de Dreux pour le front, avec un bataillon de marche.

Quelques extraits de l'allocution du commandant Nicolas à ses obsèques, le 23 février 1916, nous donneront une juste appréciation de l'estime et de l'admiration de ceux qui ont combattu avec lui.

« Lorsque Rallier du Baty arriva au 101ᵉ régiment d'infanterie, il avait déjà la réputation d'un hardi marin ; je fus curieux de voir comment il se comporterait dans notre terrible guerre de tranchées.

« C'était en mars 1915, devant Perthes-les-Hurlus, en pleine bataille. De suite je compris que j'avais en lui un compagnon sûr, à qui je pouvais confier les tâches les plus difficiles.

« Le 24 août 1915, pendant la préparation des grandes attaques de Champagne, il effectuait avec sa compagnie une avancée audacieuse. En pleine nuit, l'ennemi prévenu se précipite en force sur ses travailleurs ; le capitaine du Baty n'a qu'une centaine d'hommes sous la main, les Allemands sont plus nombreux du double — se replier, il n'y pense pas. Il fait lâcher les outils en hâte, prendre les fusils et accepter le combat. Ses hommes ont confiance, ils savent ce que vaut leur chef. Il est au milieu d'eux comme toujours, et non content de résister, il prend l'initiative d'une contre offensive. Obus, balles, ni bombes, ne peuvent l'arrêter. En moins d'une demi-heure, la situation est nette. Près de cent cadavres allemands jonchaient le sol. Et le capitaine du Baty faisait reprendre le travail commencé !

« Vous pouvez être tranquille, me faisait-il dire, votre avance sera terminée à l'heure prescrite. » — J'étais tranquille, je le connaissais.

« Le jour où il tomba, mortellement frappé, son attitude fut plus belle encore.

« C'était à Auberive, en Champagne, le 25 septembre 1915, le premier jour des attaques. Sortir de la tranchée pour conduire ses hommes à l'assaut des fils barbelés... ceux qui l'ont fait savent ce que c'est... Eh bien ! ce n'est pas seulement une fois ce jour-là que du Baty l'a fait, c'est à deux reprises. Sous un feu terrible de mitrailleuses qui rasait le sol en rafales et venait battre les parapets, il enlève sa compagnie, la porte jusqu'aux tranchées ennemies. Mais quelques hommes n'ont pu sortir, il lui manque une section environ, sans parler hélas, de tous ceux qui sont tombés en route ! il retourne les chercher, revient une deuxième fois avec eux à la charge et c'est alors qu'il tombe, la cuisse fracassée.

« A la pluie de balles, s'ajoutèrent alors le tonnerre des obus et l'odeur suffocante des gaz.

« Du Baty ne quitte pourtant pas son poste. Il reste là au milieu du charnier, il y reste tout le jour perdant son sang, cherchant, le nez dans la terre, à échapper à l'asphyxie. Il s'évanouit, puis revient à lui, et c'est dans la nuit seulement, quand la bataille s'achève, qu'il consent à se laisser enlever.

« Cependant l'épreuve avait été trop forte ; il était trop affaibli pour s'en relever. Mais lui lutta quand même, il lutta cinq mois contre la mort et ceux qui l'ont pu voir sur son lit d'hôpital, à l'heure de l'agonie, garderont toujours présente à la mémoire l'expression de farouche énergie qu'il avait dans les yeux. »

Citation.

Le général commandant le IVe corps d'armée, cite à l'ordre du corps d'armée :

M. Rallier du Baty, Henri-Jules-Marie, capitaine au 101e régiment d'infanterie. Officier d'une rare énergie, attaqué par l'ennemi pendant l'organisation d'une tranchée avancée, dans la nuit du 24 au 25 août 1915, l'a repoussé, en lui infligeant des pertes et a réussi à mener à bien sa mission.

RAULO, Théophile-Louis-Marie

Soldat au 5ᵉ régiment d'infanterie coloniale.

Né à Saint-Jean Brévelay (Morbihan), le 31 octobre 1884, fit ses études au Collège Saint-François-Xavier (1897-1902). Sa nature franche et droite et son caractère jovial le firent bien vite aimer de ses condisciples et estimer de ses professeurs. Incorporé au 116ᵉ régiment d'infanterie à Vannes, il partit pour le front avec ce régiment, puis fut versé au 5ᵉ régiment d'infanterie coloniale. Il disparut au bois de la Grurie, le 14 juillet 1915, et sa mort a été depuis officiellement constatée.

Nature d'artiste, âme sérieuse sous des dehors légers et frondeurs. Entré à sa sortie du Collège dans un atelier de sculpture, il resta, parmi des compagnons indifférents ou railleurs, sinon tout-à-fait hostiles, fidèle à ses convictions religieuses et sans respect humain pour les afficher, les pratiquer et les défendre. « Je n'entends pas mettre mon drapeau dans ma poche, écrivait-il, au début de son apprentissage, mais le défendre hardiment. » Quand il fut appelé à faire son service militaire au 116ᵉ d'infanterie à Vannes, il se posa pour ce qu'il était : catholique convaincu et pratiquant, et, dès le premier soir, à la chambre, fit sa prière à genoux au pied de son lit. Il y eut autour de lui quelque étonnement ; on hasarda quelques plaisanteries ; mais Théophile ne se démonta pas ; il avait de la réplique, et fit comprendre qu'on le verrait ainsi tous les soirs faire son devoir de chrétien. Cette déclaration franche et résolue fit cesser les rires et les taquineries de ses camarades et lui valut leur estime pour son caractère.

Dans sa dernière lettre adressée à ses parents, quelques jours avant l'attaque où il devait disparaître, pressentant qu'il n'en reviendrait pas, il exhorte tous les siens à vivre dans la plus grande harmonie, et surtout à ne pas l'oublier dans leurs prières, quand ils apprendraient sa mort.

RAULT, Guy-Joseph-Marie
Soldat au 6ᵉ régiment du génie.

Né à Lorient, le 20 novembre 1895, il étudia au Collège Saint-François-Xavier (1908-1911); il s'y fit remarquer par sa foi vive et une grande piété.

A la mobilisation, il fut incorporé, comme sapeur-mineur, au 6ᵉ régiment du génie où il ne tarda pas à se faire aimer et estimer de tous ses camarades par sa nature franche et son insoucieuse bravoure. Il tomba glorieusement pour la Patrie, à Maisons de Champagne, le 6 octobre 1915, décoré de la Croix de guerre et ayant mérité la belle citation suivante, à l'ordre du régiment : « *S'est offert pour un travail périlleux; a été tué en l'exécutant.* » La Médaille militaire, à titre posthume, est venue récompenser son noble dévouement.

Après trois mois au dépôt du 6ᵉ génie, à Angers, et avant son départ pour le front, pour lequel il s'était fait inscrire comme volontaire, il écrivait à ses parents :

« J'ai fait mes Pâques hier ; je suis frais et dispos pour partir. Si nous ne nous revoyons pas ici-bas, ce sera au Ciel... »

Puis, étant au feu :

« Je demande à Dieu de me conserver quand je pars au travail, et le remercie au retour... »

« Ma section a été aujourd'hui au travail ; étant un peu fatigué, on m'a laissé au repos. Je regrette de ne pas y être allé ; un de mes camarades a été tué ; il est mort en appelant sa mère. C'était un brave et un courageux. Il aura une belle citation, ce sera une consolation pour ses parents.

« Ne vous en faites pas ; je ne me suis jamais mieux porté. Cette vie convient à des jeunes comme nous ; nous sommes gais et on ne dirait pas que nous revenons des tranchées... J'entends la musique des chasseurs : il va y avoir encore un grand coup...

« Je porte toujours ton Sacré-Cœur, chère maman ; j'espère qu'Il me protégera. »

DU RÉAU DE LA GAIGNONNIÈRE, Jean
Sergent au 135ᵉ régiment d'infanterie.

Né à Angers, le 12 mars 1885, fut élève au Collège Saint-François-Xavier (1896-1902), puis étudia le Droit avec succès et devint rapidement docteur.

Depuis trois ans, nous écrit un membre de sa famille, il était d'une santé précaire ; ses études de Droit terminées, il se mit à travailler pour l'école des Chartes. Quand la guerre éclata, il ne voulut pas profiter de son exemption et se rendit à la caserne où, pendant trois semaines, il s'exerça à des marches de plus en plus longues.

Le 26 août 1914, on fit appel aux hommes de bonne volonté pour remplacer ceux du 135ᵉ d'infanterie disparus, et Jean s'offrit. Dès ce moment, il se rendit compte qu'il ne reviendrait pas et se prépara à la mort.

Il se battit à Faulx, le 30 août, et à Juniville, le 1ᵉʳ septembre ; le 3 et le 4, il fit des marches très fatigantes sous un soleil de plomb ; à son frère Joseph, sergent au même régiment, il dit : « Je serai bientôt mort. » Il avait les pieds écorchés et marchait tout haletant, mais refusait à un ami de se faire évacuer, voulant aller jusqu'au bout de ses forces ; il porta même, ce jour-là, par charité, le sac d'un soldat qui n'en pouvait plus (le sien avait été mis à la voiture).

Le soir du 5 septembre, il fut chargé comme sergent, de commander une patrouille de nuit, pour reconnaître le vieux château de Vert la Gravelle ; étant à environ 100 mètres, on lui cria en français : « Qui vive ? » Il répondit : France. C'étaient les Allemands qui employaient cette ruse. Ils tirèrent. Deux balles l'atteignirent, une au côté droit, l'autre au cœur.

Longtemps sans nouvelles, ses parents le cherchèrent en vain. Enfin des lettres arrivèrent du front ou des hôpitaux, parlant de Vert-la-Gravelle. On partit pour ce pays et on retrouva son corps enterré dans le fossé où il était tombé. Le garde-champêtre et le curé qui l'ont inhumé dirent qu'il n'avait pas dû souffrir. Pendant les trois ans de sa maladie, jamais on ne l'avait entendu se plaindre. En partant, il avait dit : « Au moins ma vie sera utile et servira à quelque chose. »

Ses parents l'ont fait transporter dans le cimetière le 25 janvier 1915, en attendant la fin de la guerre.

L'article suivant du journal *La Croix* fait le plus bel éloge du caractère de ce noble et vaillant soldat tombé glorieusement pour la patrie, dès le début de la guerre :

Le sergent Jean du Réau de la Gaignonnière, que nous recommandons spécialement aux prières de nos lecteurs, a été tué à Vert-la-Gravelle, dans la nuit du 5 au 6 septembre, au cours d'une reconnaissance qu'il avait reçu l'ordre de diriger entre le village et le château de Vert, où s'étaient cantonnés les Allemands. C'est tout dernièrement que l'on a retrouvé son corps enterré dans la plaine, à l'endroit même où il est tombé. Sa pieuse mère, qui eut le courage héroïque d'assister à l'exhumation, eut du moins la consolation de retrouver sur le corps de son fils le chapelet et les objets de piété que les pillards ennemis avaient respectés.

Jean du Réau avait de qui tenir pour être un ardent et fervent chrétien. Il était le fils du comte Maurice du Réau de la Gaignonnière, officier aux zouaves pontificaux, qui fit la campagne de 1870, et le neveu et le filleul du capitaine, comte du Réau, qui portait à Loigny le drapeau du Sacré-Cœur. La piété, la vaillance et le désir de combattre pour sa foi étaient au cœur de ce jeune homme. Il en avait donné la preuve, il y a quelques années, lors des émeutes que l'on tenta de susciter, à Angers, contre les processions de la Fête-Dieu ; devant le reposoir du Tertre où était exposé le Saint-Sacrement, entouré de ses amis, Jean du Réau tint vaillamment tête aux impies et fut spécialement en butte à leurs injures et à leurs violences ; ce qui lui valut le double honneur d'une arrestation et d'une condamnation judiciaire. A la triste époque des inventaires, par l'ascendant qu'il avait acquis sur la jeunesse populaire, il fut l'un de ceux qui contribuèrent à l'organisation et à l'élan des protestations. La mort de Jean du Réau est une perte qui sera vivement ressentie dans tous les milieux où l'on avait été à même de l'apprécier, pendant les années qu'il passa à Angers pour suivre les cours de l'Université catholique et y prendre le grade de docteur en Droit. Depuis, sa santé, devenue précaire, l'avait éloigné de nous, au moment où sa personnalité allait notoirement s'affirmer par son caractère solidement et énergiquement déterminé. Très zélé pour les œuvres de jeunesse et de charité, Jean du Réau y apportait tout ce qu'il avait d'intelligence et d'activité, se révélant comme un véritable entraîneur d'hommes, attirant à lui la confiance des jeunes âmes qu'il enflammait par sa parole vibrante et touchait par son dévouement. Il s'était particulièrement attaché au *patronage de Notre-Dame des Champs* et au groupe des *chevaliers du Sacré-Cœur*, dont il fut plusieurs années le président. Nature très distinguée, mais modeste et quelque peu distante, il ne dévoilait que dans l'intimité tout le charme de son esprit curieux et lettré, très au courant de toutes les discussions et de toutes les théories modernes, sociales et religieuses, entre lesquelles il savait démêler, avec une rectitude de jugement remarquable, la part de l'utopie et de la juste raison. Toutefois, les théories le fatiguaient ; il rêvait d'action. Aussi, lorsque la guerre fut déclarée, il accourut en toute hâte au premier appel, uniquement soucieux de dissimuler à tous les yeux l'affaiblissement physique qui lui aurait fait imposer l'inertie tant redoutée. Il sollicita de partir des premiers, pressé d'utiliser pour le salut de la France, l'énergie qui pouvait soutenir, encore quelque temps, ses forces fléchissantes et demandant à Dieu de prendre, plutôt par l'effusion du sang, le sacrifice d'une vie qu'il pensait condamnée. « Ce dont je suis certain, écrivait un de ses amis qui vécut près de lui ses dernières heures, c'est qu'il était admirablement prêt à la mort, admirable de dévouement, d'esprit de sacrifice et de courage. Nous avons causé longuement pendant les deux dernières journées passées ensemble, et il m'a été d'un extrême réconfort par l'élévation et la délicatesse de ses pensées et de son cœur. »

DU RÉAU DE LA GAIGNONNIÈRE, MAURICE

Sous-lieutenant au 287ᵉ régiment d'infanterie.

Né à Poitiers, le 19 août 1880, était fils du comte Maurice du Réau, ancien officier aux zouaves pontificaux, chevalier de l'ordre de Pie IX, et décoré de la Médaille de Mentana.

D'une grande intelligence, studieux et discipliné, Maurice fit de brillantes études au Collège de Vannes (1892-1897), et jusqu'à la classe de mathématiques élémentaires tint le premier rang. Marié à Mˡˡᵉ de Vaujuas Langan à laquelle il laisse quatre enfants en bas âge, il n'eut qu'un but : faire le bien et propager l'idée religieuse. Par l'affabilité et l'élégance de ses manières en même temps que la séduction de sa parole, du Réau avait gagné non seulement les sympathies et les cœurs des habitants de sa commune, Launay-Villiers, mais aussi ceux de plusieurs groupements de la Mayenne. Vice-Président de l'Union diocésaine de la Jeunesse Catholique de ce département, il fut un des principaux organisateurs et créateurs des nombreux cercles d'études où il aimait, le soir, à donner des cours et des conférences aux jeunes gens de la région. Sa disparition en pleine force fut une grande perte pour tout ce pays.

Sous-lieutenant au 287ᵉ d'infanterie, notre ancien condisciple, après avoir été deux fois blessé (à Spincourt, le 24 août 1914, et au Bois des Buttes, le 15 janvier

1917, près de Berry-au-Bac), devait tomber le 14 mai 1917, en menant ses soldats à l'attaque.

Sa noble figure de chrétien et de soldat ne peut être mieux esquissée que par les lettres de ceux qui l'ont vu à l'œuvre, de ceux qui ont souffert et couru les mêmes dangers.

Voici ce qu'écrivait l'aumônier de son régiment.

« Le sous-lieutenant Maurice du Réau, oui certes, je le connaissais : il était de mes amis !..... Bien des fois, il me servit la messe lorsque nous étions au repos, et mon servant de messe habituel savait qu'il faisait plaisir au lieutenant en lui cédant sa place. Chaque fois que nous étions pour monter en ligne, il se confessait et faisait une fervente communion. C'est ce qu'il fit le 11 mai au matin, car nous devions le soir même reprendre les tranchées à l'endroit où nous avions attaqué le 16 avril. Trois jours plus tard, les Allemands déclanchaient un fort tir de barrage sur notre position. Les obus tombèrent jusque dans les tranchées. Le lieutenant du Réau fut mortellement frappé : il expira quelques minutes après. Ayant offert d'avance le sacrifice de sa vie à Dieu qui le lui demandait, il est maintenant auprès de Celui qu'il a courageusement servi ici-bas. »

Un officier annonçait en ces termes sa mort :

« Le lieutenant du Réau a été tué dans la soirée du 14 au 15 mai, après un violent bombardement de la tranchée qu'il occupait avec sa section. Officier de grand cœur, c'était un brave et bon soldat, aussi adoré de ses hommes qu'estimé de ses chefs. C'est en exhortant ses hommes au calme qu'il a été frappé mortellement à la tête par un éclat d'obus. Il est mort bravement, sans souffrance, avec ceux qu'il avait réconfortés par sa présence et ses paroles. Je perds en lui un de mes plus précieux collaborateurs. »

Le 17 juillet 1917, en l'Eglise de Launay-Villiers, un service était célébré pour le repos de l'âme du sous-lieutenant Maurice du Réau, devant une foule considérable venue de tous les points de la région. Sur un coussin, devant le catafalque, reposaient les trois insignes qui représentaient les phases successives de sa vie : l'insigne de la Jeunesse Catholique, la Croix de Chevalier, et la Croix de guerre. Monseigneur l'Evêque de Laval avait tenu à donner l'absoute et à célébrer lui-même en termes émus le vaillant officier et le chrétien dévoué qui s'était tant dépensé pour les œuvres de jeunesse du diocèse.

Deux de ses frères, comme lui de la Jeunesse Catholique, Jean et Joseph du Réau, étaient déjà tombés à l'ennemi, l'un le 5 septembre 1914, l'autre le 30 avril 1917 : un seul sortit vivant de la fournaise, le R. P. Xavier du Réau, des Pères Blancs, engagé au 1er tirailleurs.

Citation :

Le 24 août 1914, au combat de Spincourt, malgré un feu d'artillerie des plus meurtriers, a entraîné ses hommes et s'est élancé avec la plus grande bravoure à l'assaut des tranchées allemandes.

DE RENGERVÉ (ROLLAND), BERTRAND-RENÉ-MARIE
Sergent de chasseurs à pied.

Né à Paris, en 1893, élève à Saint-François-Xavier (1910-1914).

Mobilisé presqu'au début de la campagne dans les chasseurs à pied, Bertrand de Rengervé accomplit courageusement son devoir et ne tarda pas à devenir sergent.

Blessé à deux reprises, il fut, par surcroît, atteint d'une maladie grave ; à peine remis, il fut dirigé sur Verdun, où il reçut sa troisième blessure. Évacué sur un hôpital de la Meuse, à Révigny, le 18 août 1916, il mourut quatre jours plus tard, des suites de la gangrène gazeuse. Il n'avait pas 20 ans ! Il a pu être administré et se confesser, mais n'a eu que la communion de désir, étant trop faible pour communier de fait.

RICHARD, MARIE-FRANÇOIS-BROLABRE
Capitaine au 90ᵉ d'artillerie lourde.
Chevalier de la Légion d'honneur, Croix de guerre.

Né à Combourg (Ille-et-Vilaine), le 20 septembre 1867, élève à Saint-François-Xavier (1878-1886).

Bien que dégagé de toute obligation militaire, François Richard demanda, à la déclaration de guerre, de reprendre du service. Officier de réserve depuis 1892, il fut réintégré dans l'armée avec le grade de lieutenant et partit à la tête d'une section de munitions du 11ᵉ corps.

Promu capitaine en octobre 1916, une cruelle maladie le fit évacuer sur l'intérieur en avril 1917. A peine remis, il prenait le commandement de la 63ᵉ batterie, puis passait au dépôt du 90ᵉ d'artillerie lourde, à Nantes.

Pendant toute sa carrière militaire, le capitaine Richard se fit apprécier par la droiture de son caractère, ses qualités professionnelles, son dévouement de tous les instants, sa bravoure et son sang-froid. Décoré de la Croix de guerre avec citation élogieuse, en juillet 1916, il était nommé Chevalier de la Légion d'honneur en décembre 1917.

Un accident malheureux vint l'arracher à l'affection des siens au moment où, affecté à un poste de repos, il goûtait la satisfaction de voir ses efforts couronnés de succès. Le 26 juin 1918, une chute de cheval nécessita son transport à l'hôpital où il mourut sans avoir repris connaissance.

« Nous devons être vaillants quoiqu'il nous en coûte... Et puis, il faut bien être certain que nos sacrifices ne seront pas vains. Surtout ne jamais perdre courage ; avec cela, on va loin. »

« Priez tous pour moi de tout votre cœur, et ayez la certitude que je continuerai à faire tout mon devoir. Je ne me suis pas engagé pour faire ma volonté et avoir des satisfactions, mais pour faire mon devoir, et je le ferai jusqu'au bout.

« Gardons courage : se plaindre serait diminuer notre mérite.

« Il y a des gens qui consentent bien à faire des sacrifices, mais à la condition de n'en pas souffrir : c'est illogique. On se donne tout entier, ou pas du tout. »

Ordre de la brigade.

Dégagé de toute obligation militaire, a repris du service dès le début de la campagne. Commande une section avec un dévouement absolu. S'est offert spontanément, et à plusieurs reprises, pour remplacer des camarades indisponibles, et a su, par son sang-froid et sa bravoure, maintenir l'ordre dans des sections dont il connaissait imparfaitement le personnel, dans des conditions particulièrement dangereuses.

« Voilà, disait son colonel le jour de ses obsèques, voilà l'officier aux sentiments élevés, l'homme de bien et de devoir, le croyant convaincu, le patriote ardent, animé du plus pur esprit militaire, que nous pleurons aujourd'hui. »

***

RIO, Joseph-Marie-Alphonse-Emile

Sous-lieutenant au 116ᵉ régiment d'infanterie.
Chevalier de la Légion d'honneur et Croix de guerre avec palme.

***

Né à Elven, le 23 juillet 1893, il étudia au Collège Saint-François-Xavier (1905-1910); Sa nature ardente, franche et loyale le fit aimer sincèrement de ses condisciples, comme plus tard des soldats placés sous ses ordres, en même temps que sa piété éclairée les édifiait et inspirait à tous la confiance.

Incorporé au 116ᵉ d'infanterie, il partit pour le front avec ce régiment et devint très rapidement officier. Les lettres qu'il écrivait à ses parents, de la ligne de feu, témoignent de sa confiance en Dieu et du sacrifice de sa vie fait volontairement pour le salut de son Pays. En voici quelques extraits.

Le 2 juin 1918.

« Je suis en bonne santé et en route pour la gloire. Priez bien pour moi et j'en sortirai sain et sauf. »

Le 3 juin 1918.

« Aujourd'hui encore je puis vous écrire, je suis en bonne santé, j'ai confiance ; mais nous allons bientôt nous frotter aux Boches dont nous ne sommes pas loin. Je demande de prier pour moi et pour la France. Demandez à Dieu la réalisation de la prophétie de Claire Ferchaud. Sans cela nous sommes perdus.

« La France donne ce qu'elle peut et les Boches sont quand même victorieux. Il faut que la Providence vienne à notre secours.

« Je vous embrasse de tout mon cœur et vous redis: « Priez! Priez! pour la France! »

Le 6 juin 1918.

Mes chers Parents,

« Rien de bien nouveau ; nous sommes en ligne ; nous n'avons pas de casse ; les Boches n'ont pas l'air d'être très belliqueux. Les prisonniers faits par un bataillon du régiment disent qu'ils crèvent de faim et n'ont pas le moral très épatant.

« Soyez tranquilles à mon sujet ; je suis en bonne santé et je ne m'en fais pas du tout. »

Le 8 juin 1918.

« Nous attaquons demain ; j'ai toute confiance que Dieu me conservera la vie, mais s'il veut m'appeler à Lui, je suis en état de grâce, prêt à paraître devant Lui et à offrir mon sang pour Lui et pour le salut du Pays.

« Dès que l'attaque sera terminée et que je pourrai vous écrire un mot, je le ferai, mais ne vous étonnez pas d'être quelques jours sans nouvelles. »

Les deux lettres suivantes adressées à sa sœur par M. le lieutenant Croissant et M. l'aumônier Duvernay, racontent la fin glorieuse de ce vaillant camarade et les circonstances qui l'ont accompagnée.

Le lieutenant Croissant, commandant la 6e compagnie, à Mlle Victorine Rio, Elvén.

« J'ai l'honneur de vous accuser réception de votre honorée, datée du 16. Permettez-moi de vous dire toute l'estime et la sympathie que j'avais pour votre frère Joseph. Je l'avais depuis fort longtemps à ma compagnie. C'était un excellent cœur, un officier dévoué, ayant une très haute conception du devoir. La veille de l'attaque du 8 juin, nous étions tous confiants dans le succès de l'attaque que nous devions faire le lendemain. Votre frère, Mademoiselle, n'avait aucun pressentiment, et il disait, je m'en souviens, au dîner frugal fait sous bois : « Il m'est égal de mourir pour mon pays, si Dieu l'exige ; mais je voudrais auparavant tuer quelques Boches. » Ses désirs ont été exaucés. Il est parti à 3 h. 15 avec sa section, la tête haute, résolu à marcher jusqu'au bout. Donnant l'exemple à ses hommes, il s'est élancé le premier dans la tranchée ennemie, en tuant plusieurs Allemands, lorsque pris traîtreusement par derrière, il tomba mortellement blessé de deux coups de poignard. Je tiens ce récit du corps à corps, du caporal Bertin de la 5e compagnie. J'apprenais au cours du combat la mort de M. Rio ; je me portai immédiatement auprès de lui. Le cœur a été atteint et transpercé et la mort a dû être subite. J'ai fait recueillir sur lui tout ce qui peut être un souvenir pour vous. Sa cantine, ses objets personnels vous seront expédiés par l'officier payeur, par l'intermédiaire du bureau des successions. Ceci mettra un certain délai à vous parvenir. J'ai proposé M. Rio pour une citation à l'ordre de l'armée.

Qu'il est pénible de se retrouver après le combat en songeant au brave camarade disparu ! Que la mort est cruelle ! Le pauvre ami, il semblait si confiant dans l'avenir ! Sa situation était faite ; sa fiancée allait bientôt devenir son épouse. Hélas ! Dieu ne l'a pas voulu ; car il faut en venir là, et reporter sa pensée vers Dieu qui dirige nos destinées. Il est plus heureux que nous. De temps en temps, nous faisons dire une messe pour nos morts ; nous prierons bien pour lui. »

Lettre de M. l'abbé A. Duvernay, aumônier militaire, 116e d'infanterie, secteur 221.

18 juin 1918.

Mademoiselle,

« Les renseignements qui vous ont été fournis au sujet de votre frère sont malheureusement exacts.

« Le sous-lieutenant Rio a été tué dans une lutte corps à corps, à 3 h. 1/2 du matin, le 9 juin. Il est mort quelques instants après avoir été touché, à la lisière d'un bois, près de Bussières, village qui se trouve à 12 kilom. environ au nord-ouest de Château-Thierry. Un prêtre a pu lui donner une dernière absolution. Le sous-lieutenant Rio, très bon soldat et excellent chrétien, était toujours prêt à paraître devant Dieu. Je sais aussi combien ses camarades et ses hommes, qui avaient tous pour lui une affection sincère, ont prié avec cœur pour le repos de son âme, du jour où nous avons pu célébrer pour lui un service funèbre. Que ce soit là, du moins, pour vous, Mademoiselle, et pour vos parents, une consolation, la seule consolation même, de savoir que votre frère est mort très chrétiennement et en menant ses hommes à l'attaque.

« Je pourrais ajouter que le Boche qui a tué votre frère a été tué presqu'aussitôt après par nos soldats.

« Le sous-lieutenant Rio repose maintenant dans le cimetière de Marigny-en-Auxois, à 13 kilom. environ à l'ouest de Château-Thierry, où il a été enterré religieusement le 10 juin. »

Voici les trois citations que valurent à ce brave ses grandes qualités militaires.

Ordre du régiment.

Très bon gradé, très intelligent, plein d'initiative, a pris part à la reconnaissance du 11 juillet 1916.

Ordre de la brigade.

26 mai 1917.

Très bon chef de section ; par son calme courage et son ascendant, a maintenu l'ordre et la vigilance dans une section violemment bombardée et durement éprouvée.

Le général commandant la 43ᵉ brigade.
Ferru.

Ordre de l'armée.

Chef de section énergique ; bel exemple de dévouement et de sacrifice. Au cours d'un combat sous bois, par son allant a électrisé ses hommes qui ont dominé l'ennemi, en lui capturant des prisonniers et un matériel important. Est tombé mortellement blessé, en livrant un corps à corps acharné à un fort groupe d'Allemands résolus.

Le général : Degoutte.

---

de ROFFIGNAC, Charles-Léon-Marie

Sergent au 116ᵉ régiment d'infanterie.

Né à Saint-Pol-de-Léon (Finistère), le 28 juillet 1894, élève à Saint-François-Xavier (1907-1914).

Engagé pour la durée de la guerre, le 15 juillet 1915 ; caporal le 6 octobre 1915 ; sergent le 1ᵉʳ mai 1916.

Blessé mortellement à la contre-attaque de Faguet (Somme), le 10 août 1917.

Décoré de la Médaille militaire et de la Croix de guerre avec palme. Cité à l'ordre de l'armée en ces termes :

Sous-officier d'un dévouement absolu et d'une bravoure exceptionnelle ; blessé dans une contre-attaque, le 10 août 1917. » Mort des suites de ses blessures le 25 août, à l'ambulance de Ham (Somme).

Il mourut victime de sa charité, car il fut blessé en allant panser, au milieu d'un bombardement effroyable, son caporal gravement atteint.

D'après le dire de ses hommes, il montra une bravoure extraordinaire dans cette affaire, poussant le mépris du danger jusqu'à la témérité.

Il ne fut pourtant blessé que le soir du second jour. Se sentant atteint, sa première pensée est d'invoquer la Petite Sœur Thérèse et Sainte-Anne. Il put ensuite se trainer jusqu'à un trou d'obus où il passa la nuit. Ce fut là que son lieutenant le trouva le lendemain matin.

On le transporta à l'ambulance de Ham, où il fit l'admiration de tous, écrivait l'aumônier, par son moral et son courage.

Le jour même, il fut opéré. En rentrant de la salle d'opérations, on lui remit de la part de son colonel la Médaille militaire et la Croix de guerre avec palme. Cette décoration si prompte lui fit comprendre tout de suite la gravité de son état. « Je ne suis pas, dit-il, d'une famille de militaires pour ne pas savoir ce que cela veut dire. Je veux connaître la vérité tout entière. »

Le major lui répondit que sa blessure était grave, mais que l'opération ayant bien réussi, il espérait le sauver, s'il ne survenait pas de complications.

« J'aime mieux, répondit-il, me préparer comme si je devais mourir. Mon sacrifice est fait depuis longtemps, je veux recevoir les sacrements. »

Le 14 août, Léon fit écrire à ses parents : « Ma blessure, quoique sérieuse, ne met plus mes jours en danger. L'extraction de l'éclat d'obus que j'avais dans la tête, s'est bien effectuée. J'espère donc avec la grâce de Dieu, revenir bientôt à la santé. Mon colonel m'a fait remettre la Médaille militaire et la Croix de guerre. Ce viatique militaire venant après celui du Bon Dieu m'a rendu courage et espoir. »

Le mieux fut de courte durée. Un abcès se forma dans la plaie qui n'avait pu être bien lavée. Cet abcès ouvert le 23, produisit une abondante hémorragie ; une méningite emporta le blessé, le 25 août, vers 1 h. 1/2 de l'après-midi. Il eut le bonheur de communier encore ce jour-là. La veille, il avait reçu l'Extrême-Onction.

Il s'éteignit dans le baiser du Seigneur au moment même où l'aumônier, après lui avoir donné l'indulgence de la bonne mort, lui faisait baiser le Crucifix.

On aurait dit que le Seigneur, dans ce baiser suprême, venait cueillir sa belle âme pour l'emporter au Ciel et achever avec la Cour céleste, la fête de Saint-Louis. Le saint Roi dut venir au devant de ce descendant des Croisés, en qui revivait si bien l'héroïsme et la foi de ses aïeux.

Immédiatement après sa mort, sa figure prit une telle expression de bonheur qu'on ne pouvait se lasser de le regarder. Son visage devint d'une blancheur de neige.

L'aumônier dit alors à ses pauvres parents : « Je crois que Léon est allé au Ciel, tout droit, sans même passer par le purgatoire.

« Il est mort victime de sa charité pour son prochain, et martyr du devoir pour la France.

« C'est une protection que vous avez au Ciel. »

ROUAULT DE LA VIGNE, ALAIN
Sous-lieutenant au 48ᵉ régiment d'infanterie.

Né à Dinan, le 15 août 1868, il fut élève à Saint-François-Xavier durant l'année scolaire 1898-1899. Nous trouvons sur lui, dans l'*Action Française* du 15 juin 1915, les détails suivants :

« Alain Rouault de la Vigne, secrétaire de la section d'*Action Française* de Dinan, est tombé héroïquement, le 28 mai, à Carency, à l'âge de 28 ans.

Parti le deuxième jour de la mobilisation comme soldat de 2ᵉ classe, il avait gagné ses galons de caporal à Charleroi. Blessé une première fois, il fut évacué sur le dépôt. A peine guéri, il repartait sur le front. La victoire de la Marne avait changé la face des choses. Nommé sergent peu de temps après, il recevait l'épaulette huit jours seulement avant le pénible engagement dans lequel il devait trouver la mort.

Chacune de ces nominations l'avait maintenu dans cette 2ᵉ compagnie du 48ᵉ d'infanterie où il avait pris sur ses compagnons d'armes un ascendant considérable. C'est qu'en plus des beaux exemples de courage qu'il leur donnait chaque jour et qui allaient à l'occasion jusqu'à l'héroïsme, il aimait à converser avec eux, discutant avec les fortes têtes et ne laissant pas de s'instruire lui-même, pour mieux venir à bout des objections qu'elles lui faisaient. »

C'était, semble-t-il, une âme trempée pour l'action et que l'action faisait monter.

Nul doute que sa mort héroïque n'ait été pour lui la suprême ascension.

ROUSSEL (l'abbé), JULES
Soldat au 116ᵉ régiment d'infanterie.

Né à Marzan, le 24 avril 1897. Il était donc bien jeune encore quand la guerre éclata et, peut-être, comme plusieurs, put-il espérer la voir finie avant que son tour ne vînt d'être soldat.

Il fut élève à Saint-François-Xavier d'octobre 1909 à 1912, puis s'en fut continuer ses études à Calmont-Haut, à l'ombre du Grand Séminaire vers lequel le dirigeait sa vocation.

La *Semaine Religieuse* de Vannes du 26 octobre 1918, dans une courte note « recommande aux prières du clergé et des fidèles l'âme de l'abbé Jules Roussel, de Marzan, clerc tonsuré du Grand Séminaire de Vannes ; mort des suites de ses blessures, dans une ambulance allemande, le 31 mars 1918. »

C'était le Saint jour de Pâques. Il n'avait que 21 ans, mais ces jeunes vies s'offraient généreusement en sacrifice pour le salut et la résurrection de la France.

ROY, Georges-Joseph-Eugène
Capitaine au 167ᵉ régiment d'infanterie.

Né à Marseille, le 30 octobre 1866. Après de bonnes études à Saint-François-Xavier (1876-1885), il se destina à la carrière des armes.

Sorti de Saint-Cyr en 1891 et versé dans l'infanterie, il était capitaine au 167ᵉ régiment d'infanterie, à Toul, lors de la déclaration de guerre.

Officier d'une grande bravoure, estimé de ses supérieurs, très aimé de ses hommes, le capitaine Roy se conduisit vaillamment au feu.

Mortellement atteint d'une balle au front, à l'attaque à Noviant-aux-Pré (en Lorraine) le 25 septembre 1914, il succomba quelques heures après.

Il fut fait chevalier de la Légion d'honneur et décoré de la Croix de guerre avec palme, à titre posthume.

Avant de partir pour le front, il avait écrit son testament tout imprégné de la foi vive qui l'animait. Il y manifeste sa pleine confiance en Dieu et y fait volontairement le sacrifice de sa vie, si le salut de la Patrie l'exige. On comprendra mieux ce qu'un tel sacrifice avait d'héroïque lorsqu'on saura que Roy laissait derrière lui sa femme avec six enfants. Chrétien convaincu et pratiquant, tout en se préparant au combat, il avait aussi préparé son âme à paraître devant Dieu. La veille du jour où il est tombé, il s'était confessé et avait communié.

DE RUSSÉ, Budan Jacques-Marie-Louis-Henri
Capitaine au 264ᵉ régiment d'Infanterie.

Né à Tours, le 23 avril 1873, fut élève du Collège Saint-François-Xavier (1889-1892). Entré à Saint-Cyr en 1894, il en sortait deux ans plus tard comme officier d'infanterie.

Affecté, à la mobilisation, au 264ᵉ d'infanterie, il partit au front avec son régiment, dès les premiers jours.

Blessé assez grièvement à l'épaule gauche le 20 septembre 1914, par un éclat d'obus, au combat qui eut lieu entre Saint-Pierre de Vitry et Moulin-sous-Touvent, le capitaine de Russé refusa de se faire évacuer. Pendant 12 jours, malgré les douleurs qu'il ressentait, il voulut rester à la tête de sa compagnie.

Vaincu enfin par la souffrance, et totalement à bout de forces, il fut dirigé sur l'hôpital 10 à Nantes. Il y mourut d'épuisement, le 12 octobre suivant, victime de son généreux entêtement à conserver quand même sa place au danger, au milieu de ses frères d'armes qu'il aimait tant, et dont il tint, jusqu'au bout, à partager le sort.

Voici un extrait de l'article publié par le *Télégramme* de Nantes, sur les obsèques du vaillant capitaine de Russé :

Mardi, 14 octobre 1914, ont eu lieu les obsèques du premier officier mort, à Nantes, des suites des blessures reçues à l'ennemi. C'est le capitaine Jacques Budan de Russé, originaire d'Oudon, officier de réserve au 264° d'Ancenis, décédé lundi matin à l'hôpital temporaire n° 10, rue des Dervallières (hôpital organisé avec un magnifique dévouement patriotique par M™e Pierre Levesque, fille du général Voisin).

A 8 h. 45, le clergé de Saint-Similien ayant à sa tête M. le chanoine Cassard, vient procéder à la levée du corps. Les honneurs militaires étaient rendus par une compagnie du 65° de ligne, commandée par un capitaine.

Le cortège funèbre se met en marche vers Saint-Similien. Après le clergé, une section précède une prolonge d'artillerie sur laquelle a été placé le cercueil. Celui-ci est recouvert d'un drap tricolore ; l'uniforme du défunt et de nombreuses couronnes aux larget rubans tricolores ont été mises sur le drapeau. Quatre dragons, sabre au clair, entourens la prolonge.

Le deuil est conduit par les deux frères et la belle-sœur du défunt ; par M™e Pierre Levesque et M™e Hyver, entourées des dames infirmières de l'hôpital. Aussitôt après viennent : le général Goëtschy, commandant la 11° région ; M. Steck, secrétaire général ; M. Bellamy, maire de Nantes ; colonel Samson, commandant les subdivisions ; capitaine Lhermite, officier d'ordonnance du général Goëtschy ; MM. Baillergeau, intendant général, comte de Kervénoaël, Renoul de la Bourdonnerie, commandant Condroyer, capitaine Casteran, commandant Denais, Maxime Guillou, Pierre Pichelin fils, Cellier, Mathorel Brottault, Théophile Cholet, etc., etc.

Une section, l'arme basse, encadrait la prolonge et les autorités ; une autre section fermait la marche.

A Saint-Similien, la grand'messe a été chantée par M. le chanoine Cassard. Mgr Le Fer de la Motte, accompagné du chanoine de la Pénissière, était présent dans le chœur. Après la messe, l'Evêque de Nantes a pris la parole.

Sa Grandeur a rappelé qu'il y a quelques semaines les autorités et elle-même se trouvaient réunies, dans la chapelle de Bel-Air, autour du premier soldat français mort à Nantes. Aujourd'hui, ceux qui représentent toute la France, sont là pour saluer la dépouille mortelle du premier officier ayant succombé dans notre ville, Jacques Budan de Russé, un de ces vaillants officiers qui versent leur sang pour le rachat de la France. Monseigneur célèbre le magnifique héroïsme de nos officiers et oppose leur vaillance à la brutalité des officiers allemands. Il rappelle, avec émotion, les derniers moments du capitaine Budan de Russé, mort en si bon chrétien. Un pays qui produit de tels hommes ne peut douter d'avoir la victoire finale. Aussi, bientôt, nous trouverons-nous de nouveau réunis pour le *Te Deum* qui célèbrera le triomphe définitif obtenu par le sang de nos martyrs.

Mgr Le Fer de la Motte a donné l'absoute. Puis le corps a été conduit au cimetière de Miséricorde et déposé dans un caveau provisoire. La sépulture aura lieu ultérieurement à Oudon.

LE SAULNIER DE SAINT-JOUAN, Ange

Missionnaire Eudiste
Aumônier militaire à l'hôpital de Versailles.

————

Né à Binic (Côtes-du-Nord), le 3 janvier 1857, élève à Saint-François-Xavier (1872-1875).

Ses études terminées, il entrait au noviciat des Pères Eudistes, à Kerlois. Puis on lui confia, au Collège de Saint-Jean de Versailles, le cours de philosophie.

Envoyé ensuite comme Directeur au Séminaire d'Amiens, il quitta ce poste pour exercer son ministère en Colombie où il passa trois années près des lépreux.

Rappelé en France par suite de son état de santé, il est nommé aumônier des Filles de Sainte-Clotilde, à Paris.

Il venait de prendre un congé lorsque la guerre éclata. Il exerça alors son zèle auprès des blessés, à Versailles. Ce fut dans ce dernier poste qu'il contracta, comme aumônier militaire, le typhus qui devait l'emporter ; il rendit sa belle âme à son Dieu qu'il aimait tant, le 13 septembre 1914.

Il mourut quatre mois après son frère Jean, qui avait été ordonné prêtre le même jour que lui.

Le Père Le Saulnier était un orateur distingué et savait admirablement approprier ses arguments à la composition de son auditoire ; la facilité et l'à-propos de ses répliques dans les discussions, avaient quelque chose de vraiment merveilleux.

————

DE SALINS (Guyot d'Asnières), Fernand-Charles-Marcel-Joseph

Maréchal-des-logis d'artillerie coloniale

————

Né à Rennes, le 30 janvier 1889, élève du Collège Saint-François-Xavier (1899-1901).

Il était sous officier au 8ᵉ d'artillerie au Maroc, lors de la déclaration de guerre. Il demanda à venir servir en France. Sa conduite sur le sol français fut aussi brillante que sur la terre d'Afrique, où ses excellents états de service lui avaient valu la Médaille de Taza.

Il fut blessé grièvement le 24 septembre 1914, à la bataille de la Marne, près de Souain, et mourut courageusement, deux jours après, à l'hôpital de Chalons-sur-Marne où il avait été transporté. Il n'avait que 25 ans.

Les lignes suivantes extraites de la dernière lettre qu'il écrivit à sa mère révèlent la noblesse de ses sentiments et l'élévation de son caractère : « Chère maman, si vous recevez ces lignes, c'est que je ne serai plus de ce monde. Dans ce cas, résignez-vous et soyez bien tranquille sur l'âme de votre enfant qui sera mort en bon chrétien et en bon français. »

DE SALINS (Guyot d'Asnières), Guy-Pierre-Marie
Sous-lieutenant au 1er régiment de chasseurs

Né à Vannes, le 7 juillet 1891, ne passa qu'une année (1900-1901) à Saint-François-Xavier, où il a laissé pourtant le meilleur souvenir.

D'un tempérament très actif, il se destina à la carrière des armes, entra à Saint-Cyr et en sortit sous-lieutenant avec la promotion Montmirail.

Affecté au 1er régiment de chasseurs, à Châteaudun, il partit au front dès les premiers jours de la mobilisation et, comme son infortuné cousin, Fernand de Salins, qu'il ne précéda que de quelques jours au tombeau, il fut l'un des premiers frappés, à la tête d'un peloton d'escorte. C'est au poste de commandement qu'il fut atteint, le 16 septembre 1914, d'un éclat d'obus qui le blessa grièvement. Transporté à l'hôpital de Soissons, il expira le jour même à peine âgé de 23 ans.

Le *Nouvelliste de Bretagne* du 14 octobre annonçait sa mort en ces termes :

La mort au champ d'honneur de M. Guy Guyot d'Asnières de Salins met en deuil une des familles les plus connues de la Bretagne, affligée depuis par la mort de M. Fernand de Salins, sous-officier d'artillerie.

Atteint d'un éclat d'obus, le 16 septembre, et transporté à l'hôpital de Soissons, le sous-lieutenant Guy de Salins reçut aussitôt l'Extrême-Onction, remua les lèvres pour une suprême prière, et mourut en serrant doucement la main de l'aumônier.

Récemment sorti de l'Ecole de Saint-Cyr, d'un caractère franc et affable, d'une nature charmante, M. de Salins avait tout de suite conquis l'affection des officiers de l'Etat-Major.

« Le jeune camarade que nous avons perdu, écrivit son général, possédait au plus haut degré toutes les qualités d'intelligence et de cœur d'un homme d'élite. Très bien doué comme militaire, d'une bravoure naturelle et souriante, il avait mené plusieurs reconnaissances avec autant d'habileté que de crânerie ; plein de sollicitude pour ses hommes, il en était très aimé. »

A la douleur du commandant de Salins, son père, et de Mme de Salins, à celle de ses sœurs qui pleurent leur unique frère, nous joignons l'expression de notre respectueuse sympathie ; mais nous le disons du fond du cœur, il était de ceux qui meurent en portant au front l'espérance immortelle qu'une mère chrétienne y a déposée le jour de leur baptême avec son premier sourire, et il avait compris, le brave et pieux enfant, que pour vivre toujours, il faut savoir mourir.

Chevalier de la Légion d'honneur à titre posthume, il a été cité à l'ordre de l'armée dans les termes suivants :

Jeune officier plein d'entrain et de cœur, s'était fait remarquer dans plusieurs reconnaissances par son intelligence et sa crânerie. Blessé mortellement le 16 septembre 1914, au combat de Villeneuve-Saint-Germain.

SEPTANS, Jean
Enseigne de vaisseau de 1re classe.

Nos marins pendant la guerre firent une œuvre considérable, et leur dévouement incessant, quoique moins glorieux en apparence que celui du soldat des tranchées, n'en fut ni moins fatigant ni moins méritoire devant la France, comme nous le fait voir la carrière de Jean Septans, si courte, mais si bien remplie.

Il naquit à Brest, le 22 juillet 1893. Saint-François-Xavier l'eut comme élève durant l'année scolaire 1908-1909. Puis il quitta Vannes pour suivre le cours de Navale au Lycée Saint-Louis, à Paris. Admis à l'Ecole Navale en 1912, il en sortit le 2 août 1914 et fut immédiatement dirigé sur Toulon.

Il s'embarque en escadre, successivement sur les cuirassés *Jean-Bart, Démocratie, Lorraine*. Détaché pendant quelque temps comme officier observateur au parc d'aérostation de Corfou, il reprend en 1917-1918 le dur service en croisière, à la poursuite des sous-marins, sur le torpilleur d'escadre *Enseigne Henry*; puis sur le torpilleur d'escadre *Annamite*.

Tant de fatigues épuisèrent sa santé et on dut, en 1918, le débarquer à Toulon et l'évacuer sur l'hôpital Sainte-Anne. Il y mourut le jour de Pâques, 31 mars 1918, étant enseigne de vaisseau de 1re classe.

Il avait véritablement dépensé sa vie au service de la France.

DE SÉRAINCOURT (Choppin), Gaëtan
Capitaine au 1er bataillon de chasseurs à pied.

Né à Paris, le 28 février 1878. Saint-François-Xavier le vit durant l'année scolaire 1890-1891, élève de troisième. Se destinant à la carrière militaire, il poursuit ses études à Sainte-Geneviève et fait partie de la promotion de Saint-Cyr (1898-1900). Il est alors nommé sous-lieutenant au 152e régiment d'infanterie à Gérardmer. Le 25 décembre 1913, il devient capitaine au 1er régiment de chasseurs à pied.

La guerre éclate et dès les premiers jours d'août 1914, il entre en Alsace avec son régiment et obtient, le 14 du même mois, une citation à l'ordre de l'armée, après le combat de Saint-Blaise où il s'est particulièrement distingué.

Blessé grièvement le 30 août 1914, au col de la Chipotte (Vosges), il est décoré de la Légion d'honneur pour sa belle conduite. Il meurt des suites de ses blessures, le 1er septembre suivant, à l'ambulance d'Autrey (Vosges).

DE SÉRAINCOURT (CHOPPIN), ADHÉMAR
Sergent au 51ᵉ régiment d'infanterie.

Adhémar de Séraincourt naquit à Paris en octobre 1880 et vint à Saint-François-Xavier durant l'année 1890-1891. Il y fit sa 6ᵉ pendant que son frère Gaëtan était en 3ᵉ.

Comme lui, il fut mobilisé dès les premiers jours. Nommé sergent au 51ᵉ régiment d'infanterie, il fut tué le 20 novembre 1914, au bois de la Grurie.

Adhémar de Séraincourt avait 34 ans.

SERGENT (l'Abbé), PIERRE
Sergent au 116ᵉ régiment d'infanterie.

Pierre Sergent naquit à Guiscriff (Morbihan), le 6 janvier 1892.

La persécution qui fermait les Petits Séminaires fut cause qu'il vint achever ses études à Saint-François-Xavier, de 1907 à 1910. Il entra ensuite au Grand-Séminaire de Vannes et y reçut les Ordres mineurs.

Parti dès les premiers jours de la guerre, comme sergent au 116ᵉ régiment d'infanterie, il s'y conduisit bravement, et sauva son capitaine grièvement blessé. Sa conduite lui mérita la belle citation que nous reproduisons.

Sous-officier d'une bravoure remarquable. A Maissin, sous une pluie de balles, présente les armes à son capitaine en recevant des ordres. Le 2 octobre 1914, son lieutenant étant tombé, a entraîné sa section entière à l'assaut jusqu'aux lignes allemandes, où il tomba mortellement blessé d'une balle à la tête.

Il mourut deux jours après, le 4 octobre 1914, à Beaumont dans la Somme.

SÉVENO, ADRIEN-MARIE
Marin du commerce.

Né à l'Ile-d'Arz, le 5 mai 1888, élève à Saint-François-Xavier (1898-1901), se destina ensuite à la marine marchande.

Durant toute la guerre, il resta à bord des bâtiments de commerce.

Victime d'un torpillage, à bord du *Poitiers*, il périt en vue des côtes anglaises, le 24 avril 1918.

C'était un chrétien fervent et pratiquant. Il avait puisé dans sa foi ce genre particulier d'héroïsme continu qui fut celui de nos équipages sans cesse en alerte, parce que sans cesse exposés aux surprises d'une mine flottante ou d'un torpillage.

DE SOLMINIHAC, AYMERIC-ALAIN-MARIE

Sergent au 48ᵉ régiment d'infanterie.

Né à Limoges, le 16 octobre 1894, Aymeric de Solminihac fut élève du Collège Saint-François-Xavier (1902-1903).

A la mobilisation, il fut incorporé au 48ᵉ de ligne et prit part avec ce régiment à tous les combats auxquels il participa.

Sa brillante conduite lui valut rapidement les galons de sergent. Il avait, du reste, à cœur de venger son frère aîné, Roland, sergent au 23ᵉ, affreusement mutilé au début de 1916, et son père, glorieusement tombé en 1914, à la bataille de Charleroi.

Mortellement frappé en montant à l'assaut en octobre 1916, le sergent de Solminihac a été cité à l'ordre du jour de la brigade.

De Solminihac Aymeric, sergent à la 6ᵉ compagnie du 48ᵉ.

Excellent sous-officier, brave et énergique, passe, sur sa demande, du 24ᵉ dragons au 48ᵉ d'infanterie, où son père, le capitaine de Solminihac, tué au début de la campagne, avait servi. Tombé glorieusement au champ d'honneur, en entraînant sa troupe à l'assaut des positions allemandes.

La Croix de guerre a été remise à son plus jeune frère, les deux aînés étant, l'un, sergent au 23ᵉ d'infanterie, grièvement blessé, le second, élève aspirant à Saint-Cyr.

DE SOLMINIHAC, GEORGES-LOUIS

Capitaine au 71ᵉ d'infanterie.

Né à Plœmeur, le 2 octobre 1866. Après avoir passé au Collège de 1878 à 1881, il se destina à la carrière militaire.

Capitaine au 71ᵉ d'infanterie lors de la mobilisation, il partit au front avec son régiment dès les premiers jours et tomba presqu'aussitôt, au Champ d'honneur. Le 24 août 1914, il était mortellement frappé, au combat d'Arcimonts (Belgique), alors qu'il entraînait ses troupes à l'assaut des positions ennemies.

Le *Nouvelliste de Bretagne* raconte en ces termes le départ pour le front et la mort glorieuse de ce vaillant soldat :

L'ordre de départ arrive pour le 71ᵉ où le comte de Solminihac est capitaine. Il est prêt. La nuit précédente, il a mis ordre à ses affaires, fait son testament, écrit ses suprêmes volontés. Il a grandi encore le courage et la résignation chrétienne de son admirable épouse.

Au départ, le régiment dut passer dans la rue où habitait le capitaine.

Celui-ci résolut de voir une dernière fois sa femme. Il devança ses hommes de quelques foulées, pressant son fringant cheval « Colibri » et l'arrêta devant son portail. Domptant l'émotion qui l'étreignait, car il était soldat avant tout, il appelle Mme de Solminihac. Elle vint pleurer à une fenêtre :

— Allons, Margot, lui dit-il, crie avec moi une dernière fois : Vive la France !

Et la vaillante femme poussa le cri demandé par celui qu'elle ne devait plus revoir et qui la saluait galamment de l'épée.

Ce soldat savait unir dans son cœur toutes les religions. Là-bas, face à l'ennemi, sous les obus, il avait reçu la communion des mains d'un prêtre-soldat, le jour du 22e anniversaire de son mariage avec la fille du comte de Valanglart.

... L'Heure suprême. C'est près de la grande cité charbonnière, près de Charleroi. Il faut gagner du temps, il faut tenir, il faut se sacrifier, il faut courir à la mort. Les cuirassiers ne peuvent plus, en ces modernes batailles, se faire tuer comme à Reichshofen. Les Bretons le feront, les Bretons sont là !

Le capitaine de Solminihac est à cheval, cible élégante et hautaine. Il harangue ses hommes.

— Mes enfants, jetez une dernière fois un regard sur vos familles, vos femmes, vos petits — la France vous demande aujourd'hui vos vies ; sachez-les lui offrir. Je vous répéterai ces mots d'un chef vendéen, que j'ai toujours admirés : « Si j'avance, suivez-moi ; si je recule, tuez-moi, mais si je meurs, vengez-moi ! » Allons, mes enfants, je puis compter sur vous, n'est-ce pas ?

Oui, mon capitaine ! Oui !

Par un scrupule de chrétien, le capitaine envoya ensuite le cycliste Gicquel avertir son chef de bataillon qu'il avait reçu l'ordre de marcher à une mort certaine.

Puis il fit un grand geste avec son épée.

— Vive la France !

Les soldats de Bretagne suivirent leur capitaine sous l'ouragan de flamme et de plomb.

Un éclat d'obus vint frapper le comte de Solminihac, l'atteignit dans ce qu'il avait de plus pur, de plus noble en lui : au cœur !

Ecoutez encore et comprenez que pour mourir, il y a aussi la manière : on peut aller se faire tuer en brave, et tomber en gentilhomme de France, le front vers le ciel.

C'est ainsi que tomba M. de Solminihac.

Avant de partir au feu, sur la place Saint-Michel, à Saint-Brieuc, peu après son poignant adieu à Mme de Solminihac, il s'arrêta et, suivant sa pensée, il baisa le pommeau de son épée et salua militairement le grand archange, le généralissime des armées du Ciel.

Et que dire, aussi, de l'ami qui nous ayant confié ces belles choses, nous dit, avec simplicité :

« Je ne pleure pas, ce serait diminuer son acte généreux : Vive la France tout de même ! »

(Nouvelliste de Bretagne).   Henry D'YVIGNAC.

TANGUY (l'Abbé), NOËL-MARIE

Maréchal-des-logis au 35ᵉ régiment d'artillerie.

Né à Quistinic, le 28 décembre 1889, élève à Saint-François-Xavier en 1907.

Le 2 août 1914, lisons-nous dans la *Semaine religieuse* du diocèse de Vannes, devait être jour de fête à Quistinic. Parents et amis se disposaient à célébrer l'entrée dans le sacerdoce de M. l'abbé Noël Tanguy, à lui faire une couronne au pied de l'autel où il allait chanter sa première grand'messe. Mais la Patrie en danger appelait immédiatement ce jeune prêtre à sa défense, et ce jour-là même, au matin, il dut partir pour rejoindre à Vannes, le 35ᵉ d'artillerie.

Depuis lors, avec son régiment, il a guerroyé sur tous les champs de bataille de France. Quarante mois durant, il a vécu sous la menace perpétuelle de la mort. La mort le frôlait sans cesse, mais elle le laissait, et si bien, que notre espoir allait chaque jour grandissant de le retrouver indemne au lendemain de la guerre. Jamais il n'a été blessé, jamais malade, jamais évacué. L'avez-vous connu ? quelle riche nature ! quel robuste tempérament ! Il débordait de force et de santé. Et puis, le voici enlevé brutalement, en pleine vigueur, à 28 ans, quelques mois après que son frère, séminariste, a été lui aussi fauché par la guerre, au Champ d'honneur.

La mort de Noël Tanguy suscite les plus vifs regrets, là-bas, dans son groupe, comme ici, dans le diocèse. Un caractère heureux, tel qu'on n'en voit guère, lui avait conquis, partout où il a passé, les sympathies de tous. Pour moi, je ne puis que souscrire à ce témoignage que lui rend l'un de ses condisciples : « Nous qui l'avons connu et fréquenté depuis la quatrième, l'avons-nous vu une seule fois se départir de son calme et de sa bonne humeur ? Je ne le crois pas. Dans sa veste de velours, comme avec la soutane, toujours la même figure souriante, le même visage épanoui, indice du cœur généreux qu'il cachait. »

Maréchal des logis dès l'ouverture des hostilités, Noël Tanguy eût pu monter plus haut dans la hiérarchie militaire ; il ne l'a pas voulu, afin, déclarait-il, de faciliter le contact avec ses hommes, de rendre plus étroits les liens qui l'unissaient à eux et plus salutaire son action sur eux. Le bien des âmes, voilà ce qu'il recherchait avant tout, ce qu'il a toujours recherché. Des conversations intimes, qui remontent à l'année 1905, nous révèlent déjà ses rêves d'apostolat. Apôtre, il l'a été. Depuis le début de la guerre, il a fait beaucoup de bien à ses compagnons d'armes, atteste le P. Texier, bien placé pour en juger.

A coup sûr, sa parfaite connaissance de la langue bretonne aura bien facilité sa tâche auprès des Bretons du 35ᵉ. Foncièrement Breton, Noël aimait sa langue d'un grand amour, il la cultivait avec ferveur. Dans nos promenades d'autrefois, sur les chemins d'Auray, Brech ou Mériadec, il chantait pour nous entraîner, mais il chantait en breton. Chanter ne lui suffisait pas, il composa, et de bonne heure. Quelques poésies bretonnes de Nédeleg Tanguy, ont paru, à la grande satisfaction des connaisseurs.

Ceux qui le suivaient de près avaient fondé sur lui de solides espérances. Servi par une belle intelligence, qui lui valut maints succès au cours de ses études, animé d'une rare énergie, tenace dans ses résolutions, il s'est toujours montré ardent au travail. Tout cet ensemble de qualités promettait, assurément, un ministère des plus féconds. D'ailleurs le temps, trop court à notre gré, que Dieu lui a donné à vivre, il ne l'a pas perdu ; il a vécu assez, le bon Noël, pour mériter cet éloge si enviable : « C'était un vrai saint prêtre. »

Il est mort au service de sa Patrie ; ses diverses citations à l'ordre du jour nous apprirent, naguère, avec quelle bravoure et quel dévouement il l'a servie. Il est mort le dimanche de Pâques, en plein exercice de la charité, en ouvrant le ciel à ses frères d'armes mourants. Quelle belle mort pour un prêtre ! Quoi de plus rassurant sur son sort ! Quoi de plus consolant pour ceux qui le pleurent !

Nous nous faisons un devoir de publier la lettre si touchante par laquelle le P. Le Texier annonce à Monseigneur ce nouveau deuil. En quelques mots, elle montre ce qu'était et ce qu'eût été plus tard ce jeune prêtre, ordonné la veille de la déclaration de la guerre, et à qui Dieu n'a pas permis d'utiliser longtemps pour sa gloire les riches talents qu'Il lui avait départis. Un de ses frères, élève au Grand-Séminaire de Vannes, est déjà tombé au champ d'honneur.

Le saint jour de Pâques.

MONSEIGNEUR,

C'est les larmes aux yeux que je viens vous annoncer la mort du maréchal-des-logis Noël Tanguy, professeur à l'école secondaire du Faouët. Il a été tué aujourd'hui, vers midi.

A 9 heures ce matin, je suis allé à sa batterie pour le voir. Comme les Boches nous laissaient un peu d'accalmie, il en avait profité pour aller visiter un prêtre brancardier de la division, l'abbé H.., du diocèse de N.., qui a été blessé. Puis il est revenu à sa pièce. C'est là que la mort l'attendait. Il a expiré pendant qu'on le transportait au poste de secours.

C'était un vrai saint prêtre. J'ai été à même d'apprécier sa haute vertu, son intelligence et son zèle. Tous l'aimaient dans son groupe, officiers et simples artilleurs. Il leur a fait à tous beaucoup de bien pendant les trois années et demie qu'il a vécu avec eux. Il laisse après lui des regrets unanimes, et je ne doute pas que ses chefs ne lui accordent quelque distinction.

On doit rapporter son corps, ce soir, au poste de secours, où je l'attends avec d'autres victimes de cette lugubre journée.

J'ai tenu à vous faire part le plus tôt possible de la mort de notre cher défunt, afin que vous priiez et fassiez prier pour le repos de l'âme de cet excellent prêtre que le diocèse vient de perdre.

LE TEXIER,
Aumônier du 35e d'artillerie.

Lundi 9 avril.

L'abbé Tanguy a été enterré dans la nuit sans que j'aie eu la triste consolation de lui faire des obsèques, comme je l'aurais désiré.

Il est mort dans l'exercice de la charité. Il venait d'administrer trois mourants quand un éclat d'obus lui a coupé la gorge.

Il avait fait une bonne retraite à sa dernière permission...

Bienheureux ceux qui meurent dans de si belles dispositions !

M. T.

Citation à l'ordre du régiment.

D'un dévouement absolu, a fait, pendant les journées des 2, 3 et 4 octobre 1915, preuve d'un sang-froid et d'une bravoure remarquables ; sous un très violent bombardement, a largement contribué à dégager des hommes de la batterie, ensevelis sous les décombres de leur abri atteint par un obus.

Citation à l'ordre de l'armée.

Sous-officier qui a donné en toutes circonstances les plus belles preuves de courage et d'abnégation. A été tué alors que, sous un bombardement violent, il donnait des soins à un camarade grièvement blessé.

Médaille militaire et Croix de guerre avec palme.

« Cette distinction, écrit M. l'Aumônier du 35ᵉ d'artillerie au père du cher défunt, la plus haute qui existe dans l'armée, vous donne lieu d'être fier d'avoir un fils si courageux. Mais ce dont vous êtes plus fier encore, c'est d'avoir donné à Dieu un fils prêtre. Le capitaine R., qui doit vous écrire, nous racontait l'autre soir qu'il avait proposé à Noël de l'envoyer à Fontainebleau pour devenir officier. Votre fils demanda à réfléchir. Cela lui souriait beaucoup d'être officier. Mais après avoir consulté et prié, il refusa les épaulettes d'officier, se disant qu'il ferait plus de bien aux âmes en restant avec ses hommes. — Aussi, comprenons-nous son capitaine, écrivant aux parents du jeune prêtre : « Vous avez perdu un bon fils ; la France a perdu un de ses plus vaillants soldats. Il prie maintenant pour nous là-haut. »

TANGUY (l'Abbé), JEAN-MARIE
Caporal au 12ᵉ régiment d'infanterie

Né à Quistinic, le 9 décembre 1891. Ancien élève des Pères Assomptionnistes, au collège de Bure, en Belgique, termine ses études, en philosophie, au Collège Saint-François-Xavier, à Vannes en 1911. Entré au Grand Séminaire où il passe un an, il reçoit la tonsure, et en sort pour faire deux ans de service militaire, au 19ᵉ colonial, en Algérie.

Jean-Marie était sur le point de finir son service actif, lorsqu'éclata la Grande Guerre.

Il quitte l'Algérie et débarque à Marseille où son régiment séjourne quelque temps.

De Marseille, le régiment est dirigé sur Senlis où l'abbé Jean-Marie reste encore quelque temps comme caporal-infirmier.

Versé par la suite dans le rang, il part pour le front de Verdun comme caporal.

Ceux qui ont vécu les heures et les journées tragiques de Verdun peuvent seuls se faire une idée de l'âpreté et de la violence inouïes des combats qui y furent livrés. Dans une de ces attaques terribles, le 20 août 1917, l'abbé Tanguy fut atteint mortellement.

Atteint au ventre par une grenade, il succomba à ses blessures trois jours après, à l'ambulance, et fut enterré au cimetière de l'ambulance, à Glorieux.

Ordre du régiment.

Tanguy, Jean-Marie, matricule 7726, classe 1911, caporal à la 6ᵉ compagnie :
Excellent gradé, très courageux ; blessé mortellement dans l'organisation de la position conquise devant Louvemont, le 20 août 1917. Croix de guerre avec étoile de bronze.

Sa mort a été un deuil pour tous ceux qui l'ont connu.

Un de ses compagnons d'armes, qui l'avait suivi partout, écrivait : « Il était si bon camarade, si dévoué, si brave que je ne lui ai jamais connu d'ennemis. »

Il était toujours plein de confiance et de résignation. Le 15 août, il écrivait à ses parents :

« Nous attendons de monter en ligne. Le roulement de l'artillerie lourde est continuel. Les Boches envoient des fusants en quantité, sur nous et sur la pauvre cité tant meurtrie, mais sans faire aucun mal aux hommes. C'est peut-être ce soir que l'on commence son chemin du calvaire, mais on est prêt et on attend l'heure fixée. »

Le 20, le jour même où il reçut sa blessure mortelle, il écrivait encore en ces termes émouvants et plein de foi :

« On se croirait au seuil de l'enfer, dans la fumée des explosions et le bruit des détonations.

« C'est demain la danse. Je viens de dormir un moment, chose qui sera impossible ces jours-ci.

« Il fait un temps magnifique.

« Les avions sont nombreux dans le ciel, comme chez nous, au mois de novembre, les bandes de corbeaux.

« Je suis calme pourtant et tranquille. J'ai encore vu l'aumônier, ce matin. Je l'ai rencontré non loin de nous. J'ai pu encore communier en viatique sur le champ de bataille. Priez pour nous, pour que nous acceptions simplement la bonne volonté du Bon Dieu et ne vous chagrinez pas pour moi. »

Pressentant le moment fatal, il avait confié à l'un de ses amis, avant la grande attaque où il allait glorieusement tomber, son porte-feuille, son porte-monnaie et trois livres : une Philosophie, une Rhétorique et un « Novum ».

La mort de Jean-Marie, ajoutée à celle de son frère Noël, prêtre, tombé, lui aussi, à l'ennemi, laisse un grand vide dans la famille.

Mais leurs parents se consolent en pensant que leurs deux fils si chers sont morts pour la Patrie, en héros et en Saints.

Ajoutons que la Médaille militaire, à titre posthume, est venue récompenser les loyaux et glorieux services du caporal Tanguy.

TASTARD (l'Abbé), JOSEPH-MARIE
Aspirant au 2ᵉ régiment d'infanterie.

———

La lettre suivante de M. l'abbé Guillevin, vicaire à Saint-Avé, nous donne les détails les plus précis sur notre regretté condisciple.

MONSIEUR LE CHANOINE,

J'ai l'honneur de vous transmettre les renseignements suivants sur Tastard Joseph-Marie, afin qu'il figure sur la glorieuse liste des anciens élèves de Saint-François-Xavier, tombés au champ d'honneur.

Je vous suis très reconnaissant de l'intérêt que vous lui portez, et en mon nom et au nom de sa famille, je vous prie d'agréér tous mes remerciements. Je suis fier d'avoir été son premier maître à l'école primaire de Sulniac ; mon plus grand désir avait été de le voir devenir prêtre.

Né à Treffléan, le 22 août 1896, élève à Saint-François-Xavier (1909-1912), depuis la 5ᵉ jusqu'à sa rhétorique inclusivement. A fait sa philosophie au Petit Séminaire de Calmont-Haut, puis entra au Grand Séminaire en 1914.

De la classe 1916, il fut incorporé au 71ᵉ d'infanterie à Saint-Brieuc, puis affecté au 2ᵉ infanterie, à Granville, le 4 septembre 1916. Il prit part aux combats de la Somme, Chaulnes, Saint-Quentin-Noyon, Mont-Cornillet, Verdun. Entré à Saint-Cyr (du 5 avril au 16 décembre 1917) il en sortit comme aspirant. Retour à Verdun-Eparges (1918). En mai 1918, il assiste au combat de la Marne. Il trouva une fin glorieuse à Jaulgonne (Aisne) le 30 mai 1918.

Citation à l'ordre de la division :

Jeune officier de section plein d'entrain et de bravoure. Le 27 février, au cours d'un coup de main tenté par l'ennemi, a refoulé celui-ci dans une brillante contre-attaque.

Croix de guerre et Médaille militaire à titre posthume.

Le Colonel : BALAGNY.

———

THÉBAUD, CHARLES-FÉLICIEN-LOUIS
Sous-lieutenant au 4ᵉ zouaves.

———

Né à Vannes, le 4 janvier 1889, élève à Saint-François-Xavier (1898-1899), était aspirant d'infanterie coloniale au moment de la mobilisation.

Durant toute la guerre, il se distingua par sa brillante conduite et fut cité six fois, dont deux à l'ordre du jour de l'armée.

En juillet 1916, il était, notamment, l'objet de la citation suivante :

Citation à l'ordre du jour :

A brillamment enlevé sa section faisant partie d'une première vague d'assaut contre une position allemande ; a fait preuve des plus belles qualités militaires dans un violent bombardement de dix jours.

Il tomba près de Varesnes (Oise), le 30 mai 1918, en sortant de la tranchée.

Citation à l'ordre du corps d'armée :

Chef de section d'une bravoure et d'un calme au-dessus de tout éloge. Après avoir assuré la liaison entre le colonel, commandant le régiment, et les chefs de bataillons, du 25 au 29 mars 1918, a dans la matinée du 30, rallié à lui un groupe de fantassins et artilleurs, enrayé la progression de l'ennemi, organisé et défendu une des faces d'un village violemment attaqué.

Le 31, a enlevé son peloton à l'assaut avec un courage imposant, a conquis son objectif, y a maintenu sa troupe malgré les attaques ennemies, sous un feu violent de mitrailleuses et d'obus de gros calibre. Titulaire de six citations, dont deux à l'armée.

Son commandant, en annonçant sa fin héroïque à sa famille, disait : « J'aimais beaucoup Thébaud qui était un soldat dans l'âme, un officier plein de qualités, un brave parmi les braves. Que Dieu ait son âme ! »

THOMAS (l'Abbé), Joseph-Théodore-Marie

Adjudant au 118ᵉ régiment d'infanterie.

Nous lisons dans la *Semaine Religieuse du diocèse de Vannes*, du 16 janvier 1915 :

« Une communication du Ministère de la Guerre, en date du 12 janvier, nous annonce le mort de M. l'abbé Joseph-Théodore Thomas, adjudant au 118ᵉ régiment d'infanterie, décédé le 6 octobre, dès suites de ses blessures de guerre, à l'hôpital de Ligny-Thallois, près Bapaume. Depuis longtemps ses amis avaient le pressentiment de cette mort, qu'aucun document officiel cependant n'avait encore signalée.

M. l'abbé Thomas, professeur à l'École Saint-Armel de Ploërmel, avait été ordonné prêtre le 12 juillet dernier ; il était de Pénerf, où il naquit le 20 août 1889.

C'était une intelligence d'élite et un tempérament très ardent. Souvent, au cours de la campagne, on nous signala son intrépidité. Il y gagna d'être nommé adjudant.

Il fut blessé une première fois, mais très légèrement. « J'ai reçu, écrivait-il lui-même à Monseigneur, à la date du 26 septembre, un coup de baïonnette, le 8 septembre ; mais la sainte Vierge était avec moi ; le coup a dévié et je n'ai eu qu'une égratignure.

« Les balles allemandes m'ont épargné jusqu'ici. Cette heureuse chance continuera-t-elle ? Dieu le veuille. Je ne compte que sur lui pour cela ; car c'est vraiment miracle d'échapper aux milliers de balles qui pleuvent sur nos colonnes. »

C'est peu de temps après cette lettre que le cher abbé dut être frappé, puisqu'il mourut à l'hôpital le 6 octobre.

Ce nouveau deuil s'ajoute à la liste déjà longue de ceux qui affligent le clergé du diocèse, et qui brisent tant d'espérances.

Ses amis et ses élèves se feront un devoir de prier pour le vaillant tombé au Champ d'honneur.

DE TINGUY, ANDRÉ
Soldat au 116ᵉ régiment d'infanterie.

Né à Mouilleron-le-Captif (Vendée), le 6 septembre 1890, élève à Saint-François-Xavier en 1897. Il était soldat au 116ᵉ régiment d'infanterie, lorsque la guerre éclata. Parti au front dès les premiers jours de la mobilisation, il fut l'un des premiers frappés.

Au cours de la bataille livrée à Maissin (Belgique), pendant la retraite de Charleroi, il tomba le 22 août 1914, à peine âgé de 24 ans.

Fidèle jusqu'au bout aux traditions ancestrales, son cri d'adieu fut : « Vive la France ! » et ses dernières paroles à son frère : « Souvenons-nous que nous avons du sang de La Rochejacquelein dans les veines. »

Il avait une grande dévotion à la sainte Vierge ; il faisait partie de sa congrégation depuis 1910. Il mourut le jour de l'octave de son Assomption.

DE TINGUY, RAYMOND
Chasseur au 18ᵉ chasseurs à pied.

Né à Mouillleron-le-Captif (Vendée), le 13 février 1885, élève à Saint-François-Xavier (1893-1902). Il y a laissé, comme son frère, le meilleur souvenir.

Incorporé à la mobilisation au 316ᵉ d'infanterie, il est versé, après la retraite du Nord, au 18ᵉ chasseurs à pied. Il se signale tout de suite par sa brillante conduite. Témoin de la mort de son frère, il jure de la venger. Soutenu, comme son cadet, par un ardent patriotisme et par une foi profonde, soucieux de se montrer fidèle à la devise de sa maison : *Deo simul et Regi fideles*, il accomplit des prodiges de valeur et est, à maintes reprises, félicité par ses chefs.

Parti à l'assaut des tranchées de Calonne, le 21 juin 1915, il tomba dans les lignes allemandes, sans qu'on ait pu retrouver son corps.

Décoré de la Croix de guerre avec étoile de bronze, il fut cité à l'ordre du bataillon dans les termes suivants :

Citation à l'ordre du bataillon.

Glorieusement tombé le 21 juin 1915, en se portant à l'attaque à la baïonnette avec beaucoup d'entrain et d'allant.

DE **TORQUAT** DE LA **COULERIE**, Paul

Capitaine au 410ᵉ régiment d'infanterie.

Né à Auray, le 21 février 1892, d'une famille profondément chrétienne, fut élève à Saint-François-Xavier (1904-1909). Sorti de Saint-Cyr avec la promotion de la Croix du Drapeau, de Torquat devait dès le début des hostilités mettre en valeur ses belles qualités de soldat. Les cinq citations consécutives qu'il obtint rendent tout commentaire superflu.

1° Citation à l'ordre de la brigade.

Jeune officier d'un sang-froid superbe, très brave au feu. Déjà blessé devant Arras, en octobre 1914. A eu une très belle attitude devant Verdun. Le 18 décembre 1916, lors de l'attaque du saillant allemand de la voie ferrée de Laon, a largement contribué au succès de l'opération par une préparation minutieuse et intelligente des points de départ.

2° Citation à l'ordre de la division.

Commandant de compagnie, brave et calme; le 17 avril 1917, à l'attaque d'un ouvrage puissamment organisé, s'est élancé avec deux de ses sections dans les tranchées allemandes, en passant sous le feu des mitrailleuses ennemies et a progressé sur une profondeur de plus de 600 m. jusqu'à ce qu'il ait pu faire sa liaison avec les unités voisines.

3° Citation de septembre 1917.

Officier d'élite, modèle de calme, de bravoure et d'inlassable activité, toujours sur la brèche aux moments critiques. Le 16 juin 1917, a par son initiative intelligente et son action personnelle, contribué puissamment au succès d'une contre attaque.

Pendant les journées précédant l'attaque du 31 août 1917, a su, dans un secteur très difficile, soumis à un bombardement violent et continu, souvent en butte aux coups de main ennemis, organiser d'une façon parfaite et dans ses moindres détails, le terrain dont il avait la garde.

4° Citation à l'ordre de la division.

A réussi à exécuter avec sa compagnie un mouvement très délicat, infligeant des pertes sérieuses à l'ennemi. Dans la même journée, assura avec audace et intelligence l'avant-garde d'un bataillon, faisant preuve des plus belles qualités militaires.

Enfin le capitaine Paul de Torquat, commandant la 11ᵉ compagnie du 410ᵉ régiment d'infanterie tombait pour la France, le 29 mai 1918, frappé d'un éclat d'obus à la tête, à Bagneux, près Soissons, et était cité pour la cinquième fois en les termes suivants :

5° Citation à l'ordre de l'armée.

Officier remarquable, d'une bravoure tranquille, et d'une modestie au-dessus de tous éloges. Le 29 mai 1918, après avoir fait des prodiges d'énergie durant deux jours de combat pour assurer le repli de son régiment, est resté avec les derniers éléments de sa compagnie où il trouva une mort glorieuse, en combattant pied à pied un ennemi supérieur en nombre à qui il avait infligé des pertes très importantes.

Voici d'autre part l'allocution prononcée en l'église de Persan, le 16 juin 1918, par M. l'abbé Chevrot, aumônier à la 151ᵉ division d'infanterie, en l'honneur des officiers et soldats du 410ᵉ tués au cours des combats de mai-juin 1918 ; la figure militaire de notre cher camarade y est esquissée de main de maître.

« Une autre figure, bien représentative du 410ᵉ, que tous connaissaient, même en dehors de son bataillon, et que nous ne reverrons plus en ce monde, est celle du vaillant capitaine de Torquat, le plus brave entre les braves. Il n'était pas difficile au cours d'une action de découvrir où il pouvait se trouver : il suffisait d'écouter les détonations des obus et de chercher l'endroit le plus dangereux pour être assuré qu'il y était, merveilleux de calme, de présence d'esprit et d'entrain, et communiquant à ses soldats son ardeur et son sang-froid. Et après les coups durs, en secteur au repos, vous le voyiez allant, infatigable, de l'un à l'autre, attentif à ce que rien ne manquât aux hommes de sa compagnie dont il était universellement adoré. Un obus stupide nous l'a arraché brutalement, tuant avec lui un officier d'artillerie, un soldat et blessant quatre de nos camarades. Il est mort sur le coup, sans dire un mot, ce Breton silencieux qui agissait sans bruit, ce modeste qui avait tant de fois mérité les plus grands honneurs et qui était le seul qui ne fut point surpris de ne les avoir pas encore obtenus. Il est tombé simplement, s'effaçant dans la mort comme il s'était effacé dans la vie. Sa mémoire demeurera toujours vivante au 410ᵉ... »

DE TRISTAN, CHARLES-GONTRAN-ELZÉAR-MARIE

Capitaine au 333ᵉ d'infanterie.

Né à Bourges, le 24 décembre 1894, élève à Saint-François-Xavier (1904-1911), entra, comme son frère, à Saint-Cyr et en sortit sous-lieutenant à la promotion de la « Grande Revanche. »

Soucieux de marcher sur les traces de son aîné, mort pour la France au début de la guerre, et sur celles de son père, le lieutenant-colonel de Tristan, blessé à la tête de ses troupes au commencement de la campagne, le lieutenant de Tristan accomplit des prodiges de valeur.

Ses brillants états de service lui valurent d'être promu rapidement capitaine et nommé chevalier de la Légion d'honneur.

Blessé mortellement le 17 juillet 1917, il mourut trois jours après, dans une ambulance du front. Il n'avait que 22 ans. Les quatre magnifiques citations suivantes sont le plus bel éloge de ce jeune et vaillant officier, moissonné à la fleur de l'âge.

1° Ordre du régiment, du 9 septembre 1915.

Dans la nuit du 21 au 22 août, a conduit une reconnaissance avec beaucoup de sang-froid, a pris d'habiles dispositions grâce auxquelles il a mis en fuite une reconnaissance ennemie et reconnu complètement deux ponts à proximité immédiate des lignes allemandes.

D'ESPÉREY.

2° Ordre de l'armée, du 30 octobre 1915.

Au cours d'une contre-attaque et sous un violent tir de barrage, a entraîné sa section à l'assaut avec courage et énergie ; a lutté à coups de grenades et a réussi à reprendre un élément de tranchée perdu.

GÉRARD.

3° Ordre motif de Légion d'honneur, du 16 novembre 1916 du G. Q. G.

Jeune officier d'une haute valeur morale, qui a toujours fait preuve d'un allant et d'une bravoure exceptionnels. Le 24 octobre 1916, a brillamment enlevé sa compagnie à l'assaut des lignes ennemies, et, bien que blessé, a conservé sous un violent bombardement tout le terrain conquis, en prenant le commandement de troupes de différents corps. Déjà deux fois cité à l'Ordre. La présente nomination comporte l'attribution de la Croix de guerre avec palme.

GÉRARD.

4° Ordre de l'armée, du 31 juillet 1917.

Jeune capitaine ardent et brave, chef aimé et respecté de ses hommes. Ayant le commandement d'une compagnie en première ligne dans un secteur bombardé, y a maintenu sa troupe, a fait preuve d'un grand sang-froid et a été blessé grièvement le 17 juillet, à son poste de combat. Déjà décoré et deux fois cité.

JOFFRE.

Dieu aura accepté le sacrifice de sa vie, que lui avait offert Charles de Tristan, sacrifice que la foi profonde de la victime et sa piété ardente lui rendaient particulièrement agréable.

DE TRISTAN, JACQUES-MARIE-LÉON-CHARLES
Sous-lieutenant au 120° d'infanterie.

Né à Bourges, le 2 juin 1893 ; après de bonnes études à Saint-François-Xavier (1904-1911), entra à l'école de Saint-Cyr. Il y achevait sa première année, lorsque la guerre éclata. Promu sous-lieutenant (promotion de la Croix du Drapeau), il est affecté au 120° d'infanterie.

Plein d'enthousiasme et d'entrain, heureux de se battre, il assiste d'abord au combat de Maugiennes, passe en Belgique, revient sur la Marne, puis est dirigé sur l'Argonne où commence la guerre de tranchées, particulièrement dure dans cette région. Il prend bravement son parti de cette inaction forcée, attendant patiemment le signal d'une nouvelle marche en avant.

Le 3 novembre 1914, au bois de la Grurie, son capitaine, fauché par les mitrailleuses ennemies, s'abat en avant des tranchées françaises. N'écoutant que son courage, le lieutenant de Tristan vole au secours de son chef, mais à peine hors du boyau, il tombe frappé d'une balle en plein front, victime de son généreux dévouement.

Il fut cité à l'ordre du corps d'armée dans les termes suivants : *A brillamment participé à tous les combats du régiment ; a fait preuve du plus grand courage ; mortellement blessé à la tête de sa section.*

Chrétien convaincu et fervent, il avait fait d'avance le sacrifice de sa vie pour son pays, et s'était courageusement préparé à la mort.

TROPLONG, Maurice-Georges-Jean-Octave-Marie

Sous-lieutenant au 152ᵉ d'infanterie.

Né à Plougoumelen, le 20 juin 1896, il passa à Saint-François-Xavier, où il a laissé le meilleur souvenir, les années de 1906 à 1912.

Après de bonnes études, il se destina à la carrière des armes et entra à Saint-Cyr. Sous-lieutenant au commencement de la guerre, il prend part à tous les sanglants combats du début, et se distingue par sa vaillance et son entrain. Toujours le premier aux endroits dangereux, il avait surtout à cœur d'épargner la vie de ses hommes dont il prenait un soin constant.

C'est le souci continuel de ménager l'existence de ses compagnons d'armes qui causa la perte de cet héroïque officier.

Le 26 mars 1915, à l'Hartmanswillerkopf, un homme chargé d'opérer la liaison avec la tranchée voisine n'étant pas revenu, le lieutenant Troplong ne voulut pas que l'un de ses sergents s'exposât pour savoir ce qu'il était devenu. Dans un mouvement d'abnégation sublime, il se rendit lui-même sur un terrain particulièrement exposé et ne tarda pas à tomber victime de son dévouement.

Son capitaine, en annonçant à sa grand'mère sa fin glorieuse, écrit :

C'était un jeune homme charmant, intelligent, cultivé et possédant cette fougue qui donne tant de charme à la jeunesse française. Sa famille a justement le droit d'être fière de lui ! Que la façon glorieuse dont il est mort soit une atténuation à sa douleur !

Chevalier de la Légion d'honneur à titre posthume, décoré de la Croix de guerre avec palme et cité à l'ordre de l'armée avec le motif suivant :

Glorieusement tombé en assurant lui-même pour ménager la vie de ses hommes, la liaison avec une unité voisine. S'était montré intrépide dans l'attaque.

Il n'avait pas 20 ans.

UBICINI, Jean-Frédéric-René
Sous-lieutenant au 155ᵉ d'infanterie.

———

Né au Mans, le 24 juillet 1886, Jean Ubicini passa au collège Saint-François-Xavier les années 1901 et 1902, où il suivit le cours de marine.

Mobilisé comme sous-officier de réserve, il est affecté au 42ᵉ régiment d'infanterie ; sa brillante conduite lui vaut rapidement d'être promu sous-lieutenant et il passe au 155ᵉ, en juillet 1915.

Le 22 septembre de la même année, il est l'objet d'une première citation à l'ordre du régiment.

Officier dévoué et courageux ; s'était spontanément présenté le 17 septembre pour une reconnaissance difficile, à proximité des défenses ennemies ; a continué son travail de mesure et de piquetage, malgré le tir d'une pièce ennemie qui cherchait à l'atteindre.

Cette citation ne précédait que de quelques jours celle qui devait couronner cette courte, mais si utile carrière. Le 25, en effet, le lieutenant Ubicini tombait frappé d'une balle au cœur, en montant à l'assaut des positions ennemies.

Citation à l'ordre de l'armée.

Officier très énergique et d'un grand courage, toujours volontaire pour les missions périlleuses. Tué le 25 septembre 1915, en s'élançant dans les tranchées ennemies à la tête de sa section.

L'héroïsme déployé par le jeune officier avait tellement impressionné ses frères d'armes que le nom de « tranchée Ubicini » fut donné à la redoute d'où était partie la section commandée par lui.

Très aimé de ses camarades, il ne l'était pas moins de ses chefs. Son commandant écrivait à son père pour lui annoncer sa fin glorieuse : « J'estimais beaucoup votre fils qui m'était un précieux auxiliaire, toujours prêt à remplir toutes les missions ; d'une activité peu commune, il avait su en outre inspirer à tous par son calme courage, une profonde sympathie. »

Et le colonel, en transmettant aux siens la citation dont il avait été l'objet, ajoute : « J'avais personnellement beaucoup d'estime pour votre valeureux fils dont j'avais été à même d'apprécier les belles qualités militaires. La perte a été douloureusement ressentie par tout le régiment, où il laisse d'unanimes regrets. »

Chevalier de la Légion d'honneur à titre posthume.

VALLEAU (R. P.), Pierre-Jean

Caporal au 4ᵉ régiment de zouaves, Croix de guerre.

Né à Péaule (Morbihan), le 8 août 1892, commença ses études au Petit Séminaire de Ploërmel. Il vint les continuer au Collège Saint-François-Xavier, en 1907, et les acheva en 1910, au Petit-Séminaire de Calmont-Haut. Il entra ensuite au noviciat des Pères Blancs d'Afrique, à Binson, et s'y trouvait encore à la déclaration de guerre. Il fut incorporé, le 8 août 1914, au 1ᵉʳ régiment de zouaves, puis, peu après, il fut dirigé sur le front français de Belgique, avec le 4ᵉ régiment de cette arme.

Voici les renseignements que nous avons pu nous procurer sur la fin tragique de ce jeune missionnaire, si aimé et si estimé de tous ceux qui l'ont connu et sur lequel sa Congrégation fondait à juste titre de belles espérances.

Blessé d'une balle pendant une charge à la baïonnette, le P. Valleau refusa d'abandonner le combat, poussa en avant son escouade et ne se retira qu'après avoir vu ses hommes lancés à la charge.

A l'attaque de Lizerne, dit la citation, a donné le plus bel exemple de courage et de sang-froid en portant son escouade à l'assaut des tranchées ennemies. A été blessé lors de l'occupation de la deuxième tranchée.

« Le 11 novembre 1916, écrit un sergent de l'armée belge, en déblayant le terrain derrière la tranchée, mes hommes exhumèrent un caporal français que je m'empressai d'identifier. J'y réussis heureusement. Il se nommait Pierre Valleau, du 4ᵉ régiment de zouaves, 3ᵉ bataillon. Il avait encore sur lui quelques lettres de sa famille et de son directeur spirituel. Nous avons donné au vaillant soldat tombé pour la France une sépulture honorable, puis nous avons récité une prière pour le repos de son âme. »

La tombe de Pierre Valleau se trouve avec celle de quatre ou cinq inconnus. Elle est surmontée d'une croix plus grande que les autres et porte cette inscription, écrite au crayon fuschine :

D.O.M.
Ici repose Pierre Valleau
Des Pères Blancs d'Afrique
Caporal des zouaves
Tué en avril 1915.

C'est dans le cimetière Stentraède (Belgique) que repose le corps du dévoué missionnaire, devenu un vaillant soldat et une glorieuse victime.

DE VAUREIX, Raymond-Ernest-Michel-Joseph
Cavalier au 24ᵉ régiment de dragons.

———

Né le 13 décembre 1894, à Arras, où son père était commandant et chef d'état-major de la division. Entré au Collège Saint-François-Xavier à Pâques 1907, Raymond y resta jusqu'en juillet 1909.

Engagé volontaire pour quatre ans, en 1914, il était cavalier au 24ᵉ dragons quand la guerre éclata. Il entra en campagne avec toute l'ardeur de ses dix-neuf ans, comme en témoigne sa première lettre (août 1914) : « Je viens d'arriver à la frontière ce soir. Deux mots pour vous dire que je me conduirai en *chrétien* et en *soldat...* Lorsqu'on fait ainsi, il n'y a rien à craindre pour son avenir spirituel et temporel. La mentalité de l'armée est excellente. J'espère que les Allemands vont être battus à plate couture. »

Il prit part à toutes les actions de son régiment, jusqu'en novembre 1914, époque à laquelle il fut évacué pour palpitations et fatigue générale. Il passa quelque temps à la Croix rouge de Vannes, installée à Saint-François-Xavier. Après un séjour de trois mois à son dépôt (Rennes), il demande et obtint de partir à la place d'un camarade plus âgé, comme éclaireur au 147ᵉ d'infanterie.

Ce poste rempli d'imprévu, demandant de l'initiative et un certain mépris du danger, convenait bien à son caractère indépendant et aventureux. Il prit part aux attaques de Champagne en septembre 1915, puis aux combats de Verdun et de la Somme. Après la dissolution du 247ᵉ (automne 1917), il demanda instamment à garder son rôle d'éclaireur. Il fut alors attaché au 2ᵉ mixte, de zouaves et tirailleurs, (armée Mangin). Très fier de faire partie de cette troupe d'élite, il écrivait le 29 octobre : « Une bonne nouvelle à vous apprendre : je suis nommé à partir d'aujourd'hui au 2ᵉ mixte de zouaves et tirailleurs, en qualité d'éclaireur-monté. J'en suis extrêmement heureux et j'en bénis la Providence... Je vais quitter le bleu pour le kaki et le calot pour la chéchia. »

En janvier 1918, Raymond eut la joie de retrouver à Vannes ses deux frères, dont les permissions avaient pu concorder avec la sienne. D'un naturel très bon et très sensible, il était devenu de plus en plus affectueux pour les siens, depuis qu'il en était séparé.

Comme beaucoup, il souffrait physiquement, mais surtout moralement, de la longueur de la guerre et soupirait après une campagne plus active.

Le 15 janvier 1916, il écrivait : « Espérons qu'un jour la chance me sourira. En attendant, je fais mon service de bon cœur et gaiement, en me remettant entièrement entre les mains de Dieu, qui connaît mieux que moi ce dont j'ai besoin. »

Et plus tard, quelques semaines avant sa mort : « Je suis croyant en Dieu et j'espère qu'Il nous sauvera... Dans ces temps durs où l'on effleure la mort, la seule force est de croire en Dieu et de se recommander à Lui. C'est pourquoi je dis quotidiennement mes trois *Ave* avec l'offrande de ma vie. » (*Lettre du 16 juin 1918*).

Au cours d'une mission suivie à Vannes en 1911, il avait pris la résolution de dire tous les jours trois *Ave Maria*. Il n'y manqua jamais.

Raymond devait venir bientôt en permission. Il comptait arriver le 28 juillet, et s'en faisait une joie. L'attaque du 18 juillet, qui devait amener la victoire, se préparait. Le 2ᵉ mixte qui venait de « trinquer dur », fut dissous et versé au 13ᵉ tirailleurs algériens. Le matin du 18, Raymond envoya une dernière carte aux siens. Vers 3 ou 4 heures de l'après-midi, le colonel l'envoya porter un ordre, de Villers-Hélon que les tirailleurs venaient de prendre, vers Blanzy, à un bataillon qui attaquait. La mitraille faisait rage. Raymond partit gaiement à cheval. A peine avait-il fait vingt mètres qu'un obus éclata au-dessus de lui. Un éclat le frappa au sommet de la tête. Il perdit connaissance et tomba. Ses camarades et les infirmiers l'entourèrent bientôt ; mais il ne put revenir à lui. Transporté le soir à l'ambulance 2/154, en arrière de Villers-Cotterets, il y mourut le 20 juillet vers 3 h. de l'après-midi et fut inhumé au cimetière de la Ferme de Noüe, à 1500 mètres sud-ouest de Villers-Cotterets.

Ayant perdu, dans le trajet, ses papiers et sa plaque d'identité, il ne put être identifié que quelques jours plus tard par un camarade et ami dévoué, qui lui rendit, avec un soin pieux, les derniers devoirs, et veilla à l'entretien de sa tombe.

Le colonel du 13ᵉ tirailleurs écrivit au général de Vaureix :

« Mon général, votre fils est mort bravement pour la France en accomplissant tout son devoir... Sa mort a été profondément ressentie par tous ses compagnons d'arme. »

Raymond était, en effet, très bon et dévoué, partageant tout avec ses camarades moins fortunés, ne se plaignant jamais, et ne se déchargeant pas sur d'autres de ce qu'il devait faire lui-même. Sachant bien que noblesse oblige, il tenait à honneur de donner l'exemple et de faire *plus* et *mieux*.

Il fut cité à l'ordre de la 48ᵉ division d'infanterie dans les termes suivants :

Eclaireur intelligent, dévoué, courageux, n'a cessé d'assurer pendant l'attaque une liaison à cheval avec les unités en ligne. A été grièvement blessé en portant un ordre.

DE SUSBIELLE.

Raymond laisse deux frères dont l'aîné a été blessé deux fois. Au commencement de la guerre, il avait perdu deux cousins germains : Emmanuel et André de Vaureix, tués en Belgique.

VICAT, Joachim-Pierre

Capitaine au 2ᵉ régiment de zouaves
Chevalier de la Légion d'honneur, Croix de guerre.

Né à Vannes, le 8 décembre 1873, élève à Saint-François-Xavier (1882-1892). Sa nature ardente et aventureuse le poussait vers le métier des armes, aussi prit-il de bonne heure du service dans l'armée d'Afrique. Il y fit toute sa carrière, participant vaillamment à toutes les campagnes du Sud-Oranais et du Maroc où il se distingua constamment. A la déclaration de guerre, il revint en France comme capitaine au 2ᵉ zouaves, et apporta sur le front français la même ardeur et la même bravoure qu'il avait si souvent déployées sur le sol africain.

Il tomba glorieusement, criblé de balles, à la prise du saillant de Quennevières, (Oise), le 6 juin 1915, en entraînant sa compagnie à l'assaut.

La lettre suivante de son frère annonçant à sa belle-sœur la mort glorieuse et édifiante de son mari, donne les détails les plus précis sur les derniers moments du vaillant capitaine et fait ressortir, d'une façon saisissante, l'admirable bravoure et le noble caractère de ce bon camarade que nous vénérons désormais comme un héros.

MA CHÈRE SŒUR, MA CHÈRE MARIE

J'ai bien reçu votre lettre du 15 juin et je vais y répondre de point en point. Puisse ce que je vais vous dire et qui est l'expression exacte de la vérité, puisse le récit fidèle de ce que j'ai vu, vous consoler, si toutefois une douleur si grande peut être consolée...

Joachim pressentait le jour prochain où il devrait paraître devant son souverain juge ; il s'y préparait ; il n'existait plus en lui qu'une seule conception, celle du devoir. Il s'oubliait pour ne penser qu'à ses devoirs de soldat, de père de ses hommes. Il se confessait fréquemment. Il s'approchait souvent de la Sainte Table.

Je le voyais au repos, à Tracy ; il m'a présenté à ses officiers. Je l'ai vu au milieu de ses hommes qui l'aimaient comme un père. Je l'ai vu à l'église. Le soir, nous allions à la chapelle de l'Immaculée-Conception pour le mois de Marie, le mois de la Très Sainte Vierge, votre Patronne, la nôtre à tous. Là, il était recueilli et sa voix, pour chanter l'amour et la gloire de la Mère de Jésus, s'élevait claire, puissante, ardente, harmonieuse.

Le 5 juin, dans l'après-midi, les ordres pour l'attaque arrivent. Chacun a connaissance de l'ordre de bataille. On se prépare.

Le 6, par une brume légère, les régiments de tirailleurs, silencieux, gagnent leur poste. Des milliers d'hommes passent, pressés, fiévreux. Un silence impressionnant règne ; chacun comprend la gravité de l'heure et se recueille. Pas un coup de fusil, pas un coup de canon. Rien que du silence qui plane et pèse. Tout-à-coup, vers 6 h., le canon éclate en tempête. Ça commence... la canonnade ira en croissant. C'est effroyable. De tous les points de l'horizon, les projectiles partent, le ciel fulgure. Il semble que tout va s'écrouler. La terre tremble. L'ennemi répond, la mitraille s'abat sur nos tranchées, sur les boyaux, sur le parc. Je vais en deuxième ligne porter mes hommes pour le service spécial qui leur est confié. Les obus pleuvent sur le plateau. Le tir de barrage, le nôtre, fait son œuvre. Des vapeurs épaisses s'amoncèlent en teintes différentes, selon la nature des explosifs. Elles forment un mur épais, impénétrable qui s'élève haut, très haut. Mon service accompli, je reviens au poste d'attente, et là, monté avec mon sergent-major dans un arbre gigantesque où est installé un poste d'observation d'artillerie, j'assiste au drame puissant, passionnant, au drame terrible. A un moment donné, le canon s'arrête net. Les zouaves sortent de leurs tranchées (le 1er et le 5e bataillon) et courent sus à l'ennemi écrasé, terré dans les siennes. Il ne s'est pas aperçu que les zouaves ont pris pied chez lui. Il est surpris, massacré ; pas de quartier ; on le traite comme un animal pris au terrier. La colère et la vengeance exécutent les assassins d'outre-Rhin. Les zouaves en une heure ont pris trois lignes de tranchées ennemies. Ils sont maintenant en rase campagne. Les Allemands fuient en jetant leurs armes. La poursuite commence, mais le 265e a une défaillance. Le moral de ce régiment est mauvais. Il ne fait pas ce qu'il doit faire. On donne alors l'ordre aux zouaves de se replier pour ne pas être coupés. Le 11e bataillon était en réserve, et il ne devait pas attaquer. Il devait soutenir les lignes de ses feux. A droite de la position est une position allemande que n'a pas atteinte notre préparation d'artillerie. Cette position est donc entière, elle est défendue par ses fils de fer, ses chevaux de frise ; elle est occupée solidement. Elle est inattaquable. Quelqu'un, (on ne veut pas déterminer qui) perd le sens exact de la situation et donne un ordre : le 11e bataillon déboitera et attaquera cette position. L'ordre est transmis. Le colonel et le commandant se rendent compte de la folie de la tentative et dégagent leur responsabilité. L'ordre est maintenu quand même. Le 11e bataillon sort de la tranchée. Mon héroïque frère, le capitaine Vicat, chevalier de la Légion d'honneur, fidèle à ses serments d'officier, à son honneur de soldat, n'éprouvera pas la moindre hésitation. Il sait qu'il va à la mort. Il enlève sa compagnie, l'entraîne dans une ruée titanique vers la gloire, et du premier coup, il y atteint : « Mes enfants ! En avant ! » tel est le cri qui sort de sa poitrine de géant. Il fait 30 ou 40 mètres ; cinq balles l'atteignent : une au côté droit de la tête, au front, une à chaque flanc, une au bras, une dans la bouche. Le cou est atteint aussi. Le martyr tournoie légèrement, tombe sur le dos, face au ciel et face à l'ennemi. C'est ainsi que 800 hommes du 2e zouaves tombèrent, le dimanche 6 juin 1915, à l'attaque du saillant de Quennevières. »

Le corps de l'héroïque officier fut relevé sur le champ de bataille dans la nuit du 7 au 8 juin. On trouva sur lui un chapelet, un crucifix de cuivre, un portefeuille contenant des prières et deux cartes écrites une demi-heure avant l'attaque, l'une à sa femme, l'autre à ses parents.

Placé sur une civière, le corps fut transporté à Tracy-le-Mont et déposé dans la nef de la chapelle où il aimait prier l'Immaculée-Conception. A 5 h. eurent lieu les obsèques et les honneurs militaires furent rendus.

Le général Félineau qui jadis avait commandé le 2e zouaves, rendit hommage au capitaine Vicat en un adieu plein de vibrante émotion. A la fin de la cérémonie, s'adressant à son frère : « Avez-vous encore vos parents ? » demanda-t-il. — « Oui, mon Général. » — « Avez-vous encore des membres de votre famille sur le front ? » — « Oui, mon Général. » Il ajouta alors : « Je félicite vos parents d'avoir des fils tels que vous. Vous appartenez à une famille de braves. »

DE VILLÈLE, Alain

Capitaine au 10e bataillon de chasseurs à pied.

Né à Miniac-Morvan (Ille-et-Vilaine), le 8 octobre 1883, élève à Saint-François-Xavier (1895-1901). Il appartenait à cette vieille et belle famille dont était issu le grand ministre de Louis XVIII et de Charles X, et qui devait voir, de nos jours, trois autres de ses membres, Guillaume, Yves et Jehan tomber au Champ d'honneur. Fils obéissant et respectueux, élève modèle, de Villèle avait fait non seulement de brillantes études, mais avait su se faire aimer de tous ceux qui l'avaient connu.

Capitaine au 10ᵉ bataillon de chasseurs à pied, il fut blessé mortellement à Notre-Dame de Lorette, le 3 juin 1915, d'une balle qui le frappa au cou et alla se loger sous l'omoplate gauche. Au moment où on l'emportait, après avoir passé le commandement de sa compagnie à un lieutenant et exhorté ses hommes à tenir ferme, il eut la force de prononcer ces paroles : « A Dieu ! Vive la France ! » Transporté à l'hôpital de Nœux-les-Mines (Pas-de-Calais), il subit l'extraction de la balle, mais le capitaine était frappé à mort, celle-ci ayant touché la moelle épinière. Gardant sa connaissance jusqu'à la fin, il avait recommandé de lui donner l'extrême-onction s'il devait mourir ; mais il espérait cependant guérir et retourner au front. Le prêtre qui l'assistait à ses derniers moments, écrivait à sa famille : « J'étais fier de lui... Des morts comme celle-là sont belles et désirables. Le capitaine m'a fait l'effet d'un saint. Il fait bon constater qu'il y a encore de belles âmes en France. On dirait que le bon Dieu les choisit pour la rançon du pays. La mort de M. de Villèle est ce que j'ai vu de plus consolant jusqu'ici. Que nous aurions donc besoin de tels hommes pour refaire à neuf la France ! »

Alain de Villèle obtenait la belle citation suivante à l'ordre de l'armée, avec la Croix de la Légion d'honneur et la Croix de guerre avec palme :

Officier de réserve des plus distingués, tant par sa bravoure que par l'expérience qu'il avait acquise du commandement. Mortellement blessé le 3 juin 1915, a passé le commandement à son lieutenant avec le plus grand calme, et a quitté sa compagnie en s'écriant : « Adieu ! Vive la France ! »

DE VILLÈLE, Guillaume-Marie-Joseph-Gaston-Pol

Soldat au 56ᵉ régiment d'infanterie coloniale.

Né à Miniac-Morvan, le 16 avril 1895, il ne fit que passer, en 1906, au Collège Saint-François-Xavier, de Vannes.

Parti très jeune encore pour l'Amérique où il allait s'initier à la direction d'une grande exploitation agricole, il en revenait à l'âge de 19 ans, au mois d'octobre 1914, pour servir la France comme ses sept frères.

Incorporé au 56ᵉ régiment d'infanterie coloniale, il partait pour les Dardanelles avec son premier galon.

Il était rempli d'une calme bravoure et d'un esprit d'abnégation et de sacrifice dont le capitaine Alain de Villèle, du 10ᵉ bataillon de chasseurs à pied, tombé au Champ d'honneur, en juin 1915, et deux autres de ses frères blessés, lui avaient donné de si beaux exemples.

Le 4 octobre, lorsqu'il était occupé sous le feu de l'ennemi à fortifier les parapets d'une tranchée, et que le travail allait être terminé, une balle turque l'atteignit à la tête. Transporté à l'hôpital de Sed-Ul-Bahr, il expira peu après, sans avoir repris connaissance.

Fils de M. Gaston de Villèle décédé, qui fut un partisan résolu de la cause catholique et royaliste, et de Mme de Villèle, née de France, ce généreux enfant était de ceux dont il suffit de dire que bon sang ne peut mentir.

La lettre suivante de sa bonne et pieuse mère nous donne des détails précieux sur sa fin glorieuse, et nous fait connaître la grande piété et les nobles sentiments de ce brave enfant.

Lettre de Mme de Villèle au R. P. de Cintré,

Miniac, le 6 décembre 1915.

MON RÉVÉREND PÈRE,

« J'ai encore une bien douloureuse nouvelle à vous apprendre. Le cher Guillaume est tombé lui aussi pour la France. Il a été frappé d'une balle à la tête, dans les tranchées Sed-ul-Bahr, aux Dardanelles ! Transporté aussitôt à l'ambulance, il a succombé quelques instants après son arrivée, mais il a reçu les secours de la religion et sa tombe privée, dans le cimetière, est surmontée d'une croix. Je n'ai ces détails que ce matin.

« Mon vaillant soldat avait fait généreusement le sacrifice de sa jeune vie avant de nous quitter et, en embrassant sa sœur le 15 août, après avoir célébré le matin la fête de la Sainte Vierge, il lui disait (car il avait des pressentiments) : « Je ne te reverrai pas ; mais mourir pour la Patrie c'est la plus belle des morts ; elle efface les péchés. » Il a reçu sans doute sa récompense au ciel où il a rejoint notre cher Alain, dans la phalange des morts de cette affreuse guerre !

« Je sais, mon Révérend Père, que vous le pleurerez, car vous l'aimiez et il vous aimait aussi, et vous était bien reconnaissant de vos bontés pour lui. C'était un enfant exemplaire. Je n'avais jamais eu aucun reproche à lui adresser. M. de la Villéon qui, en Amérique, l'initiait à la vie spéciale de ce pays, m'écrit du front : « Vous perdez, Madame, un excellent fils ; je perds le plus charmant compagnon et le plus aimable collaborateur dont j'ai apprécié les hautes qualités dans cette intimité hélas, trop courte, d'Amérique... Guillaume a toujours été un saint... » Le caporal qui m'a annoncé la douloureuse nouvelle m'écrit aussi : « Il était très courageux ; son désir de faire son devoir faisait de lui un soldat plein d'entrain et qui avait su s'attirer l'estime de ses chefs. »

« Priez pour moi, mon Révérend Père, et demandez à Dieu d'épargner mes six autres soldats !

« Yves est dans les mauvaises tranchées de Mesnil-les-Hurlus, en deuxième ligne, pour le moment. Il a beaucoup souffert de cette rude vie depuis des mois qu'il l'endure, mais il est très courageux et ne se plaint jamais. »

Il devait, hélas ! lui aussi tomber au Champ d'honneur comme trois de ses frères !

DE VILLÈLE, JEHAN-MARIE-JOSEPH-FRANÇOIS
Lieutenant au 13ᵉ hussards pilote aviateur.

Né à Miniac-Morvan, le 24 mars 1892, il étudia au Collège Saint-François-Xavier, de Vannes, de 1903 à 1906 : il y a laissé, à ses maîtres comme à ses condisciples, le meilleur souvenir.

Maréchal-des-logis au 13ᵉ hussards, lors de la déclaration de guerre, il est nommé sous-lieutenant à titre temporaire en 1916, et maintenu au corps sur le front. Le 14 septembre 1918, dans une de ces terribles luttes aériennes si fréquentes à nos avant-postes, il trouva une mort héroïque, et mérita une magnifique citation à l'ordre de l'armée, signée du maréchal Pétain, qui nous donne une haute idée de la valeur morale de cet excellent officier.

Officier et pilote dont le courage splendide et la ténacité indomptable ont tracé à ses compagnons une voie glorieuse. D'une bravoure, d'un esprit de devoir et de sacrifice légendaires, a soutenu son dernier combat, le 14 septembre 1918, environné d'adversaires, avec un calme et une maîtrise sublimes, un fier mépris de la mort inévitable, qui attachent à son souvenir une gloire impérissable.

Cette citation lui conférait la Croix de guerre avec palme et celle de chevalier de la Légion d'honneur à titre posthume, distinctions si bien méritées par le sacrifice de sa vie fait volontairement à son pays.

DE VILLÈLE, Yves-Marie-Joseph-Alain
Aspirant au régiment d'infanterie coloniale du Maroc.

Né à Miniac-Morvan, le 17 mai 1896, il étudia, en 1908, au Collège Saint-François-Xavier de Vannes, comme ses autres frères.

Sergent au 410ᵉ de marche, il est blessé, le 22 février 1916, au Voussair, près Tahure. Promu aspirant au régiment d'infanterie coloniale du Maroc, il tombe devant Gizancourt (Marne), le 21 août 1918, et est porté comme disparu.

Sa famille n'a pu avoir de détails sur sa mort ; sa vaillante mère nous écrit simplement ces mots : « Je n'ai eu aucun détail complémentaire au sujet de la disparition de mon cher petit Yves, et je suis toujours dans les mêmes cruelles angoisses. Je vous demande une prière spéciale pour lui. Le Collège de Vannes paie un bien lourd tribut à la victoire. Ce vieux et cher collège a formé des héros et des saints, dont les maîtres et professeurs peuvent ressentir une juste fierté. Puisse ce sang généreux, versé pour la Patrie, apaiser la Justice divine et nous mériter une paix glorieuse ! »

Inclinons-nous bien bas devant le courage et la résignation chrétienne de cette femme héroïque, frappée quatre fois si douloureusement dans son amour maternel, après avoir fourni huit défenseurs à la France pendant cette terrible guerre. Soyons fiers, comme elle nous le dit, d'avoir eu pour camarades les vaillants représentants de cette famille de héros.

DE VINCELLES (AUBERT), JEAN
Sous-lieutenant au 120ᵉ d'infanterie.

Né à Lanarvily par Lesneven (Finistère), le 26 septembre 1894. Après avoir étudié à Saint-François-Xavier (1912-1913), il entra à l'Ecole militaire de Saint-Cyr.

Sorti sous-lieutenant (promotion de la Croix du Drapeau) et affecté au 120ᵉ régiment d'infanterie, il part au front, plein d'entrain et de confiance : « Ne pleurez pas si je meurs sur un champ de bataille ; une balle... et c'est le Ciel ! comment regretter la Terre ? »

« Je dois être un bon officier par devoir, c'est-à-dire un officier chrétien et vertueux, probe, droit, énergique, dévoué.

« Je dois me souvenir qu'il me faut accomplir jusqu'au bout la mission qui m'a été confiée ; je dois imiter Jésus-Christ, vivre pour lui, et pour me conformer à cette pensée, je serai un homme de devoir, c'est-à-dire un homme qui a un idéal et qui met tout en action pour l'atteindre. »

Son courage et son intrépidité font l'admiration de tous ; il est toujours au danger. Il fut mortellement blessé à la tête en entraînant sa section, au combat de Cheminon (Marne), le premier jour de la bataille de la Marne, 7 septembre 1914.

Chevalier de la Légion d'honneur, à titre posthume, décoré de la Croix de guerre avec palme.

DE VIREL (DU FRESNE), ARTHUR-CONRAD-GUILLAUME
Automobiliste à l'état-major du général Foch, commandant les armées du Nord.

Né à Trédion (Morbihan), le 15 janvier 1878, il étudia au Collège Saint-François-Xavier (1895-1897). Il s'y fit remarquer par sa vive intelligence et son ardeur au travail, en même temps que la bonté et la franchise de son caractère lui attiraient l'estime et l'amitié de tous ses condisciples. Ses études terminées, il se retira dans la résidence de sa famille, à Trédion, et ne tarda pas à être élu maire de sa commune où il était universellement aimé et respecté. Il y rendit de grands services et fit le plus de bien possible autour de lui, aussi fut-il pleuré et regretté de tous ses administrés, qui étaient pour lui des amis.

Bien qu'il ne fût pas astreint au service militaire, vu l'état précaire de sa santé, il brûlait de se dévouer pour son pays, et dès qu'il eut mis en ordre les affaires municipales de sa commune, il s'engagea et partit rejoindre aux armées du Nord le général Foch, qui l'avait réclamé comme automobiliste. Les rigueurs du climat, les intempéries, les fatigues qu'il n'était pas de force à supporter, le terrassèrent en l'espace de quatre mois. Enfin la commotion produite par la chute et l'éclatement, près de lui, d'un projectile de gros calibre, sur le champ de bataille, détermina une paralysie, des suites de laquelle il vint mourir, à Paris, le 28 octobre 1915. Les dernières paroles qu'il prononça au milieu des atroces souffrances de son martyre qui dura trois semaines, furent celles-ci : « Mon Dieu, je vous offre mes souffrances pour la France. » La victoire de son pays était son unique et dernière préoccupation au cours de sa maladie.

L'extrait suivant du *Bulletin mensuel de la paroisse d'Elven* fait le plus bel éloge de l'excellent homme et fervent chrétien que fut Conrad de Virel.

Le mercredi 3 novembre 1915, était inhumé à Trédion, M. de Virel, maire de Trédion, engagé volontaire pendant la guerre, mort des suites d'une violente commotion produite par la chute d'un obus qui, éclatant près de lui, l'avait projeté à plusieurs mètres et et couvert de terre.

M. de Virel était bien connu à Elven où il s'était acquis de profondes sympathies. Nous reproduisons ci-dessous le remarquable discours que M. Le Franc, maire d'Elven, prononça sur la tombe de son regretté collègue.

« Je ne saurais laisser fermer cette tombe sans saluer au nom de sa commune en deuil, la dépouille mortelle de celui qui fut mon ami.

M. Conrad de Virel était une de ces natures d'élite où sont incarnées toutes les qualités qui complètent un homme. Le dévouement, la bonté, la générosité se firent remarquer chez lui, dès sa prime jeunesse. Avant que l'âge lui permit de prendre la direction des affaires municipales, il s'était déjà intéressé au pays dont il devait être le bienfaiteur. Mais à partir du jour où ses compatriotes lui imposèrent la charge de les administrer, il s'y employa tout entier, créant ou soutenant toutes les œuvres religieuses, scolaires, charitables, y mettant tout son cœur, les faisant vivre de ses deniers personnels, sans regarder à des dépenses considérables.

Il n'était pas à Trédion une misère qu'il ne soulageât, car il était foncièrement bon, pas une œuvre utile à laquelle il ne s'intéressât, car il était le plus généreux des hommes. Quand éclata la guerre dont il devait être la victime, un travail écrasant lui fut imposé, et sur pied nuit et jour, pendant deux mois, sans l'aide de personne, il mena à bien les affaires dont il avait la charge. C'est alors, dans ses visites nécessaires au chef-lieu de canton, qu'il m'a été donné de le connaître mieux, par suite de l'apprécier davantage et d'admirer son dévouement. A ce moment, il était profondément triste. On aurait pu croire que cela venait de sa santé précaire. Or le motif de cette tristesse n'était autre que son désir non encore satisfait de servir la France près du front, sous l'uniforme du soldat, et il ne fut content que le jour où s'étant fait reconnaître apte à porter les armes, il coucha sur la paille du combattant. Sacrifice d'autant plus méritoire qu'il quittait de son plein gré sa femme qu'il aimait tendrement, et son jeune fils qu'il adorait.

La Providence, dont nous n'avons pas à approfondir les desseins, n'a pas voulu que M. de Virel connût les joies de la victoire et revint prendre parmi nous la place qu'il occupait si bien. Une commotion ressentie par suite de l'éclat d'un gros projectile sur le champ de bataille détermina chez lui une paralysie qui l'a enlevé après de longues souffrances. M. de Virel, comme tant de Français parmi les meilleurs, est mort pour son pays. Ah ! désormais, pleurez l'excellent homme que vous ne reverrez plus, pleurez votre bienfaiteur qui vous dirigeait si bien et qui vous aimait tant.

Mon cher collègue, mon cher ami, votre vie, quoique courte a été si bien remplie, qu'elle vous a déjà sans doute procuré un bonheur parfait. Laissez-moi vous dire au revoir au ciel, où j'espère vous revoir un jour. »

VITTRANT (R. P.), Joseph-Camille
Aumônier militaire auxiliaire.

Né à Lille, le 29 janvier 1879, élève au Collège ecclésiastique de Bailleul (Nord), puis à Saint-François-Xavier (1896-1899), Joseph Vittrant entra au noviciat de la Compagnie de Jésus à Arlon (Belgique), le 29 octobre 1902, et fut ordonné prêtre le 2 août 1914. Dès la fin du mois, il part comme infirmier volontaire derrière les lignes allemandes (Lille, Maubeuge, Bapaume). Fin septembre, il rejoint les lignes françaises et obtient un poste d'aumônier bénévole au 103e d'infanterie. Après quelques mois passés dans les tranchées au sud de Roye, son régiment prend part aux attaques de Perthes. Il obtient la citation suivante à l'ordre de l'armée :

A fait preuve, pendant les journées de combat des 24, 26 et 27 février 1915, du plus noble héroïsme, en circulant jour et nuit sur la ligne de feu, en se glissant, au mépris du danger, entre les lignes adverses, tant pour remplir les devoirs de son ministère, que pour emporter les blessés tombés sur le terrain et prodiguer à ces derniers les soins de l'infirmier le plus délicat.

Son régiment fut alors mis pendant plusieurs mois au repos, puis attaqua de nouveau, à Auberive, le 25 septembre 1915. C'est là qu'il tomba en entraînant les hommes à l'assaut.

Vittrant Joseph, âme de soldat sous la robe de prêtre, est parti à l'assaut le 25 septembre, au centre de la première vague, sur la ligne des officiers ; est tombé glorieusement en atteignant les défenses accessoires de l'ennemi à travers lesquelles, dans un geste de bénédiction il semblait guider les assaillants.

L'attaque ayant échoué, il fut impossible, malgré les recherches, de retrouver son corps.

Il avait reçu la Croix de guerre avec palme. Il fut fait chevalier de la Légion d'honneur, à titre posthume.

VITTRANT (R. P.), André-Joachim-Marie
Soldat au 162e régiment d'infanterie.

Né à Arradon (Morbihan), le 14 janvier 1895, élève à Saint-François-Xavier en 1903, puis à Notre-Dame de Bon Secours de Jersey. Il entre au noviciat de la Compagnie de Jésus, à Cantorbéry (Angleterre), le 9 octobre 1912. Mobilisé le 15 décembre 1914, au 162e régiment d'infanterie, à Aubusson (Creuse), le 22 mai il annonçait son départ pour le front :

« Je pars au front avec calme et une confiance absolue. Je sais bien que j'aurai à souffrir, beaucoup même, mais cela ne diminue pas ma joie, au contraire. Le sacrifice de ma vie est fait. Je mourrai content. »

La guerre de mines, les bombes et les obus asphyxiants rendaient très dur le secteur d'Argonne, où il prit les tranchées.

« Pendant les 4 jours que je viens de passer aux tranchées, j'ai failli trois ou quatre fois « partir pour le paradis ». (22 juin). Quoique à 1500 mètres des lignes, nous sommes incommodés par les gaz asphyxiants. Que sera-ce tout à l'heure? Je suis parfaitement calme, joyeux même. Comment ne le serais-je pas? ce matin pendant l'alerte, j'ai pu aller à l'église communier et rentrer au pas gymnastique, sans avoir eu le temps de me mettre à genoux. — Peut-être est-ce mon dernier jour?... Si je vais joyeusement, le cœur léger, au devant de la mort, c'est grâce à ma vocation... Nous partons. Adieu. *In manus tuas, Domine, commendo spiritum meum.* » (30 juin).

Le 13 juillet, à 5 heures du matin, la terrible affaire des 13, 14 et 15 juillet 1915 commençait en Argonne. Les Allemands ont, par surprise, pris pied dans nos tranchées. André s'empare d'un sac de pétards et se précipite le premier à la rencontre de l'ennemi.

« C'était dans les bois de la Grurie, à Binarville. Les Allemands démolissaient un barrage de sacs de terre; tandis que l'un deux faisait tomber les sacs, un autre veillait, révolver au poing. Voulant lui jeter un pétard dans la figure, André se découvrit et fut alors frappé d'une balle en plein front et d'une autre au bas ventre. La mort fut instantanée et sans souffrance. Les yeux fermés, il semblait sourire... Il était fait à cette idée de mourir pour la France. Il ne perdait pas de vue le but de sa vocation et de sa vie, et il souhaitait ardemment d'être missionnaire ; mais il avait aussi prononcé la parole du Sauveur: « Que votre volonté soit faite, Seigneur, et non la nôtre. » (Lettre d'un de ses camarades).

Il fut enterré au cimetière de Florent. La petite croix de bois blanc qui surmonte sa tombe porte cette inscription :

I. H. S.
A. Vittrant, 162ᵉ d'infanterie
novice de la Compagnie de Jésus
mort au Champ d'honneur 13 juillet 1915.
R. I. P.

INDEX ALPHABÉTIQUE

ACHEVÉ D'IMPRIMER PAR LAFOLYE
FRÈRES ET Cⁱᵉ, A VANNES, POUR GABRIEL
BEAUCHESNE, A PARIS, LE XIX MAI
MCMXXIII, EN LA FÊTE DE SAINT-YVES.